TOEFL ITP®テスト 完全制覇

TOEFL ITP® is a registered trademark of Educational Testing Service (ETS). This product is not endorsed or approved by ETS.

無料音声アプリ&DL

村川久子 監修

SUNDAI GLOBAL CLUB 著
松本恵美子・浜田英夫・鈴木瑛子・菅谷孝義

the japan times 出版

■ 音声のご利用案内

　本書の音声は、スマートフォン（アプリ）やパソコンを通じて MP3 形式でダウンロードし、ご利用いただくことができます。

📱 スマートフォン

1. ジャパンタイムズ出版の音声アプリ「OTO Navi」をインストール
2. OTO Navi で本書を検索
3. OTO Navi で音声をダウンロードし、再生

3秒早送り・早戻し、繰り返し再生などの便利機能つき。学習にお役立てください。

💻 パソコン

1. ブラウザからオーディオブックサービス「audiobook.jp」にアクセス

   https://audiobook.jp/exchange/japantimes
   ※初めてご利用の方は「会員登録」が必要です。

2. 本書のシリアルコード【16292】を入力

3. 「ライブラリ」にある音声をダウンロードし、iTunes などに取り込んで再生

   ※音声は zip ファイルを展開（解凍）してご利用ください。
   ※技術的な問題は audiobook.jp へお問い合わせください。

audiobook.jp FAQ（よくあるお問い合わせ）のページ
https://otobankhelp.zendesk.com/hc/ja

はじめに

「交換留学を希望している大学に入るには、TOEFL ITP®で550点以上必要だ」「大学に入学するとTOEFL ITPのスコアでクラス分けされるようだ」「大学院入試でTOEFL ITPが課されている」。本書を手にとっていただいた皆さんは、様々な目的でTOEFL ITPを受験する必要があり、目標とするスコアを設定されているのではないかと思います。

TOEFL®で高得点を取得するためには、ボキャブラリーや文法などの基礎的な英語力はもちろんのこと、「TOEFLをどの程度知っているか」がカギとなります。ただ単に試験の構成や解答時間を知っているだけではなく、「出題されるポイント」「解き方のコツ」「必要な対策」といったノウハウを身につけ、日々の試験対策にどれくらい反映させることができるかが重要なのです。

本書は、駿台で長年TOEFL対策講座を担当してきた経験豊富な講師陣が執筆しています。SUNDAI GLOBAL CLUBの前身である駿台留学センター時代を含めると、駿台では30年以上にわたり、TOEFL対策を指導していることになります。これまで積み重ねてきたクラスでの指導経験、受講生の方々とのスコアアップのための個別カウンセリング、本試験の分析結果等を整理し、本書用に再構築しました。さらに、効率的に対策できるよう本書の構成を議論しました。その結果、わかりやすい解説と豊富な練習問題を通して「出題されるポイント」「解き方のコツ」「必要な対策」を網羅し、皆さんのスコアアップをサポートできる対策書が完成したと自負しています。

本書でTOEFL対策を行った皆さんが、目標スコアをクリアされ、希望をかなえられることを願っています。さらには、本書を土台に、SpeakingやWritingも含まれるTOEFL iBT®のような4技能試験にも挑戦しながら、コミュニケーションのツールとしての使える英語力を養成し、様々なシーンで活躍していただければ、望外の喜びです。

本書を刊行するにあたり、多くの方にお世話になりました。

かつて駿台でTOEFL対策講座を担当し、数々のTOEFL対策書のベストセラーを執筆された一般社団法人グローバル言語研究所の村川久子代表理事には、本書を監修していただきました。また、株式会社ジャパンタイムズ英語出版編集部の木浪洋了氏に、企画・編集・録音・出版の各段階でご尽力いただきました。この場を借りて御礼申し上げます。

2016年2月
SUNDAI GLOBAL CLUB

はじめに 003
本書の構成と使い方 006

イントロダクション
TOEFL ITP® テストの概要と学習のポイント 009

■ *Chapter 1*　Listening Comprehension 攻略

Day 1	Listening Comprehension の概要 018
	会話の流れを読み取る 022
	日常会話表現 1 026
Day 2	日常会話表現 2 040
	解答の鍵になる否定表現 046
Day 3	ニュアンスを伝える表現 054
Day 4	シチュエーション別表現 069
	重要文法表現 081
Day 5	Longer Conversations 攻略 088
Day 6	Talks 攻略 106
Day 7	練習問題 124

■ *Chapter 2*　Structure and Written Expression 攻略

| Day 8 | Structure and Written Expression の概要 ... 154 |
| | 文法項目別攻略ポイント 1 .... 157 |

Day 9	文法項目別攻略ポイント 2	173
Day 10	文法項目別攻略ポイント 3	191
Day 11	その他の注意すべき構文や表現	208
Day 12	練習問題 1	227
Day 13	練習問題 2	246

■ *Chapter 3* Reading Comprehension 攻略

Day 14	Reading Comprehension の概要	266
Day 15	練習問題 1	283
Day 16	練習問題 2	301

■ *Chapter 4* 実践模試

Day 17	Section 1	Listening Comprehension	320
	Section 2	Structure and Written Expression	331
	Section 3	Reading Comprehension	337
	解答一覧		352
	解答・解説		353

付録	語源にもとづくボキャブラリー強化法	444
	Listening Comprehension 頻出フレーズ 116	482
	キャンパスライフ・ボキャブラリー	506

編集協力：ロゴポート
Reading Comprehension パッセージ・問題作成：株式会社 CPI Japan
装丁：髙橋明香（おかっぱ製作所）
本文デザイン・組版：清水裕久 (Pesco Paint)

ナレーション：Josh Keller ／ Rachel Walzer
／ Howard Colefield
音声収録：ELEC 録音スタジオ

本書の構成と使い方

本書は、TOEFL ITP テストの概要や学習を進める際のポイントを紹介したイントロダクションと、各 Section の攻略法と模試からなる 4 つの Chapter（章）、そして付録から構成されています。4 つの Chapter は、全部で 17 日間で学習を終えられるようにわけられています。

■ イントロダクション

TOEFL ITP テストとはどんなテストなのか、学習する上でどんなポイントを意識すればよいのか、TOEFL ITP テストと TOEFL iBT テストはどう異なるのかについて解説しています。また、2015 年 12 月に発表されたテスト中のノートテイキングについても説明しています。

■ *Chapter 1* Listening Comprehension 攻略

Chapter 1 では、Listening Comprehension の攻略法を解説しています。リスニングでは、出題パターンをつかんだ上で、TOEFL 頻出の会話表現やイディオムを覚えることが大切です。駿台が分析した出題傾向をもとに、「必須表現」（①）を掲載していますから、例題とあわせて読むことで、リスニング力をアップさせましょう。また、解答の際に意識したいプロセスやポイントを 鬼の解答プロセス （②）、鬼のチェックポイント としてまとめています。

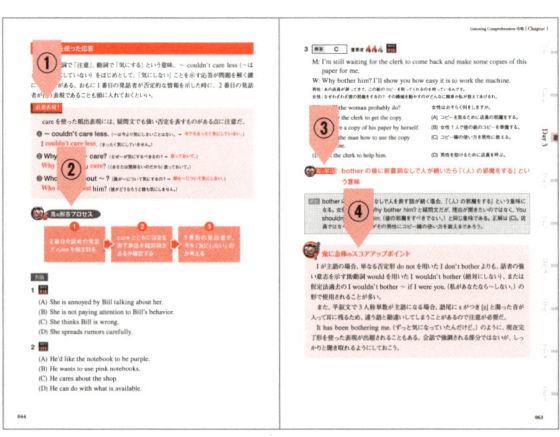

■ *Chapter 2* Structure and Written Expression 攻略

　Chapter 2 では、Structure and Written Expression の攻略法を解説しています。駿台が厳選した TOEFL 頻出の出題パターンを文法項目別に掲載していますので、繰り返し解くことで、出題パターンを身につけましょう。

■ *Chapter 3* Reading Comprehension 攻略

　Chapter 3 では、Reading Comprehension の攻略法を解説しています。アカデミックなパッセージを短時間で読まなければならないのがこの Section の特徴です。スコアアップのための効率的なパッセージの読み方と、設問タイプ別の解答方法を紹介しています。

■ *Chapter 4* 実践模試

　Chapter 4 は実践模試です。Chapter 3 までで身につけた実力をためすために、1 セット分の TOEFL ITP テストに挑戦しましょう。あえて難易度が高い問題も含めています。全問題を解き終え、苦手な問題やポイントを分析し、Chapter 1 〜 3 にもどって復習しましょう。

　どの Chapter の問題も、解く際の重要ポイントを 鬼の解法 （③）として解説部分に掲載しています。また、ワンランク上のスコアを目指す人なら、ぜひ覚えておきたい内容を 鬼に金棒のスコアアップポイント （④）として紹介しました。Listening Comprehension と Structure and Written Expression の問題については、3 段階で重要度を示していますので、重要度の高い問題には特に注意しましょう。

■ 付録

　巻末には、「語源にもとづくボキャブラリー強化法」「Listening Comprehension 頻出フレーズ 116」「キャンパスライフ・ボキャブラリー」を収録しました。

　「語源にもとづくボキャブラリー強化法」は、リーディング・パッセージを中心に登場する難単語を覚える際に役立つでしょう。「Listening Comprehension 頻出フレーズ 116」では、Listening Comprehension を攻略する際に覚えておきたい会話表現をまとめました。また、Listening Comprehension では、米国での大学生活の様子が出題されます。「キャンパスライフ・ボキャブラリー」を読むことで、米国のキャンパスライフについての背景知識と関連用語を身につけてください。

■ 監修者紹介

村川久子（むらかわ・ひさこ）

米国セントラルメソジスト大学文学部 B.A.、セントラルミズーリ州立大学大学院文学部 M.A.、テキサス大学大学院外国語教育学部（音声学専攻）Ph.D. 取得。現在、一般社団法人グローバル言語研究所代表理事を務めるほか、青山学院大学青山アカデメイアで TOEFL、TOEIC 直前講座など担当。『TOEIC Test パーフェクト問題集 1000 問』（日本経済新聞社）、『TOEFL テスト パーフェクトストラテジー』（旺文社）など、著書多数。

■ 著者紹介

SUNDAI GLOBAL CLUB

駿台グループの留学試験対策部門。TOEFL® については、TOEFL PBT® 時代から 30 年以上の指導実績を誇り、TOEFL iBT®、TOEFL ITP®、IELTS、SAT®、GRE®、GMAT® といった留学試験対策講座に加え、英検対策講座やバイリンガル育成にも力を入れる。TOEFL iBT® は e-Learning 講座も開講。日本人講師陣による、わかりやすく実践的なスコアアップスキルの指導が好評。留学試験対策講座では、四年生大学への留学を目指す高校生や、交換留学を予定する大学生、大学院留学でキャリアアップを考える社会人が学んでいる。

松本恵美子（まつもと・えみこ） Chapter 4 担当

順天堂大学講師。上智大学大学院博士前期課程修了（TESOL／英語教授法）。言語テスティング専攻。全国の大学生向けテキストの執筆や TOEIC®、TOEFL®、IELTS®、英検® などの資格試験対策を行う。青山学院大学、成蹊大学非常勤講師を経て現職。『TOEIC® TEST リスニングスピードマスター NEW EDITION』（J リサーチ出版）、『新 TOEIC® TEST 1 分間マスター リスニング編・リーディング編』（日本経済新聞出版社）など、著書多数。

浜田英夫（はまだ・ひでお） Chapter 2、付録「語源にもとづくボキャブラリー強化法」担当

慶應義塾大学文学部英米文学科卒業後、英国エクセター大学に留学。大手百貨店で店頭販売、貿易実務、旅行、ブランド・ビジネスに従事。香港駐在員事務所所長を務め、英語実務の世界で長く活躍。駿台国際教育センター・SUNDAI GLOBAL CLUB 講師として、e-Learning、IELTS、TOEFL® を担当。

鈴木瑛子（すずき・ようこ） Chapter 1、付録「Listening Comprehension 頻出フレーズ 116」「キャンパスライフ・ボキャブラリー」担当

東京海洋大学特任准教授。米国ジョンズ・ホプキンス大学大学院コミュニケーション専攻、修士号（M.A.）取得。TOEIC® を中心とした資格試験関連教育プログラムの管理運営を行う他、『スピーキング・ライティング攻略のための TOEFL iBT® テスト必修フレーズ 100』（テイエス企画）、『論理的に話す・書くための英語変換術』（三修社）など、著書多数。

菅谷孝義（すがや・たかよし） Chapter 3 担当

上智大学フランス文学科卒業。英国エセックス大学、ハル大学に留学し、M.A. in New Literatures in English 修了。駿台国際教育センター・SUNDAI GLOBAL CLUB、駿台教育研究所、文教大学で 4 技能テストを中心に指導。e-Learning、iBT セミナー、教員セミナー、外務省英語研修も行う。TOEFL® 指導歴 20 年。

TOEFL ITP® テストの概要と学習のポイント

イントロダクション

■ TOEFL ITP® テストとは

　TOEFL ITP®（Institutional Testing Program）は、アメリカにある世界最大規模のテスト開発機関 ETS（Educational Testing Service）が開発・作成した TOEFL PBT（Paper Based Testing）を活用した団体受験用のテストです。1964年に初めて実施された TOEFL は、ペーパーテストの形式であるため TOEFL PBT と呼ばれます。その後、Writing も必須となったコンピューター版の TOEFL CBT（Computer Based Testing）が開発され、Speaking や統合型問題が加わった TOEFL iBT（Internet Based Testing）に移行し、現在にいたります。つまり、TOEFL ITP は TOEFL の原型ということができます。

　TOEFL iBT は公式なテストとして、試験日はあらかじめ決められています。一方、団体向けテストである TOEFL ITP は、利用する団体が試験日を決めて実施しています。

　日本では、国際教育交換協議会（CIEE）日本代表部が TOEFL ITP を取り扱っています。ETS の発表によれば、ITP は国内外の教育機関を中心に実施されており、世界50か国の2,500以上の団体で毎年80万人以上が受験しています。日本でも大学や企業など、500以上の団体が利用しています。

　TOEFL ITP には Level 1 と Level 2 の2つのレベルがあります。通常 TOEFL ITP と言った場合は、スコアの範囲が 310 〜 677 の Level 1 を指しますが、より試験時間が短く、やさしい問題で構成されている Level 2 のスコアの範囲は 200 〜 500 です。Level 1 および2 ともに**四択式のマークシートテスト**で正答数に応じてスコアがあがり、誤答による減点はありません。

　テストは、Listening Comprehension、Structure and Written Expression、Reading Comprehension の3つの Section で構成されています。Listening Comprehension は大学で使われる話し言葉を理解する能力を、Structure and Written Expression は標準的な書き言葉の構文や文法に関する理解度を、Reading Comprehension はアカデミックな英文を読んで理解する力を測ります。

■ TOEFL ITP テストを受ける理由

TOEFL ITP は様々な目的で利用されています。駿台国際教育センター・SUNDAI GLOBAL CLUB で ITP 対策をする受講する方々は、以下の目的で受験している場合が多いようです。

① 大学で交換留学に応募する際にスコアの提出が必要なため
② 東京大学の大学院入試の一部として受験する必要があるため
③ 大学で英語のプレイスメントテストとして使われているため

その他、大学での単位認定や英語プログラムの効果測定などでも利用されています。

■ TOEFL ITP テストの構成

TOEFL ITP (Level 1) は以下のように構成されています。どんな問題が出題されるかは本書のなかで詳しく説明しますが、ここで概要を紹介しましょう。

■ Level 1

Section		問題数		テスト時間	スコアの範囲
Listening Comprehension	Part A	30 問	50 問	約 35 分	31-68
	Part B	8 問前後			
	Part C	12 問前後			
Structure and Written Expression	Structure	15 問	40 問	25 分	31-68
	Written Expression	25 問			
Reading Comprehension		50 問		55 分	31-67
合計		140 問		約 115 分	310-677

Listening Comprehension は 3 つの Part にわかれます。Part A は 30 問。キャンパス内での男女の学生同士の会話がほとんどで、長さは 10 秒程度が多く、長くても 20 秒程度です。5 秒程度で終わってしまう会話もあり、会話表現やイディオムがわからないと解答できない場合もあります。Part B は A より長く、1 分半程度のトピックが 2 つ出題され、学生と教授が講義の内容に関して話す会話などが出題されます。Part C は講義などが中心で Part B よりやや長くなりますが、たいてい 2 分未満です。3 つの異なるトピックが出題されます。

Structure and Written Expression には2つのタイプの設問があります。Structure は空所補充問題です。文中の空所部分に入る最も適切な語（句）を選択し、英文を完成させます。Written Expression は誤所指摘問題です。英文中の4か所の下線部から修正すべきものを選択します。

Reading Comprehension では5つの異なるパッセージが出題され、それぞれ10問前後の設問があります。様々なタイプの設問があり、多くの場合、最初の設問ではパッセージの主題が問われます。また、語彙に関する設問が全部で15問前後出題されます。

ETS が発行する *Test Taker HANDBOOK* では、受験者にアカデミックな英文を幅広く読むように勧めています。

なお、Level 2 の構成は以下の通りです。

■ **Level 2**

Section	問題数	テスト時間	スコアの範囲
Listening Comprehension	30問	約22分	20-50
Structure and Written Expression	25問	17分	20-50
Vocabulary and Reading Comprehension	40問	31分	20-50
合計	95問	約70分	200-500

■ **スコアについて**

TOEFL ITP のスコアは、各 Section の素点（＝正答数）が換算表で換算され、次のように算出されます。

例えば、換算後の各 Section のスコアが以下の場合、合計を10倍し、3で割った数字がスコアになります。この例では、500 ですね（$150 \times 10 \div 3 = 500$）。

Listening Comprehension	Structure and Written Expression	Reading Comprehension	合計
46	54	50	150

TOEFL ITP は、異なるテスト間でもスコアの正確な比較が可能とされています。従って4月と9月に異なるテストフォーム（問題）で受験しても進捗状況が比較できるわけです。なお、TOEFL ITP ではスコアの誤差は14ポイントであり、先の例の場合、486から514が実力の範囲と考えてよいでしょう。

ETS が *Test and Score Data Summary for the TOEFL ITP Test* で発表している

ITP テストの 2012 〜 2014 年の平均点を見ると、日本人の平均点はほぼ 460 で世界平均とくらべて 20 点前後低いのが現状です。

■ 学習のポイント

■ 教材の目的

受験対策の王道は「ノウハウを吸収し、十分な問題演習をこなす」ことにつきます。問題演習用の教材は、「基礎力養成」から「実力養成」、「進捗状況確認」など、様々な目的を持っているので、目的に応じて使いわけることが必要です。本書は「基礎力養成」から「実力養成」までをカバーしていますので、繰り返し利用してください。TOEFL ITP を開発する ETS は、オフィシャル教材として *Official Guide to the TOEFL ITP Test* や *TOEFL ITP Assessment Series Practice Test, Volume 1* などを発行しています。いずれも過去の試験 2 セット分の問題を収録しており、解答と換算表を使って、およそのスコアを算出することができます。本書で学習した後の「進捗状況確認」用として、あるいは、本試験前の調整用として使用すると効果的です。いずれも TOEFL の Web サイト http://www.ets.org/toefl_itp/content/test_preparation/ で購入することができます〔2016 年 1 月 30 日現在〕。

以下に、各 Section を学習するにあたって留意しておきたいポイントをあげました。

■ Listening Comprehension のチェックポイント

- ☐ 「何をどう聞くか」がわかっているか
- ☐ 「何が出題されるのか」「どう出題されるのか」を理解しているか

→ 本書の Chapter 1 で、出題内容や聞き取りへの臨み方を確認してください。

- ☐ 会話表現やイディオムを覚える際に、自ら発音し、体で覚えているか

→ 自ら発音できない語句を聞き取るのは困難です。また、体で覚えた言葉は忘れにくいものです。

- ☐ 十分な問題演習をこなし、英語を聞く耳ができているか
- ☐ 毎日一定時間（できれば 2 時間以上）集中して英語を聞いているか

→ 継続して演習を重ねなければスコアが伸びない Section です。帰国子女の人でもない限り、「聞く」時間の絶対量を確保することが必要です。出題されるトピックは学生生活に関わるものですから、息抜きにアメリカの学生生活が描かれている映画やドラマで背景的知識を増やしておくのもよいかもしれません。

■ Structure and Written Expression のチェックポイント

ITP の 3 つの Section のなかでは最も努力の実りやすい（スコアをあげやすい）Section です。

☐ TOEFL に出題されやすい文法項目を把握しているか

→ 本書の Chapter 2 では、TOEFL 頻出の文法項目を学習することができます。まずこれらをしっかり頭のなかに叩き込むことが必要です。

☐ 十分な問題演習をこなし、出題パターンを理解できているか

→ 本書以外にも前ページで紹介したオフィシャル教材を使うのもよいでしょう。

■ Reading Comprehension のチェックポイント

☐ TOEFL 用の単語集などで十分な語彙力を蓄えているか

→ Reading Comprehension では 30% 程度が語彙に関する問題です。また、1 行に 3 つも 4 つも未知の語彙があれば、文意を推測するのも非常に難しくなります。本書の付録「語源にもとづくボキャブラリー強化法」も利用して、語彙を増強しましょう。

☐ 重要構文を十分理解しているか

→ どんなに長い英文でも、1 つ 1 つの単語が構文という約束事のもとにまとまっているにすぎません。構文をしっかり理解していれば、速く正確に読むことが可能になります。本書の Chapter 2 を学習することでも、構文の理解が深まります。

☐ 設問タイプを把握しているか

→ 本書の Chapter 3 「設問タイプ別攻略法」で、どんな設問が出題され、どのように解答すればよいかを確認してください。

☐ TOEFL に出題される頻出トピック（アメリカの産業の発達など）を十分読み込んでいるか

→ TOEFL の Reading は Humanities（人文科学）、Arts（芸術）、Social Sciences（社会科学）、Life Sciences（生命科学）、Physical Sciences（物理科学）といった分野のパッセージが出題されます。本書の Chapter 3 に加えて、普段からこれらの分野の英文も意識して読みましょう。その分野の特別な知識がないと解答できない問題はありませんが、背景知識があればパッセージの理解が速くなることは確かです。

■ TOEFL ITP と iBT の違いと移行時の注意点

以下に TOEFL ITP と iBT との違いをまとめました。

出題順	TOEFL ITP Section	出題順	TOEFL iBT Section	ITP と iBT の比較
1	Listening Comprehension (Part A)		出題なし	ITP の Part A は iBT では出題されない。ただし、Part A では会話表現やイディオムが多く出題されるため、語彙力の増強に役立つ。また、ここで学んだ会話表現やイディオムは Speaking や Writing でも活用できる。
	Listening Comprehension (Part B)	2	Listening (Conversation)	ITP の Part B に相当するのが iBT の Conversation で、Part C に相当するのは iBT では Lecture。最大の相違点はパッセージの長さ。ITP の Part B は 1 分半前後、Part C は 2 分程度のパッセージを聞くが、iBT ではほぼ倍の長さになる。iBT では、長いだけに集中力や効率的なメモの取り方も重要。
	Listening Comprehension (Part C)		Listening (Lecture)	
2	Structure and Written Expression		出題なし	iBT では Structure and Written Expression は出題されないが、この Section は語彙力と並び、他の 4 技能のベースになる。Speaking や Writing では、正確に文法を運用しているかが評価される。特に構文に関しては正確な理解が不可欠。iBT 対策の初期の段階で、大学入試レベルの文法事項を理解しておく必要がある。
3	Reading Comprehension	1	Reading	ITP のパッセージは 250〜380 語前後、iBT は 700 語前後と、Listening 同様パッセージの長さが倍増する。長文に慣れ、パッセージの構造をつかみながら読むことがより必要。
	出題なし	4	Writing (Independent)	TOEFL PBT 時代に出題された形式だが、ITP では出題されない。PBT の場合は、手書きであったが、iBT はキーボード入力方式のため、タッチタイピングができるとよい。300 語以上書くことが望ましい。
	出題なし		Writing (Integrated)	TOEFL PBT でも出題されなかった形式。Reading と Listening の内容にもとづいて Writing を行う統合型問題。
	出題なし	3	Speaking	ITP では出題されない Section のため、本格的な対策が欠かせない。提示されたテーマについて自身の考えを述べる独立型問題と、Reading と Listening の内容にもとづいて Speaking を行う統合型問題がある。

■ TOEFL ITP 対策から iBT 対策に移行する際の注意点

　iBT の Listening は Conversation が 3 分程度、Lecture は 5 分程度となり、ITP の類似問題の倍の長さです。集中力や効率的なメモの取り方も重要になります。また、iBT ではパッセージを聞いてから選択肢を見る形式のため、ITP と異なり先に選択肢に目を通すことができない点にも注意が必要です。さらに、Reading もパッセージの長さが 700 語と ITP の倍の長さになります。パッセージの構造をより正確につかみながら読むことが必要です。このように Listening、Reading とも長さに慣れることが大切になります。なお、ITP には Speaking と Writing が含まれていないため、一から対策をとらなければなりません。ただし、ITP 用の Structure 対策が万全であれば、Speaking や Writing への対策がスムーズに行えるでしょう。

■ TOEFL iBT 対策から ITP 対策に移行する際の注意点

　ITP 攻略の鍵は Section 1: Listening Comprehension の Part A Short Conversation にあります。Listening で 50 問中 30 問を占めるこの Part は会話表現やイディオムが多く出題されるため、「何を話しているのかつかめない」ということが起きやすく、Listening Section のスコアアップを妨げてきました。10 秒程度の会話のため、初心者でも取り組みやすい反面、Part B や Part C とくらべて全問正解が難しいのもこの Part A です。iBT では出題されない Part のため、十分な対策が必要です。特に本書の Chapter 1 (Day 1 〜 4) をじっくりと学習しましょう。また、ITP でハイスコアを得るには Section 2: Structure and Written Expression でミスをしないことが大切です。実力のある人は満点 (68 点) も望めるでしょう。ここも iBT では出題されない Section のため、本書の Chapter 2 で、主語と動詞の一致や、単数・複数の区別など、間違えやすいパターンを確認し、整理しておくことが重要です。

■ Passive ボキャブラリーと Active ボキャブラリーについて

　Passive ボキャブラリーとは、英文を読んだり聞いたりした時に意味がわかるレベルの語彙です。読む・聞くが中心の TOEFL ITP では、Passive ボキャブラリーが多いとその分英文を理解できる可能性が高まるため、単語集を使ってひたすら語彙を覚えるという勉強も有効です。その意味でも本書の付録「語源にもとづくボキャブラリー強化法」に掲載された語彙をできるだけ覚えましょう。

　一方、話す・書くが加わる TOEFL iBT では、Active ボキャブラリーの豊富さがものを言います。Active ボキャブラリーとは、話したい時にすぐ口からでてくる語彙、書きたい時にすぐ手が動く語彙で、要は「使いこなせる」語彙のことです。語彙は、まず Passive ボキャブラリーとして習得し、それが Active ボキャブラリーになるというプロセスが一般

的です。PassiveボキャブラリーをActiveボキャブラリーにするには、Passiveボキャブラリーをどんどん使うことです。たくさん使うことで語彙が定着し、Activeになります。話す機会・書く機会を積極的につくりだし、覚えた語彙をどんどん使ってみましょう。英語は動詞が中心の言語ですから、Activeな動詞が多いとTOEFL iBTのSpeakingやWritingで表現の幅が広がります。特に本書のChapter 1から動詞をピックアップし、Activeな動詞を増やしましょう。SUNDAI GLOBAL CLUBが提供する様々なトレーニングの講座を受講していただくのもよいでしょう。

■ ノートテイキングについて

　2015年12月21日にETSが発表した新しいポリシーによれば、TOEFL ITPでも、従来禁止されていたノートテイキングが認められることになりました。

　その理由として、①長年のリサーチでも、ノートテイキングがスコアにどのような影響を与えるかがはっきりしないこと、②ノートテイキングのスキルは大学での授業等で有益であり、TOEFL iBTでは認められていることをあげています。

　ただし、この変更が各種のインストラクションに反映されるのは2017年からとのことです。実施団体によってはノートテイキングを許可しない場合もあります。また、ノートテイキングが許可される場合も、2016年に受験する際は、問題冊子には、"note taking is not allowed"などの表記があり、音声のインストラクションでもその旨がアナウンスされます。なお、スクラッチペーパー（メモ用紙）は配布されず、問題冊子の余白にメモすることになります。

　この件に関して、日本でTOEFL ITPを運営する国際教育交換協議会（CIEE）日本代表部に問い合わせたところ、「どのタイミングでノートテイキングを可能にするか、日本国内での運用は協議中」〔2016年1月5日現在〕とのことでしたが、2016年1月20日に、「日本では2016年1月より変更を適用」と発表されました。「ただし、2016年中にノートテイキングを許可して実施するかどうかについては各実施団体の裁量」とのことです。ノートテイキング（書き込み）しながら受験したい人は、実施団体にお問い合わせください。

Listening Comprehension 攻略 | Chapter 1

Listening Comprehension

Day 1 Listening Comprehension の概要

■ 問題の構成

Section 1 では、リスニング問題が出題される。以下のように、Part A ～ C の 3 種類の問題からなり、50 問を約 35 分間で解く。なお、すべての音声は 1 度しか流れない。

	問題	問題の種類	問題数
Part A	Short Conversations	短い会話	30 問
Part B	Longer Conversations	長い会話	8 問前後
Part C	Talks	案内・講義	12 問前後

■ 問題の詳細

■ Part A Short Conversations

まず Part A: Short Conversations の問題例を見てみよう。Part A は短い会話と、それに続く設問を聞き、4 つの選択肢から正解を選ぶ問題だ。合計 30 セットある。

> (A) She didn't understand the man.
> (B) She gave the dollar to someone else.
> (C) She's unable to help the man.
> (D) She's afraid to spend all her money.

（問題用紙に書いてあるのは 4 つの選択肢のみ）

そして、以下のような会話の音声が流れる（問題用紙に記載はない）。

> M: Pardon me, miss. Do you have change for a dollar?
> W: I'm afraid not. You'll have to ask someone else.
> Q: What does the woman mean?

|解答| **C**

[訳] (A) 男性の言っていることがわからなかった。
(B) その 1 ドルを他の人にあげた。
(C) 男性を助けることができない。
(D) 持っているすべてのお金を使うことを恐れている。

男性：すみません、1 ドルを両替できる硬貨はお持ちですか。
女性：ないですね。他の人に聞いてください。
設問：女性は何と言っていますか。

|解説| 両替を頼む男性に対し、I'm afraid not. (すみません、できません。) と控えめな否定を表している。正解は (C)。

設問は、What does the woman [man] mean? (女性 [男性] は何と言っていますか。) が出題最多の質問だ。他にも以下のような質問がある (設問パターンの詳細は p. 022 を参照)。

- What does the woman [man] imply?
  (女性 [男性] は何とほのめかしていますか。)
- What does the woman [man] suggest?
  (女性 [男性] が提案していることは何ですか。)
- What does the woman [man] say about 〜?
  (女性 [男性] は〜について何と言っていますか。)
- What will the woman [man] probably do?
  (女性 [男性] はおそらく何をしますか。)

Part A の問題は、2 番目の発話者の内容が重要であることが多いので 2 番目の発話者の発話内容に特に注意しよう。

短い会話なので取り組みやすい反面、全問正解が難しい Part でもある。この Chapter に出てくる表現と付録「Listening Comprehension 頻出フレーズ 116」をしっかり覚えて臨もう。

■ **Part B** **Longer Conversations**

次が Part B: Longer Conversations だ。長めの会話文と、それに続く質問を聞き、4 つの選択肢から正解を選ぶ。Part A と同様、問題用紙には選択肢のみ記載されている。1 つの会話につき 4 問前後出題され、Section を通し 2 セット 8 問前後が出題される。

Part A にくらべると内容が濃い会話になる分、当然難易度はあがる。Part A と同じような設問もあれば、What did the man say about 〜? (男性は〜について何と言っていましたか。)、According to the man, where did 〜 originally begin? (男性によると、〜はもともとどこから発祥しましたか。) のように、内容の詳細についてたずねる設問もある。

■ Part C　Talks

　Section 1の最後はPart C: Talksだ。長めの案内や講義などと、それに続く質問を聞き、4つの選択肢から正解を選ぶ。1つの話につき4問前後の出題があり、Sectionを通し3セット12問前後出題される。問題用紙に記載されているのはやはり選択肢のみだ。
　留学してからの大学の講義に近いもので、Section 1で特にハイレベルな問題だ。イディオムや文法力はもちろん、学術的な語彙も頭に入っていなければ正解にたどり着けない。設問にはWhat is the main purpose of 〜?（〜のおもな目的は何ですか。）、What can be inferred about the process of 〜?（〜の過程について推測できることは何ですか。）などがあり、かなり深い内容が問われる。

■ Listening Comprehension の流れ

　Section 1は以下のような流れで進む。指示文については、ETSのホームページで紹介されているため、確認しておこう。

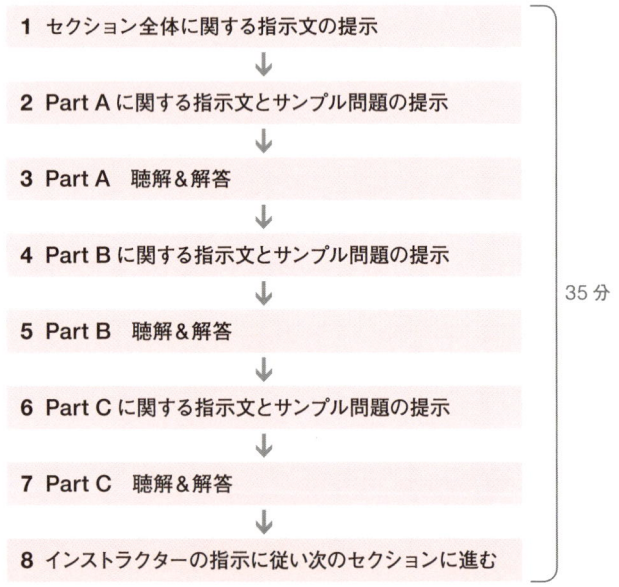

　練習段階では語彙や慣用表現を身体に染み込ませ、本番ではとにかく集中して内容を聞き取ろう。

　　　Listening Comprehension は知識と集中力が重要

■ トレーニングのポイント

　TOEFLのリスニングは世界中の受験者達が苦労しているSectionだ。しかし、リスニングが苦手なままで海外留学し、大学・大学院の授業がまったく理解できなければ、留学は残念な結果に終わる。自分のリスニングのレベルを把握し、必要なトレーニングを積んでいこう。

① **スピードに慣れる**
　速いと感じたら同じ発話を繰り返し聞き直し、発話の内容が理解できるようになろう。最初はいくつかの単語だけでも聞き取れればいい。徐々に聞き取れる単語を増やすようにし、最終的にはすべてが聞き取れるようになるのが目標だ。

② **書き取り（ディクテーション）で集中力をつける**
　ディクテーションを行う際は、文章を聞き取り、音声を止め、聞き取った文章をすべて書く。聞き取れなかった場合は、再度聞くようにしよう。

③ **発話を記憶するよう意識する**
　たとえ短い会話でも、その内容をきちんと記憶することが必要だ。米国の大学で、講義を聞いている時だけは理解できるが、後になって聞いたことがまったく記憶に残っていないと、中間試験、期末試験で失敗する。今からこの点を意識しておけば留学の成功につながるだろう。

④ **リズムに慣れる**
　英語には特有のリズムがあり、長時間聞くことでそのリズムが身についてくる。これがリスニング力の向上に一番重要だ。リズムが身につくと、耳が違和感を持たなくなり、英語が自然と耳に入ってくるようになる。

⑤ **まとまった練習時間を取る**
　1時間では無駄。最低2時間から3時間かける必要がある。毎日2時間ぐらいリスニングに時間を取れれば理想的だが、そうでなければ、週末に集中的に4〜8時間リスニングの練習をするといいだろう。

⑥ **自分が集中できる方法を見つける**
　発話が始まったら、神経を集中させよう。例えば1点に視線をおいて動かさないなど、自分が落ち着いて集中できる方法を見つけておこう。

Listening Comprehension ▶ Part A

Day 1

会話の流れを読み取る

Listening Comprehension の概要がわかったところで、早速 Part A の攻略法を身につけていこう。

■ 2人の発話と設問パターン

Part A の解答で重要なポイントは、2番目の発話者の発言を聞き取ること、そして設問で何が聞かれているのかを理解することである。内容の理解には、会話特有の表現やイディオムなどの知識が必要になることもあり、これからこうした表現を覚えていくが、まずは設問にどんなパターンがあるのかを押さえておこう。

必須表現！

最初の発話者は解答のヒントを与え、2番目の発話者が解答の鍵になる内容を話すと覚えておこう。設問では2番目の人が何を言ったかというものが多いからだ。以下の設問パターンの主語はすべて2番目の発話者だ。

❶ What does the woman [man] mean/imply?
2番目の発話者が何を言っているかについての質問

❷ What happened to the woman [man]?
2番目の発話者に何が起きたかについての質問

❸ What is the woman [man] going to do?
2番目の発話者がこれから何をするかについての質問

❹ What does the woman [man] want him [her] to do?
2番目の発話者が1番目の発話者にしてもらいたいことは何かという質問

❺ What does the woman [man] suggest?
2番目の発話者が何を提案しているかについての質問

❻ What does the woman [man] want to do?
2番目の発話者が何をしたいかについての質問

会話を聞きながら、どのようなポイントが聞かれそうなのか、予想しながら聞く姿勢を持つこと。集中して必要な情報を聞き取ろう。

鬼の解答プロセス

1. 最初の発話者の発言でヒントを得る → 2. ヒントから場面を推測しながら2番目の発言を聞く → 3. 設問が何を聞いているのか理解する

例題

1
- (A) Order more food.
- (B) Ask for the bill.
- (C) Get some small bills.
- (D) Take a shower.

2
- (A) Go to their seats immediately.
- (B) Get someone to fix the lights.
- (C) Buy a program.
- (D) Start the play.

3
- (A) Moving a little in the department.
- (B) Finding more students to help with the move.
- (C) Asking some students if they are moving.
- (D) Looking at other students.

解答・解説

1 解答　C　重要度 🔥🔥🔥　MP3 001

W: Do you have a dollar to tip the waitress?
M: I only have a five-dollar bill. Why don't you wait here while I go get some change?

女性：ウェイトレスにチップをあげたいんだけど1ドル持ってる？
男性：残念だけど5ドルしかないな。ちょっと（小銭に）くずしてくるから待ってて。

What is the man going to do?　　男性がこれからすることは何ですか。
(A) Order more food.　　(A) もっと食べものを注文する。
(B) Ask for the bill.　　(B) お勘定を頼む。
(C) Get some small bills.　　(C) 小額の紙幣を得る。
(D) Take a shower.　　(D) シャワーを浴びる。

鬼の解法　1番目の発話のキーワードから2番目の発話者の行動をつかめ

解説　1番目の発話に、tip（チップをやる）、waitress（ウェイトレス）という情報がある。そこから場所はレストラン、場面は食べ終わった後と推測し、2番目の発話者の行動を予測しながら聞こう。正解は (C)。

2 解答　A　重要度 🔥🔥🔥　MP3 002

W: The lights are blinking, but I'd like to buy a program before the play starts.
M: Let's just take our seats. We can always get one later.

女性：照明が点滅してるわね。でも劇が始まる前にプログラムを買いたいのだけど。
男性：もう席につかない？ 後でいつでも買えるよ。

What does the man want to do?　　男性は何をしたいのですか。
(A) Go to their seats immediately.　　(A) すぐに席へ行く。
(B) Get someone to fix the lights.　　(B) 誰かに照明を直してもらう。
(C) Buy a program.　　(C) 劇のプログラムを買う。
(D) Start the play.　　(D) 劇を始める。

鬼の解法　2番目の発話者の意図を理解せよ

解説　この問題も最初の発話者が解答のヒントを与えてくれる。before（前）、play（劇）、starts（始まる）というキーワードから、劇場での公演開始前のシーンだとわかる。男性は女性と反対意見なので、先に席につきたいとわかるだろう。正解は (A) だ。

3 解答 **B**　重要度 🔥🔥🔥　MP3 003

W: I'm moving to a new place tomorrow. Could you possibly give me a hand?

M: Sure. Why not ask around the department a little and see if some of the other students will be free, too?

女性：明日新しいところに引っ越すの。手伝ってもらうことはできる？
男性：もちろん。他の学生も時間が空いているか、学部内を少し聞いてまわってみたら？

What does the man suggest?	男性が提案していることは何ですか。
(A) Moving a little in the department.	(A) 学部内で少し動く。
(B) Finding more students to help with the move.	(B) 引っ越しを手伝う学生をもっと探す。
(C) Asking some students if they are moving.	(C) 引っ越しをするのか学生に聞く。
(D) Looking at other students.	(D) 他の学生を見る。

 鬼の解法　発話内容から設問を予測しよう

解説 示唆や提案を表す Why not ～?（～しましょう、～してはどうですか。）がでてきたら、示唆や提案している内容について質問されることが多い。give me a hand は help me と同義の慣用表現。正解は手伝ってくれる学生を探す (B)。

鬼に金棒のスコアアップポイント

2番目の発話者についてたずねる以外の設問パターンも確認しておこう。

最初の発話者が抱える問題が何かという質問

M: I'm running behind schedule. Could we discuss your paper tomorrow instead?
（予定より遅れているんです。あなたの論文については明日お話をするのでいいですか。）

W: Sure. I'll come back in the morning.
（もちろんです。また明日の朝に来ます。）

　この会話の設問は、What is the man's problem?（男性の問題は何ですか。）で、答えの例は He doesn't have time to talk today.（彼は今日は話す時間がない。）となる。最初の発話者の発言で入り組んだ事情が示された場合は、その内容について問われることが多い。

Day 1

日常会話表現 1

ここからは Part A を攻略する際に覚えておきたい表現を身につけていく。

疑問詞で始まる示唆と提案

Why don't you 〜？や How [What] about 〜？といった表現は、示唆や提案の表現だ。どんな示唆や提案がなされているかを捉えることが解答の鍵になる。疑問詞から始まっているが、理由（なぜ）や方法（どのように）を聞かれているわけではないことに注意しよう。

必須表現！

Why で始まる提案の表現をまとめて確認しよう。Why don't you 〜？は相手に対する提案、Why don't we 〜？は自分達に関する提案、Why not 〜？は相手に対しても、自分達に対しても使える提案表現だ。

❶ 提案 **Why don't you 〜？**（あなたは〜してはどうですか。）
- **Why don't you** go see a movie?（あなたが映画を見に行くのはどうですか。）

❷ 提案 **Why don't we 〜？**（〜しませんか。＝ Let's 〜．（〜しましょう。））
- **Why don't we** go see a movie?（私達が映画を見に行くのはどうですか。）

❸ 示唆や提案 **Why not 〜？**（〜しないのはなぜですか。（＝〜しましょう。））
- **Why not** go see a movie?（映画を見に行くのはどうですか。）

❹ **How [What] about 〜？**（〜はいかがですか。）
- **How about** seeing a movie?（映画を見るのはどうですか。）

Why not 〜？で提案される動作の主語は前後の文で明らかになる。会話の流れをつかみ、誰に対する提案なのかを聞き取ろう。また、Why not?（どうしてだめなの？（〔だめな理由がないので〕もちろん、いいです。））は、相手からの提案に対する強い肯定の返答として使われることがある。

鬼の解答プロセス

1 Why don't you ～、Why don't we ～、Why not ～、How [What] about ～ を聞き取ったら、示唆や提案と判断する

2 示唆や提案の内容を把握する

3 示唆や提案された内容を誰が行うのかを明確にする

例題

1 MP3 004

(A) He should look for a battery at the drugstore.
(B) He can't find the battery.
(C) The battery box is open.
(D) He should find another radio.

2 MP3 005

(A) The rush hour is over.
(B) He doesn't like driving.
(C) They should wait for a while.
(D) They want to have a car.

3 MP3 006

(A) He likes the woman's cousin.
(B) She should visit her cousin.
(C) They have a cousin.
(D) The cousin is visiting them today.

解答・解説

1　解答　A　重要度 🔥🔥🔥　MP3 004

M: Where can I find a battery for my radio at this time of night?
W: Why don't you try the drugstore? It's open late.

男性：こんな夜遅い時間に、どこでラジオの電池を見つけることができるかな。
女性：薬局に行ってみたら？ 遅くまで開いているわよ。

What does the woman mean?　　　　　　　女性は何と言っていますか。
(A) He should look for a battery at the　　　(A) 男性は薬局で電池を探すべきである。
　　drugstore.
(B) He can't find the battery.　　　　　　　(B) 男性は電池を見つけられない。
(C) The battery box is open.　　　　　　　(C) 電池ボックスが開いている。
(D) He should find another radio.　　　　　(D) 男性は別のラジオを見つけるべきである。

鬼の解法　**Why don't you ～？が聞こえたら提案内容を把握せよ**

解説　電池が見つけられるかという男性の問いかけに対し、女性が Why don't you ～?（〜してはどうですか。）という表現を使って、薬局に行くことを提案している。よって正解は (A)。

2　解答　C　重要度 🔥🔥🔥　MP3 005

W: Why don't we drive downtown now?
M: How about waiting till after rush hour? It's not like we're in a hurry.

女性：これから繁華街まで、車で行かない？
男性：ラッシュアワーの後まで待つのはどう？ 急いでいるわけではないし。

What does the man mean?　　　　　　　　男性は何と言っていますか。
(A) The rush hour is over.　　　　　　　　(A) ラッシュアワーは終わっている。
(B) He doesn't like driving.　　　　　　　 (B) 彼は運転をすることが好きではない。
(C) They should wait for a while.　　　　　(C) 彼らは少し待つべきである。
(D) They want to have a car.　　　　　　　(D) 彼らは車を持ちたい。

鬼の解法　**提案に対し、別の提案を返すパターンに注意せよ**

解説　女性は目的地まで車で行くことを提案している。それに対し、男性が問題点を示しつつ、待ったほうがいいという別の提案をしている会話。正解は (C)。

3 解答 B 重要度 🔥🔥🔥 MP3 006

W: I haven't seen my cousin in ages.
M: Why not go visit her?

女性：いとこにずいぶん長い間会っていないわ。
男性：訪ねていってみたら？

What does the man imply?
(A) He likes the woman's cousin.
(B) She should visit her cousin.
(C) They have a cousin.
(D) The cousin is visiting them today.

男性は何をほのめかしていますか。
(A) 彼は女性のいとこが好きである。
(B) 女性はいとこを訪ねるべきである。
(C) 彼らにはいとこがいる。
(D) 今日はいとこが訪ねてくる。

 鬼の解法 提案された内容を実行する動作の主体を見極めよう

解説 いとこにずいぶん長い間会っていないという女性に対し、男性が実際に訪問することを提案している。Why not 〜? は、提案された内容を実行する主体をつかむことがポイント。訪ねるのは女性、訪問先はいとこの家。正解は (B)。

鬼に金棒のスコアアップポイント

動詞 sound を使った How does 〜 sound?（〜はどう聞こえる？ → 〜はどう？）という提案表現も覚えよう。

M: I'd like to get my sister a nice, practical gift for her birthday.
（妹の誕生日プレゼントに素敵で役立つものを買ってやりたいんだけど。）

W: Well, **how does** a hair dryer **sound**?
（そうね。ヘアドライヤーなんかはどう？）

この会話を聞いた時、女性は動詞 sound を使って、男性に提案をしていることに気づくことが大切だ。以下のような男性の答えが考えられるだろう。

M: That sounds OK. But her hair is pretty short, so I'm not sure if she needs one.
（よさそうだね。でも妹の髪はかなり短いから、いるかどうかわからないな。）

また、疑問文の形で後ろに形容詞を使い Does 〜 sound OK [good/bad]?（〜はよく [悪く] 聞こえますか。→ 〜はいい [だめ] ?）という聞き方もある。これに対し、Sounds good (to me). と答えれば、「いいね。」という意味になる。

■「どちらでも構わない」ことを示す表現

　Whichever you like. や It doesn't matter. といった表現は、会話のなかで選択肢を提示された際に、「どちらでもいい」ことを示す返答だ。日常生活でもよく使われるが、短いフレーズが多いので、慣れていないととまどって理解に時間がかかってしまう。耳をよく慣らしておき、即座に内容を理解できるようにしよう。

必須表現！

　「どちらでも構わない」ことを示す表現を確認しよう。**以下は基本的に 2 番目の発話者の表現として使われる。**

❶ **whichever/whatever ～**（どちらの～でも／どの～でも）
- **Whichever** you like.（あなたが好きなほうでいいです。）
- **Whatever** you prefer.（あなたがより好きなほうでいいです。）
- **Whichever** you prefer would be fine with me.（あなたが好きなほうで私は構いません。）

❷ **matter**（問題になる）
- It doesn't **matter**.（問題ではありません。）
- How we look doesn't **matter**.（どう見えるかは問題ではありません。）
- What does it **matter**?（それは何が問題ですか。（＝問題ないですね。））
- Does it **matter**?（それは問題ですか。（＝問題ではないですね。））

　その他にも difference を使った What **difference** does it make?（それで何が違うのですか。（＝どちらを選んだとしても違いはなく、どちらでもいいのではないのですか。））という表現も覚えておこう。

鬼の解答プロセス

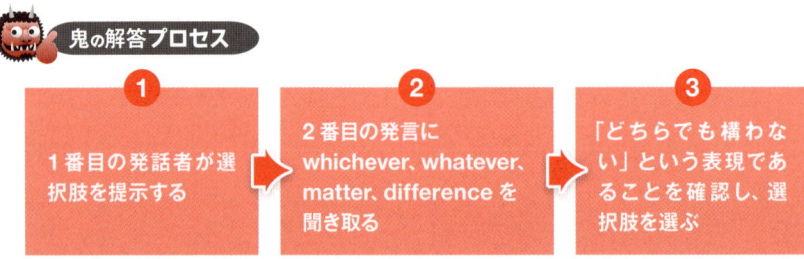

例題

1 MP3 007

    (A) Either way is all right.

    (B) Not many visitors like paying.

    (C) The cashier is in the front.

    (D) The woman should repeat the question.

2 MP3 008

    (A) Calculate how much he can save with each choice.

    (B) Find out what the matter is.

    (C) Ask for some help to make the decision.

    (D) Get the one which is convenient for him.

3 MP3 009

    (A) She wants to know the difference.

    (B) She basically thinks both are all right.

    (C) She doesn't like cheap brands.

    (D) She thinks the cheaper one works better.

解答・解説

1 解答　A　重要度 🔥🔥🔥 MP3 007

W: Should I pay you or the cashier in front?
M: Whichever you like. Are you done with these?

女性：あなたにお支払いすればいいですか、それともカウンターで払うのですか。
男性：どちらでも結構です。もう（お食事は）お済みですか。

What does the man imply?
(A) Either way is all right.
(B) Not many visitors like paying.
(C) The cashier is in the front.
(D) The woman should repeat the question.

男性は何をほのめかしていますか。
(A) どちらの方法でもよい。
(B) 多くの訪問者は払うのが好きではない。
(C) レジは前にある。
(D) 女性は質問を繰り返すべきだ。

鬼の解法　Whichever you like. は相手に決断を委ねている

解説　Whichever you like. は「あなたが好きなほうのどちらでも（よい）」。つまり相手に好きなほうを選んでいいと選択を委ねている。正解は (A) だ。礼儀正しく言っているのか、無関心でぶっきらぼうに言っているのかの違いは声のトーンで聞きわけられるだろう。

2 解答　D　重要度 🔥🔥🔥 MP3 008

M: Should I buy the ten-pound bag of potatoes or the five-pound bag?
W: What does it matter? You won't save any money on the larger size.

男性：ジャガイモ 10 ポンド入りと、5 ポンド入り、どちらを買うべきかな。
女性：どっちでもいいんじゃない？ 大きいほうを買っても節約にはならないわ。

What does the woman imply the man should do?
(A) Calculate how much he can save with each choice.
(B) Find out what the matter is.
(C) Ask for some help to make the decision.
(D) Get the one which is convenient for him.

女性は男性が何をするべきだとほのめかしていますか。
(A) それぞれの選択肢でいくら節約できるのか計算する。
(B) 問題は何か探す。
(C) 決断を下すのに助けを呼ぶ。
(D) 自分に便利なほうを買う。

鬼の解法　matter が聞こえたら「どうしたの？」か「気にしなくていい」のどちらかと考えよ

解説　What's the matter? なら「問題は何か。（＝どうしたの？）」という疑問を意味し、What does it matter? なら「それは何が問題なの？（＝特に問題はないので気にしなくていい。）」という意味になる。どちらの用法も頻出なので、しっかりと聞きわけたい。正解は (D)。

3 解答 B 重要度 🔥🔥🔥 MP3 009

M: I can't decide which brand of toothpaste to buy.
W: What difference does it make? Each does the same job. Let's just get the cheaper one.

男性：どちらの歯磨き粉を買えばいいのか決められないよ。
女性：何が違うの？ どちらも役に立つんでしょ。安いほうにしましょう。

What does the woman imply?	女性は何をほのめかしていますか。
(A) She wants to know the difference.	(A) 違いが知りたい。
(B) She basically thinks both are all right.	(B) 基本的にどちらでもよいと思っている。
(C) She doesn't like cheap brands.	(C) 安いブランドは好きではない。
(D) She thinks the cheaper one works better.	(D) 安いほうが役に立つと思っている。

鬼の解法 difference が聞こえたら、基本的には「違いはない」が解答

解説 What difference does it make? を文字通り違いについて聞いている文と解釈すると正解は選べない。「何の違いがあるのか」→「違いはない」という2ステップで理解しよう。正解は (B)。

🔥 鬼に金棒のスコアアップポイント

リスニングの際に、whichever/whatever 〜（どちらの〜でも／どの〜でも）は聞き取りやすく、意味もわかりやすいはずだ。難しいのは matter や difference などを含む文で、本当に情報が欲しくて聞いている場合（What's the matter? どうかしましたか。）と、皮肉や反対を示しており、どちらでもいいというニュアンスを含んだ場合の聞きわけだろう。

例えば Does it matter? は疑問文だが、日常生活では Yes/No の答えを期待した質問ではく、「それは問題ですか。（＝それは大きな問題ではないですよね。）」という意味になる。

また、まったく同じ文でも、流れやトーンによって、相手に情報を聞く質問文になったり、あるいは嫌味を伝えたりする文になる。What are you talking about?（何てことを言っているの？）が質問にも否定にもなるのは日本語でも英語でも同じだ。

全体的な話の流れやの声のトーンにも注意しながら、話し手の意図を聞き取ろう。

■ 相手に同意する表現

相手に同意を示す際の慣用表現を覚えよう。短いフレーズでさらっと話された際に、意味を考え込んでしまうと正解にはたどり着けない。まずはそれが慣用表現だと気づくことが正解するための第一歩なので、決まった表現に慣れることが重要だ。

必須表現！

相手に同意する英語表現には様々なものがある。文字通りに訳そうとすると意味を理解できないことがあるため、慣用的な意味をそのまま覚えてしまおう。

❶ **I couldn't agree with you more.**
（あなたにこれ以上賛成することはできない。→ 手放しで賛成です。）

❷ **You said it!** （よく言った！）

❸ **I'll say!** （私が言います（それくらい正しい）。→ その通りだ。）

❹ **You can say that again.** （それをもう一度言ってもいい（くらい正しい）。→ まったくその通りだ。）

❺ **You're telling me!** （あなたが私に教えている。→ 私はもうよくわかっています。）

❻ **I'll second that.** （賛成します。）

この second は動詞で「賛成する、支持する」という意味。

大賛成だという自分の意思表示の場合もあれば、あいづち程度の意味で、会話のなかでは強調されないこともある。どちらにしても同意を示していることがわかるようにしっかりと慣れておこう。

鬼の解答プロセス

1	2	3
学習段階で、同意を表す慣用表現を覚える	問題で、2番目の発話者の発言に同意表現を聞き取る	最初の発話者の発言内容をもとに、何に賛成、同意していたかをつかむ

例題

1 [MP3 010]

　　(A) She doesn't agree with the man.
　　(B) She agrees with the man's opinion.
　　(C) She is excited to learn new things.
　　(D) She is confused with what he says.

2 [MP3 011]

　　(A) It's interesting.
　　(B) It's doable.
　　(C) It's reasonable.
　　(D) It's rigorous.

3 [MP3 012]

　　(A) He strongly agrees with the woman.
　　(B) He has a different impression about Barry.
　　(C) He thinks Barry is elegant.
　　(D) He couldn't hear what she said.

解答・解説

1 解答 B 重要度 🔥🔥🔥 MP3 010

M: I wish we didn't have to learn the metric system. It seems so confusing.
W: I couldn't agree with you more. But we don't have a choice here, do we?

男性：メートル法を習わなくてよければいいのに。とても複雑そう。
女性：本当にそうね。でも (習わないという) 選択肢はないんでしょ？

What does the woman imply? 女性は何をほのめかしていますか。
(A) She doesn't agree with the man. (A) 男性には賛成しない。
(B) She agrees with the man's opinion. (B) 基本的に男性の意見に賛成だ。
(C) She is excited to learn new things. (C) 新しいことを学ぶのにわくわくしている。
(D) She is confused with what he says. (D) 男性が言うことに困惑している。

鬼の解法　否定を使った肯定表現を見抜け

解説　女性の発言 I couldn't agree with you more. は、否定形を用いた表現だが、相手の発言への強い支持を示している。同じく否定形を用いた文 I don't agree with you.（あなたには賛成できない）とはまったく異なる意味になるので注意が必要だ。正解は、男性の意見への賛成を表している (B)。

2 解答 D 重要度 🔥🔥🔥 MP3 011

M: The amount of reading we're doing for this course is unbelievable.
W: You're telling me! I stayed up all night but still haven't gotten through everything yet.

男性：この科目のリーディング量は信じられない。
女性：まったくよ。これのために一晩中起きてたけど、まだ終わらないわ。

What does the woman imply about the reading? 女性はリーディングについて何をほのめかしていますか。
(A) It's interesting. (A) 興味深い。
(B) It's doable. (B) できる。
(C) It's reasonable. (C) 適量だ。
(D) It's rigorous. (D) 厳しい。

鬼の解法　直訳ではわからない慣用表現に注意

解説　You're telling me! を文字通り「あなたが私に教えている。」と解釈しては、正解は導けない。この表現は「あなたに教えてもらわずとも、あなたが言っていることは私自身よくわかっている。」という意味で、相手の発言への同意を表している。(D) が正解。

3 解答 A 重要度 🔥🔥🔥 MP3 012

W: Sharing an office with Barry must require a great deal of patience.
M: You said it! His arrogance gets on my nerves quite often.

女性：バリーと職場にいるにはずいぶん我慢しなければならないでしょうね。
男性：そうなんです。彼の傲慢な態度にはしょっちゅういらいらします。

What does the man imply?

(A) He strongly agrees with the woman.
(B) He has a different impression about Barry.
(C) He thinks Barry is elegant.
(D) He couldn't hear what she said.

男性は何をほのめかしていますか。

(A) 女性に強く賛成している。
(B) バリーに対して違う印象を持っている。
(C) バリーは上品だと思っている。
(D) 女性が何と言ったか聞こえなかった。

鬼の解法　短い同意表現を聞き逃すな

解説 短い同意表現は会話のなかで強調されず、それゆえ聞き取りが非常に難しい。少しずつ慣れていこう。You said it! は、「よく言った！」という意味の同意表現。正解は (A)。

鬼に金棒のスコアアップポイント

否定語を含む以下の同意表現も覚えておこう。

❶ W: It'd be nice if we could have a three-day weekend.
（週末の休みが3日あればいいのに。）

　 M: **Wouldn't it!**
（そうだよね。）

❷ M: I was lucky to get a ticket to the ballet.
（バレエのチケットが取れて僕は本当に幸運だったよ。）

　 W: **Weren't you, though?**
（そうね。）

❷のように、強調するために though や ever がつくこともある。リスニング時には一瞬で終わる短い表現だが、同意表現だと見抜き、正解を導きだせるようにしよう。

■ 感嘆・驚きを表す表現

Really?（本当ですか?）のように、疑問文の形で相手の発言に対し確認する表現は、裏にある感嘆や驚きの意味をつかむことが重要だ。省略形で表現されることが多いので、聞き取りに注意しよう。

必須表現！

❶「え、本当?」という意味の確認表現

「え、本当?」の意味で使われる表現は、発言が本当かどうかを知りたいわけではなく、驚きを表している。驚いていることを考慮して、選択肢を探そう。

- Really?（本当ですか。）　・For sure?（本当に?）

❷ 代名詞＋ be 動詞［助動詞］? による確認表現

相手の発言を聞き返す時に、代名詞＋ be 動詞［助動詞］? で語尾をあげ、確認の意味を表すことができる。

- You look beautiful today.（今日はとてもきれいに見えるよ。）　**I do?** ↗（え、そう?）
- They went to the library.（彼らは図書館に行ったよ。）　**They did?** ↗（え、そうなの?）
- James doesn't work very hard.（ジェームスはあまり熱心に働かないね。）
  He doesn't?（え、そうなの?）↗

鬼の解答プロセス

1. 2番目の発話者による確認の疑問文を聞き取る（場合によっては、「予想と違う」といった意味の文が続くこともある）

2. 感嘆や驚きを表すことを反映した選択肢を選ぶ

例題

1

(A) She does not need him to give back the book.
(B) She is happy to lend him the book.
(C) She wants to know if he had finished reading it.
(D) She is surprised at his behavior.

2

(A) He was too busy to take the test.
(B) He is surprised to hear what she said.
(C) He is worried that he missed the test.
(D) He is amazed that the test was easy.

解答・解説

1 解答 D 重要度 🔥🔥🔥 MP3 013

M: Thanks, Anne. Here's the photography book you lent me.
W: Finished already?

男性：ありがとう、アン。この間貸してくれた写真集だよ。
女性：もう終わったの？

What does the woman imply?

(A) She does not need him to give back the book.
(B) She is happy to lend him the book.
(C) She wants to know if he had finished reading it.
(D) She is surprised at his behavior.

女性は何をほのめかしていますか。

(A) 男性は本を返さなくていい。
(B) 男性に本を貸してよかった。
(C) 男性が読み終えたのか知りたい。
(D) 男性の行動に驚いている。

鬼の解法　2番目の発話者による省略形の確認疑問文の意味は「驚き」「感嘆」

解説　本来であればAre you finished already?になるはずだが、実際に読み終わったかどうかを聞きたいわけではなく、「え、本当？」というニュアンスの驚きを示すだけなので、省略形になっている。正解は(D)だ。

2 解答 B 重要度 🔥🔥🔥 MP3 014

W: Hey Jack, you did very well on the test last week.
M: I did? I wasn't sure. The questions seemed a bit tough.

女性：まぁ、ジャック、先週のテストよくできていましたよ。
男性：本当ですか。自信がなかったのです。設問が少し難しかったように感じました。

What does the man mean?

(A) He was too busy to take the test.
(B) He is surprised to hear what she said.
(C) He is worried that he missed the test.
(D) He is amazed that the test was easy.

男性は何と言っていますか。

(A) 忙しすぎてテストを受けられなかった。
(B) 女性が言ったことに驚いている。
(C) テストを受けなかったことを心配している。
(D) テストが簡単だったことに驚いている。

鬼の解法　省略形の確認疑問文の様々な形に慣れよ

解説　代名詞＋be動詞[助動詞]？は、1番目の発話者の発言内容によって様々に形を変え、驚きの意味を示す。現在完了形(She has?)や助動詞の否定形(You won't?)など、あらゆる形に慣れ、瞬時に判断できるようになっておこう。正解は(B)。

Listening Comprehension ▶ Part A

Day 2　日常会話表現 2

■ mind を使った許可を求める表現

　mind は名詞で「心」、動詞で「気にする、嫌だと思う」という意味。1 番目の発話者が mind を使う会話では、その応答が肯定か否定のどちらになるかを理解するために、肯定と否定の定型表現を把握しておくことが大切だ。

必須表現！

　mind を使った許可を求める表現と、それに対する応答の表現を覚えておこう。

1番目の発話者（許可を求める）	2番目の発話者（応答）
❶ 自身がしたい行動についての許可を得る場合 • Do you mind if I ～ ? （私がもし～したら、あなたは気にしますか。 →（私が）～してよいですか。） • **Do you mind if** I turn on the light? （電気をつけてもよいですか。） ❷ 相手に行動を求める場合 • Do you mind *do*ing? （あなたは～するのを気にしますか。→ ～してくださいませんか。） • **Do you mind turning** on the light? （電気をつけてくださいませんか。）	❶ 肯定の応答 • Not at all. （まったく（気に）しません。→ いいですよ。） • Of course not. （もちろん（気に）しません。→ もちろんいいですよ。） ❷ 否定の応答 • Please don't.（やめてください。） • I would rather you didn't. （しないほうがいいです。） • I would rather not. （しないほうがいいです。）

鬼の解答プロセス

1　1番目の発言で Do you mind を聞き取ったら許可を求める文だと考える

2　誰がどんな行動に対する許可を得たいのか内容を把握する

3　2番目の発話者の応答が肯定か否定かを確認する

例題

1 MP3 015

(A) She is happy to lend the man her phone.
(B) She is angry about his request.
(C) She is using her cell phone.
(D) She is surprised by his phone call.

2 MP3 016

(A) Close the windows with care.
(B) Open the windows slowly.
(C) Leave the windows as they are.
(D) Shut the windows.

3 MP3 017

(A) She needs to make up her mind.
(B) She wants to watch TV together.
(C) She has finished studying.
(D) She wants the man to refrain from watching TV.

解答・解説

1 解答 **A** 重要度 🔥🔥🔥 MP3 015

M: Do you mind if I use your phone?
W: Of course not.

男性：電話をお借りしてもよろしいでしょうか。
女性：もちろんいいですよ。

What does the woman mean?
(A) She is happy to lend the man her phone.
(B) She is angry about his request.
(C) She is using her cell phone.
(D) She is surprised by his phone call.

女性は何と言っていますか。
(A) 快く男性に電話を使わせてあげる。
(B) 男性の要望に怒っている。
(C) 自分の携帯電話を使っている。
(D) 男性の電話に驚いている。

鬼の解法 Do you mind if ～？が聞こえたら要望の内容と応答を把握せよ

解説 電話をお借りしてもよろしいでしょうかと丁寧にたずねる男性に、女性は「もちろん（気に）しません。」と応答することで「使っていい」という許可を与えている。よって正解は (A)。

---

2 解答 **C** 重要度 🔥🔥🔥 MP3 016

W: It's a little hot in here. Do you mind leaving the windows open?
M: Not at all.

女性：ここは少し暑いですね。窓を開けたままにしておいていただけますか。
男性：もちろんいいですよ。

What is the man going to do?
(A) Close the windows with care.
(B) Open the windows slowly.
(C) Leave the windows as they are.
(D) Shut the windows.

男性がこれからすることは何ですか。
(A) 気をつけながら窓を閉める。
(B) そっと窓を開ける。
(C) 窓をそのままにしておく。
(D) 窓を勢いよく閉める。

鬼の解法 Do you mind doing? が聞こえた場合も要望の内容と応答を把握せよ

解説 1番目の話者により、暑いという情報とともに、窓を開けたままにしておいてほしいという要望が伝えられる。これから窓を開けるのではなく、今すでに開いている状態で、そのままにしておくことが伝えられるのは (C)。leave ～ ... で「～を…の状態のままにしておく」。

3 解答 D 重要度 🔥🔥🔥 MP3 017

M: Do you mind if I watch TV?
W: I would rather you didn't. I'm trying to study here.

男性：テレビを見てもいいですか。
女性：できればよしていただきたいです。私はここで勉強しようとしているので。

What does the woman mean?
(A) She needs to make up her mind.
(B) She wants to watch TV together.
(C) She has finished studying.
(D) She wants the man to refrain from watching TV.

女性は何と言っていますか。
(A) 決心をする必要がある。
(B) 一緒にテレビが見たい。
(C) 勉強が終わった。
(D) 男性にテレビを見るのを控えてほしいと思っている。

鬼の解法　I would rather you didn't. は相手の行動を制限する表現

解説 テレビを見てもいいかという男性の問いかけに、女性は I would rather you didn't.（見ないほうがいい。）と答え、さらに自分はここで勉強をするという理由をつけ加えている。よって正解は (D)。refrain from *doing*（〜するのを控える）もあわせて覚えよう。

鬼に金棒のスコアアップポイント

　mindを使った許可を求める表現では、より丁寧な **Would you mind if I〜？（私が〜しても構いませんか。）** や **Would you mind *doing*?（〜していただけませんか。）** も頻出。応答は Do you mind 型と同じく、Of course not. なら「もちろん（気に）しない。」という意味で、許可、I would rather not. あるいは I would rather you didn't. なら「しないほうがいいです。」という意味で、不許可と解釈できる。**どちらも否定を使った表現だが混乱しないように。**疑問文で聞かれているのは、ある行動に対して相手が気にするかどうかという点だ。返答として、話の受け手がそれを気にしない場合は「（私が）気にしない」ことが示され、気にする場合は「（あなたがその行動を）しないほうがよい」ことが示されるので、どちらも否定表現を使う。

「気にするか」→ No (Not at all., Of course not.)
　　　　　　 → 話し手の真意：「やっていい」
「気にするか」→ Yes (I would rather not., I would rather you didn't.)
　　　　　　 → 話し手の真意：「しないでほしい」

　注意すべきことは「やっていい」（許可）や「しないでほしい」（不許可）はそれぞれ会話の流れから読み取れるもので、実際には省略されることが多い点だ。1番目の発話者の質問内容と、2番目の発話者の反応を合わせて理解し、正答を導きだそう。

■ care を使った応答

care は名詞で「注意」、動詞で「気にする」という意味。~ couldn't care less (~はまったく気にしていない) をはじめとして、「気にしない」ことを示す応答が問題を解く鍵になることがある。おもに1番目の発話者が否定的な情報を示した時に、2番目の発話者が使う表現であることも頭に入れておくといい。

必須表現!

care を使った頻出表現には、疑問文でも強い否定を表すものがある点に注意だ。

❶ ~ couldn't care less. (~は今より気にしないことはない。→ 今でもまったく気にしていない。)
- I **couldn't care less**. (まったく気にしていません。)

❷ Why should ~ care? (なぜ~が気にするべきなの?→ 放っておいて。)
- **Why should** you **care**? ((あなたは関係ないのだから) 放っておいて。)

❸ Who cares about ~ ? (誰が~について気にするの?→ 誰も~について気にしない。)
- **Who cares about** him? (彼がどうなろうと誰も気にしません。)

鬼の解答プロセス

1 2番目の話者の発言で care を聞き取る → **2** care とともに否定を表す単語か疑問詞があるか確認する → **3** 2番目の発話者が、何を「気にしない」のか考える

例題

1 [MP3 018]

(A) She is annoyed by Bill talking about her.
(B) She is not paying attention to Bill's behavior.
(C) She thinks Bill is wrong.
(D) She spreads rumors carefully.

2 [MP3 019]

(A) He'd like the notebook to be purple.
(B) He wants to use pink notebooks.
(C) He cares about the shop.
(D) He can do with what is available.

解答・解説

1 解答 **B**　重要度 🔥🔥🔥　MP3 018

M: Bill's spreading rumors about you.
W: I couldn't care less.

男性：ビルが君の噂を広げているよ。
女性：まったく気にならないわ。

What does the woman imply?　女性は何をほのめかしていますか。

(A) She is annoyed by Bill talking about her.
(B) She is not paying attention to Bill's behavior.
(C) She thinks Bill is wrong.
(D) She spreads rumors carefully.

(A) ビルが自分のことを話すことにいらだっている。
(B) ビルの行動に注意を払っていない。
(C) ビルは間違っていると思う。
(D) 慎重に噂を広げる。

鬼の解法　couldn't care less は「まったく気にならない」という意味

解説　男性が否定的な情報を伝えているが、女性は I couldn't care less.（今より気にしないことはない。→ 今でもまったく気にしていない。）と強い否定で応答している。よって正解は (B)。

---

2 解答 **D**　重要度 🔥🔥🔥　MP3 019

W: The store only had purple notebooks left.
M: No big deal. Who cares about the color?

女性：店には紫色のノートしか残ってなかったわ。
男性：たいした問題ではないよ。色なんて誰も気にしない。

What does the man imply?　男性は何をほのめかしていますか。

(A) He'd like the notebook to be purple.
(B) He wants to use pink notebooks.
(C) He cares about the shop.
(D) He can do with what is available.

(A) ノートは紫色にしたい。
(B) ピンクのノートを使いたい。
(C) その店を気にしている。
(D) 手に入るもので済ませる。

鬼の解法　Who cares about ～？（誰が～について気にするの？）
＝ No one cares about ～ .（誰も～なんて気にしない。）

解説　女性の心配に対して男性は No big deal. と前おきし、Who cares about ～？と続けている。つまり男性は女性が入手したもので満足であると伝えているので正解は (D)。do with ～は「～で済ます」、do without ～は「～なしで済ます」という意味。

Day 2

解答の鍵になる否定表現

🔲 注意すべき否定表現

否定形を聞き取るのは非常に難しい。can と can't の違いなど、語尾の微妙な差はかなり練習しなければ、完全に反対の意味に取ってしまうこともあるので注意が必要だ。

必須表現！

否定の表現は多様なので、多くの問題にふれて慣れることが重要だ。

❶ not の短縮形 (n't)

会話において not は前の be 動詞や助動詞とつながって短縮形になる。n't の n' しか聞こえず、t の音は消えるので注意が必要だ。

❷ not 以外の否定表現

- never（決して～ない、一度も～ない）→ 強い否定

  Tom said that they had **never** had so much snow in this area before.
  （トムはこれまでこの地区でそんなにたくさんの雪がふったことは一度もないと言った。）
  ≒ There was more snow than usual.（いつもより多くの雪がふった。）

- hardly（ほとんど～ない）→ 準否定

  I **hardly** know him. ≒ I do not know him well.
  （彼のことはほとんど知らない。）

  その他、rarely（めったに～ない）、seldom（めったに～ない）なども覚えておこう。

- 否定の接頭辞（in-/im-/un-/anti-）

  The talk was very **uninformative**.
  ≒ The talk did not provide us with much information.
  （その話はあまり情報価値のないものだった。）

  「イン」や「アン」といった音を冠詞の an と間違えないようにしよう。

❸ 二重否定＝肯定

Your situation is **not unlike** that of many other residents.
≒ Many other residents are in the same situation as you.
（君の状況は他の多くの住人と違うことはない（＝同じだ）。）

鬼の解答プロセス

1. 否定表現を聞き取る → 2. 否定の種類（準否定、二重否定など）を聞きわける → 3. 文全体の内容を把握する

例題

1 [MP3 020]

(A) He wants to book a seat for a train.
(B) He is having trouble locating a book he wants.
(C) He finally found a book that he has always wanted.
(D) He has never looked for the book at a store.

2 [MP3 021]

(A) She didn't get some of them.
(B) She has no money to buy them.
(C) All books should be purchased.
(D) All books should be affordable.

3 [MP3 022]

(A) They were lucky to get a lot of snow recently.
(B) They always have a lot of snow in their region.
(C) The area rarely gets that much snow.
(D) The area has never witnessed as much snow as the woman mentioned.

解答・解説

1 解答 **B** 重要度 🔥🔥🔥

M: I've been to several bookstores, but I can't find that new book on railroads.
W: You can always have one of them order a copy for you.

男性：いくつかの本屋に行ってみたんだけど、例の鉄道に関する新刊が見つからないんだ。
女性：どこの店でも注文できるわよ。

What does the man mean?
(A) He wants to book a seat for a train.
(B) He is having trouble locating a book he wants.
(C) He finally found a book that he has always wanted.
(D) He has never looked for the book at a store.

男性は何と言っていますか。
(A) 電車の席を予約したい。
(B) 欲しい本を探すのに手間どっている。
(C) ずっと欲しかった本をとうとう見つけることができた。
(D) 本屋でその本を探したことがない。

鬼の解法　助動詞とリンクした n't を聞き取れ

解説 can't は can の後に少し詰まった感じの音がする。語尾の違いまで聞き取れるよう集中しよう。男性は、鉄道に関する本を探しており、それがなかなか見つからないと愚痴をこぼしているので、正解は (B) だ。

2 解答 **C** 重要度 🔥🔥🔥

M: The reading list for my history course is so long. I can't afford to buy all those books.
W: From what I've heard about Professor Harris, you can't afford not to get them.

男性：歴史コースのリーディングリストはとても長いんだ。すべての本を買うお金がないよ。
女性：ハリス教授について聞いたところによると、絶対買わなければいけないんだって。

What does the woman say about the books?
(A) She didn't get some of them.
(B) She has no money to buy them.
(C) All books should be purchased.
(D) All books should be affordable.

女性は本について何と言っていますか。
(A) そのうち、いくつかは入手しなかった。
(B) それらを買うお金がない。
(C) すべての本を買うべきだ。
(D) すべての本が手ごろ（な値段）であるべきだ。

鬼の解法　二重否定は強い肯定

解説　2つの否定語が発話され、それが肯定の意味になる難易度の高い問題。女性の発言 you can't afford not to get them（買わないことはできない）に否定語が2つあり、肯定の意味になる。正解は (C)。

3　解答　**C**　重要度 🔥🔥🔥　MP3 022

W: Do you ever get over a foot of snow here?
M: Hardly ever. But I heard this year will be different.

女性：ここで1フィート以上の深さの雪はふりますか。
男性：ほとんどふったことはないよ。でも今年はちょっと違うと聞いているけどね。

What does the man imply?　　　　　　　男性は何をほのめかしていますか。

(A) They were lucky to get a lot of snow recently.
(B) They always have a lot of snow in their region.
(C) The area rarely gets that much snow.
(D) The area has never witnessed as much snow as the woman mentioned.

(A) 最近たくさんの雪がふる幸運に恵まれた。
(B) 彼らの地区ではいつもたくさんの雪がふる。
(C) その地区ではそんなに多くの雪はめったにふらない。
(D) その地区は女性が言うほどの多くの雪を経験したことはない。

鬼の解法　not 以外の否定表現を聞き逃すな

解説　hardly は文法問題でもよく出題される副詞である。ever が聞こえなくても hardly で意味が理解できる。「雪がふるか」の質問に対しての否定、しかし全否定ではないというところまで聞き取り、正解 (C) にたどり着こう。

鬼に金棒のスコアアップポイント

否定語はネイティブ同士でも聞き取りづらい場合があり、You can? Or you can't? と相手が言ったことをその場でわざわざ確かめる場面もあるくらいだ。前後の会話の流れをしっかりと押さえ、発話者の声のトーンも判断材料にしよう。試験対策としては、特に②「not 以外の否定表現」に反応できるように慣れておこう。

■ likely と unlikely

　likely と unlikely は、ある出来事が起きるか起きないかの質問に対する回答に用いられることが多い。主語＋ be 動詞＋ likely to *do*（主語は〜しそうである）が正式な形だが、**問題では likely あるいは unlikely のみが登場し、主語や動詞が省略されるパターンがねらわれる。**

必須表現！

　会話のなかで主語や動詞が省略されていても、1番目の発話者の内容をよく思い出して正解を導こう。

❶ **most likely**（きっと〜だろう）
- James is **most likely** to take the offer.
（ジェームスはおそらくそのオファーを受けるだろう。）

❷ **not likely**（= **unlikely**）（〜しそうにない）
- It is **not likely** to happen.（= It is **unlikely** to happen.）（起こりそうにない。）

鬼の解答プロセス

1. 2番目の発言に likely や unlikely を聞き取る
2. 2番目の発言が、肯定か否定かを確認する
3. 何が「ありそう」か「ありそうにない」かを考える

例題

1 [MP3 023]

(A) She will probably take physics.
(B) She has not decided yet.
(C) She is unsure about the physician.
(D) She likes physics the most.

2 [MP3 024]

(A) The conference will not be about accounting.
(B) A cancellation notice will be made soon.
(C) The class will probably be held as usual.
(D) She does not like the class.

解答・解説

1 解答 **A** 重要度 🔥🔥🔥 MP3 023

M: Are you taking physics next term?
W: Most likely.

男性：来学期、物理学を履修するの？
女性：たぶん、（履修）するわ。

What does the woman mean?
(A) She will probably take physics.
(B) She has not decided yet.
(C) She is unsure about the physician.
(D) She likes physics the most.

女性は何と言っていますか。
(A) おそらく物理学を履修する。
(B) まだ決めていない。
(C) その医者についてはよく知らない。
(D) 物理学が最も好きである。

> 🔥 **鬼の解法** most likely は強い肯定。1 番目の発言から何がありうるか考えよ

解説 physics（物理学）、term（学期）とあるので履修科目についての会話だと推測できる。男性の質問に対し、Most likely. で非常にシンプルに強い肯定を示し答えている。正解は (A)。(C) の physician は「医師」という意味だ。

---

2 解答 **C** 重要度 🔥🔥🔥 MP3 024

M: Do you think Professor Simpson will cancel class on account of the special conference?
W: Not likely.

男性：シンプソン教授は特別な学会にでかけるので授業を休講にすると思う？
女性：しないと思うわ。

What does the woman imply?
(A) The conference will not be about accounting.
(B) A cancellation notice will be made soon.
(C) The class will probably be held as usual.
(D) She does not like the class.

女性は何をほのめかしていますか。
(A) その学会は会計に関するものではない。
(B) 休講のお知らせがもうすぐでるだろう。
(C) その授業おそらくはいつも通り行われるだろう。
(D) 彼女はその授業が好きではない。

> 🔥 **鬼の解法** not likely は弱い否定。1 番目の発言から何がありえないか考えよ

解説 likely の否定形 not likely は弱い否定だ。女性が休講にしないと思うと言っているので、正解は (C)。not likely は unlikely と同じ意味だと瞬時に理解できることが大切だ。

■ so と neither

　so と neither は、So [Neither] ＋助動詞＋主語．で、「主語もまた〜だ［〜でない］。」という意味の応答表現に使う。1番目の発言が肯定文であれば so を使った応答、否定文であれば neither を使った応答になる。助動詞は前の発話者の文と同じものを使う。主語が1人称（私）の場合の基本表現、So am I.、So do I.、So did I. を中心に様々な助動詞と人称代名詞の組み合わせに慣れ、聞き取った時に瞬時に理解できるようにしておこう。主語には人称代名詞ではない一般名詞を入れることもできる。

必須表現！

❶ So ＋助動詞（do、does、will など）＋主語．、So ＋ be 動詞＋主語．

A：I am tired.（疲れたなあ。）：肯定文
B：**So am I.**（私も（疲れている）。）（＝ Me too.）

❷ Neither ＋助動詞（do、does、will など）＋主語．

A：Daniel doesn't like his father.（ダニエルは父親が好きじゃないんだ。）：否定文
B：**Neither does his sister.**（ダニエルの妹もそう。（＝好きじゃない。））

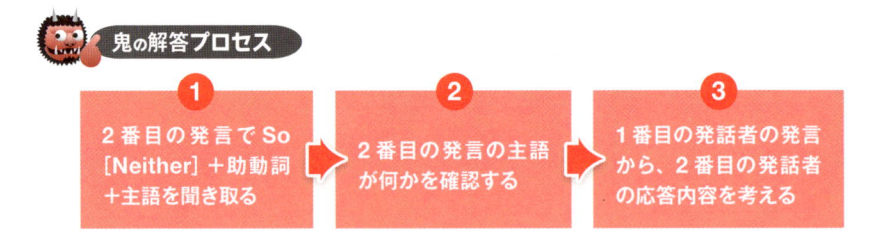

鬼の解答プロセス

1 2番目の発言で So [Neither] ＋助動詞＋主語を聞き取る → **2** 2番目の発言の主語が何かを確認する → **3** 1番目の発話者の発言から、2番目の発話者の応答内容を考える

例題

1 MP3 025

(A) She thinks they are all fantastic.
(B) She has not read any of them.
(C) She is interested in one of them.
(D) She is not fond of them.

2 MP3 026

(A) The woman should have put her coat on.
(B) The woman's boots do not look dirty.
(C) The woman is being a little moody.
(D) The woman's coat also has mud on it.

解答・解説

1 解答 **D** 重要度 🔥🔥🔥 MP3 025

M: I don't care much for those stories.
W: Neither do I.

男性：その物語はあまり好きじゃないな。
女性：私も好きではないわ。

What does the woman say about the stories?   女性は物語について何と言っていますか。

(A) She thinks they are all fantastic.   (A) どれもすばらしいと思う。
(B) She has not read any of them.   (B) どれも読んだことがない。
(C) She is interested in one of them.   (C) それらのうちの1つに興味がある。
(D) She is not fond of them.   (D) それらが好きではない。

鬼の解法　肯定か否定かを捉え、何について肯定あるいは否定しているかをつかめ

解説　物語に対し否定的な意見を述べた男性に、女性は「私もまたそうではない。」と同調している。よって正解は (D)。be fond of ～ は「～が好きだ」という意味。

---

2 解答 **D** 重要度 🔥🔥🔥 MP3 026

W: My boots certainly got muddy today.
M: So did your coat.

女性：今日、私のブーツは泥だらけだわ。
男性：コートもそうだよ。

What does the man imply?   男性は何をほのめかしていますか。

(A) The woman should have put her coat on.   (A) 女性はコートを着るべきだった。
(B) The woman's boots do not look dirty.   (B) 女性のブーツは汚く見えない。
(C) The woman is being a little moody.   (C) 女性は少し感情的になっている。
(D) The woman's coat also has mud on it.   (D) 女性のコートにも泥がついている。

鬼の解法　様々な形の So ＋助動詞＋主語. に慣れよ

解説　男性の発言は肯定文で so が使われており、コートも泥だらけであることがわかるので、正解は (D)。このように、主語は人称代名詞以外になることもある。

Listening Comprehension ▶ Part A

Day 3 ニュアンスを伝える表現

◻ if や unless を使った表現

　if を用いた要注意表現には直説法と仮定法があり、仮定法の聞き取りは直説法よりも難しい。実際に起こること、起こったことは何なのかを考え、その裏にある話者の意図を読み取ろう。なお、if や unless を用いた表現は 2 番目の発言に現れることが多い。

必須表現！

　if や unless が含まれる表現を確認しよう。

❶ if (only if 〜、if only 〜)

- 直説法「もし〜なら、…である」

  If it is sunny, we can go hiking. (もし晴れるなら、ハイキングに行くことができる。)

- 仮定法過去 (現在の事実とは反対の事柄を示す)

  If it was sunny, we could go out.
  (もし晴れていれば、でかけることができるのに。(→実際には晴れていないので、でかけることができない。))

  If only I knew the professor's e-mail address, I would be able to contact him now.
  (もし教授のメールアドレスを知っていたら、今彼に連絡を取ることができるのに。(→実際には教授のメールアドレスを知らないので、今彼に連絡を取ることができない。))

- 仮定法過去完了 (過去の事実とは反対の事柄を示す)

  If it had been sunny, we could have gone out.
  (もし晴れていたなら、でかけることができたのに。(→実際には晴れていなかったので、でかけることができなかった。))

❷ unless (= if not)

　Unless it is raining, we can go hiking.
　(雨がふっていなければ、ハイキングに行くことができる。)

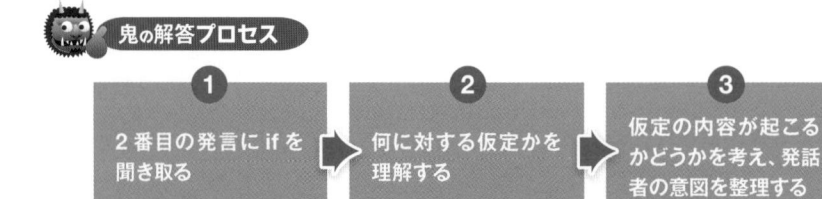

鬼の解答プロセス

1 2 番目の発言に if を聞き取る ▶ **2** 何に対する仮定かを理解する ▶ **3** 仮定の内容が起こるかどうかを考え、発話者の意図を整理する

例題

1 [MP3 027]

(A) She prepares light meals for the family.
(B) She wishes the weather was nicer.
(C) She agrees to go on a certain condition.
(D) She does not think the park is beautiful.

2 [MP3 028]

(A) The woman should prepare for the test.
(B) The woman should enjoy skiing tomorrow.
(C) The man wants to be the woman.
(D) The man should remember the big test.

3 [MP3 029]

(A) Join the party.
(B) Follow the original plan.
(C) Cancel the speech.
(D) Eat dinner in the dorm.

4 [MP3 030]

(A) Store them in her bookshelf.
(B) Give the notebooks to the man if he is interested.
(C) Keep them because they are new.
(D) Buy more notebooks.

解答・解説

1 解答　C　重要度 🔥🔥🔥　MP3 027

M: It's beautiful outside. Would you like to go to the park and have a picnic lunch?
W: Only if you make the sandwiches for the kids.

男性：外はいい天気だね。公園に行ってピクニック式の昼食にしない？
女性：あなたが子供のためにサンドイッチをつくってくれるならね。

What does the woman mean?
(A) She prepares light meals for the family.
(B) She wishes the weather was nicer.
(C) She agrees to go on a certain condition.
(D) She does not think the park is beautiful.

女性は何と言っていますか。
(A) 家族に軽食を準備する。
(B) もっと天気がよければよかったのにと思っている。
(C) ある条件のもとで行ってもいいと同意している。
(D) 公園がきれいだと思わない。

鬼の解法　only if は条件つきの同意であると心得よ

解説 女性の真意は「子供のためのサンドイッチをつくってくれないなら行かない」ということ。よって、条件をだしている (C) が正解。

2 解答　A　重要度 🔥🔥🔥　MP3 028

W: I want to go skiing this afternoon. Would you like to join me?
M: If I were you, I would study for the test. Did you forget that we have a big test tomorrow?

女性：午後にスキーに行きたいわ。一緒に行かない？
男性：もし僕が君の立場なら、テスト勉強をするよ。明日大きなテストがあるのを忘れたの？

What does the man imply?
(A) The woman should prepare for the test.
(B) The woman should enjoy skiing tomorrow.
(C) The man wants to be the woman.
(D) The man should remember the big test.

男性は何をほのめかしていますか。
(A) 女性はテストに備えるべきだ。
(B) 女性は明日スキーを楽しむべきだ。
(C) 男性はその女性になりたい。
(D) 男性は大きなテストを覚えておくべきだ。

鬼の解法　if I were you は「もし私があなたなら」という意味

解説 男性は女性に「もし僕が君の立場なら、テスト勉強をするよ。」と言っているので、実際は「女性は勉強をするべきだ」ということを示唆している。正解は (A)。

3 解答 B 重要度 🔥🔥🔥 MP3 029

M: Professor Jones, would you like to come to a dinner party at our dorm tomorrow?

W: If only you had asked me earlier. I just accepted a speaking engagement.

男性：ジョーンズ教授、明日、寮のディナーパーティーにいらっしゃいませんか。
女性：もっと早く誘ってくれればよかったのに。今しがたスピーチをすることを約束しちゃったのよ。

What will the woman probably do?	女性はおそらく何をしますか。
(A) Join the party.	(A) パーティーにでる。
(B) Follow the original plan.	(B) 最初の計画に従う。
(C) Cancel the speech.	(C) スピーチをキャンセルする。
(D) Eat dinner in the dorm.	(D) 寮でディナーを食べる。

鬼の解法　願望と実際に起こったことの違いを把握せよ

解説　女性がもっと早く誘ってくれればよかったのにと願望を述べている。これは、男性が誘うのが遅くパーティーにでられないことを示唆している。正解は (B)。

4 解答 B 重要度 🔥🔥🔥 MP3 030

M: Spring cleaning? You aren't throwing these notebooks away, are you? They still look new.

W: Unless you want them. I have more than I can fit in my bookshelf.

男性：春の大掃除？ このノートは捨てるわけじゃないよね？ まだ新しく見えるよ。
女性：あなたが欲しいのでなければね。本棚に入らないほどたくさん持ってるの。

What will the woman probably do?	女性はおそらく何をしますか。
(A) Store them in her bookshelf.	(A) それらを本棚に収納しておく。
(B) Give the notebooks to the man if he is interested.	(B) 男性が興味を示したら、男性にノートをあげる。
(C) Keep them because they are new.	(C) 新しいのでそれらを取っておく。
(D) Buy more notebooks.	(D) もっとノートを買う。

鬼の解法　発話者の真意を探ろう

解説　女性の Unless you want them. は「もしあなたが欲しくなければ捨てるわ。」、つまり、「欲しければあげるわ。」(I will give those if you want them.) という意味。このような裏の意味を問う問題は難問。注意が必要だ。正解は (B)。

■ be supposed to *do* を使った表現

　be supposed to *do*（～することになっている）は、起こるはずだったことが実際は起きていない、あるいは起きなさそうだという状況で使われる。過去形 was [were] supposed to *do* では、もともと起きる予定だったことが、結局起きなかったことを示す。起きると想定されることと、実際に起きた内容を聞き取るのがポイントだ。

必須表現!

現在形と過去形の be supposed to *do* の使い方を確認しよう。

❶ **is [am/are] supposed to *do*** （～することになっている（実際にはしないかもしれない））
- Jane **is supposed to** go to the post office.（ジェーンは郵便局に行くことになっている。）
  → ジェーンが郵便局に行かない事情が前後で示されるケースが多い。

❷ **was [were] supposed to *do*** （～することになっていた（実際にはしなかった））
- Jane **was supposed to** go to the post office.（ジェーンは郵便局に行くことになっていた。）
  → しかし、ジェーンは実際には行かなかったというケースが多い。

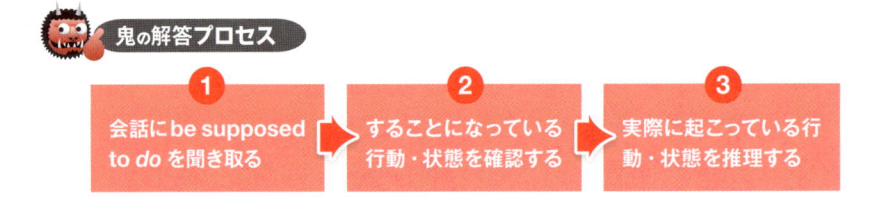

鬼の解答プロセス

1 会話にbe supposed to *do* を聞き取る → **2** することになっている行動・状態を確認する → **3** 実際に起こっている行動・状態を推理する

例題

1 MP3 031

(A) He had been at the library waiting for Tom.
(B) He wants to go to Tom's laboratory.
(C) He saw Tom in the morning.
(D) He does not know what Tom looks like.

2 MP3 032

(A) The woman should think on her own.
(B) The woman should do the lecturer's job.
(C) The professor is likely to come to give back what she collected.
(D) The professor might cancel one class.

Listening Comprehension 攻略 | Chapter 1

解答・解説

1 解答 **A** 重要度 🔥🔥🔥 MP3 031

M: Is Tom around? He was supposed to meet me at the library this morning, but he never showed up.

W: He said something about his research and left for the lab.

男性：トムはいる？ 今朝図書館で会うことになっていたんだけど、ずっと来なかったんだよ。
女性：研究のことを何か言って、研究室に行ったわよ。

What does the man mean?

(A) He had been at the library waiting for Tom.
(B) He wants to go to Tom's laboratory.
(C) He saw Tom in the morning.
(D) He does not know what Tom looks like.

男性は何と言っていますか。

(A) 図書館でトムを待っていた。
(B) トムの研究室に行きたい。
(C) 朝トムに会った。
(D) トムの容姿を知らない。

🔥**鬼の解法** be supposed to *do* が聞こえたら、想定していることと実際に起きたことを把握せよ

解説 男性はトムについて、会うことになっていたが現れなかったと言っているので、約束の場所でトムを待っていたことがわかる。よって (A) が正解。

---

2 解答 **C** 重要度 🔥🔥🔥 MP3 032

W: Do you think Professor Von Zell will make it to class today?
M: She should. She is supposed to return the homework.

女性：ボン・ゼル教授は今日授業に来ると思う？
男性：そのはずだよ。宿題を返すことになっているから。

What does the man mean?

(A) The woman should think on her own.
(B) The woman should do the lecturer's job.
(C) The professor is likely to come to give back what she collected.
(D) The professor might cancel one class.

男性は何と言っていますか。

(A) 女性は自分で考えるべきだ。
(B) 女性が講師の仕事をやるべきだ。
(C) 教授は集めたものを返すために来るだろう。
(D) 教授は1コマ休講にするかもしれない。

🔥**鬼の解法** 2番目の発話者による be supposed to *do* は予定を伝えることがある

解説 「教授は来るか」という質問に対して yes/no で答える代わりに、She should.（そのはずだよ。）と答えた後で、予定を説明している。会話文の return を give back、the homework を what she collected に言い換えた (C) が正解。

059

■ bother を使った表現

bother は自動詞で「苦にする、思い悩む」、他動詞で「〜の邪魔をする」という意味だが、否定を示す語とともに用いて「どうでもいい、気にしない」という意味で出題される傾向がある。特有の表現なので、しっかり慣れておこう。

必須表現！

❶ 会話中の頻出表現

Why **bother**?（なぜわざわざ気にするの？）
= I wouldn't **bother**.（私なら気にしません。）
= Don't **bother**.（気にするなよ。）
= You shouldn't **bother**.（気にしないほうがいいよ。）

　Why bother? は疑問詞 why から始まっているが、理由を聞きたいわけではない。「ささいなことだから気にするべきではない（私だったら気にしない）」という発話者のメッセージを読み取り、適切な選択肢を選ぼう。

❷ bother の後に続く語

- bother +〈人〉（〈人〉の邪魔をする）
  You should stop **bothering** Tom.（トムの邪魔をするのをやめるべきです。）
- bother +動名詞（気にかけてわざわざ〜する）
  You shouldn't **bother** going over his place.（彼のところへわざわざ行かなくていいです。）
- bother with〈事・物〉（〈事・物〉をわざわざ気にする）
  You shouldn't **bother with** the rumor.（噂を気にしなくていいです。）

鬼の解答プロセス

1 2番目の発言に bother を聞き取る

2 気にしない内容を考える

3 1番目の発話者の話の内容と合わせ、2番目の発話者の最終的な意図を推測する

例題

1 MP3 033

(A) Finish eating lunch before making a call.
(B) Meet Joan after lunch.
(C) Call Joan right away to confirm.
(D) Talk in person with Joan when she sees her.

2 MP3 034

(A) She doesn't have any room for an alarm clock.
(B) She usually travels without an alarm clock.
(C) She is worried about the upcoming trip.
(D) She always uses the one in hotels.

3 MP3 035

(A) Bother the clerk to get the copy.
(B) Prepare a copy of his paper by herself.
(C) Show the man how to use the copy machine.
(D) Get the clerk to help him.

解答・解説

1 解答 D 重要度 🔥🔥🔥 MP3 033

W: I ought to call Joan and tell her about the meeting this afternoon.
M: Why bother? You'll see her at lunch. I'm sure you can talk to her then.

女性：ジョーンに電話して午後の会議について教えてあげるべきよね。
男性：電話しなくていいんじゃない？ 昼食の時に会うでしょう。その時に教えてあげられるよ。

What does the man suggest the woman do?　　男性は女性がどうするよう提案していますか。
(A) Finish eating lunch before making a call.　(A) 電話をかける前に昼食を食べ終わる。
(B) Meet Joan after lunch.　　　　　　　　　(B) 昼食の後ジョーンに会う。
(C) Call Joan right away to confirm.　　　　　(C) 確かめるためにジョーンにすぐに電話する。
(D) Talk in person with Joan when she sees her. (D) 会う時にジョーンと直接話す。

鬼の解法　Why bother? は Don't bother.（気にするな。）ということ

解説 Why で始まっているが、女性が気にかける理由を問うているのではない。「（そんなのささいなことだから）わざわざ気にかけて電話することはない。」という意図をくみ取り、正解 (D) を選ぼう。

2 解答 B 重要度 🔥🔥🔥 MP3 034

M: Karen, don't you take an alarm clock with you when you travel?
W: No, I don't bother with that. I just have the hotel desk ring my room in the morning.

男性：カレン、旅行には目ざまし時計を持っていかないの？
女性：それは気にしていないの。朝はホテルのフロントに部屋に電話をかけてもらうよう頼むだけよ。

What does the woman imply?　　　　　　　　女性は何をほのめかしていますか。
(A) She doesn't have any room for an alarm clock. (A) 目ざまし時計を詰める余地がない。
(B) She usually travels without an alarm clock.　(B) たいてい目ざまし時計なしで旅行する。
(C) She is worried about the upcoming trip.　　(C) これから始まる旅行が心配である。
(D) She always uses the one in hotels.　　　　(D) いつもホテルにあるものを使う。

鬼の解法　bother の後に続く内容から発話者の意図を読み取るべし

解説 I don't bother with that. の that は taking an alarm clock のこと。I が主語の時は I don't bother.（気にしない。）の他、I wouldn't bother.（絶対に気にしない。〔強い意志〕）、I wouldn't bother if I were you.（自分なら気にしない。〔仮定法〕）も出題頻度が高い。正解は (B)。usually で習慣的行動を示している。

3 解答 **C** 重要度 🔥🔥🔥 MP3 035

M: I'm still waiting for the clerk to come back and make some copies of this paper for me.
W: Why bother him? I'll show you how easy it is to work the machine.

男性：あの店員が戻ってきて、この紙のコピーを取ってくれるのを待っているんです。
女性：なぜわざわざ彼の邪魔をするの？ その機械を動かすのがどんなに簡単か私が教えてあげるわ。

What will the woman probably do?
(A) Bother the clerk to get the copy.
(B) Prepare a copy of his paper by herself.
(C) Show the man how to use the copy machine.
(D) Get the clerk to help him.

女性はおそらく何をしますか。
(A) コピーを取るために店員の邪魔をする。
(B) 女性1人で彼の紙のコピーを準備する。
(C) コピー機の使い方を男性に教える。
(D) 男性を助けるために店員を呼ぶ。

鬼の解法　bother の後に前置詞なしで人が続いたら「〈人〉の邪魔をする」という意味

解説 bother の後に前置詞なしで人を表す語が続く場合、「〈人〉の邪魔をする」という意味になる。女性の発言は Why bother him? と疑問文だが、理由が聞きたいのではなく、You shouldn't bother him.（彼の邪魔をすべきでない。）と同じ意味である。正解は (C)。店員ではなく、女性自身がその男性にコピー機の使い方を教えるであろう。

鬼に金棒のスコアアップポイント

　I が主語の場合、単なる否定形 do not を用いた I don't bother よりも、話者の強い意志を示す助動詞 would を用いた I wouldn't bother（絶対にしない）、または仮定法過去の I wouldn't bother ～ if I were you.（私があなたなら～しない。）の形で使用されることが多い。

　また、平叙文で3人称単数が主語になる場合、語尾に s がつき [z] と濁った音が入って耳に残るため、違う語と勘違いしてしまうことがあるので注意が必要だ。

　It has been bothering me.（ずっと気になっていたんだけど。）のように、現在完了形を使った表現が出題されることもある。会話で強調される部分ではないが、しっかりと聞き取れるようにしておこう。

■ would rather を使った表現

　would rather ~（むしろ~したい）は、何かを選択する際の意思表示の表現だ。「したいこと」は何か、比較対象（選択されないもの）が何であるかを確認しよう。

必須表現！

　would rather が会話で使われた場合、prefer で言い換えた選択肢が正解になるパターンが多い。言い換えに慣れておこう。

- would rather ~ (= prefer ~)（むしろ~したい）
  I **would rather** sleep all day.（むしろ1日中寝ていたい。）
  = I **prefer** sleeping all day.（1日中寝ているほうがいい。）

  比較対象が明確に示される場合、以下の表現が用いられる。

- would rather A instead of B、would rather A over B（B よりもむしろ A をしたい）
  = prefer A rather than B、prefer A to B、prefer A instead of B
  I **would rather** sleep all day **instead of** working.
  = I **prefer** sleeping all day **rather than** working.（働くよりもむしろ1日中寝ていたい。）

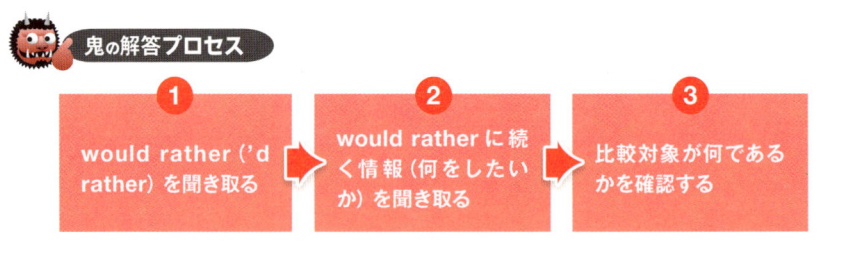

鬼の解答プロセス

1 would rather ('d rather) を聞き取る → **2** would rather に続く情報（何をしたいか）を聞き取る → **3** 比較対象が何であるかを確認する

例題

1
- (A) She has finished her dinner.
- (B) She doesn't want any dessert.
- (C) She wants to order cake.
- (D) She would prefer to have something other than cake.

2
- (A) Give up going to Angela's party.
- (B) Head to Angela's place by car.
- (C) Take the subway to the party.
- (D) Ask Angela for direction so they can walk.

Listening Comprehension 攻略 | **Chapter 1**

解答・解説

1 解答 **D** 重要度 🔥🔥🔥 MP3 036

M: Would you like to have some cake for dessert?
W: I'd rather eat something more refreshing like sorbets. Let's ask for the menu, and then we can order.

男性：デザートにケーキでもどう？
女性：私はソルベみたいなもっとさっぱりしたものがいいわ。メニューを頼んでそれから注文を決めましょう。

What does the woman mean?　　　　　　女性は何と言っていますか。
(A) She has finished her dinner.　　　　　(A) 夕飯を食べ終えた。
(B) She doesn't want any dessert.　　　　(B) デザートは欲しくない。
(C) She wants to order cake.　　　　　　(C) ケーキを注文したい。
(D) She would prefer to have something　(D) ケーキ以外のものが食べたい。
　　other than cake.

🔥**鬼の解法** would rather ～の言い換えは prefer ～

解説 ケーキを勧める男性にソルベのようなもののほうがいいと答えている。デザートを食べることには反対しておらず、注文内容の好みを伝えている会話。正解は (D)。

---

2 解答 **B** 重要度 🔥🔥🔥 MP3 037

W: Ready for Angela's party? How about taking the subway?
M: I'd rather drive. I don't like changing trains so many times.

女性：アンジェラのパーティーの準備はいい？ 地下鉄で行くのはどう？
男性：車で行くほうがいいな。電車を何度も乗り換えるのは好きじゃないから。

What does the man suggest they do?　　　男性は彼らがどうするよう提案していますか。
(A) Give up going to Angela's party.　　　(A) アンジェラのパーティーに行かない。
(B) Head to Angela's place by car.　　　　(B) アンジェラのところに車で向かう。
(C) Take the subway to the party.　　　　(C) 地下鉄でパーティーに行く。
(D) Ask Angela for direction so they can　(D) 歩いて行けるようアンジェラに道順を聞く。
　　walk.

🔥**鬼の解法** would rather ～を含む文は、何と何が比較されているのか把握せよ

解説 パーティーに行くことは決定しており、地下鉄か車のどちらで行くかが比較されている。この場合、I'd rather drive. はドライブに行きたいという意味ではなく、電車より車のほうがいいという意味。よって正解は (B)。

■ most of を使った表現

most of ~は「~のほとんどは」という意味で、all of ~（~のすべて）とはまったく違うことに注意。他の部分より強調して話されるので聞き漏らしは少ないだろう。

必須表現！

会話中に most of が聞こえた場合、選択肢では some (of)（いくつかの）や a few（少しは）といった most of が示す大多数以外のものが解答になるパターンが多い。以下の言い換え表現を頭に入れておこう。

- most of ~ is ...（ほとんどの~は…だ）≒ not all of ~ is ...（すべての~が…というわけではない）≒ some of ~ is not ...（~のなかには…でないものもある）

  Most of our classrooms have computer sets.
  （ほとんどの教室にはコンピューターセットがある。）

  ≒ **Not all of** our classrooms have computer sets.
  （すべての教室にコンピューターセットがあるわけではない。）

  ≒ **Some of** our classrooms **do not** have computer sets.
  （コンピューターセットがない教室もある。）

  ≒ **A few** of our classrooms **do not** have computer sets.
  （いくつかの教室にはコンピューターセットがない。）

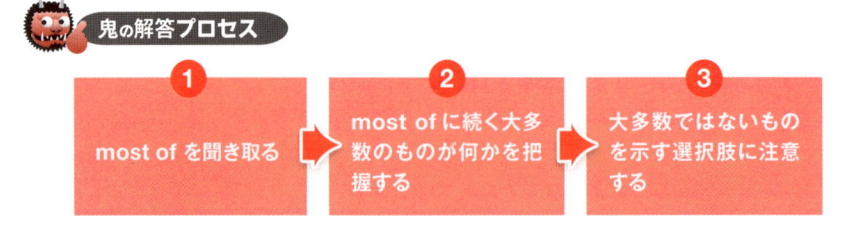

鬼の解答プロセス

1 most of を聞き取る → **2** most of に続く大多数のものが何かを把握する → **3** 大多数ではないものを示す選択肢に注意する

例題

1 MP3 038

(A) She has no more courses to take.
(B) She has finished what's required.
(C) She still needs to take some courses.
(D) She needs to recruit a freshman.

2 MP3 039

(A) She is aware of a few students who are not enthusiastic.
(B) She acknowledges all of the classmates being enthusiastic.
(C) She admits not many students are enjoying the class.
(D) She agonizes about how many are unwilling to participate.

解答・解説

1 解答　C　重要度 🔥🔥🔥　MP3 038

W: I have already taken most of the requirements for freshman and sophomore.
M: Wow, good for you. Which courses are left though?

女性：1、2年生の必修科目のほとんどをもう取ったのよ。
男性：すごいね。後は何の科目が残っているの？

What does the woman mean?　　　　　女性は何と言っていますか。
(A) She has no more courses to take.　　(A) もうこれ以上取る科目はない。
(B) She has finished what's required.　　(B) 必修であるものはすべて取った。
(C) She still needs to take some courses.　(C) まだ取らなければならない科目がある。
(D) She needs to recruit a freshman.　　(D) 1年生を勧誘しなければならない。

鬼の解法　most of ～は、all of ～とは異なる。拡大解釈しないよう注意

解説　most of ～は「ほとんどの～」。つまり、女性は取らなければならない授業が「まだ少し残っている」ことに注意。all of ～（すべての～）とは異なるのがポイントだ。正解は (C)。

2 解答　A　重要度 🔥🔥🔥　MP3 039

M: The people in this course seem really enthusiastic.
W: Most of them do, at any rate. But you know Mike in the very back row? He never stops talking.

男性：この科目を受講している人はとても熱心みたいですね。
女性：ほとんどはね。でも、一番後ろの列のマイクって知ってるでしょ？ 彼はずっとおしゃべりしてるの。

What does the woman imply?　　　　　女性は何をほのめかしていますか。
(A) She is aware of a few students who are not enthusiastic.　(A) 熱心ではない学生もいく人かいることに気づいている。
(B) She acknowledges all of the classmates being enthusiastic.　(B) クラスメイト全員が熱心であることを認めている。
(C) She admits not many students are enjoying the class.　(C) 多くの学生はその授業を楽しんでいないと認めている。
(D) She agonizes about how many are unwilling to participate.　(D) どれほど多くがいやいや参加しているかを嘆いている。

鬼の解法　most of ～は、not all of ～と同義

解説　男性の意見に対し、女性は Most of them do と同意している。これは全面的な賛成ではなく暗に否定を含んだ表現で、not all of them と同義だ。正解は (A)。

Listening Comprehension ▶ Part A

Day 4　シチュエーション別表現

■ 電話・天候・職業に関する表現

電話に関する表現はある程度決まっているので、熟知しておこう。また、天候が話題の時は皮肉や疑問に思う内容が出題される。傾向を把握し、ポイントを押さえた聞き取りを目指そう。

必須表現！

電話・天候・職業に関する表現をまとめておこう。

❶ 電話での定型フレーズ
- call back（後から電話をかけ直す）
- reach（連絡を取る）
- get cut off（電話を切られる）
- hang up（受話器をおく）↔ hold the line（受話器をそのままにしておく）

❷ 天候に関する会話パターン
- 発言に隠された皮肉の意味が問われる場合

M: The weather forecast didn't say a word about rain.
（天気予報では雨のことは一言も言っていなかったんだけど。）
W: But it certainly poured, didn't it?（でも間違いなくどしゃぶりだったわね。）

この場合、女性の発言は「天気予報はあてにならない」ことをほのめかしている。

- 疑問の意味が問われる場合

M: The weather forecast said it will rain tomorrow.（天気予報によると明日は雨らしい。）
W: Do you think we'll get some this time?（今回は本当にふると思う?）

この場合、女性はただ明日雨がふるかどうか疑問に思っている。

❸ 職業に関する表現

決まった職業と関係の深い表現を覚え、聞き取りに役立てよう。専門用語は短い会話の一部で突然でてくると、状況把握に時間が取られ、詳しい内容までは理解できないこともある。頻出表現を覚え、すぐに反応できるようにしておくことが重要だ。

- **tailor**（仕立屋）　　hem a skirt（スカートのすそを折り返して縫う）
  have it done professionally（プロにやってもらう）

- **hairdresser**（美容師） long in the back（後ろが長い） over the ears（耳の上） trim bangs（前髪をそろえる） sides（横髪）
- **dentist**（歯医者） open wide（大きく開ける） hurt（痛む） bite into something hot or cold（熱いものや冷たいものを噛む）
- **plumber**（配管工） faucet is leaking（蛇口から（水が）漏れている） drain is clogged（排水管が詰まった）
- **jeweler**（宝石細工人） stone in a ring（指輪の（宝）石） loose（ゆるむ） prong（（宝石を押さえる）爪部）
- **landlord**（大家） rent（（名詞で）家賃） bathroom ceiling（浴室の天井）

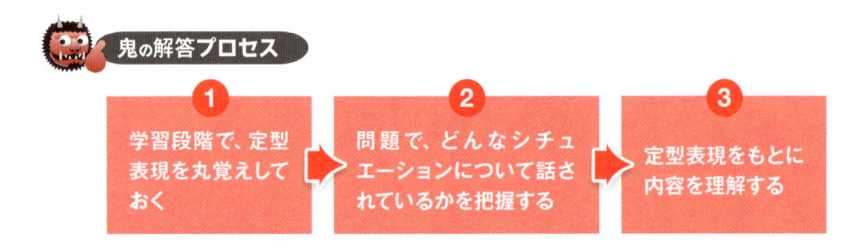

鬼の解答プロセス

1 学習段階で、定型表現を丸覚えしておく

2 問題で、どんなシチュエーションについて話されているかを把握する

3 定型表現をもとに内容を理解する

例題

1 MP3 040

(A) Call again sometime later to see if Amanda is back.
(B) Stay on the line to speak with Amanda.
(C) Hang up and wait half an hour so Amanda can reach him.
(D) Give the required information to have Amanda call him back.

2 MP3 041

(A) Keep the phone still while she checks the library's schedule.
(B) Have someone else call when everything is ready.
(C) Call again later in case the line gets cut off.
(D) Not to hang up while she looks up the requested information.

3 MP3 042

(A) He prefers to stay inside because the weather outside is too much.
(B) He has not gone out to find out how good the weather is.
(C) He does not think the current weather is good.
(D) He is happy that the weather turned out to be surprisingly good.

解答・解説

1 解答 **D** 重要度 🔥🔥🔥 MP3 040

M: May I speak with Amanda, please?

W: She's not here right now. Would you like to leave your name and number so she can call you back?

男性：アマンダさんとお話しできますか。
女性：彼女は今ここにおりません。後で彼女に折り返し電話させますのでお名前と電話番号をお願いします。

What does the woman suggest the man do? 女性は男性がどうするよう提案していますか。

(A) Call again sometime later to see if Amanda is back.
(A) アマンダが戻ったかどうか確認するために、少したってからかけ直す。

(B) Stay on the line to speak with Amanda.
(B) アマンダと話すために電話はそのままで待つ。

(C) Hang up and wait half an hour so Amanda can reach him.
(C) 電話を切ってアマンダが連絡できるよう30分待つ。

(D) Give the required information to have Amanda call him back.
(D) アマンダが折り返し電話をかけられるよう必要な情報を教える。

鬼の解法 誰が誰にかけ直す（call again）のか、あるいは折り返す（call back）のかをつかめ

解説 電話でかけた相手がいない場合、次の行動がポイントになる。かけた人がかけ直すのか、いない相手が折り返すのかを注意して聞き取り、正解を選ぼう。正解は (D)。

2 解答 **D** 重要度 🔥🔥🔥 MP3 041

M: Hello. Can you tell me if the library will be open Saturday evening?

W: Hold the line, please. Let me check our calendar for you.

男性：もしもし。土曜の夜に図書館が開館しているか教えてください。
女性：切らずにお待ちください。カレンダーを調べてみます。

What does the woman suggest the man do? 女性は男性がどうするよう提案していますか。

(A) Keep the phone still while she checks the library's schedule.
(A) 図書館の予定を見る間、受話器を動かさないでおく。

(B) Have someone else call when everything is ready.
(B) すべて準備ができたら他の人に電話をさせる。

(C) Call again later in case the line gets cut off.
(C) 電話が切れた場合には後でかけ直す。

(D) Not to hang up while she looks up the requested information.
(D) 求められた情報を調べる間、電話を切らないでおく。

> 🔴 **鬼の解法** hold the line（受話器をそのままにしておく）↔ hang up（受話器をおく）

> **解説** hold は Hold on.（待って。）という表現にもあるように「そのままにしておく」という意味。hold the line で「受話器を（切らずに）そのままにしておく」という意味になる。正解は (D)。

3 解答 C 重要度 🔥🔥🔥 MP3 042

W: I didn't expect us to have such good weather this time of year.
M: You call this good weather? You must not have gone outside lately.

女性：この時期こんなにいい天気になるとは思いもしなかったわ。
男性：えっ、これがいい天気だと言うの？ 最近外にでてないに違いないね。

What does the man imply?　　　　　　　　男性は何をほのめかしていますか。

(A) He prefers to stay inside because the weather outside is too much.
(B) He has not gone out to find out how good the weather is.
(C) He does not think the current weather is good.
(D) He is happy that the weather turned out to be surprisingly good.

(A) 外の天気があまり好ましくないので屋内にとどまるほうがいい。
(B) どれほど天気がいいかを知るためにまだ外にでていない。
(C) 今の天気がいいとは思っていない。
(D) 驚くほどいい天気になって幸せだ。

> 🔴 **鬼の解法** 男性の発言に込められた皮肉のニュアンスを捉えよ

> **解説** 女性の「いい天気」という表現に対し、男性は驚きを示している。これは男性が女性に賛成ではない、つまりいい天気だと思っていないということだ。正解は (C)。

行動を推測するための表現

Part Aでは、発話者の行動を推測させる問題が出題される。以下に示す発話者の行動に関連するキーワードを聞き取れるようにしておこう。

必須表現！

出題されやすいのは、何らかの道具を使った特徴的な行動だ。関連するキーワードが使われる場面を思い浮かべながら1語1語確認しよう。

❶ 買いものに関する表現
- grocery shopping（日用品の買いもの）　sales tax（消費税）　a pound（1ポンド）
  a bunch（1房、たくさん）
- buy *one*self some shoes（〜自身に靴を買う）　gym shoes（体育館用の靴）
  sportswear（運動着）　department store（百貨店）
  at the back of the store（店の奥（裏））

❷ 服に関する表現
- try on clothes（服を試着する）　fitting room（試着室）　sleeves（袖）　collar（襟）
- wash *one*'s clothes（服を洗濯する）　detergent（洗剤）　bleach（漂白剤）
  a couple of quarters for a washer（コインランドリー洗濯機用の数枚の硬貨）
- get *one*'s clothes cleaned（服をクリーニングにだす）
  get jackets cleaned and pressed（ジャケットを洗濯してプレスしてもらう）
  ready by 〜（〜までにできる）

❸ その他の特徴的な表現
- take a photograph（写真を撮る）　light（照明）　adjust the focus（焦点を合わせる）
- read the newspaper（新聞を読む）　sports section（スポーツ欄）
  classifieds（募集欄）　editorial section（社説面）
- watch a sports match（スポーツの試合を見る）　serve（サーブ）　return（リターン）
  ball goes out of the court（ボールがコート外にでる）

ここにあげたものはよくねらわれる代表的なキーワードだ。これら以外にも、行動に関連する表現は、多く知っていればそれだけ聞き取りやすくなる。場面と行動を結びつけて多くの表現を覚えよう。

鬼の解答プロセス

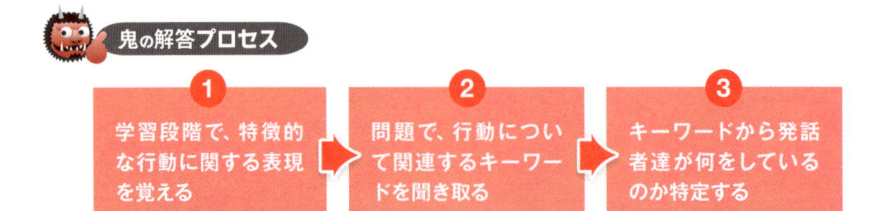

1. 学習段階で、特徴的な行動に関する表現を覚える
2. 問題で、行動について関連するキーワードを聞き取る
3. キーワードから発話者達が何をしているのか特定する

例題

1. MP3 043
   - (A) Opening a bank account.
   - (B) Buying groceries.
   - (C) Trying on clothes.
   - (D) Trying on shoes.

2. MP3 044
   - (A) Driving a car.
   - (B) Waiting for the train.
   - (C) Going to see the doctor.
   - (D) Riding a bicycle.

3. MP3 045
   - (A) Grocery shopping.
   - (B) Getting her clothes cleaned.
   - (C) Shopping for clothes.
   - (D) Seeing a movie.

解答・解説

1 解答 **C** 重要度 🔥🔥🔥 MP3 043

M: So how do I look?

W: The sleeves are a little too long, and the collar is loose. Are you sure you want to get that?

男性：どう見える？
女性：袖が少し長すぎるし、襟はゆるいわ。本当にそれを買いたいの？

What is the man most likely doing?　　　男性は何をしていると考えられますか。
(A) Opening a bank account.　　　　　　(A) 銀行口座をつくっている。
(B) Buying groceries.　　　　　　　　　(B) 日用品を買っている。
(C) Trying on clothes.　　　　　　　　 (C) 服を試着している。
(D) Trying on shoes.　　　　　　　　　 (D) 靴を試着している。

鬼の解法　服にまつわる行動を整理し、記憶せよ

解説 衣食に関する買いものは頻出のテーマだ。服に関する行動のキーワードとして、試着する (try on)、試着室 (fitting room)、買う (buy、purchase、get)、交換する (replace)、返品する (return)、クリーニングにだす (get *one*'s clothes cleaned)、しみを取る (get a stain removed) などをまとめて覚えておこう。袖や襟について女性が話しているので正解は (C) だ。

---

2 解答 **D** 重要度 🔥🔥🔥 MP3 044

M: I think your front tire is a little low.

W: Wow, it sure is! Let's pedal over to the gas station so I can put some air in it.

男性：前輪が少し低いようだね。
女性：あら、本当ね！ ガソリンスタンドまでこいでいって空気を入れましょう。

What is the woman most likely doing?　　女性は何をしていると考えられますか。
(A) Driving a car.　　　　　　　　　　 (A) 車を運転している。
(B) Waiting for the train.　　　　　　 (B) 電車を待っている。
(C) Going to see the doctor.　　　　　 (C) 医者に行っている。
(D) Riding a bicycle.　　　　　　　　　(D) 自転車に乗っている。

鬼の解法　複数のキーワードから正解を導け

解説 いくつかのキーワードを聞き取って、やっと正解がわかる難問も出題される。ここでは、front tire (前輪)、gas station (ガソリンスタンド)、put some air in (空気を入れる) などがキーワードだが、pedal (こぐ) で自転車の話をしていると理解できる。正解は (D)。

3 解答 A 重要度 🔥🔥🔥 MP3 045

W: Why did you charge me sales tax on the laundry detergent but not on the eggs I bought?

M: Because in this state, there's no tax on food items.

女性：何で洗濯洗剤には消費税がつくのに卵にはつかないの？
男性：この州では食料品は無課税なのです。

What is the woman most likely doing?　　女性は何をしていると考えられますか。

(A) Grocery shopping.　　　　　　　　　(A) 日用品の買いものをしている。
(B) Getting her clothes cleaned.　　　　　(B) 服をクリーニングしてもらっている。
(C) Shopping for clothes.　　　　　　　 (C) 服を買っている。
(D) Seeing a movie.　　　　　　　　　　(D) 映画を見ている。

鬼の解法　日用品のキーワードを聞き取れ

解説 衣食については、日本ではなじみが薄い日用品の英単語がキーワードとしてでてくる。detergent（洗剤）、softener（柔軟剤）、bleach（漂白剤）などをまとめて覚えよう。正解は (A)。

鬼に金棒のスコアアップポイント

　ここで登場した、日用品や普段の生活ででてくる表現は、単純に知っているかどうかで内容理解が決まるが、和製英語に惑わされたり、別のものだと思い込んだりしないよう注意が必要だ。

　例えば、ガソリンスタンド、パンク、ドライヤーは和製英語で、英語ではそれぞれ gas station、flat tire、hair dryer と表現される。また、station と聞こえたからといって、電車の駅を想像してしまったり、服を dryer（乾燥機）に入れるという文を聞き、長い髪を乾かしている様子を思い描いたりしてしまうと、その分正解にたどり着きづらくなるだろう。

　日米間で形態が異なるものがあることにも注意しておこう。例えばアメリカの新聞はセクションごとに数枚が1つの束にまとめられており、1日分数束という形で情報が掲載されている。だからこそ Can you pass me the entertainment section?（娯楽の束を渡してくれる？）というお願いができるのだ。日本のようにすべてが1束にまとまっているものを想像すると、わからないだろう。

　日常生活に関する単語はなかなか暗記しづらいこともあるが、実際に留学してからは必ず必要になってくる言葉だ。前向きに覚えるようにしよう。

■ 場所を推測するための表現

　場所を推測する問題では、その場所に関するキーワードを聞き取ることが解答の鍵となる。1番目の発話者の発言にも注意し、場所につながるヒントを探そう。

> **必須表現！**

　カテゴリー別に頻出の場所表現をチェックしよう。場所に関するキーワードが、それぞれの場所にある様子を思い浮かべながら1語1語確認すると覚えやすい。問題を解く際にも、つねに発話者達が話している状況を想像しながら取り組むようにするといいだろう。

❶ 学校内
- **cafeteria**（カフェテリア）　fork（フォーク）　spoon（スプーン）　silverware（銀製食器）　shelf next to trays（トレーの横にある棚）
- **library**（図書館）　overdue（返却期限をすぎている）　fine（罰金）　check out（借りだす）　circulation desk（貸しだし・返却受付）
- **gymnasium**（体育館）　change and leave clothes（服を着替えておいておく）　locker room（ロッカールーム）　exercise room（エクササイズルーム）

❷ 店・サービス
- **department store**（百貨店）　men's suits（男性のスーツ）　the third floor（3階）　housewares（家庭用品）
- **grocery store**（食料雑貨店）　**supermarket**（スーパー）　dairy（乳製品）　fat-free butter（無脂肪バター）　fresh fruit（新鮮なくだもの）　poultry（鳥肉）
- **hardware store**（工具店）　wire（ワイヤー）　nail（釘）　hammer（ハンマー）　other tools（他の道具）
- **dry cleaner's**（クリーニング店）　remove a stain（しみを取る）　winter outfit（冬用の装い一式）

❸ 病院
- **dentist's (office)**（歯医者）　brush *one*'s teeth（歯を磨く）　avoid sweets（甘いものを避ける）　cavity（虫歯）
- **doctor's office**（医者の診療所）　diagnose（診断する）　temperature（体温）　pulse（脈）　health problem（健康問題）
- **drug store**（薬局）　prescription（処方せん）　antibiotic（抗生物質）

❹ 公共サービス
- **post office**（郵便局）　a roll of stamps（切手1巻〔ロール状になった切手のこと〕）　air letter（航空便）

- **airport**（空港）　aisle seat（通路側の席）
  non-smoking[smoking free] section（禁煙席）　seat 30D（30Dの席）
  boarding pass（搭乗券）　board a flight（このフライトに搭乗する）

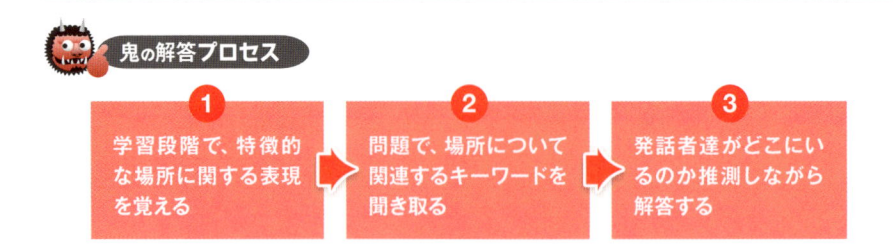

鬼の解答プロセス

1 学習段階で、特徴的な場所に関する表現を覚える → **2** 問題で、場所について関連するキーワードを聞き取る → **3** 発話者達がどこにいるのか推測しながら解答する

例題

1 [MP3 046]

(A) In a library.
(B) In a theater.
(C) In a cafeteria.
(D) In a classroom.

2 [MP3 047]

(A) At a grocery store.
(B) At an airport.
(C) At a stationery store.
(D) At a drugstore.

3 [MP3 048]

(A) At a department store.
(B) At a hotel.
(C) At a dry cleaner's.
(D) At a hairdresser's.

解答・解説

1 解答 **C** 重要度 🔥🔥🔥 MP3 046

W: I need a fork and a spoon. Can you show me where to get them?
M: The silverware is right on the shelf next to the trays. You can take only one of each though.

女性：フォークとスプーンが欲しいのですが。どこに行けばいいか教えてもらえませんか。
男性：銀器はトレーのすぐ横の棚にありますよ。1本ずつしか持っていけませんが。

Where is this conversation most likely taking place?	この会話はどこで行われていると考えられますか。
(A) In a library.	(A) 図書館。
(B) In a theater.	(B) 劇場。
(C) In a cafeteria.	(C) 食堂。
(D) In a classroom.	(D) 教室。

鬼の解法 キーワードから場所を割り出せ

解説 場所についてたずねる問題では会話中に必ずキーワードが隠れている。多くの場合、両方の発話者の会話に少しずつヒントが隠れているので、どちらも注意して聞き、正解を導きだそう。この場合、男性も女性も食器について話しているので、正解は **(C)** だ。

---

2 解答 **A** 重要度 🔥🔥🔥 MP3 047

M: Julie, this meat is spoiled.
W: Maybe we ought to tell the manager about it, or shall we talk to the cashier first?

男性：ジュリー、この肉だめになってるよ。
女性：店長に言ったほうがいいわね。それとも最初にレジ係に話したほうがいいかしら。

Where is this conversation most likely taking place?	この会話はどこで行われていると考えられますか。
(A) At a grocery store.	(A) 食料品店。
(B) At an airport.	(B) 空港。
(C) At a stationery store.	(C) 文具店。
(D) At a drugstore.	(D) 薬局。

鬼の解法　消去法で正解を導け

> 解説　meat（肉）、manager（店長）、cashier（レジ係）という単語からsupermarket（スーパー）が思いつくかもしれないが、選択肢にはない。代わりにおもに食料品を扱うgrocery storeがあるので、(A) が正解だ。drugstore（薬局）に肉はおいていないだろう。

3　解答　**D**　重要度 🔥🔥🔥　MP3 048

M: Do you want the same cut as last time?
W: The same on top, but I'd like it a little longer over the ears and in the back.

男性：前回と同じ切り方でよろしいですか。
女性：上のほうは同じで、耳のところと後ろは少し長めでお願いします。

Where is this conversation most likely taking place?

(A) At a department store.
(B) At a hotel.
(C) At a dry cleaner's.
(D) At a hairdresser's.

この会話はどこで行われていると考えられますか。

(A) 百貨店。
(B) ホテル。
(C) クリーニング店。
(D) 美容院。

鬼の解法　簡単なキーワードに注意

> 解説　キーワードであることに気づきにくい語句には特に注意が必要だ。cut、top、back いずれも日常生活でよく使われる簡単な言葉だからこそ、会話の一部を聞いただけでは判断しづらいことがある。ここでは longer over the ears and in the back から美容院だとわかる。正解は (D)。他にも nails と聞こえた場合、「爪」のことが話題なのか、「釘」のことが話題なのかで、nail salon（ネイルサロン）にいるのか hardware store（工具店）にいるのか、答えがまったく違ってくるのだ。

Day 4

重要文法表現

■ 比較級や最上級に関する表現

　比較級や最上級に関する表現では、worse が bad の比較級であることや、least が little の最上級であることが理解できなかったり、他の単語と聞き間違えた結果、会話の意味をつかめなかったりすることがあるので要注意。
　また、以下のように否定語と比較級のセットで最上級を表す表現の聞き取りが問われる。

必須表現!

❶ 否定＋ better は best、否定＋ worse は worst になる
- There is **nothing better** than homemade chocolate chip cookies.
　（自家製のチョコチップクッキーほどおいしいものはない。）
　= Homemade chocolate chip cookies are **the best**.
　　（自家製のチョコチップクッキーが一番おいしい。）

❷ 否定＋ ask for ＋ more [better] は best になる（「これ以上望まない」）
- Thank you for the fantastic welcoming party. I could**n't ask for more**.
　（素敵な歓迎パーティーをありがとう。これ以上を望むことはできません。（＝これが最高です。））

鬼の解答プロセス

1. 学習段階で、比較級に関する頻出パターンを覚えておく
2. 問題で、否定＋比較級を聞き取る
3. 最上級に転換し、その内容にあった選択肢を選ぶ

例題

1 MP3 049

(A) Eating spaghetti is better than some other activities.
(B) Overcooked spaghetti is not that bad.
(C) Boiling spaghetti for too long can make it taste bad.
(D) Pasta tastes best when it's somewhat soggy.

2 MP3 050

(A) She is not going on the picnic.
(B) She thinks it's too cold.
(C) She does not agree with the man.
(D) She is satisfied with the weather.

解答・解説

1 解答 **C**　重要度 🔥🔥🔥　MP3 049

M: Hey, Judy, will you let me know when ten minutes have passed? I'm putting the spaghetti in now.

W: Sure. There is nothing worse than soggy, overcooked spaghetti.

男性：ねぇ、ジュディ、10分たったら教えてくれる？　今からスパゲッティを入れるから。
女性：もちろん。ゆですぎのスパゲッティほどまずいものはないものね。

What does the woman mean?	女性は何と言っていますか。
(A) Eating spaghetti is better than some other activities.	(A) スパゲッティを食べるのは他の活動よりいい。
(B) Overcooked spaghetti is not that bad.	(B) ゆですぎのスパゲッティはそんなにまずくない。
(C) Boiling spaghetti for too long can make it taste bad.	(C) スパゲッティをゆですぎるとまずくなる。
(D) Pasta tastes best when it's somewhat soggy.	(D) パスタは少しふやけた時が一番おいしい。

鬼の解法　否定＋ worse は、最上級 worst になる

解説　慣用句化した there is nothing worse [better] than ~（これより悪い［よい］ものはない）の文と近い内容を表す選択肢は (C)。

2 解答 **D**　重要度 🔥🔥🔥　MP3 050

M: It's a fine day for the picnic, isn't it?

W: Totally. We couldn't ask for better weather.

男性：今日はピクニック日和だね。
女性：まったくだわ。これ以上いい天気は望めないわね。

What does the woman imply?	女性は何をほのめかしていますか。
(A) She is not going on the picnic.	(A) 女性はピクニックに行かない。
(B) She thinks it's too cold.	(B) 寒すぎると思っている。
(C) She does not agree with the man.	(C) 男性には賛成していない。
(D) She is satisfied with the weather.	(D) 天気に満足している。

鬼の解法　否定＋ better は、最上級 best になる

解説　女性の発言で、Totally. は男性の意見への強い同意を示し、続く1文は「よりいい天気はない」（＝「最適の天気である」）という意味。正解は (D) の「天気に満足している。」になる。

時制のポイント

TOEFLでは、時制の聞き取りは非常に難しく、過去・現在・未来のいつのことについて話しているのか理解するのは至難の業（わざ）だ。特に音が似た be 動詞（are/were）、完了形をつくる助動詞（have/had）は聞き取りが難しいので注意しよう。

必須表現！

❶ 完了形（時制のなかでは、現在完了形の聞き取りを問う頻度が高い）

M: I thought you were going to read this book by today.
（今日までにこの本を読んでしまうのかと思ったよ。）

W: Oh, but I already have.
（もう読んだわよ。）

男性の発言 by today から、女性の発言は完了形の have 以降が省略されたものだと推測できる。女性は I have already read the book. と言っているのである。

❷ 時を表すキーワード

以下のような時を表すキーワードも判断材料にしよう。

過去	the day before yesterday、yesterday、last week [month/year]
現在	today、this week
未来	tomorrow、the day after tomorrow、next week

鬼の解答プロセス

❶ 動詞の時制が何であるかを判断する → **❷** 時を表すキーワードを聞き取る → **❸** 文全体で過去、現在、未来それぞれの状況を判断する

例題

1 MP3 051

(A) She has noticed the defect before.
(B) She thinks the man has broken it.
(C) She will replace the old one soon.
(D) She is going to have someone fix it.

2 MP3 052

(A) The woman will ask to have a talk with Joan.
(B) The man has to prepare a speech.
(C) Joan will speak at the seminar.
(D) They both are not sure.

解答・解説

1　解答　A　重要度 🔥🔥🔥　MP3 051

M: I'm not quite sure how to put this, but about that calculator you let me use? I dropped it, and now the "on" button doesn't light up.

W: Oh, that's OK. It hasn't been working right for some time now.

男性：どう言ったらいいのか、よくわからないんだけど。君から借りた電卓ね。落としてしまって、「on」のボタンが点灯しないんだよ。
女性：いいのよ、しばらく前からちゃんと動いていなかったから。

What does the woman say about the calculator?	女性は電卓について何と言っていますか？
(A) She has noticed the defect before.	(A) その欠陥に前に気づいた。
(B) She thinks the man has broken it.	(B) 男性が壊したと思っている。
(C) She will replace the old one soon.	(C) すぐに古いものを取り替えるだろう。
(D) She is going to have someone fix it.	(D) それを誰かに直してもらう。

鬼の解法　会話の流れを押さえ、詳細を聞き取る

解説　that's OK という一言で、女性は気にしていない、というおおまかな予想がつく。そこから一歩踏み込んで、現在完了 hasn't been working を聞き取り、その前にもトラブルがあったというところまで理解できるかどうかの力が問われている。正解は (A)。

2　解答　C　重要度 🔥🔥🔥　MP3 052

M: Was I supposed to give the seminar presentation this week?

W: No. I assigned it to Joan.

男性：今週僕がゼミで発表をすることになっていたのだっけ？
女性：いいえ、ジョアンに頼んだわ。

What will happen this week?	今週起こることは何ですか。
(A) The woman will ask to have a talk with Joan.	(A) 女性がジョアンと話がしたいと言う。
(B) The man has to prepare a speech.	(B) 男性はスピーチの準備をしなければならない。
(C) Joan will speak at the seminar.	(C) ジョアンがゼミで話す。
(D) They both are not sure.	(D) 2人ともよくわからない。

鬼の解法　時を表すキーワードを聞き逃すな

解説　この発話はどちらも過去形であるが、設問文と答えの選択肢は未来形と現在形である。be supposed to do と this week から、まだ発表をしていないことがわかる。正解は (C)。

■ 使役動詞のポイント

使役動詞には have、make、let、get があり、誰が誰に何をさせたのかを把握することが重要。単語の使役以外の意味にとらわれずに、使役と理解できるようになろう。

必須表現！

おもに出題されるのは get と have。make、let の出題頻度は比較的低い。

❶ get ＋〈人〉＋ to 不定詞（〈人〉に〜させる）

W: Gary, did you turn in your locker key?（ゲイリー、ロッカーの鍵を戻した?）
M: No, I **got** Sam **to do** it.（サムにやらせたよ。）

女性がすべきこと（これが使役内容になる）についての質問を投げかけ、男性はNoで答え、第三者の行わせたことを明かしている。

❷ have ＋〈人〉＋動詞の原形（〈人〉に〜させる）

Ms. Smith **had** the neighbors **get** her mail while she was away.
＝ Ms. Smith asked her neighbors to collect her mail.
（スミスさんは不在中、隣の人に手紙を受け取ってもらうようにした。）

なお、have 〜 *done* は使役の場合と、被害の場合のどちらにも使われる。

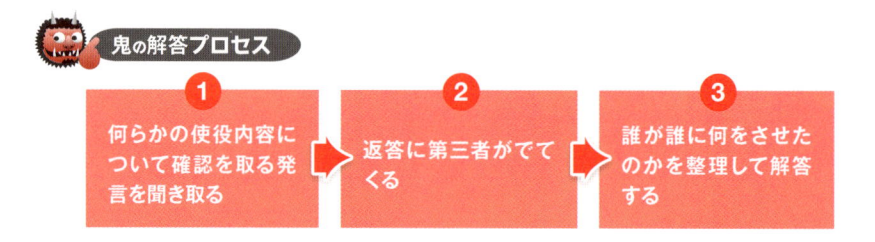

鬼の解答プロセス

1. 何らかの使役内容について確認を取る発言を聞き取る
2. 返答に第三者がでてくる
3. 誰が誰に何をさせたのかを整理して解答する

例題

1

(A) She appreciates the man's offer.
(B) She had someone else help her.
(C) She has brought the readings to school.
(D) She has already given up finishing the chapters on time.

2

(A) He has already fixed it.
(B) He was going to learn how to fix it.
(C) He had some plants under it.
(D) He asked a professional to fix it.

解答・解説

1 解答　**B**　重要度 🔥🔥🔥　MP3 053

M: Hey, Judy, I've got some time now. Did you want me to go over the chapters with you?

W: Never mind. I already got a tutor to help me understand the assigned reading.

男性：ねぇ、ジュディ、少し時間ができたんだ。一緒に章を復習したいんだっけ？
女性：気にしないで。もうチューターに課題の読みものを理解するのを助けてもらったわ。

What does the woman mean? 　　　　女性は何と言っていますか。

(A) She appreciates the man's offer.　　(A) 男性の申し出に感謝している。
(B) She had someone else help her.　　(B) 他の人に助けてもらった。
(C) She has brought the readings to school.　(C) 学校に読みものを持ってきた。
(D) She has already given up finishing the chapters on time.　(D) 間に合うよう章を終わらせることはあきらめた。

鬼の解法　会話中の使役表現 get ＋〈人〉の聞き取りに慣れよ

解説 got の t は発話されず、t の次に母音 a が続くと「ガラ」と聞こえるので、聞き逃す可能性がある。過去形、過去分詞形になっても聞き取れるように意識しよう。got a tutor to help me とあるので (B) が正解。

2 解答　**D**　重要度 🔥🔥🔥　MP3 054

W: Anthony, did you fix that leaky faucet?

M: No, I had the plumber do it. Is everything OK?

女性：アンソニー、蛇口から水が漏れていたの直した？
男性：いや、配管工にやってもらったよ。大丈夫？

What does the man say about the faucet?　男性は蛇口について何と言っていますか。

(A) He has already fixed it.　　　　　　(A) もう直した。
(B) He was going to learn how to fix it.　(B) 直し方を習うつもりだった。
(C) He had some plants under it.　　　(C) 植物を下においた。
(D) He asked a professional to fix it.　　(D) 修理をプロに頼んだ。

鬼の解法　会話中の使役表現 have ＋〈人〉の聞き取りに慣れよ

解説 have の場合は get の使役動詞の場合よりも、音が聞き取りやすいかもしれない。have ＋〈人〉が聞こえたら、使役の可能性を考え、誰が誰に何をさせたのかを聞き取るつもりで後の情報を聞くと効果的。正解は (D)。plumber は「配管工」だ。

Listening Comprehension ▶ Part B

Day 5　Longer Conversations 攻略

今回は、Part B の長い会話問題について学ぶ。「時系列で会話の流れを確認する」「話し手の感情を聞き取る」「問題点と解決策の提示」という 3 つのポイントを意識した攻略法を紹介する。

■ 時系列で会話の流れを確認する

Part B では、What was the woman doing before 〜 ?（女性は〜の前に何をしていましたか。）、What will they probably do next?（彼らはこの後おそらく何をしますか。）のように、会話の前後の状況についてたずねられることがある。

会話のなかに必ず解答のヒントがあり、特に会話の最初と最後に問題に関連する情報がある場合が多いので、音声が流れている間は最初から最後まで、気を抜かずしっかり聞き取ろう。会話の流れを理解する際には、以下の 3 つのポイントを意識するといいだろう。

① 時制と実際の行動をセットで理解する

発話で使われる時制をもとに、実際の行動内容を理解しよう。

- I went to the movie theater.（映画館に行きました。）
  → 映画館に行った。
- I was going to the movie theater.（映画館に行くところでした。）
  → その時点ではまだ映画館に着いていない。
- I was about to go to the movie theater.（映画館にでかけるところでした。）
  → その時点ではまだ映画館に向かっていない。

② 接続語句で流れを予測する

but や also といった接続語句が現れたら、その後の展開を予想しながら聞こう。逆接であれば、接続語句以前の流れとは別の方向に話が展開し、順接であれば、接続語句以前の流れに沿った話が展開されると予想される。

▶ 逆接
- I went to the movie theater **but** it was packed. I ended up going to the mall next to it instead.
  （映画館に行きましたが混んでいました。結局、代わりに隣のショッピングモールに行きました。）

▶ 順接
- I was going to the movies, **and then** I saw Kelly, and she joined me.
  (映画に行く途中、ケリーに会いました。そして一緒に行きました。)

③ **仮定法過去で示される行動は実際には行われていない**

助動詞の過去形 (would、should、could、might) ＋ have ＋動詞の過去分詞は、仮定法過去で、過去の事実に反する仮定を表す。つまり、実際にはその行動をとっていないということを覚えておこう。話し手の悔しさや後悔の念が表される場合にも用いられる。

- I **should have told** to my roommate about the party.
  (ルームメイトにパーティーのことを話すべきだった。)
  → 実際には話していない。

鬼のチェックポイント

① 時制と実際の行動をセットで理解する
② 接続語句で流れを予測する
③ 仮定法過去で示される行動は実際には行われていないことに注意

例題 MP3 055

1 MP3 056
- (A) Walking.
- (B) Running.
- (C) Bike riding.
- (D) Stretching.

2 MP3 057
- (A) Sugar.
- (B) Pennies.
- (C) Keys.
- (D) Ice.

3 MP3 058
- (A) Because they didn't get enough water.
- (B) Because the temperature was too high.
- (C) Because they don't last long.
- (D) Because they couldn't photosynthesize.

4 MP3 059
- (A) Call the man's sister.
- (B) Make breakfast.
- (C) Go to the florist.
- (D) Prepare for her guests.

リスニング・スクリプト

N: Listen to a conversation between two students.

W: Hi, Alex. Beautiful weather today, isn't it?

M: Yeah, I'm just getting back from riding my bike in the park. It looks like you've been to the florist. Here, can I hold those for you while you get your key out?

W: Oh, thank you. I don't think I could've fished my key out of my purse without putting everything down on the floor. Do you mind bringing them in as well?

M: No problem. These flowers are nice. Are you decorating for a special event?

W: Well, kind of. I'm having guests over for dinner tonight, and I thought I'd splurge on flowers. Here, let me take those. Let's see. Oh, here's the vase I want to use.

M: I like these red tulips. But my sister says they don't last long.

W: Ah, there's a secret to making them last. You put one or two pennies in the vase with them. See? Like this.

M: Are you serious? Does that really make them last longer?

W: It sure does. I was given a bouquet of mixed flowers at work once, and I didn't notice that the water had all evaporated. One of my co-workers got to work early and noticed that my flowers were dying, so he filled the vase with water. He'd just brought the vase back into the office when I got there. I was just sick about having let the flowers die. You know how tulips are shaped sort of like cups? Well, those tulips had opened up so much that the petals were practically flat. They looked more like plates than cups.

M: So what about the pennies?

W: That's when he told me that pennies would help. So he dropped in a couple— and would you believe it, in a couple of hours, the tulips had closed back up to a real tulip shape. I've heard that putting some sugar in the water with roses helps them live longer, too.

M: Amazing. Thanks for the tips. I'll be calling my sister to tell her about them.

W: OK. I better start getting ready for having guests over, cleaning rooms and cooking dinner. I appreciate your help bringing those in. See you later.

[訳]

> ナレーター：2人の学生の間で交わされる会話を聞きなさい。
> 女性：こんにちは、アレックス。今日はすばらしい天気ね。
> 男性：そうだね。公園で自転車に乗っていて今帰っているところだよ。花屋さんに行っていたようだね。鍵をだす間、それを持っておこうか。
> 女性：あら、ありがとう。きっと床にすべておかなければ、カバンから鍵をだせなかったわ。なかまで持って入ってもらえるかしら。
> 男性：いいよ。いい花だね。特別なことのために飾るの？
> 女性：ええ、まあ。今夜の夕食にお客さんをご招待しているの。それで、奮発してお花を買おうと思ったの。こっちにちょうだい。ええと。ああ、ここに使いたかった花瓶があったわ。
> 男性：この赤いチューリップが好きだな。でも僕の妹は、チューリップはあまり持たないって言うんだ。
> 女性：長持ちさせる秘密があるのよ。花瓶のなかに一緒に1、2枚ペニー（1セント銅貨）を入れるの。ね、こんな感じ。
> 男性：本気？ それで本当に長持ちするの？
> 女性：そうなのよ。前に職場でいろんな花のブーケをもらったことがあるんだけど、水が蒸発しきったことに気づかなかったの。職場に早く来た同僚の1人が私の花が枯れかけているのに気づいて、花瓶に水を入れてくれたのよ。私が着いた時はオフィスにその花瓶を戻そうと運んでいたの。花を枯らせてしまうなんてとてもショックだったわ。チューリップってカップみたいな形になっているの、知っているでしょう？ それがそのチューリップはもう開ききっていて、花びらなんてほとんど平らだったのよ。カップというよりお皿のように見えたわ。
> 男性：それで、ペニーが何だって？
> 女性：その時彼が、ペニーがいいって教えてくれたのよ。そして2枚ほどなかに落としたの。そうしたら驚いたことに、1、2時間のうちに、チューリップは閉じてもとの形に戻ったの。バラはお砂糖を入れると長持ちするって聞いたわ。
> 男性：驚きだね。役に立つ情報をありがとう。妹に電話して教えてあげよう。
> 女性：そうね。部屋を掃除したり夕食をつくったり、そろそろ来客に備えたほうがいいわ。運びこんでくれてありがとう。それじゃあね。

解答・解説

1 解答　C　重要度 🔥🔥🔥 MP3 056

What was the man doing in the park before he saw the woman?

(A) Walking.
(B) Running.
(C) Bike riding.
(D) Stretching.

女性に会う前に男性が公園でしていたことは何ですか。

(A) 歩いていた。
(B) 走っていた。
(C) 自転車に乗っていた。
(D) 屈伸をしていた。

鬼の解法　音声が始まった瞬間から集中せよ

解説　3行目の男性の発言に I'm just getting back from riding my bike in the park とあるので、(C) Bike riding が正解。発話者の会話前後の行動はよく聞かれるポイントなので、最初から最後までリスニングに集中することが大切だ。

2 解答　B　重要度 🔥🔥🔥 MP3 057

What did the woman put in the water to make her tulips last longer?

(A) Sugar.
(B) Pennies.
(C) Keys.
(D) Ice.

チューリップを長持ちさせるために女性が水に入れたものは何ですか。

(A) 砂糖。
(B) ペニー（1セント銅貨）。
(C) 鍵。
(D) 氷。

鬼の解法　繰り返されるキーワードを聞き取る

解説　ここでは純粋に聞き取り内容の理解が問われている。キーワードは何回か繰り返されるので、別の周辺的な情報に惑わされることなく、整理して正解を導こう。この場合、女性は15〜16行目で、ペニーを入れることで花が長持ちすると述べている。正解は (B) だ。

3 解答 A 重要度 🔥🔥🔥 MP3 058

Why were the tulips at the woman's office dying?
(A) Because they didn't get enough water.
(B) Because the temperature was too high.
(C) Because they don't last long.
(D) Because they couldn't photosynthesize.

なぜ女性の職場のチューリップは枯れかけていたのですか。
(A) 十分な水が得られなかったから。
(B) 気温が高すぎたから。
(C) 長持ちしないから。
(D) 光合成できなかったから。

鬼の解法　安易に難しい語がある選択肢を選ばない

解説 19行目の evaporate（蒸発する）の単語の意味を知っていればすぐに正解にたどり着く。知らない単語がでてくると、つい難しい選択肢を選んでしまいがちの人は注意しよう。(D) の photosynthesize は「光合成する」という意味。正解は (A) だ。

4 解答 D 重要度 🔥🔥🔥 MP3 059

What will the woman probably do next?
(A) Call the man's sister.
(B) Make breakfast.
(C) Go to the florist.
(D) Prepare for her guests.

女性はこの後おそらく何をしますか。
(A) 男性の妹に電話をする。
(B) 朝食をつくる。
(C) 花屋に行く。
(D) 来客に備える。

鬼の解法　音声が終わるまで集中せよ

解説 女性の最後の発言で I better start getting ready for having guests over（33行目）とあるので、get ready for ~ を言い換えた prepare が使われている (D) が正解。妹に電話をするのは男性の行動なので、(A) Call the man's sister. は不正解だ。

鬼に金棒のスコアアップポイント

　TOEFL の場合、どんなに語彙を増やしても試験の本番で初めて見る（聞く）単語が必ずあるだろう。話の前後から意味を推測する他に、単語をパーツに区切れば推測できる単語もある。例えば、設問3の選択肢 (D) にある photosynthesize は、photo + synthesize と2つにわけて考える。photo はもちろん「写真」だが、もともとは「光」という意味。光で焼きつけることから転じて写真の意味になった。synthesize は楽器のシンセサイザーが音を合成していることから名づけられたように、「合成する」という意味。知らない単語にも対応できるよう柔軟に考えよう。

■ 話し手の感情を聞き取る

　Part B では、発話者 2 人の感情や態度について、What was the woman's attitude toward ～?（～についての女性の考え方はどのようなものですか。）、According to the conversation, how does the man feel about ～?（会話によると、男性は～についてどのように感じていますか。）といった問題が出題される。会話の内容に加え、話し手の感情まで聞かれるのは長めの会話問題ならではの設問だ。キーワードとなる感情表現を捉え、正答を導こう。

必須表現！

❶ 感情をカテゴリーわけして理解する

　会話にでてくる表現がそのまま問題の選択肢になることは非常に少ない。言い換えが見破れるよう、感情表現の類義語をカテゴリーにわけて覚える必要があるだろう。代表的なものは「喜」(happy, great, fantastic)、「怒」(mad, furious, angry)、「哀」(sad, down, depressed) などだ。特にポジティブな感情を表す表現と、ネガティブな感情を表す表現は、整理して覚えるようにするといい。

❷ 過去分詞の感情表現に注意する

　以下のように、人が主語になり、おもに受動態で感情を表す表現に注意しよう。

- I'm **excited**.（私はわくわくしている。）
- She was **embarrassed**.（彼女は恥ずかしくなった。）
- We were all **impressed**.（私達は皆感動した。）
- He was **disappointed**.（彼ががっかりした。）

❸ 現在分詞の感情表現に注意する

- I found the baseball game **exciting**.（その野球の試合は面白かった。）
- The news was **disappointing**.（その知らせががっかりさせるものだった。）

鬼のチェックポイント

感情表現をカテゴリーにわけて覚える

例題

1

(A) His parents' convenience store was robbed.

(B) He feels overwhelmed by bad news.

(C) He knows people that have been affected by murders and natural disasters.

(D) He has led a sheltered existence.

2

(A) Emerson had a good eye for identifying evil and exposing it.

(B) Emerson believed that good will win over bad in the end.

(C) Emerson saw bad in everyone.

(D) Emerson was heavily criticized for his optimism.

3

(A) Sympathetic.

(B) Amused.

(C) Discouraged.

(D) Apathetic.

4

(A) Help the convenience store to increase its sales.

(B) Tell his parents about his problem.

(C) Read what the woman mentioned.

(D) Consult a professional counselor.

リスニング・スクリプト

N: Listen to a conversation between two students.

W: Hey, Marcus. I haven't seen you in ages. How's it going?
M: **Not bad** ◂ ポジティブ , Katie. How about you?
W: I'm all right. But are you sure that you're **OK** ◂ ポジティブ ? You look a little **down** ◂ ネガティブ .
M: Well, all of a sudden, I've been struck by all of the bad news every day in the newspaper and on TV. It's really getting me **down** ◂ ネガティブ . And then there was a robbery at a convenience store a few blocks from my house the other night. So now I'm **worried** ◂ ネガティブ about my parents' safety.
W: That's **awful** ◂ ネガティブ ! I'm sorry to hear that.
M: And every time you read the news, it seems that there's been a murder or one group slaughtering another over religious differences or a natural disaster. I guess I've been pretty sheltered my whole life and now that all this has hit me, I'm **having trouble** ◂ ネガティブ seeing any good in the world at all.
W: I know what you mean. My car was stolen last year, and I had a really **bad** ◂ ネガティブ attitude about people for a long time.
M: What did you do to get your spirits back up?
W: It sounds strange, but what helped me was the reading I did for a class. We read essays by Ralph Waldo Emerson. He was always so **optimistic** ◂ ポジティブ about human nature. He seemed to see good in everyone and everything, despite the constant battle between good and bad.
M: But how could he, when there's so much bad in the world?
W: Well, he was heavily criticized for seeming to ignore the bad stuff. And reading his critics, like Henry James, helped me, too. I understood that there is always bad and good competing. The recognition that bad sometimes takes control is balanced by Emerson's optimism that good, if we can just recognize it and nurture it, will win in the end.
M: I hope so, anyway. Thanks for the **pep talk** ◂ ポジティブ , Katie. I'm going to the library now and check out some Emerson's books. Let's see if his stories work on me as well.
W: I sure hope so! See you later.

[訳]

> ナレーター：2人の学生の間で交わされる会話を聞きなさい。
> 女性：あら、マーカス。ずいぶん久しぶりね。調子はどう？
> 男性：まあまあだよ、ケイティ。君はどう？
> 女性：いいわよ。でもあなた本当に大丈夫？ 少し沈んで見えるわ。
> 男性：そうだな。新聞やテレビで毎日流れる悪いニュースに突然行きづまってしまったんだ。これには本当に気がめいるよ。それからこの前の夜、自宅から数ブロック離れたコンビニで強盗があったんだ。それで今は両親の安全が心配なんだ。
> 女性：それはひどいわ。お気の毒にね。
> 男性：ニュースを読むたびに、殺人事件があったり、宗教の違いで集団同士で虐殺し合ったり、自然災害があったりしている。僕はずっとかなり過保護に育ってきて、今やっとこのことに気づいたんだ。この世に善を見ることが難しいと感じているよ。
> 女性：気持ちはわかるわ。私も去年車を盗まれて、長い間人に対してすごく悪い考え方をしていたから。
> 男性：元気を取り戻すために何かした？
> 女性：変に聞こえるかもしれないけど、授業のために読んだ読みもので助けられたの。ラルフ・ワルド・エマーソンのエッセイを読んだの。彼はいつも人間の本性に対してとても楽観的で、善と悪はつねに戦っているのに、彼はすべての人、すべてのもののなかに善を見ているようだった。
> 男性：世のなかにこんなに悪いことがあるのに、なぜ彼にはそんなことができたの？
> 女性：悪いことを無視しているって激しく批判されたわ。ヘンリー・ジェイムズのように彼を批判する人を読むのも役に立ったのよ。善と悪はいつも争っているってわかった。時に悪が勝つという認識は、私達が善を認めて育てれば最後には善が勝つというエマーソンの楽観主義によってバランスが取れているの。
> 男性：そうだといいね。元気のでる話をありがとう、ケイティ。これから図書館に行って、エマーソンの本を借りてくるよ。彼の話が僕にも効果があるか試してみよう。
> 女性：効果があるといいわね。じゃあね。

解答・解説

1　解答　B　重要度 🔥🔥🔥　MP3 061

Why is the man feeling depressed?

(A) His parents' convenience store was robbed.
(B) He feels overwhelmed by bad news.
(C) He knows people that have been affected by murders and natural disasters.
(D) He has led a sheltered existence.

なぜ男性は落ち込んでいるのですか？

(A) 両親のコンビニが強盗にあったから。
(B) 悪いニュースに圧倒されたから。
(C) 殺人事件や自然災害によって被害にあった人を知っているから。
(D) 甘い人生を生きてきたから。

鬼の解法　悪い感情・事柄はその理由と内容を聞き取る

> 解説　理由としていくつかあげられているが、6行目の all of a sudden, I've been struck by all of the bad news every day の部分が最も大きな理由。よって正解は (B)。(D) は (B) にいたる理由である。

2 解答 B 重要度 🔥🔥🔥 MP3 062

Why was Katie cheered up by Emerson's work?

(A) Emerson had a good eye for identifying evil and exposing it.
(B) Emerson believed that good will win over bad in the end.
(C) Emerson saw bad in everyone.
(D) Emerson was heavily criticized for his optimism.

なぜケイティはエマーソンの作品によってはげまされたのですか？

(A) エマーソンは悪を見抜き明るみにだすのがうまかったから。
(B) エマーソンは最後には善が悪に勝つと信じていたから。
(C) エマーソンは皆のなかに悪を見たから。
(D) エマーソンはその楽観主義を激しく批判されたから。

鬼の解法　感情を示すキーワードを聞き取り、解答を推測する

解説 20〜24行目と29〜30行目の女性の長い発言の聞き取り内容が問われている。キーワードがいくつもでてきて、混乱してしまいそうだが、He was always so optimistic about human nature. He seemed to see good in everyone and everything. と good, if we can just recognize it and nurture it, will win in the end. の部分を聞き取れていれば、正解は (B) とわかるだろう。

3 解答 A 重要度 🔥🔥🔥 MP3 063

Which word best describes Katie's attitude in this conversation?

(A) Sympathetic.
(B) Amused.
(C) Discouraged.
(D) Apathetic.

この会話におけるケイティの態度を最も適切に表している言葉は、次のどれですか。

(A) 同情的。
(B) わくわくしている。
(C) 落胆している。
(D) 冷淡。

鬼の解法　感情表現はレベルを問わず覚える

解説 感情に関する表現は、レベルが高いものも含めてどんどん増やしていこう。11行目のI'm sorry to hear that. の発言の以降も、さらに男性をはげますような話をしたことから女性は男性に同情的であると言える。(A) が正解だ。

4 解答 C 重要度 🔥🔥🔥 MP3 064

What will the man probably do next?
(A) Help the convenience store to increase its sales.
(B) Tell his parents about his problem.
(C) Read what the woman mentioned.
(D) Consult a professional counselor.

男性はこの後おそらく何をしますか。
(A) コンビニの売りあげをあげるのを助ける。
(B) 両親に問題を話す。
(C) 女性が言ったものを読む。
(D) プロのカウンセラーにカウンセリングを受ける。

鬼の解法　会話の終盤から行動を推測せよ

解説 男性が最後に「これから図書館に行って、エマーソンの本を借りてくる」(31～32行目)という発言をしている。さらにそれが「自分にも効果があるかどうかを試す」(32～33行目)と言っているので、正解は(C)。

鬼に金棒のスコアアップポイント

　Part B では発話者の話し方から感情をくみ取ることも重要だ。同じフレーズでも言い方、速さによって、話し手の感情がまったく異なることがある。例えば I am OK. という表現を考えてみよう。

- 低く、沈んでいたら、悲しみを表し、「まあ、大丈夫。いろいろあるけど。」という意味
- **OK** が強くゆっくり話されたら、怒りを表し、「大丈夫だから、そっとしておいて。」という意味
- 高い声で速く話され、その後に別の会話が続いたら、幸せを表し、「大丈夫よ。それより～。」という意味

　シンプルな表現でも、いろいろな気持ちを表すことができるのは日本語と同じだ。その裏に隠された真の意図が問われることもあるので、話し方も話し手の感情を把握する手がかりにしよう。

■ 問題点と解決策の提示

　Part B では、一方の話し手が抱える問題について、もう一方が解決策を提案するという会話パターンが出題される。会話中に problem、trouble、matter といった単語が聞こえたら、問題の内容と解決策を聞き取る準備をしよう。

① 問題は何かを聞き取る

　以下のように、会話中に相手の問題についてたずねる表現がでてきたら要注意だ。相手が抱える問題の内容について問われる可能性が高い。

- What's the matter?/What's wrong?（どうしたのですか。）
- What seems to be the problem?（問題に思えるのは何ですか。）
- What's bothering you?（何か心配事があるのですか。）

② 解決策を聞き取る

　問題に対する解決策についての設問も頻出だ。Part A「疑問詞で始まる示唆と提案」（p. 026）に示した表現をマスターし、解決策が提案される部分を聞き逃さないようにしよう。

③ 解決策の詳細をつかむ

　解決策のよいところや悪いところ、問題に対して実際に何をするかといった、解決策に関する詳細もセットで問われる。以下のように、詳細について言及する際に使われやすいフレーズが聞こえたら、その後の発言内容は特に注意して聞くこと。

▶ 提案のよいところを示す際に使われやすいフレーズ
- Also, the good point is 〜.（さらによいところは〜。）

▶ 提案の悪いところを示す際に使われやすいフレーズ
- But you have to remember 〜.（しかし〜ということを覚えておかなくてはならない。）

▶ 解決の実行を示す際に使われやすいフレーズ
- Well, I think I'll 〜.（そうだな、これから〜すると思う。）

鬼のチェックポイント

① 問題や解決策の提示を示す表現に要注意
② 解決策は、よいところや悪いところ、実際の解決策の内容など詳細まで聞き取る

例題

1

(A) In a dorm.
(B) In the school library.
(C) At the adviser's office.
(D) At a cafeteria.

2

(A) He does not have enough money.
(B) He is not doing well in one of his classes.
(C) He has applied for a workstudy program.
(D) He is having trouble finding a new room.

3

(A) Apply to work in the geology department.
(B) Consider working for her.
(C) Leave the university this month and reapply.
(D) Find a job on campus.

4

(A) Leave school for the semester.
(B) Apply for the graduate school.
(C) Check out two options to make money on campus.
(D) Visit the financial aid office for a scholarship.

リスニング・スクリプト

N: Listen as a student talks to his advisor.

M: Ms. McDougal, could I talk with you? Do you have office hours now?
W: Sure, Jim. Come on in. Is something bothering you?
M: I'm ... well, I'm having a problem, and I'd really appreciate your advice.
W: Are you having problems in one of your classes?
M: No, it's nothing like that. I'm doing fine in all of my classes. My problem is that I'm running out of money. I think I may have to leave school to work for a while.
W: I'm really sorry to hear that, Jim. If you're doing well in your classes, it would be a shame to quit. Why don't you just get a job on campus and stay in school? You've already paid your tuition, and it seems a real waste to throw that money away. One of my students mentioned that she works as the dishwasher at the cafeteria, and she's been working extra hours because they're short a couple of workers right now. The pay's not great, but it is a little over minimum wage.
M: That's a thought.
W: Or you might want to think about a work-study position. In the work-study program, you work in the library or for one of the professors, and you can get worthwhile training and work experience in addition to earning money. One student I know was assigned to the geology department and trained to make thin sections, which are very thin slices of rock on glass slides made so that geology students can look at rocks with a microscope. The slices have to be very thin so light will pass through them. Anyhow, this student was a psychology major, but because of this new skill, he got a position part-time with the geology department when he went on to graduate school for psychology.
M: Terrific. The work-study program sure paid off for him! How would I go about applying for the work-study program?
W: You'd apply through the financial aid office.
M: You know, it's just 2:30 now. I think I'll go fill out the forms there and then stop by the cafeteria to ask about working as a dishwasher. If I can stay in school this semester, I sure would like to.
W: Yes, it would be too bad to waste the money you've already spent on tuition and the work you've already done in your classes.
M: And if I can stay in school, I'll be that much closer to graduation.

[訳]

ナレーター：学生とアドバイザーの会話を聞きなさい。

男性：マクドゥーガルさん、ちょっとお話いいですか。もうオフィスアワーは始まっているのでしょうか。

女性：ジム、もちろんよ。入って。何か気になっているの？

男性：ええ…。ちょっと問題があって、アドバイスが欲しいのです。

女性：履修している授業で問題があるの？

男性：そういうことではありません。授業はすべてうまくいっているのです。問題は、お金がなくなってしまったことです。しばらく働くために学校を離れなくてはならないと思っています。

女性：ジム、それは残念ね。授業がうまくいっているなら、やめるのは惜しいことよ。構内で仕事を見つけて、学校にとどまったら？　もう授業料は払っているのだから、そのお金を捨てるのは無駄に思えるわ。ある学生は食堂で皿洗いの仕事をしていて、今は何人か人手が足りないから余分に働いていると言っていたわ。報酬はよくないけど、最低賃金は少し超えているわ。

男性：それはいいですね。

女性：ワークスタディ職について考えてみたら？　ワークスタディプログラムでは図書館や教授のところで働いて、お金を稼ぐだけではなく、同時に有意義な研修や職場経験も積めるのよ。私の知っているある学生は地質学部で働くことになって切片をつくる研修を受けたの。それはスライドガラスに載せるとても薄い石のかけらで、地質学部の学生が顕微鏡で石を見られるようにしたものよ。切片は、光が通るように1枚1枚がとても薄くなければならないの。とにかく、この学生は心理学専攻だったのだけれど、心理学の大学院に進んだ時にこの新しい技術で地質学部の非常勤職を見つけたのよ。

男性：すばらしい。ワークスタディプログラムは彼に成果をもたらしたのですね。そのワークスタディプログラムに申し込むにはどうすればいいのですか。

女性：学資援助事務局に申請するのよ。

男性：ちょうど2時30分ですね。事務局に行って申込書を書いて、それから食堂に寄って皿洗いの仕事がないか調べてみます。今学期学校に残れるものならそうしたいので。

女性：そうね。払った授業料と、授業のためのこれまでのがんばりを無駄にするのはもったいないものね。

男性：そしてもし学校に残ることができれば、その分卒業が近づきますからね。

解答・解説

1 解答 C 重要度 🔥🔥🔥 MP3 066

Where most likely are the speakers?　　　話し手はどこにいると考えられますか。
(A) In a dorm.　　　(A) 寮。
(B) In the school library.　　　(B) 学校の図書館。
(C) At the adviser's office.　　　(C) アドバイザーのオフィス。
(D) At a cafeteria.　　　(D) 食堂。

鬼の解法 オフィスアワーなど、米国の大学の制度を知るべし

解説 米国の大学では教授やアドバイザーは、オフィスアワーには自分の研究室などに常駐し、問題を抱える学生が個人的に訪ねることができる時間を設けている。学生が Do you have office hours now? (2行目) と確認を取りながら、アドバイザーの部屋を訪ねているシーンが解答の根拠だ。正解は (C)。

2 解答 A 重要度 🔥🔥🔥 MP3 067

What is the student's problem?　　　学生の問題は何ですか。
(A) He does not have enough money.　　　(A) 十分なお金を持っていない。
(B) He is not doing well in one of his classes.　　　(B) ある授業でうまくいっていない。
(C) He has applied for a workstudy program.　　　(C) ワークスタディプログラムに申し込んだ。
(D) He is having trouble finding a new room.　　　(D) 新しい部屋を探すのに困っている。

鬼の解法 problem、trouble、matter が聞こえたらその問題内容に注意

解説 6〜7行目で学生ははっきりと My problem is that I'm running out of money. と言っている。run out of 〜は「〜を使い切る」という意味。正解は (A)。

3 解答 D 重要度 🔥🔥🔥 MP3 068

What does the adviser recommend that the student do?　　　アドバイザーは学生がどうするよう提案していますか。
(A) Apply to work in the geology department.　　　(A) 地質学部での仕事に申し込む。
(B) Consider working for her.　　　(B) 彼女のところで働く。
(C) Leave the university this month and reapply.　　　(C) 今月大学を離れ、再び応募する。
(D) Find a job on campus.　　　(D) 構内での仕事を探す。

Listening Comprehension 攻略 | Chapter 1

> **鬼の解法** 提案の Why don't you ~? を聞き取って、アドバイスの内容をつかむ

> **解説** アドバイザーは 10 ～ 11 行目で Why don't you just get a job on campus and stay in school? と構内で仕事を探すことを提案している。その具体的な方法が食堂での皿洗いとワークスタディプログラムだ。正解は (D)。

4 解答 **C** 重要度 🔥🔥🔥 MP3 069

What will the student probably do next?
(A) Leave school for the semester.
(B) Apply for the graduate school.
(C) Check out two options to make money on campus.
(D) Visit the financial aid office for a scholarship.

学生はこの後おそらく何をしますか。
(A) この学期は学校を離れる。
(B) 大学院に応募する。
(C) 構内でお金を稼ぐ2つの方法を調べる。
(D) 奨学金のために学資援助事務局を訪ねる。

> **鬼の解法** 会話の終盤で解決策の実行内容が示されやすい

> **解説** アドバイザーから問題解決のための2つの提案がなされ、学生は「すばらしい。」と答えて、その提案を前向きに捉えている。30 行目以降で「(ワークスタディプログラムの) 申し込みをして、食堂に寄って皿洗いの仕事を調べる」と言っているので、正解は (C)。

鬼に金棒のスコアアップポイント

　会話問題に関するリスニング力をあげるには、キャンパスライフに関する単語を覚えることが欠かせない。tuition (授業料)、semester (学期)、graduate school (大学院) など、大学に関する単語はその習慣やシステムと一緒にまとめて覚えておこう (p. 506 以降のキャンパスライフ・ボキャブラリーを参照)。米国では学生の間に part-time job や internship を受けたところから卒業後の就職へとつながることが多い。こうした文化の違いも知っておくと聞き取る際のヒントとなるだろう。

Listening Comprehension ▶ Part C

Day 6 Talks 攻略

今回は、講義などを聞き取る Part C を学ぶ。「講義の位置づけ・課題・大学教育の理解」「講義名・職業名がヒントになる」「Part C の頻出ワード」という3つのポイントを意識した攻略法を紹介する。

■ 講義の位置づけ・課題・大学教育の理解

Part C の講義タイプの問題では、その講義が学期中のいつ行われているのかといった、講義の位置づけに関する設問が出題される。講義内容や課題とともに、その講義が講義全体のカリキュラムのなかでどのような位置づけにあるのかという情報も把握しよう。

① これまでの講義で何をしたか、講義後に何をするかの情報をつかむ

講義の序盤や終盤に、これまでの学習内容や今後の課題などが示唆されることがある。以下のような表現に注意して、リスニングにのぞもう。

▶ これまでの講義内容のまとめ
- We have been studying 〜. （これまでは〜について勉強してきました。）

▶ 転換（講義への導入・講義内容の紹介）
- OK. Now let's look at 〜. （では今度は〜について見てみましょう。）

▶ 今後の流れを示唆
- Next we will move on to 〜. （次は〜に移っていきます。）

特に、テスト (quiz、exam) や、宿題・課題 (homework、paper、reading) についての説明がある時は、これらの内容をしっかり記憶しておきたい。

② 課題の提出期限や方法を正確に把握する

成績評価のための homework（宿題）が示されることがある。例えば以下のように、paper（論文）の提出期限や方法についての説明があった時は確実に記憶しておこう。

- The paper is due on Monday. （論文の締め切りは月曜日です。）
- Please drop yours off in my box in the lecturers' room.
（講師室の私の箱に入れておいてください。）

③ 米国の学校教育について知る

米国の学校教育では、group work（集団で取り組む課題）や presentation（発表）

が多く、コースの一部としてvolunteer（無償労働）やinternship（企業へのインターン）、field trip（実地見学）が行われることもある。日本の学校のように、いわゆる机に向かった勉強だけが教育ではないことを理解し、関連するボキャブラリーを習得しておこう。

鬼のチェックポイント

① これまでの講義で何をしたか、講義後に何をするかの情報をつかむ
② 課題の提出期限や方法を正確に把握する
③ 米国の学校教育について知る

例題

1

(A) During the first week of classes.
(B) During the last week of classes.
(C) Two days before the final exam.
(D) Some weeks before the final.

2

(A) Because communication is only possible between two members of the same species.
(B) Because animals of two different species cannot normally produce healthy offspring.
(C) Because different species are often hostile to one another.
(D) Because scientists use it to identify different species.

3

(A) They can distinguish between the birdcalls of the two species, which are considerably different.
(B) They don't. The two species cross-mate successfully.
(C) Scientists don't know the answer.
(D) Each species marks its territories.

4

(A) Listen to birdcalls of the two species.
(B) Review topics to write.
(C) Observe birds in natural habitat.
(D) Take the test.

リスニング・スクリプト **MP3 070**

N: Listen to a lecture in a biology class.

1 Last week, we covered the basic idea of how communication among animals can be accomplished. We might ask, why is it necessary for them to communicate at all? You can probably sit right there and think of a host of reasons, but let's see if we can organize our ideas a bit. As you listen, you might want to start thinking about the final exam, even though it's not coming up for a few weeks.

2 First, communication may permit one animal to know that another animal is of the same species. This may not seem too important—unless one is interested in reproduction. After all, animals of two different species cannot normally produce healthy offspring. But a lot of species are very similar, and in the absence of some precise means of identification, an animal might waste a lot of time and energy in trying to mate with a member of the wrong species. Therefore, species identification must somehow be quickly established.

3 For example, the golden-fronted woodpecker and the red-bellied woodpecker often share the same woods around Austin, Texas. The two species look very similar to the casual observer. The most conspicuous difference is that the golden-fronted woodpecker has a small yellow band along the base of its red cap, a band which is absent on the red-bellied. Also, the red-bellied woodpecker has slightly more white in its tail. The habits of the species are much alike, and their calls are very similar, at least to the human ear. Nevertheless, each of these birds is somehow able to recognize its own species. At least, cross-mating has never been observed, nor have any hybrids. No one knows exactly what cue the birds use, but to them, apparently, the signals are clear.

4 But there are cases when they treat each other as competitors, which you will read about in the reading assignment. Don't forget the paper coming up, which is due in two weeks. Start thinking about what you want to write, as you will have some time to share your ideas in small groups during the next class. If you have any problems, make sure you come to see me during my office hours.

[訳]

> ナレーター：生物学の授業での講義を聞きなさい。
>
> **1** 先週は、動物達の間でコミュニケーションはどのように行われるのかという基本的な考えを扱いました。ここで「そもそもなぜ彼らがコミュニケーションを図らなければならないのか」という疑問が浮かぶかもしれません。おそらくそこにすわり多くの理由を考えることができるでしょうが、それらの考えをまとめることができないかやってみましょう。聞きながら、まだ迫ってきているわけではありませんが、最終試験についても考えていったほうがよいでしょう。
>
> **2** まず、コミュニケーションは、ある動物が、他の動物が同じ種に属することを知るのに役立ちます。生殖に興味がない限りはあまり重要ではないように思えるかもしれません。とにかく、普通は異種間では健康的な子孫を残すことはできません。多くの種はとても似ているので、同種であることの正確な確認方法がなければ、動物達は間違った種の動物と交尾しようとして、時間も労力も無駄にすることになるかもれません。よって、種の確認方法は何らかの形で素早く確立されなければなりません。
>
> **3** 例えば、キバナシマゲラとシマゲラはテキサスのオースティン周辺で、同じ森を住みかとしています。詳しくない人にとっては、2種はとてもよく似て見えます。最も目立つ違いは、キバナシマゲラの赤い頭頂部の下には小さい黄色い帯があり、シマゲラにはそれがないということくらいです。また、シマゲラのしっぽのほうが、若干白味が強いです。これら2種の習性は似かよっており、少なくとも人間の耳には鳴き声も似て聞こえます。しかしながら、これらの鳥は自分達の種を何らかの仕方で見わけることができます。少なくとも異種交配も、雑種も観察されたことはありません。これらの鳥達がどのような合図を使うのか、確かなことは誰にもわかっていませんが、明らかに彼らにとってはその信号ははっきりしています。
>
> **4** しかし、おたがいを競争相手として扱うケースもあり、それは課題図書で読むことになります。課題提出期限が2週間後に迫ってきていることを忘れずに。来週の授業では少し時間をとって小さなグループにわかれて考えを交換しますので、何を書くか考え始めたほうがいいでしょう。何か問題があれば、オフィスアワー内に必ず訪ねてきてください。

解答・解説

1 解答 D 重要度 🔥🔥🔥 MP3 071

When is this lecture most likely given?

(A) During the first week of classes.
(B) During the last week of classes.
(C) Two days before the final exam.
(D) Some weeks before the final.

この講義はいつ行われていると考えられますか。

(A) 第1週の授業。
(B) 最終週の授業。
(C) 最終試験の2日前。
(D) 最終試験の数週間前。

鬼の解法 the final exam をヒントに講義は学期中のいつ頃のことなのかをつかめ

> **解説** リスニング内容が学期のなかで、どのあたりの講義かが問われることがある。リスニングの最初か最後にヒントがだされる場合が多いので、難しい内容以外のところでも気を抜かずに聞く習慣をつけること。第1段落の最後で最終試験はまだ迫っていないと言っているので、正解は (D)。

2 解答 B 重要度 🔥🔥🔥 MP3 072

Why is species recognition important to animals?

(A) Because communication is only possible between two members of the same species.
(B) Because animals of two different species cannot normally produce healthy offspring.
(C) Because different species are often hostile to one another.
(D) Because scientists use it to identify different species.

なぜ種を見わけることが動物達にとって大切なのですか。

(A) 同種の仲間同士でなければコミュニケーションが図れないから。
(B) 普通は異種間では健康的な子孫を残せないから。
(C) 異なる種は往々にしておたがいを敵対するから。
(D) 科学者が違う種を見わけるのに使うから。

鬼の解法　after all などの転換語に注意

解説 コミュニケーションが必要な理由として、10〜11行目に After all, animals of two different species cannot normally produce healthy offspring. との発言がある。after all（結局）の後には重要なポイントが述べられることが多い。正解は (B)。

3 解答 C 重要度 🔥🔥🔥 MP3 073

How do golden-fronted woodpeckers and red-bellied woodpeckers recognize the other species?

(A) They can distinguish between the birdcalls of the two species, which are considerably different.
(B) They don't. The two species cross-mate successfully.
(C) Scientists don't know the answer.
(D) Each species marks its territories.

キバナシマセゲラとシマセゲラはどのようにおたがいを確認しますか。

(A) 2種のまったく異なる鳴き声を聞きわけることができる。
(B) 見わけられない。2種は異種交配に成功している。
(C) 科学者は答えを知らない。
(D) それぞれの種がなわばりをマーキングしている。

鬼の解法　リスニング内容を言い換えている選択肢を特定せよ

解説 25行目で No one knows exactly what cue the birds use と言っているので、まだはっきりとした理由は特定されておらず、科学者でも知らないことが推測できる。正解は (C)。

4 解答 **B** 重要度 🔥🔥🔥 MP3 074

What does the professor ask his students to do for the next week?

(A) Listen to birdcalls of the two species.
(B) Review topics to write.
(C) Observe birds in natural habitat.
(D) Take the test.

教授は学生が来週どうするよう言っていますか。

(A) 2種の鳴き声を聞く。
(B) 書くトピックを検討する。
(C) 自然の生息地で鳥を観察する。
(D) テストを受ける。

鬼の解法　今後の予定を聞き漏らすな

解説 最後の締めくくりの部分にでてきた情報が問われる問題。最後まで意識を集中させ、情報を正確に捉える必要がある。29〜30行目で Start thinking about what you want to write と言っているので、正解は (B)。

鬼に金棒のスコアアップポイント

　米国のスクールイヤーの流れを押さえておこう。米国の大学の多くは秋始まり。2学期制の場合は冬休みを挟む1学期と、春休みを挟む2学期からなり、5月〜6月に卒業式が行われる。学期の1週目はオリエンテーション、2週目以降 reading assignment（課題図書）を前提に多くの homework（宿題）が課される。paper（論文）もその1つで、TOEFLでもよく出題されるトピックだ。pop quiz（抜き打ちテスト）が行われることもあるだろう。そして final exam（最終試験）を受けて grade（成績）が決まる。

■ 講義名・職業名がヒントになる

　講義に入る前のナレーションにでてくる講義名は、内容理解のための大きなヒントとなる。決して聞き漏らすことのないよう耳と気持ちを準備しよう。講義内ででてくる職業名や具体的な人名も、背景知識があれば内容理解の助けになるだろう。

① 講義名でテーマをつかむ

講義が始まる前に、以下のようなナレーションが流れる。

- Listen to a lecture in a **history** class. （歴史の授業での講義を聞きなさい。）

この一言で何についての話かを把握してのぞむことができる。講義は理系ではbiology（生物学）、astronomy（宇宙学）、chemistry（化学）、physics（物理学）が頻出分野。文系では American history（米国史）、anthropology（人類学）などがねらわれる。

② 英語名に慣れる

TOEFLでは、歴史的人物に言及する際、以下のようにフルネームででてくることが多い。

- **Thomas Edison** invented the light bulb in the late 19th century.
  （19世紀終わりにトーマス・エジソンが初めて電球を発明した。）

進化論のダーウィンは Charles Darwin、相対性理論のアインシュタインは Albert Einstein、万有引力を発見したニュートンは Isaac Newton など、文字で見ればすぐにわかるのに、リスニングの場合ファーストネームが印象に残り、ピンとこないといったこともあるので要注意だ。

③ 職業名を聞き取る

講義内に人物がでてくる場合、その職業名や肩書きに講義の概要を理解するヒントが隠れている。

- The **environmental activists** are working hard to protect the habitat of the local species.
  （環境活動家達は地元の種の生息地を保存しようと尽力している。）

上の例であれば環境問題や生態系の話、psychologist（心理学者）や counselor（カウンセラー）がでてくれば人間の内面の話、engineer（技術者）であれば機械の改良の話など、具体的な登場人物の職業からも話の内容が推測できる。

鬼のチェックポイント

① 講義が始まる前のナレーションの講義名で講義のテーマをつかむ
② 英語名に慣れる。ラストネームを聞き取れるように意識する
③ 職業名や肩書きをヒントに内容を推測する

例題 [MP3 075]

1 [MP3 076]

    (A) Nineteenth-century political activists.

    (B) The work of Clara Barton.

    (C) A comparison of Clara Barton and Florence Nightingale.

    (D) Victims in the Civil War.

2 [MP3 077]

    (A) She became famous in her own lifetime.

    (B) She lived according to her beliefs.

    (C) She was a talented storyteller.

    (D) She was a fictional character.

3 [MP3 078]

    (A) Clara Barton worked as a schoolteacher, not a writer.

    (B) Clara Barton collected medical supplies to help wounded soldiers on battlefields.

    (C) Clara Barton convinced the American Red Cross to help victims of natural disasters as well as victims of war.

    (D) Clara Barton worked for the ratification by the United States of the Geneva Treaty.

4 [MP3 079]

    (A) The professor will lecture on the civil war.

    (B) Students will read papers on Florence Nightingale.

    (C) They will do some research on the Geneva Treaty.

    (D) They will talk about those who are affected in disasters.

リスニング・スクリプト　MP3 075

N: Listen to the following lecture given in the American History class.

1 As a follow-up to our discussion last week on the early political activists in this country, today I want to talk about a very interesting woman, Clara Barton, one of the most determined nineteenth-century political activists in the United States. She founded the American Red Cross, but, strangely enough, she was originally a schoolteacher and a writer, not a hospital nurse like her famous contemporary, Florence Nightingale.

2 During the Civil War, Clara Barton turned to nursing in order to help the thousands of wounded soldiers who were receiving little or no medical care in the understaffed army hospitals. She openly defied military authorities who did not allow female nurses on the battlefield, maintaining that wounded soldiers often died because of lack of food, clothing, or simple medication and bandages, not just from medical problems that required doctors' expertise. Even though it was against orders, she followed the troops and helped medical personnel with vital supplies that she gathered herself. She became a living legend, and the soldiers called her the angel of the battlefield.

3 After the war, she worked for the ratification by the United States of the Geneva Treaty, which officially established the International Red Cross. She also served as the first president of the American Red Cross for over twenty years, and it was she who convinced that organization to extend relief efforts to victims of natural disasters as well as to victims of war.

4 To this day, the activities of the American Red Cross are highly valued, both here and abroad. Therefore, our next class will be devoted to a discussion of the work done on behalf of victims of such disasters.

[訳]

ナレーター：米国史の授業における次の講義を聞きなさい。

1 この国の早期の政治活動家に関する先週の討論に続いて、今日はとても興味深い女性、クララ・バートンについてお話しします。19世紀の米国で活動した最も熱心な政治活動家の1人です。彼女はアメリカ赤十字社を創設しましたが、変わったことに、もともとは学校の先生であり作家でした。有名な同時代人フローレンス・ナイチンゲールのように病院の看護師ではなかったのです。

2 南北戦争の時代、クララ・バートンは人手不足の陸軍病院ではほとんど、あるいはまったく治療を受けられない何千人もの負傷兵を助けるために、看護の道に入りました。戦場に女性看護師が行くことを認めず、医師の専門知識を要する医療問題のためだけでなく、食糧や衣料が不足し、簡易な医療や包帯がないことで、多くの負傷兵が命を落とす状況を放置する陸軍当局に公然と逆らいました。規則に背くことでしたが、軍隊について行き、自身で集めた必要不可欠な物資で医療に関わる人を援助しました。彼女は生ける伝説となり、兵士達は彼女を戦場の天使と呼びました。

3 戦後、米国のジュネーブ条約批准のために活動し、正式に国際赤十字社を創設しました。また、彼女はアメリカ赤十字社の初代代表として20年以上務めました。同社を説得して戦争の被害者に限らず自然災害の被災者にまで救済措置を拡大させたのも彼女でした。

4 今日まで、アメリカ赤十字社の活動は国内外で高く評価されています。ですから、次の授業はそのような災害の被災者のためになされた活動についての討論にあてます。

解答・解説

1 解答 **B** 重要度 🔥🔥🔥 MP3 076

What is the main subject of the talk?
(A) Nineteenth-century political activists.
(B) The work of Clara Barton.
(C) A comparison of Clara Barton and Florence Nightingale.
(D) Victims in the Civil War.

講義の主題は何ですか。
(A) 19世紀の政治活動家。
(B) クララ・バートンの功績。
(C) クララ・バートンとフローレンス・ナイチンゲールの比較。
(D) 南北戦争の被害者。

鬼の解法 講義冒頭で何を話すかが述べられる

解説 3〜4行目 I want to talk about a very interesting woman, Clara Barton という発言から、彼女に焦点があてられていることがわかり、実際にこの後も彼女の功績について述べられている。正解は (B)。

2 解答 A 重要度 🔥🔥🔥 MP3 077

What does the speaker mean by referring to Clara Barton as a living legend?

(A) She became famous in her own lifetime.
(B) She lived according to her beliefs.
(C) She was a talented storyteller.
(D) She was a fictional character.

クララ・バートンを生ける伝説だと言うことで、話し手は何を言おうとしていますか。

(A) 生きている間に有名になった。
(B) 自身の信念に従って生きた。
(C) 才能ある語り部だった。
(D) 架空の人物だった。

鬼の解法　講義内の慣用表現を問う問題ではその表現前後の内容に注意せよ

解説　17〜18行目の She became a living legend, の後には the soldiers called her the angel of the battlefield とある。つまり亡くなった後ではなく、(A) にあるように生きている間に尊敬を集めたということだ。

3 解答 A 重要度 🔥🔥🔥 MP3 078

Which of the following statements is NOT correct?

(A) Clara Barton worked as a schoolteacher, not a writer.
(B) Clara Barton collected medical supplies to help wounded soldiers on battlefields.
(C) Clara Barton convinced the American Red Cross to help victims of natural disasters as well as victims of war.
(D) Clara Barton worked for the ratification by the United States of the Geneva Treaty.

適切ではないものは、次の記述のうちどれですか。

(A) クララ・バートンは教師として働いたが、作家ではなかった。
(B) クララ・バートンは戦場で負傷した兵士を助けるために医療物資を集めた。
(C) クララ・バートンは戦争被害者だけでなく自然災害の被災者も助けるようアメリカ赤十字社を説得した。
(D) クララ・バートンは米国のジュネーブ条約批准に向け尽力した。

鬼の解法　選択肢の細部まで読み、正答を導け

解説　それぞれの選択肢に多くのキーワードが入っている。6〜7行目の she was originally a schoolteacher and a writer と相いれない (A) が正解。(B) は 15〜17行目で、(C) は 22〜23行目で、(D) は 19〜20行目で述べられている。

Listening Comprehension 攻略 | **Chapter 1**

4 解答　**D**　重要度 🔥🔥🔥　MP3 079

What is most likely to happen in the next class?

(A) The professor will lecture on the civil war.
(B) Students will read papers on Florence Nightingale.
(C) They will do some research on the Geneva Treaty.
(D) They will talk about those who are affected in disasters.

次の授業では何が行われると考えられますか。

(A) 教授が南北戦争について講義する。
(B) 学生がフローレンス・ナイチンゲールに関する論文を読む。
(C) ジュネーブ条約に関する研究をする。
(D) 災害により被害を受けた人達について話す。

鬼の解法　講義終盤の内容が解答の根拠

解説 次の講義で何をするかについて言及された場合は、その部分を確認する問題が出題されやすい。終わりの部分で our next class will be devoted to a discussion of the work done on behalf of victims of such disasters（25〜26行目）とあり、その言い換えとなっているのは (D)。

鬼に金棒のスコアアップポイント

　歴史的に著名な人物のフルネームに注意すべきことは述べたが、さらにやっかいなのはその人物が英語圏以外の出身だった時の読み方や発音だ。日本では出身国の読みを採用する傾向にあり、英語発音になった時には誰なのか非常にわかりづらいケースがある。例えば「ひまわり」を描いたオランダ人ゴッホは Van Gogh（英語読みはヴァン・ゴー）である。

■ Part C の頻出ワード

難解な Part C では細かな情報を正確に聞き取る力が問われる。学術用語や研究方法についての名詞や動詞、また、授業の進行を示す動詞に注意し、攻略しよう。

必須表現！

❶ 学術的な説明についての名詞

〜 theory（〜説）、〜 law（〜の法則）、term（用語）、definition（定義）、type（型）、pattern（型）、category（分類）という言葉がでてきたら、前後で必ずその内容がわかりやすく説明される。これらについては、問題でねらわれやすい上、内容理解でも大切なポイントになるので確実に聞き取ろう。

- The **patterns** of birds' migration can be divided into three **categories**.
  （鳥の渡りの型は3つに分類されます。）

❷ 研究方法を表す動詞

以下の observe（観察する）のように、研究がどのように行われたかを示す動詞もヒントになる。

- The meteorologist **observed** the phenomenon throughout the year.
  （気象学者は1年かけてその現象を観察した。）

他にも experiment（実験する）、survey（アンケートを行う）、collect（集める）など、具体的な研究方法に関する動詞がでてきたら、その研究方法を覚えておくこと。

❸ 授業の進行を表す動詞

授業の進行に関する情報がわかると、講義全体の流れが見えてくる。

- This week, we will **cover** the relationship between media and government in general and then **go a bit further** into how journalists have been fighting to get their freedom of expression.
  （今週はメディアと政府の一般的な関係を扱い、それからジャーナリストが表現の自由を得るためにどのように闘ってきたのかについて詳しく見ていきます。）

講師が1人で話す講義（lecture）タイプなのか、学生参加の討論（discussion）タイプなのか、途中に発表（presentation）を挟むタイプなのかを把握しよう。討論タイプであれば、share your opinions on 〜（〜についてのあなたの意見を共有する）、I'd like to invite you to share your overviews of 〜（〜についてのあなたの概観を共有するためにあなたを招きたい）、any more thoughts on 〜?（〜についてのさらなる意見は?）といった表現が使われる。

Listening Comprehension 攻略 | Chapter 1

鬼のチェックポイント

学術的な説明についての名詞、研究方法を表す動詞、授業の進行を表す動詞がでてきたら特に注意して聞き取る

例題 MP3 080

1 MP3 081

(A) The fossil cleaning process.
(B) Charles Darwin's life.
(C) Patterns of evolution.
(D) Explosion.

2 MP3 082

(A) Because our knowledge is incomplete.
(B) Because not everyone believes in the theory of evolution.
(C) Because of explosive evolution.
(D) Because our knowledge of evolution has increased since Darwin's day.

3 MP3 083

(A) Because it was not discovered by Darwin.
(B) Because it is unrelated to significant environmental changes.
(C) Because it is a sudden burst of rapid, noticeable evolution.
(D) Because it occurred during the Devonian Period.

4 MP3 084

(A) Give more details in the same topic.
(B) Talk more about Darwin's work.
(C) Overview the content of "The Origin of Species."
(D) Analyze a fossil.

N: Listen to a lecture in a natural science class.

■ The present is simply a brief cross-section of geological time. Biologists build up much of their understanding of the processes and results of evolution by studies in such fields as the comparative morphology, embryology, genetics, and biochemistry of living forms. But present-day life represents only the culmination of about 3,500 million years of evolution, the direct evidence of which is locked into our fossil record. The famous natural scientist, Charles Darwin (1809-1882), in his celebrated work *The Origin of Species*, was fully aware of the potential importance of fossils in testing his evolutionary theories, but he stressed the many imperfections of these records. Since Darwin's day, our knowledge has vastly expanded, and a more rigorous approach has demonstrated definite patterns in evolutionary processes, though these are certainly not to be regarded as "laws" of evolution.

■ The most spectacular pattern is that of explosive evolution. On several occasions through geological time, there have been relatively sudden bursts in the evolution of major groups of animals and plants. One instance is the rapid diversification or radiation of fish during the Devonian Period nearly 400 million years ago. Such bursts interrupted the more usual slow or progressive evolution within individual groups and often seem to be associated either with periods of major extinctions or with significant environmental changes such as the flooding of extensive areas of continental margins to form shallow shelf seas.

■ Next chapter deals with how explosive evolution affects unrelated groups of animals or plants.

[訳]

> ナレーター:自然科学の授業での講義を聞きなさい。
>
> **1** 現代は、地質時代においてはわずかな横断面にすぎません。生物学者達の進化の過程と結果についての多くの理解は、生物体の比較形態学、発生学、遺伝学、生化学などの分野における研究によるものです。しかし、現代の生命は約35億年の進化が積み重なったものを表しているにすぎず、進化の直接の証拠は化石のなかに閉じ込められています。かの有名な自然科学者チャールズ・ダーウィン(1809〜1882)は、著名な著書『種の起源』において、自身の進化論を検証する上で化石の潜在的な重要性に十分気づいていましたが、記録は完全ではないことを強調していました。ダーウィンの時代から私達の知識は大幅に拡大し、より厳密なアプローチによって、進化の過程でのはっきりとしたパターンがあることが明らかとなりましたが、これらは決して進化の「法則」とは見なされていません。
>
> **2** なかでも最も華々しいパターンは爆発的進化です。地質時代におけるいくつかの機会に、動物や植物の主要な集団の進化に比較的突然の爆発がありました。1つの例は約4億年前のデボン紀に起こった魚の急激な多様化、あるいは放散です。このような爆発は、個々の集団における普通のゆるやかな、あるいは漸進的な進化を中断し、多くの場合、大量絶滅の時期あるいは、洪水により大陸の沿岸部の広範な地域が浅瀬になるといった重大な環境の変化の時期と関連しているように見受けられます。
>
> **3** 次の章では爆発的進化が動物や植物の個別の集団にどう影響したのかを扱います。

解答・解説

1 解答 **C** 重要度 🔥🔥🔥

What is the lecture mainly about?

(A) The fossil cleaning process.
(B) Charles Darwin's life.
(C) Patterns of evolution.
(D) Explosion.

講義はおもに何についてのものですか。

(A) 化石クリーニングの工程。
(B) チャールズ・ダーウィンの人生。
(C) 進化のパターン。
(D) 爆発。

鬼の解法 講義の主要ポイントを押さえよう

解説 キーワードはいろいろとでてくるが講義全体を通してのポイントは (C)。このタイプの設問は頻出なのでしっかりと押さえて得点源にしたい。

2 解答　A　重要度 🔥🔥🔥　MP3 082

Why should patterns in evolution not be regarded as laws?	なぜ進化のパターンは法則として捉えられるべきではないのですか。
(A) Because our knowledge is incomplete.	(A) 私達の知識は完璧ではないから。
(B) Because not everyone believes in the theory of evolution.	(B) 皆が進化論を信じているわけではないから。
(C) Because of explosive evolution.	(C) 爆発的進化があるから。
(D) Because our knowledge of evolution has increased since Darwin's day.	(D) ダーウィンの時代から進化に関する私達の知識が増えたから。

鬼の解法　否定形の設問と否定語を含む選択肢は要注意

解説 ここでは not be regarded と否定形で聞かれており、選択肢のなかにも incomplete (完璧ではない) という否定の意味を含む言葉がある。リスニング中も否定語がでてきた時は、理解を問うポイントになりやすいので注意しよう。5～7行目に present-day life represents only the culmination of about 3,500 million years of evolution とあり、現代の生命は進化の一部分を反映しているにすぎないことがわかる。また、10～11行目で but he stressed the many imperfections of these records と述べられており、化石という証拠も完璧ではないことから、進化のパターンを法則とみなすには私達の知識は不完全だと言える。正解は (A)。

3 解答　C　重要度 🔥🔥🔥　MP3 083

Why is explosive evolution the most spectacular pattern in evolution?	なぜ爆発的進化が最も華々しい進化のパターンなのですか。
(A) Because it was not discovered by Darwin.	(A) ダーウィンによって発見されなかったから。
(B) Because it is unrelated to significant environmental changes.	(B) 重大な環境の変化とは無関係だから。
(C) Because it is a sudden burst of rapid, noticeable evolution.	(C) 突然の急激でわかりやすい進化だから。
(D) Because it occurred during the Devonian Period.	(D) デボン紀に起こったから。

鬼の解法　複数の情報を統合して解答を導け

解説 選択肢内のキーワードはどれもリスニングで述べられているが、ここではなぜ spectacular (華々しい) なのか、と聞かれている。その理由としてはリスニングの後半にでてくる情報をまとめた (C) がふさわしい。(A) については記述がなく、爆発的進化は環境と関連があるとされているので (B) も誤り。デボン紀以外にも爆発的進化は起きているので (D) も誤答だ。

4 解答　**A**　重要度 🔥🔥🔥　MP3 084

What is the professor most likely to do next?

(A) Give more details in the same topic.
(B) Talk more about Darwin's work.
(C) Overview the content of "The Origin of Species."
(D) Analyze a fossil.

教授は次に何をすると考えられますか。

(A) 同じトピックでより詳しく語る。
(B) ダーウィンの著書についてもっと語る。
(C) 『種の起源』の内容を概観する。
(D) 化石を分析する。

鬼の解法　講義の最終部分から続きの内容を推測せよ

解説 24〜25行目のNext chapter deals with 〜からこの後の授業展開を推測する。正解は(A)。爆発的進化という同じトピックについて、さらに深い検討がなされることが示唆されている。

鬼に金棒のスコアアップポイント

　Part Cは特に語彙力で差がつく。まずは多くの語彙を頭に入れることが大切だ。さらに、知っている単語を聞き取れるようにすることが必要になる。しかし、TOEFLではどうしても知らない単語はでてくる。知らない単語に出合っても慌てず、自分が知っている情報をもとに推測することも正解を導きだす1つの方法だろう。英語力とともにいろいろな学問の基礎知識を持っておくと、内容理解の助けになる。

Listening Comprehension

Day 7 練習問題

■ Part A

1 [MP3 085]

(A) It's been too cold to go skating this winter.
(B) The woman can go indoors if she gets cold.
(C) The lake may not have frozen.
(D) He also likes to skate in the winter.

2 [MP3 086]

(A) What he can do about the woman's problem.
(B) Whether the woman can take care of his pets.
(C) Whether the woman has any cats.
(D) Where the woman is going.

3 [MP3 087]

(A) Whether they will be awful.
(B) Whether they are full.
(C) When they will begin.
(D) Where they will be located.

4 [MP3 088]

(A) He looks much older than before.
(B) He shaved his beard off.
(C) He is wearing his hair longer.
(D) He has to look for his razor.

5 [MP3 089]

(A) Frustrated.
(B) Optimistic.
(C) Worried.
(D) Grateful.

6 [MP3 090]

(A) He'll send her a check for $2.30 tomorrow.
(B) He might be able to inform her tomorrow.
(C) Her call must be made by tomorrow afternoon.
(D) They haven't received all of her supporting documents yet.

7 [MP3 091]

(A) Barbara's phone frequently doesn't work.
(B) The man should look at Barbara's work.
(C) It would have been a good idea to call Barbara's office.
(D) The secretary couldn't find Barbara's phone number.

8 [MP3 092]

(A) Give the woman a brief summary of his lecture.
(B) Direct the woman to the main office.
(C) Return the briefcase as soon as class is over.
(D) Ask someone to call the woman if the briefcase is found.

9 [MP3 093]

(A) The tests will cover all material from the assigned readings.
(B) The tests count as fifty percent of the grade for the course.
(C) The tests will include information from the lab sessions.
(D) Half of the tests will take place in the labs.

10 [MP3 094]

(A) He does not know who Michelle is.
(B) He has gotten a job as a messenger.
(C) He does not want to deliver the note.
(D) He wants to tell the woman what Michelle said.

11 [MP3 095]

(A) Try to find out who the wallet belongs to.
(B) Keep the wallet until someone comes looking for it.
(C) Leave the wallet where she found it.
(D) Get the attention of the person who dropped the wallet.

12 [MP3 096]

(A) Postpone making a decision about the recliner.
(B) Go to another furniture store.
(C) Report the problem to the store manager.
(D) Order the recliner she wants.

解答・解説

1 解答 **C**　重要度 🔥🔥🔥　MP3 085

W: It's a tradition. Every New Year's Day, my sister and I go skating on the lake.

M: Has it been cold enough this winter? Or will you have to go somewhere else?

女性：これは伝統なの。毎年元日には妹と私は湖にスケートに行くのよ。
男性：今年の冬は十分に寒かったっけ？ それとも他のどこかへ行かなきゃいけないのかな？

What does the man imply?	男性は何をほのめかしていますか。
(A) It's been too cold to go skating this winter.	(A) 今年の冬はスケートをしに行くには寒すぎる。
(B) The woman can go indoors if she gets cold.	(B) 風邪をひいたら女性は屋内に行ける。
(C) The lake may not have frozen.	(C) 湖は凍っていないかもしれない。
(D) He also likes to skate in the winter.	(D) 彼も冬にスケートをするのが好きだ。

鬼の解法　疑問文における否定の意味を捉える

解説 男性の発言は質問の形を取っているが、実際には否定の意味を含んだ I don't think it has been cold enough this winter.（(湖が凍るほど) 十分に寒くはなかった。）を意味している。正解は (C)。

2 解答 B 重要度 🔥🔥🔥 MP3 086

W: I heard you are going to San Francisco for a conference. Do you need someone to watch your cats while you're away?

M: Would that be a problem for you?

女性：会議でサンフランシスコに行くと聞いたわ。あなたがいない間、飼い猫の面倒を見てくれる人が必要かしら？
男性：君には難しいかい？

What does the man want to know?

(A) What he can do about the woman's problem.
(B) Whether the woman can take care of his pets.
(C) Whether the woman has any cats.
(D) Where the woman is going.

男性が知りたいことは何ですか。

(A) 女性の問題に対して男性は何ができるのか。
(B) 女性が彼のペットの面倒を見ることができるかどうか。
(C) 女性が猫を飼っているかどうか。
(D) 女性がどこに行くのか。

鬼の解法　ワンクッションおいた聞き方が示す意味を捉える

解説　女性が男性の依頼内容を示し、その上で男性が Would that be a problem for you?（あなたには難しいですか。）とワンクッションおいた聞き方をしている。言い換えると、Will you take care of my cats?（僕の飼い猫の面倒を見てくれる？）ということ。正解は (B)。

3 解答 C 重要度 🔥🔥🔥 MP3 087

M: Don't the new speech courses sound intriguing? The one on body language looks really interesting.

W: You can say that again. What I want to know is how soon they'll be offered.

男性：新しいスピーチ科目ってとても興味をそそられない？ ボディランゲージに関するものは本当に面白そうだね。
女性：本当にそうね。私が知りたいのはどれくらい早く科目が始まるのかということよ。

What does the woman want to know about the courses?

(A) Whether they will be awful.
(B) Whether they are full.
(C) When they will begin.
(D) Where they will be located.

科目について女性が知りたいことは何ですか。

(A) ひどいものかどうか。
(B) 満員かどうか。
(C) 始まるのはいつか。
(D) 場所はどこか。

鬼の解法　how soon ～は時をたずねる表現

解説　女性の発言 how soon they'll be offered（講座がどれくらい早く提供されるのか）を聞き取り、講座の開始時期について述べていることを理解できるかどうかがポイント。正解は (C) だ。You can say that again. は「まったくその通りだ。」という同意の表現。

4 解答 **B** 重要度 🔥🔥🔥 MP3 088

M: I hardly recognized Robert at the party. He used to have a beard, didn't he?

W: Yes, he did. I think he looks much younger without it.

男性：パーティーでロバートにはほとんど気づかなかったよ。もともとあごひげがあったよね。
女性：そうよ。ひげがないと、彼はずっと若く見えるわ。

What can be inferred about Robert? ロバートについて推測できることは何ですか。

(A) He looks much older than before.　(A) 前よりもずっと老けて見える。
(B) He shaved his beard off.　(B) あごひげをそった。
(C) He is wearing his hair longer.　(C) 髪が伸びている。
(D) He has to look for his razor.　(D) カミソリを探さなくてはならない。

鬼の解法　否定の副詞 hardly を聞き取ろう

解説 男性はロバートの beard（あごひげ）がなかったので、彼のことを hardly recognized（ほとんど気づかなかった）と言っている。ここから推測できるのは (B) である。この問題の hardly のように、not 以外の否定表現に注意。

5 解答 **A** 重要度 🔥🔥🔥 MP3 089

W: I didn't manage to catch Pat after his botany class, so I guess I'll have to call him. I sure hate trying to reach him by phone, though. His line is almost always busy.

M: I know what you mean. Last night I tried for an hour and finally gave up.

女性：植物学の授業の後でパットをつかまえることができなかったのよ。だから彼に電話しなきゃ。でも電話で彼に連絡しようとするのは大嫌いなのよね。彼の電話、たいてい話し中なんだもの。
男性：君の言いたいことわかるよ。僕は昨日の夜1時間くらいがんばって、結局あきらめたよ。

How do the man and the woman feel? 男性と女性はどのように思っていますか。

(A) Frustrated.　(A) いらいらしている。
(B) Optimistic.　(B) 楽観視している。
(C) Worried.　(C) 心配している。
(D) Grateful.　(D) 感謝している。

鬼の解法　日常使われる慣用表現に慣れよ

解説 the line is busy は「（電話が）話し中」の意味。女性がパットを電話でつかまえようとするのは嫌いだと述べ、男性も共感していることから、正解は (A)。give up（あきらめる）が過去形 gave up になっても聞き取ってすぐに理解できるようになろう。

6 解答 B 重要度 🔥🔥🔥 MP3 090

W: Hi I'm really anxious to find out if my application has been processed. Would it be possible for you to check and see?

M: We haven't reviewed all of the applications yet. Check back with me tomorrow at about two-thirty.

女性：こんにちは。私の応募が受けつけられているかとても不安なのです。確認してもらうことはできますか。
男性：まだ応募をすべて見ていないのです。明日、2 時 30 分頃もう一度ご連絡ください。

What does the man tell the woman? 　　男性は女性に何を言っていますか。

(A) He'll send her a check for $2.30 tomorrow.
(B) He might be able to inform her tomorrow.
(C) Her call must be made by tomorrow afternoon.
(D) They haven't received all of her supporting documents yet.

(A) 2 ドル 30 セントの小切手を女性に明日送る。
(B) 明日、女性に知らせることができるかもしれない。
(C) 女性は明日午後までに電話しなければならない。
(D) まだ関係文書すべては受け取っていない。

鬼の解法　動詞と名詞で意味が大きく違う言葉はひっかけに使われる

解説　check は動詞で「確認する」、名詞では「小切手」という意味。会話では動詞で使われているが、(A) では名詞で使われており、ひっかけの選択肢になっている。聞こえた単語だからといって選ばないように。正解は (B)。

7 解答 C 重要度 🔥🔥🔥 MP3 091

M: I've gotten hold of almost everybody. I couldn't catch Barbara, though. I tried to call her, but she wasn't at home.

W: You could've called her at work. Her secretary would've put you through.

男性：ほとんど全員に連絡がついたよ。でもバーバラはつかまえられなかった。電話で話そうと思ったんだけど、家にいなかったんだよね。
女性：職場に電話すればよかったのに。秘書につないでもらうことができたわよ。

What does the woman mean? 　　女性は何と言っていますか。

(A) Barbara's phone frequently doesn't work.
(B) The man should look at Barbara's work.
(C) It would have been a good idea to call Barbara's office.
(D) The secretary couldn't find Barbara's phone number.

(A) バーバラの電話はよく作動しなくなる。
(B) 男性はバーバラの仕事を見るべきだ。
(C) バーバラの職場に電話をするというのがよい方法だった。
(D) 秘書はバーバラの電話番号を見つけられなかった。

鬼の解法　仮定法が使われていても、とまどわないように慣れるべし

解説 会話文にも選択肢にも would have ＋過去分詞「～だったろうに（しなかった）」という仮定法が使われている。could have ＋過去分詞「～することができたのに（できなかった）」も合わせて覚えよう。職場に電話すればよかったことを示す (C) が正解。

---

8 解答 **D** 重要度 🔥🔥🔥 MP3 092

W: Did you find a brown leather briefcase in this row of seats after class? I left mine here by accident.

M: No, but I'll have the office give you a call if it shows up. Maybe someone will turn it in.

女性：授業の後、この列の席で茶色い革のブリーフケースを見かけませんでしたか。うっかり自分のをここにおき忘れてしまったんです。

男性：いや、でも見つかったら事務所に君に電話してもらうようにしますね。誰かが持ってくるかもしれませんよ。

What is the man going to do?　男性がこれからすることは何ですか。

(A) Give the woman a brief summary of his lecture.
(A) 彼の講義の短い要約を女性に伝える。

(B) Direct the woman to the main office.
(B) 本部事務所への行き方を女性に教える。

(C) Return the briefcase as soon as class is over.
(C) 授業が終わったらすぐにブリーフケースを返す。

(D) Ask someone to call the woman if the briefcase is found.
(D) もしブリーフケースが見つかれば、女性に電話するように誰かに頼む。

鬼の解法　日常的に使われる使役表現を見抜け

解説 have ＋〈人〉＋動詞の原形、get ＋〈人〉＋ to 不定詞は「〈人〉に～させる」の意味で日常的に非常によく使われる。ここでは実際には誰かわからないが、事務所にいる誰かに電話をかけてもらうようにするという意味で、(D) が正解。

---

9 解答 **C** 重要度 🔥🔥🔥 MP3 093

W: All of your tests will be given on the first and third Wednesdays of the month. Bear in mind that half of the questions will deal with material covered in labs.

M: Let me get this straight. We have a total of ten tests this semester, and all of them fall on a Wednesday?

女性：テストはすべて月の第1、第3水曜日に行われます。問題の半分は研究室で使われる資料に関することなので覚えておいてください。

男性：はっきりさせたいのですが。今学期全部で10回テストがあって、すべて水曜日になるのですね？

What information can be obtained from this conversation?
(A) The tests will cover all material from the assigned readings.
(B) The tests count as fifty percent of the grade for the course.
(C) The tests will include information from the lab sessions.
(D) Half of the tests will take place in the labs.

この会話から得られる情報は何ですか。
(A) テストは課題図書すべての教材からだされる。
(B) テストは科目の成績の 50% を占める。
(C) テストは研究室での授業での情報を含む。
(D) テストの半分は研究室で行われる。

鬼の解法　イディオムの意味が反射的に理解できるようにしておくべし

解説 日常会話で使われるイディオム bear in mind（覚えておく）、get this straight（（真相を）はっきりさせる）など、リスニングの際に、耳からの情報だけでもわかるようにしておこう。正解は (C) だ。

10　解答　C　重要度 🔥🔥🔥

W: Bill, could you take this note to Michelle? I haven't been able to get her on the phone.
M: Take a note to Michelle? What am I, a messenger?

女性：ビル、ミシェルにこのメモを届けてくれない？ 彼女に電話で連絡がつかないの。
男性：ミシェルにメモを届けるって？ 僕を何だと思っているんだ？ メッセンジャーかい？

What does the man imply?
(A) He does not know who Michelle is.
(B) He has gotten a job as a messenger.
(C) He does not want to deliver the note.
(D) He wants to tell the woman what Michelle said.

男性は何をほのめかしていますか。
(A) ミシェルが誰か知らない。
(B) メッセンジャーの仕事を得た。
(C) メモを届けたくない。
(D) ミシェルが言ったことを女性に伝えたい。

鬼の解法　疑問文で不快感を表していることを見抜け

解説 男性の疑問文は、「もちろん、そうではない。」という答えが続き、不快感を表す。この場合、男性の発言から、「私はメッセンジャーではないので、メモを届けたくない」という意図までくみ取れるかがポイント。正解は (C) だ。

11 解答　**A**　重要度 🔥🔥🔥　MP3 095

W: Uh-oh! Somebody left his wallet here. What do you think we ought to do? Should we keep it and see if someone comes looking for it?

M: See if there's some kind of identification in it. That's the first step.

女性：あら、大変。誰かがここに財布を忘れているわ。私達、どうしましょう。保管して誰かが捜しにくるか見てみる？
男性：何か持ち主のわかるものがなかに入っているか見てみよう。それが最初のステップだね。

What does the man suggest the woman do?　　男性は女性がどうするよう提案していますか。

(A) Try to find out who the wallet belongs to.　　(A) 財布の持ち主が誰か知ろうとする。
(B) Keep the wallet until someone comes looking for it.　　(B) 誰かが捜しにくるまで財布を保管しておく。
(C) Leave the wallet where she found it.　　(C) 財布を見つけた場所においておく。
(D) Get the attention of the person who dropped the wallet.　　(D) 財布を落とした人の注意をひく。

> 鬼の解法　identification の意味を知っているかどうかが鍵

解説　財布のなかの身分証明書か何かを見つけて持ち主を調べようとしているので、正解は (A)。identification（身分証明書）というキーワードを知っているか知らないか、聞き取れるか聞き取れないかで正解、不正解が決まる。ID のように省略形になっても対応できるように。

12 解答　**D**　重要度 🔥🔥🔥　MP3 096

W: This is unreal. I've finally found the perfect recliner, and it's out of stock. It would take a month to get here.

M: Does it really matter? You've already waited this long.

女性：ありえないわ。ついに完璧なリクライニングチェアを見つけたのに、在庫がないんですって。入荷するのに1か月かかるの。
男性：それって問題かい？ もうこんなに長い間待っていたじゃないか。

What does the man imply the woman should do?　　男性は女性が何をするべきだとほのめかしていますか。

(A) Postpone making a decision about the recliner.　　(A) リクライニングチェアについての決断を下すのを延ばす。
(B) Go to another furniture store.　　(B) 別の家具店に行く。
(C) Report the problem to the store manager.　　(C) 店長に問題を報告する。
(D) Order the recliner she wants.　　(D) 欲しいリクライニングチェアを注文する。

> 鬼の解法　疑問文中の matter は「問題ではない」という意味になる可能性を考えよ

解説　matter は p. 100 で取り上げたようにリスニングで頻出のキーワード。Does it really matter? は、No, it is not a problem.（それは問題ではない。）という意味だ。正解は (D)。

Part B

MP3 097

1 MP3 098

(A) She had to spend extra money to live in a dorm.

(B) She couldn't use her computer.

(C) She overslept and had a hard time making it to her class.

(D) Her car broke down on her commute.

2 MP3 099

(A) The man lives in a dormitory off campus.

(B) The man lives by himself in an apartment on campus.

(C) The man lives in a dormitory named Wells Hall.

(D) The man lives in a room free of charge with Paul.

3 MP3 100

(A) He has trouble finding a parking space.

(B) He still gets to class without being late.

(C) He skips class and goes to the computer lab.

(D) His roommate Paul wakes him up.

4 MP3 101

(A) She is nervous about meeting new people.

(B) She doesn't want to give up driving to campus.

(C) She is concerned that she will be bored living on campus.

(D) She is not sure if she would like having a roommate.

解答・解説

リスニング・スクリプト [MP3 097]

N: Listen to a conversation between two students.

W: Oh, hi, Dave. How's it going?

M: Pretty good. How are you?

W: OK but I've had a bad morning so far. First of all, my alarm didn't go off, so I overslept. As a result, I got a late start on my thirty-minute commute to campus. Then, because I was late, I couldn't find a parking space in the commuter lot. So I drove around campus for nearly fifteen minutes before I found a spot.

M: You know, you should consider living in a dormitory on campus. I live in Wells Hall, and since it's so close to all of the buildings where my classes meet, I can sleep late in the morning and still get to class on time.

W: I thought about living on campus, but I wasn't sure if it would be worth the extra cost.

M: It's true that it costs a little more, but there are a lot of benefits.

W: Such as what?

M: Well, besides not having to worry about parking, I'm close to all of the facilities. I can go to the library any time I want. And there's even a computer lab in the basement of Wells Hall that is open 24 hours a day.

W: That would be convenient. But I'm not sure if I could get used to having a roommate.

M: I worried about that, too, at first, but my roommate Paul and I have become best friends. Besides, there are lots of social activities on campus that allow you to meet new people, activities like dances, hall dinners and picnics, and movies. There's even a swimming pool especially for dormitory residents.

W: Wow! I didn't know that. I guess I've missed a lot of things by living off campus.

M: I would suggest that you add up all of your expenses living off campus, like parking and gas money. Then compare them to the cost and added benefits of living on campus. I bet that you'll find that living in a dormitory isn't as expensive as you think.

W: That's a good idea. I think I'll do that. Well, I've got to get going. See you later.

[訳]

ナレーター：2人の学生の間で交わされる会話を聞きなさい。
女性：あら、デイブ、調子はどう？
男性：まあまあだね。君は？
女性：そうね。でも今までのところ午前中はひどかったわ。まず、目ざましが鳴らなくて、寝坊しちゃったの。結果的に、通学に30分かかるんだけど、家をでるのが遅くなってしまったのよ。そして遅れてしまったから、通学者用の駐車場に空きを見つけられなくて。空きを見つけるまで構内を15分近くうろうろと運転したのよ。
男性：ねえ、構内の寮に住むことを考えてみたら？ 僕はWells Hallに住んでいるけど、授業が行われるすべての建物に近いから、朝ゆっくり寝ていられて、それでも授業に間に合うよ。
女性：構内に住むことを考えてはみたんだけど、追加の費用を払う価値があるかどうかわからなかったの。
男性：少し余分に費用がかかるのは確かなんだけど、たくさん利点もあるよ。
女性：例えば？
男性：駐車場の心配をしなくていいことの他に、すべての施設に近いこと。好きな時に図書館に行けるよ。Wells Hallの地下には24時間使えるコンピューター室まであるよ。
女性：それは便利でしょうね。でもルームメイトがいるのに慣れることができるかわからないわ。
男性：それは僕も心配していたよ。最初はね。でも僕のルームメイト、ポールと僕は大親友になった。それに、構内では、ダンスや夕食会やピクニックや映画などたくさんの課外活動があって、新しい人に会うことができる。寮生だけが使えるプールまであるよ。
女性：へえ。それは知らなかったわ。構外に住んでいることでたくさんのことを逃していたのね。
男性：駐車場やガソリン代のような構外に住む費用をすべて足してみることを提案するよ。そしてそれを構内に住む費用と付加価値とくらべる。寮に住むのは君が思うほど高いことじゃないって気づくと思うよ。
女性：それはいい考えね。そうするわ。行かなくちゃ。それじゃ。

1 解答 C 重要度 🔥🔥🔥 MP3 098

What happened to the woman in the morning?

(A) She had to spend extra money to live in a dorm.
(B) She couldn't use her computer.
(C) She overslept and had a hard time making it to her class.
(D) Her car broke down on her commute.

午前中、女性に起こったことは何ですか。

(A) 寮に住むのに余分なお金を払わなければならなかった。
(B) コンピューターを使うことができなかった。
(C) 寝坊して授業に行くのに苦労した。
(D) 通学途中で車が故障した。

鬼の解法 いつ起こったことかに注目せよ

解説 設問では午前中起こったことについて聞かれている。5〜8行目の女性の発言にI overslept と I couldn't find a parking space、I drove around campus for nearly fifteen minutes before I found a spot とあることから (C) が正解だとわかる。

2 解答 C 重要度 🔥🔥🔥 MP3 099

Which of the following is true of the place where the man lives?

(A) The man lives in a dormitory off campus.
(B) The man lives by himself in an apartment on campus.
(C) The man lives in a dormitory named Wells Hall.
(D) The man lives in a room free of charge with Paul.

男性が住んでいる場所にあてはまるものは、次のどれですか。

(A) 構外の寮に住んでいる。
(B) 構内のアパートに1人で住んでいる。
(C) Wells Hall という名前の寮に住んでいる。
(D) ある部屋にポールと無料で住んでいる。

鬼の解法 選択肢の詳細情報をしっかりチェック

解説 男性の発言9〜10行目に I live in Wells Hall とあり、選択肢に具体的な寮の名称がでてきている (C) が正解。男性は大学構内の有料の寮にルームメイトと住んでいるので他の選択肢は誤り。

3 解答 B 重要度 🔥🔥🔥 MP3 100

What happens if the man sleeps late in the morning?

(A) He has trouble finding a parking space.
(B) He still gets to class without being late.
(C) He skips class and goes to the computer lab.
(D) His roommate Paul wakes him up.

男性が朝寝坊するとどうなりますか。

(A) 駐車場を見つけるのに苦労する。
(B) それでも遅刻することなく授業に着く。
(C) 授業に出席せずコンピューター室に行く。
(D) ルームメイトのポールが起こしてくれる。

鬼の解法　登場人物の情報を整理し、混同しないよう注意

解説 男性の発言 11 ～ 12 行目に I can sleep late in the morning and still get to class on time とあるので (B) が正解。女性が寝坊したことを述べているが、混同しないよう注意しよう。

4 解答 D 重要度 🔥🔥🔥 MP3 101

Which of the following is a reason that the woman is worried about living on campus?

(A) She is nervous about meeting new people.
(B) She doesn't want to give up driving to campus.
(C) She is concerned that she will be bored living on campus.
(D) She is not sure if she would like having a roommate.

女性が構内に住むことで心配している理由の1つは、次のどれですか。

(A) 新しい人に会うことが不安だ。
(B) 学校に運転してくることをやめたくない。
(C) 構内に住んで退屈するのではないかと心配している。
(D) ルームメイトがいることが好きかどうかわからない。

鬼の解法　感情を示す内容が聞こえたら要注意

解説 女性の I'm not sure if I could get used to having a roommate（20 ～ 21 行目）という部分に不安な気持ちが表れている。正解は (D)。話し手の感情については問われやすいので、感情を示す語句がでてきたら聞き逃さないようにしよう。get used to *doing* は「～に慣れる」という意味。

5.
- (A) He doesn't know about counseling center.
- (B) He wants to go back to his hometown.
- (C) He doesn't have much money.
- (D) He is stressed out.

6.
- (A) She went back to her hometown after her first year in college.
- (B) She is not a first-year college student.
- (C) She works in the Student Counseling Center.
- (D) She attends regular counseling sessions.

7.
- (A) He won't have to pay because sessions are free.
- (B) He will use the money from his part-time job.
- (C) He won't attend counseling since he doesn't have any extra money.
- (D) He will ask his parents for the money.

8.
- (A) The man will make an appointment for counseling next week.
- (B) The woman will be the man's counselor when he goes to the Student Counseling Center.
- (C) It is common for college students to be under stress.
- (D) The woman does not know the Student Counseling Center's telephone number.

解答・解説

リスニング・スクリプト

N: Listen to a conversation between two students.
W: Hi, Bill. You look a little down. Is something the matter?
M: Well, to be honest, I've been feeling a bit overwhelmed with classes, my part-time job, and my relationship with Karen. Nothing is going the way I had planned.
W: I know the feeling! I was just like you during my first year in college. Nothing seemed to go my way. I even considered quitting school and going back to my hometown.
M: Really? What made you decide to stay?
W: I went to the Student Counseling Center here on campus.
M: What's that? I've never heard of it.
W: It has professionally trained counselors of all different backgrounds and counseling styles. They help students with problems concerning grades, work, relationships, even drug or alcohol use.
M: It sounds like they might be able to give me some advice. But I don't have any extra money to pay for counseling.
W: No problem! Every student is eligible for up to 15 sessions each academic year, without charge.
M: Wow. I guess I'm not the only student on campus who's under some stress.
W: That's for sure! You know, the thing I liked best about the counseling center was that it is totally confidential. I told my good friends that I was going, but I didn't have to worry my mom and dad about it. They worry about me enough as it is!
M: That is nice. How do I get in touch with a counselor?
W: You can go over to the center any time between 8:00 a.m. and 4:45 p.m. Monday through Friday, or you can call. I think the number is 278-2732.
M: Well, I'm really glad I ran into you today, Nancy. I feel better already.
W: I'm always happy to help. Take care of yourself.
M: Thanks. Bye.

[訳]

ナレーター：2人の学生の間で交わされる会話を聞きなさい。
女性：あら、ビル。少し沈んでいるようだけど、何かあったの？
男性：実を言うと、授業やアルバイトやカレンとの関係のことで少し参っているんだよ。どれも思うようにいかなくて。
女性：その気持ちわかるわ。大学1年生だった時、まさにあなたのような感じだったから。何も私の思い通りに進まないように思えた。学校をやめて地元に帰ろうかと考えたくらいよ。
男性：本当？ なぜとどまろうと決めたの？
女性：構内にある学生カウンセリングセンターに行ったのよ。
男性：それは何だい？ 聞いたこともないよ。
女性：専門的な訓練を受けた、様々な背景知識やカウンセリングのスタイルを持ったカウンセラー達がいるのよ。彼らは成績や勉強、人間関係の問題、それからドラッグやアルコールの使用の問題でさえ学生の相談にのってくれるの。
男性：彼らは僕にも何かアドバイスしてくれそうだね。でも、カウンセリングに払う余分なお金はないな。
女性：大丈夫よ！ すべての学生に、1年に最高で15回までは無料でカウンセリングしてもらう資格があるのよ。
男性：へえ。構内でストレスを抱えているのは、僕1人だけじゃないということだね。
女性：もちろんよ。カウンセリングセンターで一番気に入っているのは、完全に秘密にしてくれるところなの。親友にはそこに通っていることを打ち明けたけど、両親にはそのことで心配をかけずに済んだわ。そうでなくても十分心配してるんだから。
男性：それはいいね。どうやってカウンセラーに連絡を取ることができるの？
女性：月曜日から金曜日の午前8時から午後4時45分までなら、いつでもセンターに行くことができるのよ。電話でもいいの。番号は278-2732だと思うわ。
男性：そうか。今日君に偶然会えて本当によかったよ、ナンシー。もう気分がよくなったよ。
女性：いつでも喜んでお役に立つわ。気をつけて。
男性：ありがとう。それじゃ。

❶ ボキャブラリー
□ look a little down 落ち込んでいる、がっかりしているように見える
□ overwhelmed 圧倒されている、閉口している　　□ go *one*'s way 自分の思い通りにする
□ eligible 資格がある　　□ get in touch with ～ ～と連絡を取る　　□ run into ～ ～に出会う

5 解答 D 重要度 🔥🔥🔥 MP3 103

What is the man's problem?

(A) He doesn't know about counseling center.
(B) He wants to go back to his hometown.
(C) He doesn't have much money.
(D) He is stressed out.

男性の問題は何ですか。

(A) カウンセリングセンターについて知らない。
(B) 地元に帰りたい。
(C) あまりお金がない。
(D) ストレスを感じている。

鬼の解法　話された内容の順序を整理し、正答を特定せよ

解説　3行目の I've been feeling a bit overwhelmed との発言から (D) が正解だとわかる。他は後からでてくる情報であり、そもそもの悩みは (D) である。(B) は女性がかつて考えたことだ。

6 解答 B 重要度 🔥🔥🔥 MP3 104

Which of the following can we conclude about the woman?

(A) She went back to her hometown after her first year in college.
(B) She is not a first-year college student.
(C) She works in the Student Counseling Center.
(D) She attends regular counseling sessions.

女性について言えることは、次のどれですか。

(A) 大学で1年過ごした後地元に帰った。
(B) 大学1年生ではない。
(C) 学生カウンセリングセンターで働いている。
(D) カウンセリングに定期的に通っている。

鬼の解法　情報をつなげて正解を導け

解説　6行目 I was just like you during my first year in college. が過去時制になっていることから、女性が1年生だったのは過去のことであると推測できる。(B) が正解。現在定期的にカウンセリングに通っているかどうかは話されていないので (D) は誤り。

7 解答 A 重要度 🔥🔥🔥 MP3 105

How will the man pay for his counseling sessions?

(A) He won't have to pay because sessions are free.
(B) He will use the money from his part-time job.
(C) He won't attend counseling since he doesn't have any extra money.
(D) He will ask his parents for the money.

男性はどのようにしてカウンセリングのお金を払いますか。

(A) カウンセリングは無料なので払わなくてよい。
(B) アルバイトで稼いだお金を使う。
(C) 余分なお金がないのでカウンセリングには行かない。
(D) 両親にお金をくれるよう頼む。

鬼の解法　お金に関する情報は要注意

解説　17〜18行目の女性の発言に Every student is eligible for up to 15 sessions each academic year, without charge. とあるので (A) が正解。会話内ででてくるお金に関する情報は設問でねらわれるので詳細まで聞き取ること。

8 解答 C 重要度 🔥🔥🔥 MP3 106

Which of the following statements is true, according to the conversation?

(A) The man will make an appointment for counseling next week.
(B) The woman will be the man's counselor when he goes to the Student Counseling Center.
(C) It is common for college students to be under stress.
(D) The woman does not know the Student Counseling Center's telephone number.

会話によると、適切なものは、次の記述のうちどれですか。

(A) 男性は来週カウンセリングの予約を入れる。
(B) 男性が学生カウンセリングセンターに行った時、その女性が彼のカウンセラーになる。
(C) ストレスを感じるのは大学生によくあることだ。
(D) カウンセリングセンターの電話番号を女性は知らない。

鬼の解法　明らかに誤っている選択肢を消去し、解答を絞り込め

解説　男性の I guess I'm not the only student on campus who's under some stress. (19〜20行目) という感想から (C) が正解。(A)、(B) はまったくでてきていない情報だ。

Part C

[MP3 107]

1 [MP3 108]

 (A) In 1876.
 (B) In 1776.
 (C) 76 years ago.
 (D) 10 years ago.

2 [MP3 109]

 (A) By a spiral staircase or elevator.
 (B) By helicopter or airplane.
 (C) By ferry or boat.
 (D) By school bus.

3 [MP3 110]

 (A) It is part of the Statue of Liberty National Monument.
 (B) There used to be an immigration center.
 (C) It is located close to Liberty Island.
 (D) It is the actual place where the Statue of Liberty was reassembled.

4 [MP3 111]

 (A) Schoolchildren on a field trip.
 (B) Immigrants to the United States.
 (C) Tourists from abroad.
 (D) French history.

解答・解説

リスニング・スクリプト **MP3 107**

N: Listen to the following talk about a famous site in New York.

1 One of the sights you should be sure to see during your trip to New York City is the Statue of Liberty. You can easily get there by taking a short boat ride from the south end of Manhattan. You can take the spiral stairway that leads from the top of the pedestal to the crown of the statue, where you can look out of one of the twenty-five windows, or, if you're not up to walking up a stairway ten stories high, you can take the elevator.

2 The Statue of Liberty, which is made of copper, is forty-six meters high. A gift from France to the United States in 1876, it took ten years to build. It was originally made in France and then taken apart and shipped in 214 cases to New York, where it was reassembled.

3 The statue is located on a small island in the harbor that has recently been renamed Liberty Island. Because of its location, the statue was one of the first sights seen by millions of immigrants to the United States in the nineteenth and early twentieth centuries. There's a museum in the base of the statue honoring these immigrants, who came from many different countries. The Statue of Liberty National Monument now includes nearby Ellis Island, once the immigration center through which over twelve million immigrants entered the United States.

4 You will not be alone on your tour of the statue. The Statue of Liberty is still a famous landmark and is visited each year by many tourists from across the United States and from many foreign countries, as well as by schoolchildren. Have a good trip!

[訳]

ナレーター：ニューヨークの有名な場所についての次の話を聞きなさい。

1 ニューヨーク市への旅の間に絶対に見るべき観光地の1つは、自由の女神像です。マンハッタン島の南端から短時間ボートに乗り、簡単に行くことができます。台座の頂上から像の王冠へと続くらせん階段を上るか、──25ある窓のどれからかは外を見ることができます──10階分の高さまで歩くことに乗り気でなければ、エレベーターを使うこともできます。

2 自由の女神像は銅製で、高さは46メートルです。1876年にフランスからアメリカに贈られ、建設に10年かかりました。もともとフランスでつくられ、分解され214のケースに詰められてニューヨークに送られた後、再び組み立てられました。

3 港内で、最近「リバティー島（自由の島）」と名前が変更された小さな島にその像は位置しています。その立地から、その像は19世紀から20世紀初頭にかけてのアメリカへの何百万という移民達が最初に目

にした光景でした。これらの様々な国々からやってきた移民達をたたえる博物館が像の台座部分にあります。現在、自由の女神国定公園は、近くのエリス島を含みます。ここはアメリカに入ってきた 1,200 万人を超える移民達が通った移民局がかつてあったところです。

4 像へのツアーでは 1 人になることはないでしょう。自由の女神像はいまだ有名なランドマークであり、生徒のみならずアメリカ中から、そして外国からの多くの旅行者が毎年訪れています。よい旅を！

❶ ボキャブラリー
□spiral stairway らせん階段　□pedestal 台座　□copper 銅

1 解答　**A**　重要度 🔥🔥🔥　MP3 108

When was the statue given to the United States?

(A) In 1876.
(B) In 1776.
(C) 76 years ago.
(D) 10 years ago.

その像がアメリカに贈られたのはいつですか。

(A) 1876 年。
(B) 1776 年。
(C) 76 年前。
(D) 10 年前。

🔴 鬼の解法　**数値がでてきたら必ず記憶せよ**

解説　何らかの数値や年代がでてきた場合は記憶にとどめておくようにしよう。そのままの形で出題されることが多いので正答するチャンスだ。正解は (A)。

2 解答　**A**　重要度 🔥🔥🔥　MP3 109

How can tourists reach the crown of the statue?

(A) By a spiral staircase or elevator.
(B) By helicopter or airplane.
(C) By ferry or boat.
(D) By school bus.

旅行者はどのようにして像の王冠部分に行くことができますか。

(A) らせん階段かエレベーターで。
(B) ヘリコプターか飛行機で。
(C) フェリーかボートで。
(D) スクールバスで。

🔴 鬼の解法　**得点源になる「方法についての情報」はしっかりチェック**

解説　4 ～ 5 行目 You can take the spiral stairway と 7 行目 you can take the elevator の部分をまとめた (A) が正解。具体的な方法が聞かれる場合、言い換えやひっかけが少ない。こうした問題を得点源にしよう。

3 解答　D　重要度 🔥🔥🔥　MP3 110

Which of the following is NOT true about Ellis Island?

(A) It is part of the Statue of Liberty National Monument.
(B) There used to be an immigration center.
(C) It is located close to Liberty Island.
(D) It is the actual place where the Statue of Liberty was reassembled.

エリス島についてあてはまらないものは、次のどれですか。

(A) 自由の女神国定公園の一部である。
(B) かつては移民局があった。
(C) リバティー島の近くに位置している。
(D) 自由の女神像が再び組み立てられた実際の場所である。

鬼の解法　あてはまらない選択肢も部分的には正しい場合があるので注意

解説　(A) と (B) は、17 〜 18 行目の The Statue of Liberty National Monument now includes nearby Ellis Island, once the immigration center で述べられている。また、自由の女神像があるのがリバティー島であるから (C) もあてはまる。よって (D) が正解。

4 解答　B　重要度 🔥🔥🔥　MP3 111

What is the museum in the statue's base about?

(A) Schoolchildren on a field trip.
(B) Immigrants to the United States.
(C) Tourists from abroad.
(D) French history.

像の台座部分にある博物館は何に関する博物館ですか。

(A) 遠足中の生徒。
(B) アメリカへの移民。
(C) 海外からの旅行者。
(D) フランスの歴史。

鬼の解法　キーワードの前に提示される情報が解答の鍵になる場合もある

解説　14 行目以降に millions of immigrants to the United States in the nineteenth and early twentieth centuries. There's a museum in the base of the statue honoring these immigrants とあることから (B) が正解。these immigrants の詳しい説明はキーワードの前にすでに話されていることに注意。

[MP3 112]

5 [MP3 113]

   (A) A sculptor.

   (B) An analogy.

   (C) A sculpture.

   (D) A chisel.

6 [MP3 114]

   (A) Long after birth.

   (B) Just before and after birth.

   (C) When the brain is mature.

   (D) When the cerebral cortex and subcortex become distinct.

7 [MP3 115]

   (A) Thinking.

   (B) Digestion.

   (C) Problem solving.

   (D) Higher-level motor skills.

8 [MP3 116]

   (A) During the first week of a term.

   (B) During the second week of a term.

   (C) Just before the final exam.

   (D) After the final exam.

解答・解説

リスニング・スクリプト **MP3 112**

N: Listen to a lecture in a neurobiology class.

1 Good morning and welcome to neurobiology 215 class. Today, we are going to start with considering the development of the brain, and then later on, I will talk about grade rubrics and what you will need to do in this course. OK. We can think of brain development by using an analogy: sculpture. A sculptor starts with a block of stone and chisels away the unwanted pieces. This is roughly what happens in the brain. Starting in the womb, the brain produces more cells than it needs, and those that do not function well die out after birth. This removal of excess cells helps to create an efficient nervous system; in fact, some neurobiologists believe that certain disorders are caused by the persistence of extra cells.

2 The human brain grows fastest prenatally and soon after birth. In the uterus, an estimated 250,000 brain cells form every minute through cell division—mitosis—and by birth, most of the 100 billion cells in a mature brain are already formed.

3 A spurt in the formation of brain cells comes just before birth and shortly afterward. Within 2 months after birth, practically no new cells are forming, though existing cells continue to grow in size. The cells sort themselves out by function, migrating to their proper positions either in the cerebral cortex—the upper level of the brain—or in the subcortical levels—the levels below the cortex.

4 In a newborn infant, the subcortical structures (which regulate such basic biological functions as breathing and digestion) are the most fully developed; cells in the cortex (which is responsible for thinking and problem solving) are not yet well connected. Connections between cells in the cortex increase astronomically as the child matures, allowing the development of more flexible, higher-level motor skills and intellectual functioning.

[訳]

> ナレーター:神経生物学の授業での講義を聞きなさい。
>
> **1** おはようございます、そして 215 神経生物学の講義にようこそ。今日は脳の発達について考えることから始め、その後、成績評価基準やこの科目で何をしなければならないかについて説明します。いいですか。彫刻から類推することで、脳の発達を考えることができます。彫刻家は石の塊から始め、不要なかけらをのみで彫り落としていきます。これがおおまかに脳のなかで起こっていることです。すでに子宮において、脳は必要な数よりも多くの細胞をつくり、うまく機能しないものは誕生後に消滅します。この余剰細胞の除去が効率的な神経系をつくることを助けます。実際に神経生物学者のなかには特定の障害は超過細胞の存続により引き起こされると考える者もいます。
>
> **2** 人間の脳は誕生前と誕生直後に最も成長します。子宮にいる間に、細胞分裂(有糸分裂)を通して、毎分およそ 250,000 の脳細胞がつくられ、誕生までに、成熟した脳にある 1,000 億の細胞のうちのほとんどがすでにつくられます。
>
> **3** 脳細胞の形成の急伸は誕生の直前と直後に訪れます。誕生後 2 か月の間は新たな細胞がつくられることは実際にはありませんが、既存の細胞は成長し続けます。細胞は機能により分類され、大脳皮質(脳の上の部分)あるいは大脳皮質下レベル(皮質の下のレベル)の適切な位置に移動していきます。
>
> **4** 新生児には皮質下の構造(呼吸や消化などの基本的な生物的機能などをつかさどる)はほぼ完全にできあがっており、皮質の細胞(思考や問題解決を引き受ける)はまだよくつながっていません。皮質のなかの細胞同士のつながりは子供が成熟するにつれ天文学的に増え、より柔軟な高次の運動能力や知的機能の発達が可能になるのです。

❶ ボキャブラリー
□ analogy 類推　□ chisel away ～ ～をのみで彫り落とす　□ womb 内部、子宮
□ neurobiologist 神経生物学者　□ prenatally 出生前に　□ uterus 子宮　□ cell division 細胞分裂
□ cerebral cortex 大脳皮質　□ subcortical level 大脳皮質下のレベル
□ astronomically 天文学的に、桁外れに　□ motor skill 運動能力

5 解答 **C** 重要度 🔥🔥🔥 MP3 113

What does the lecturer compare the brain to? 講師は脳を何に例えていますか。

(A) A sculptor. (A) 彫刻家。
(B) An analogy. (B) 類推。
(C) A sculpture. (C) 彫刻。
(D) A chisel. (D) のみ。

鬼の解法　音が似た単語に惑わされるな

解説 sculpture（彫刻）という analogy（類推）を使って説明をしているので (C) が正解。(A) sculptor は彫刻を彫る「彫刻家」である。

6 解答 **B** 重要度 🔥🔥🔥 MP3 114

According to the lecture, when do most brain cells form? 講義によると、大部分の脳細胞がつくられるのはいつですか。

(A) Long after birth. (A) 誕生後ずいぶんたってから。
(B) Just before and after birth. (B) 誕生直前と直後。
(C) When the brain is mature. (C) 脳が成熟してから。
(D) When the cerebral cortex and subcortex become distinct. (D) 大脳皮質と皮質下部が区別された時。

鬼の解法　リスニング内容と選択肢の言い換えを見抜け

解説 12 行目にある prenatally and soon after birth（誕生前と誕生直後）との発言から (B) Just before and after birth. が正解とわかる。

7 解答 B 重要度 🔥🔥🔥 MP3 115

Which of the following is NOT a function of the cortex?   大脳皮質の機能でないものは、次のどれですか。

(A) Thinking. (A) 思考。
(B) Digestion. (B) 消化。
(C) Problem solving. (C) 問題解決。
(D) Higher-level motor skills. (D) 高次の運動能力。

鬼の解法 対比的に語られる場合、どちらのカテゴリーに属するのかを理解せよ

解説 講義を聞きながら専門用語が対比的に2つでてきた時は、その後与えられる情報がどちらのカテゴリーのことなのか意識して聞くこと。cerebral cortex（大脳皮質）とsubcortical levels（皮質下レベル）の機能わけで大脳皮質のほうが高度な人体機能をつかさどる。正解は (B)。

8 解答 A 重要度 🔥🔥🔥 MP3 116

When is this lecture given? この講義が行われているのはいつですか。

(A) During the first week of a term. (A) 学期の第1週。
(B) During the second week of a term. (B) 学期の第2週。
(C) Just before the final exam. (C) 最終試験の直前。
(D) After the final exam. (D) 最終試験後。

鬼の解法 学期中の時期を示す語句を聞き取れ

解説 welcome to ~（2行目）という語句や grade rubrics（成績評価基準）（4行目）についての説明があることから (A) が正解。

Structure and Written Expression 攻略 | Chapter 2

Day 8 Structure and Written Expression の概要

■ 問題の構成

Section 2 では、文法問題が出題される。以下のように、Structure と Written Expression の2種類の問題からなり、40問を25分間で解く。

問題	問題の種類	問題数
Structure	空所補充問題	15 問
Written Expression	誤所指摘問題	25 問

■ 問題例

■ Structure

まず Structure の問題例を見てみよう。文中に空所があり、その部分にふさわしい語句を4つの選択肢から選ぶ空所補充問題だ。

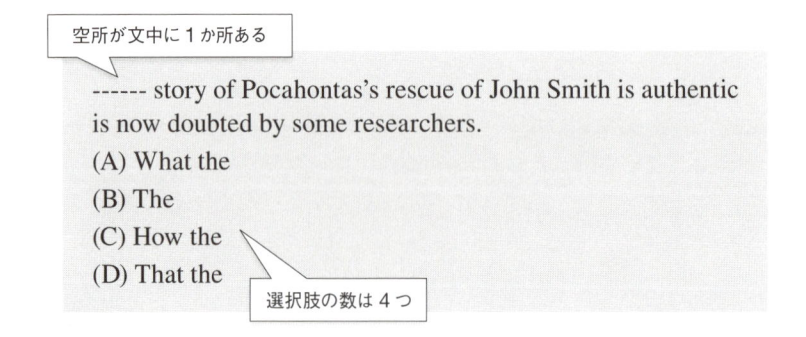

> 空所が文中に1か所ある
>
> ------ story of Pocahontas's rescue of John Smith is authentic is now doubted by some researchers.
> (A) What the
> (B) The
> (C) How the
> (D) That the
>
> 選択肢の数は4つ

解答・解説

解答　**D**

That the story of Pocahontas's rescue of John Smith is authentic is now doubted by some researchers.

[訳] ポカホンタスがジョン・スミスを救った話は事実にもとづいていると言われているが、現在研究者によってはその真偽が疑問視されている。

> **解説** is now doubted がこの文の動詞であり、この is より前の部分が主語になるはずだ。story of Pocahontas's rescue of John Smith is authentic にも主語 (story) と動詞 (is) があり、この節が主語になると考えられる。よって名詞節を導く接続詞 that を含む (D) が正解。that 節が主語になる場合、that は省略できないので (B) は誤り。

鬼のチェックポイント

> どんな時も、「英語の文には主語と述語動詞が必ずある」という大原則を忘れないようにしよう。Structure は構文に関する問題だから、主語と動詞を文中で見極めることが重要だ。このプロセスを習慣づけ、文の構造を見抜くことが素早く解答するための第一歩だ。

■ Written Expression

続いて Written Expression はどんな問題かを見てみよう。以下のように、文の4か所に下線が引かれている。そのうちの1つに誤りがあるので、間違っているものを選択する問題だ。

> <u>Consequently</u> crystals have <u>characteristic</u> surfaces and
>   A   B
> <u>shapes</u>, crystallography can be a <u>valuable</u> tool in mineral
>   C   D
> identification.
>
> （下線部分が4つあり、いずれか1つが誤り）

解答・解説

解答 A (Consequently → Since)

> **Since** crystals have characteristic surfaces and shapes, crystallography can be a valuable tool in mineral identification.
> [訳] 水晶は特徴的な表面と形をしているので、結晶学は鉱物の識別に有用な手段だ。

> **解説** crystals と have、crystallography と can be という2つの主語・動詞があり、2つの節があるが、節をつなぐ接続詞がない。カンマ直後に接続詞がないので、文頭の (A) を従位接続詞にする必要がある。文の意味と文頭で用いる接続詞であることを考え Since にするのが適切。(B) の characteristic は名詞 surfaces と shapes を修飾する形容詞、(D) の valuable も名詞 tool を修飾する形容詞で問題ない。

先ほどの Structure 同様、この問題も文の主語と動詞を見つけて文の構造を見抜くことが重要だ。

■ Structure and Written Expression の流れとタイムマネジメント

Section 2 は以下のような流れで進む。指示文については、ETS のホームページで紹介されているため、確認しておくとよいだろう。

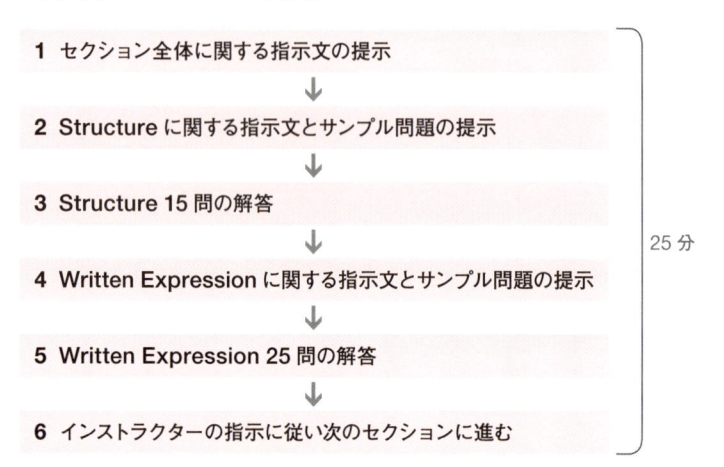

1 セクション全体に関する指示文の提示
↓
2 Structure に関する指示文とサンプル問題の提示
↓
3 Structure 15 問の解答
↓
4 Written Expression に関する指示文とサンプル問題の提示
↓
5 Written Expression 25 問の解答
↓
6 インストラクターの指示に従い次のセクションに進む

} 25 分

40 問を 25 分で解くわけだから、1 問あたりにかけられる時間は単純計算で 37.5 秒。もう少し短時間で解くことを意識し、1 問 30 秒で解くよう取り組んでみよう。

鬼のチェックポイント

Structure and Written Expression は 1 問 30 秒で解く！

■ 解答時の注意点

Structure and Written Expression の解答時には、以下のポイントに注意しよう。

- 問題の難易度はすべて同じではなく、難問が飛び飛びに現れる。難しい問題に必要以上に時間をかけすぎないようにしよう。
- 難しいと感じた問題は解答を後にまわし、解ける問題を優先して、自分の解答のリズムを維持しよう。難問に時間をかけすぎるよりもよい結果につながるはずだ。
- Structure で解答を終えた問題に戻ったりせずに、Written Expression に進もう。

それでは、次のページから文法項目ごとに Structure と Written Expression の攻略ポイントを学んでいこう。

Day 8

文法項目別攻略ポイント1

名詞

名詞に関する問題は、名詞の数の識別がポイントになる。可算名詞・不可算名詞を見わけ、単数形・複数形のどちらが適切か判断しよう。

出題形式

❶ 誤 単数であるべき名詞が複数、複数であるべき名詞が単数になっている
Water boils at 100 **degree** centigrade. → **degrees** （水は摂氏100度で沸騰する。）

❷ 誤 不可算名詞が複数形になっている　　some **informations** → **information**

❸ 誤 数量を表す形容詞と名詞の組み合わせが間違っている
many equipment → **a lot of** （many、few、severalは可算名詞を修飾、much、abundant、little は不可算名詞を修飾）

＊ 誤 は誤所指摘問題、空 は空所補充問題の出題形式

鬼のチェックポイント

① 下線部分に名詞がある場合、可算名詞か不可算名詞かを判断
② 数詞や不定冠詞を確認し、単数形か複数形のどちらが適切かを確認
③ 単数形の可算名詞に a/an や the があるかどうかを確認
④ many や much など数量を表す形容詞と名詞の組み合わせをチェック

例題

1　According to the Commerce Department, the economy of the United States
　　　　A　　　　　　　　　　　　　　　　　　　　　B
expanded at a 2.5 percent annual rates in the second quarter of 1989.
　　　　　　　　　　　　　　　C　　　　　　　　　　　　　　　D

2　Spherical trigonometry, the study of triangle on the surface of a sphere, has
　　　　　　　　　　　　　　　　　　　A　　　　　　　B
wide applications in navigation and astronomy.
　　　　C　　　　　　D

3　About two millions years ago the earth was a very different place from what
　　　　　A　　　　　　　　B　　　　　C　　　　　　　　　　　D
is today.

解答・解説

1 解答 **C**　(annual rates → annual rate)　重要度 🔥🔥🔥

According to the Commerce Department, the economy of the United States expanded at a 2.5 percent **annual rate** in the second quarter of 1989.

[訳] 商務省によると、1989年第2四半期の合衆国の経済は年率2.5%の拡大を示した。

鬼の解法　a/an の有無と名詞の単数・複数の関係が適切かどうかをチェックせよ

解説　at a 2.5 percent の a を見逃さないよう注意。冠詞 a があるため rate は複数形ではなく単数形になる。また、前年の第2四半期との比較だから「率」は単数だ。正解は (C)。

2 解答 **A**　(of triangle → of triangles)　重要度 🔥🔥🔥

Spherical trigonometry, the study **of triangles** on the surface of a sphere, has wide applications in navigation and astronomy.

[訳] 球体の表面上の三角形に関する研究である球面三角法は航海術や天文学に幅広く応用できる。

鬼の解法　可算名詞は単数形で冠詞がつくか、複数形になるかのいずれかが基本

解説　triangle は可算名詞なのに冠詞がついていないことに注目。日本人の数に関する感覚の盲点をつく問題だ。正解は (A)。

3 解答 **A**　(two millions years ago → two million years ago)　重要度 🔥🔥🔥

About **two million years ago** the earth was a very different place from what is today.

[訳] およそ200万年前は、地球の様子は現在とは非常に異なっていた。

鬼の解法　可算名詞 million の前に数詞、数量詞がついても複数形にはならない

解説　million の前に two、seven などの数詞や、a few、several、many などの数量詞がついても複数形にはならないので正解は (A)。hundred、thousand、billion なども同様に複数形にならない。一方、複数形が使われる millions of ~、thousands of ~、hundreds of ~（多数の、無数の）という表現も覚えておこう。こちらは誤所指摘問題に単数形で出題されることがある。

人称代名詞と再帰代名詞

人称代名詞は、代名詞が指す名詞と性や数が一致しているかどうか、格は正しいかが問われる。一方、再帰代名詞は、通常の人称代名詞の目的格との区別が問われる。

出題形式

❶ 誤 人称代名詞の格や性が異なっている

The praying mantis is so green and thin that **its** looks like a plant stem. → **it**

(カマキリは緑色で細い体なので植物の茎に似ている。)

❷ 誤 人称代名詞の数が異なっている

Despite **their** small size and appealing color, the coral snake can kill creatures much larger than itself due to a highly toxic venom. → **its**

(小型で目立つ体色にもかかわらずサンゴヘビは強い毒で自分自身よりもはるかに大型の生物を殺す。)

❸ 誤 再帰代名詞を使うべきなのに、通常の人称代名詞の目的格になっている

David asked **him** why it went wrong. → **himself**

(デヴィッドはどうして間違ったのか自問した。)

再帰代名詞を取る動詞として **ask** と **attach** を覚えておこう。

鬼のチェックポイント

① 人称代名詞と人称代名詞が指す名詞の格・性・数が適切かどうかを確認
② 主語と目的語が同一のものである場合に再帰代名詞が使われているかを確認

例題

1 <u>It's</u> design <u>makes</u> it easy to recognize, <u>but</u> difficult to <u>imitate</u>.
   A   B   C   D

2 An <u>oyster</u> produces a pearl <u>by</u> coating a grain <u>of</u> sand inside <u>their</u> shell with nacre.
     A   B   C   D

3 <u>Few people</u> care to study logic, because everybody <u>conceives him</u> to be proficient <u>enough</u> in the art of reasoning <u>already</u>.
   A   B
    C   D

解答・解説

1 解答 **A** (It's → Its) 重要度 🔥🔥🔥

Its design makes it easy to recognize, but difficult to imitate.

[訳] そのデザインは簡単に認識できるが、模倣は難しい。

鬼の解法　it's と its の違いを認識すべし

解説　It's は It is、It has の短縮形。動詞 makes があるのでこの文に It's は不適切だ。よって正解は (A)。所有格の Its が正しい形となる。基本的な問題だが見逃しがちなので注意しよう。

2 解答 **D** (their → its) 重要度 🔥🔥🔥

An oyster produces a pearl by coating a grain of sand inside **its** shell with nacre.

[訳] 牡蠣 (かき) は真珠層のある貝殻の内側に微量の砂の膜をつくることで真珠を生みだす。

鬼の解法　代名詞が指す名詞と代名詞との数が一致しているかどうかをチェック

解説　主語は単数 An oyster なのでその所有格も単数の its を用いる必要がある。正解は (D)。代名詞に下線がある場合、その人称、格、性、数が正しいかどうかを確認するようにしよう。

3 解答 **B** (conceives him → believes himself [herself]) 重要度 🔥🔥🔥

Few people care to study logic, because everybody **believes himself [herself]** to be proficient enough in the art of reasoning already.

[訳] 誰も自分自身は判断技術の面ではすでに十分に能力があると考えているので、論理学を研究したいと思う人はほとんどいない。

鬼の解法　主語そのものを目的語にする場合、再帰代名詞を使うべし

解説　この文では、目的語が主語と同じものを指すので通常の目的格の代名詞は使えず、再帰代名詞 oneself を使用する。よって正解は (B)。him は himself [herself] におき換える。また、文の意味を考えると conceive (思いつく) よりも believe がふさわしい。

■ 形容詞

形容詞は名詞を修飾し、副詞に修飾され、通常「副詞＋形容詞＋名詞」という語順になる。形容詞が名詞になっているといった品詞の誤りや、語順の誤りが出題される。

出題形式

❶ 誤 形容詞が名詞になっている　become **fame** → become **famous**（有名になる）

❷ 誤 形容詞が副詞になっている
vigorously exercise → **vigorous** exercise（激しい運動）

❸ 誤 名詞が形容詞や動詞になっている
extraordinary **high** → extraordinary **height**（並外れた高さ）
popular **believe** → popular **belief**（俗説）

❹ 誤 名詞＋形容詞の語順になっている
music **important** → **important** music（重要な音楽）

鬼のチェックポイント

① 形容詞であるべきところが名詞や副詞になっていないかをチェック
② 名詞であるべきところが形容詞や動詞になっていないかを確認
③ 形容詞と名詞の語順が逆になっていないかをチェック

例題

1 A red supergiant star prominent in the constellation Orion, Betelgeuse is
　　　Ａ　　　　　　　　　　　　　　　　　　　　　　　　　　　　　　　　Ｂ
somewhat variety in luminosity and is 800 times the diameter of the Sun.
　　　　　Ｃ　　　　　　　　　　　　　　　Ｄ

2 By 1913 Albert Einstein had won world famous and was invited by the
　　　　　　　　　　　　　　　　　　　　　　Ａ　　　　　　　　　　　Ｂ
Prussian Academy of Sciences to come to Berlin as titular professor of physics.
　　　　　　　　　　　　　　　　Ｃ　　　　　　　Ｄ

3 Those who enjoy horseback riding nevertheless do not usually attempt to own
　　　Ａ　　　　　　　　　　　　　　　　　　　　　　　　　　　　　Ｂ
a horse partly because looking after one would cost a minimal of $4000 a year.
　　　　　Ｃ　　　　　　　　　　　　　　　　　　　　Ｄ

解答・解説

1 解答 **C** (variety → variable) 重要度 🔥🔥🔥

A red supergiant star prominent in the constellation Orion, Betelgeuse is somewhat **variable** in luminosity and is 800 times the diameter of the Sun.

[訳] オリオン座のなかでひときわ輝く赤色超巨星ベテルギウスは、光度に多少の変化があり、その直径は太陽の800倍である。

鬼の解法　下線部の前にある副詞が何を修飾しているのかを確認せよ

解説 somewhat は「いくらか、多少」という意味の副詞。その後には形容詞が必要なので、名詞 variety を形容詞 variable にしなければならない。また、variety は名詞で「変化、多様」という意味。Betelgeuse is variety では「ベテルギウスは変化」という意味になってしまう。よって正解は (C)。

2 解答 **A** (famous → fame) 重要度 🔥🔥🔥

By 1913 Albert Einstein had won world **fame** and was invited by the Prussian Academy of Sciences to come to Berlin as titular professor of physics.

[訳] 1913年までには、アルバート・アインシュタインは世界的な名声を勝ち得ていた。そしてプロシア科学アカデミーに物理学の名誉教授としてベルリンに来るべく招かれた。

鬼の解法　他動詞には目的語となる名詞が必要

解説 win の過去分詞 won は他動詞だから目的語が必要。形容詞 famous を名詞 fame に変えれば、won の目的語になる。world はここでは fame を修飾する形容詞。正解は (A)。

3 解答 **D** (a minimal of → a minimum of) 重要度 🔥🔥🔥

Those who enjoy horseback riding nevertheless do not usually attempt to own a horse partly because looking after one would cost **a minimum of** $4000 a year.

[訳] 乗馬を楽しむにもかかわらず自分では馬を所有しようとしない人達がいるが、それは1つには1頭の馬の世話に年間少なくとも4000ドルの費用がかかるからである。

鬼の解法　of の前後は名詞か名詞相当語句であると心得よ

解説 A of B で of の前後は、必ず名詞あるいは名詞相当語句になる。minimal は形容詞だから名詞 minimum にする必要がある。正解は (D)。minimal の対義語 maximal (最大の)、minimum の対義語 maximum (最大限) も覚えておこう。

副詞

副詞は、動詞、形容詞、副詞などを修飾する。副詞が加わると配列が複雑になり、苦手意識を抱く人が少なくない。語尾などに着目し、しっかり品詞を判断するようにしよう。

出題形式

❶ 誤 副詞が形容詞になっている
free suspended → **freely** suspended（自由につり下げられた）

❷ 誤 副詞＋副詞となるべきところが副詞＋名詞になっている
Our engineers always work to locate new sources of minerals more **efficiency**. → **more efficiently**
（当社の技術者達は鉱物の新たな埋蔵地をもっと効率的に探しあてるべくつねに仕事をする。）

鬼のチェックポイント

修飾語と被修飾語の品詞を確認

鬼に金棒のスコアアップポイント

以下の単語は語尾が -ly で一見副詞に見えるが、形容詞であることに注意しよう。

costly、cowardly、deadly、friendly、kingly、likely、lively、lonely、lovely、manly、silly、ugly、unlikely、womanly

また、次の単語は、形容詞と副詞の両方の意味を持っている。

hourly、daily、weekly、monthly、yearly、early

例題

1 The nearest neighbor and <u>the single</u> natural satellite of the earth, the moon is
　　　　　　　　　　　　　　　A
<u>understandably</u> the oldest <u>continuous</u> studied heavenly body <u>in human history</u>.
　　B　　　　　　　　　　　　C　　　　　　　　　　　　　　　　　D

2 Our <u>environment</u> is ceaselessly changing, and, <u>even more disturbing</u>, our
　　　　A　　　　　　　　　　　　　　　　　　　　B
values <u>are changing</u> just <u>as incessant</u> as our environment.
　　　　C　　　　　　　　D

3 <u>In</u> any archeology <u>study</u> that <u>includes a dig</u>, the procedures <u>are basic</u> the same.
　　A　　　　　　　　B　　　　　　C　　　　　　　　　　　　　　　D

解答・解説

1 解答 **C** （continuous → continuously） 重要度 🔥🔥🔥

The nearest neighbor and the single natural satellite of the earth, the moon is understandably the oldest **continuously** studied heavenly body in human history.

[訳] 地球の最も近くにあり、その唯一の天然衛星でもある月は、当然のことながら、人類の歴史のなかで最も古くから途絶えることなく研究され続けてきた天体である。

🔴 **鬼の解法** 形容詞がある場合、何を修飾しているかを確認せよ

解説 studied（研究された）という過去分詞に注目しよう。動詞を修飾できるのは副詞であり、形容詞 continuous は studied を修飾できない。よって (C) が正解。continuously studied は、「途絶えることなく研究され続けてきた」という意味。

2 解答 **D** （as incessant → as incessantly） 重要度 🔥🔥🔥

Our environment is ceaselessly changing, and, even more disturbing, our values are changing just **as incessantly** as our environment.

[訳] 我々の環境は絶えず変化している。さらに困ったことには、我々の価値観も環境と同様に絶えず変化している。

🔴 **鬼の解法** as と as にはさまれた形容詞・副詞が何を修飾しているかをチェック

解説 これも動詞を修飾する副詞の例。incessant（絶え間ない）は形容詞であり、are changing を修飾するには副詞に変える必要がある。正解は (D)。

3 解答 **D** （are basic → are basically） 重要度 🔥🔥🔥

In any archeology study that includes a dig, the procedures **are basically** the same.

[訳] 発掘を伴うどのような考古学研究も、基本的に手順は同じである。

🔴 **鬼の解法** 形容詞 same は the を伴い、副詞は the same の前におかれる

解説 same は the を伴う形容詞。修飾するには basic を副詞にする必要がある。the があるから名詞だと思い違いをすると答えが見つからなくなる。正解は (D)。

■ 語順

語順の問題は、形容詞と名詞の語順、形容詞・副詞と enough の語順、程度や頻度の副詞の位置について出題される。

出題形式

❶ 誤 形容詞＋名詞の語順であるべきところが、名詞＋形容詞になっている
one of my **sisters older** → one of my **older sisters**（私の姉達のうちの１人）

❷ 誤 修飾する形容詞・副詞の後におかれるべき enough が前におかれている
Mike is **enough brave** to attempt it. → **brave enough**
（マイクはそれを試みるだけ勇敢だ。）

❸ 誤 助動詞／be 動詞と動詞の間におかれるべき程度や頻度の副詞（always、completely、never、occasionally など）の位置が不適切
I **have forgotten completely** her name. → **have completely forgotten**
（私は彼女の名前をすっかり忘れてしまった。）

鬼のチェックポイント

① 修飾する形容詞と修飾される名詞の語順をチェック
② enough と修飾される形容詞と副詞の語順を確認
③ 頻度の副詞の位置をチェック

例題

1 The latest scientific achievements, often incomprehensible to the person average,
　　　　　　　　　　　　　　　　　　　　　　　　　　　　　　　　　　A

might have a profound impact on the lives of ordinary people.
　　　　　　　B　　　　　　　　C　　D

2 He is not enough tall to be a basketball player but is an excellent runner.
　　　　　　　　A　　　　　　　B　　　　　　C　　　　　D

3 We had experienced never such a catastrophe as the great flood of 1967.
　　　　　　A　　　　　　　　B　　　　　　　　　　　C　　　　　D

解答・解説

1 解答　**A**　(the person average → the average person)　重要度 🔥🔥🔥

The latest scientific achievements, often incomprehensible to **the average person**, might have a profound impact on the lives of ordinary people.
[訳] 最新の科学的業績というものは平均的な人にとっては理解が難しいものが多いが、一般の人々の生活に深い影響を与える可能性がある。

鬼の解法　形容詞は名詞の前におかれる

解説 (A) は形容詞＋名詞になるべきところが、名詞＋形容詞になってしまっている。よって (A) が正解。

2 解答　**A**　(enough tall → tall enough)　重要度 🔥🔥🔥

He is not **tall enough** to be a basketball player but is an excellent runner.
[訳] 彼はバスケットボール選手になるには背が足りないが、すばらしいランナーだ。

鬼の解法　enough は修飾する形容詞や副詞の後におかれる

解説 enough は修飾する形容詞や副詞の後にくる。よって正解は (A)。ただし、enough が名詞を修飾する場合や、形容詞＋名詞を修飾する場合にはこれらの前に位置する。Is there **enough (hot) water** for coffee for five people?（5人分のコーヒーに十分なお湯はありますか。）

3 解答　**A**　(had experienced never → had never experienced)　重要度 🔥🔥🔥

We **had never experienced** such a catastrophe as the great flood of 1967.
[訳] 私達は1967年の大洪水のような大災害を経験したことがなかった。

鬼の解法　never は助動詞／be動詞と動詞の間におかれる

解説 never は助動詞 had と動詞 experienced の間におかれる。よって正解は (A)。なお、助動詞が2つ以上ある時は最初の助動詞の後ろにおかれる。I would **never** have been given the chance if I hadn't passed the exam.（もし試験に合格していなければ、そのようなチャンスが与えられることはなかっただろう。）

前置詞

前置詞については、誤った前置詞が使われていたり、前置詞が脱落していたり、前置詞と前後の単語の語順が間違っていたりという問題が出題される。

出題形式

❶ 誤 前置詞が間違っている　**at** the form of cacao beans → **in**（カカオ豆の形で）

❷ 誤 前置詞が脱落している

　　is **responsible** the alteration → **responsible for**（変更の責任がある）

❸ 誤 前置詞と前後の単語の語順がおかしい

　　lie **against flat** the ground → **flat against**（地面にぴったり横たわる）

鬼のチェックポイント

① 文脈から正しい前置詞が使われているかを確認
② 必要な前置詞が脱落していないかどうかをチェック
③ 前置詞と前後の単語の語順を確認

例題

1 Thurgood Marshall, <u>serving as</u> Associate Justice of the U.S. Supreme Court
　　　　　　　　　　　　　　A
from 1967 to 1991, <u>fought for</u> the <u>rights</u> of women and ethnic minorities
　　　　　　　　　　　B　　　　　　C
<u>through</u> the United States.
　D

2 <u>The Hawaiian Islands</u> are volcanoes that <u>have risen</u> from the ocean floor, not
　　　A　　　　　　　　　　　　　　　　　　　　B
the <u>tops sunken</u> mountain <u>ranges</u>.
　　　C　　　　　　　　　　D

3 <u>Aiming</u> <u>after</u> <u>carefully</u> <u>at the bird</u>, he missed it <u>completely</u>.
　　A　　　B　　　　　　C　　　　　　　　　　　　　　D

解答・解説

1 解答 **D** (through → throughout) 重要度 🔥🔥🔥

Thurgood Marshall, serving as Associate Justice of the U.S. Supreme Court from 1967 to 1991, fought for the rights of women and ethnic minorities **throughout** the United States.

[訳] 1967年から1991年まで、連邦最高裁判所陪席判事として、サーグッド・マーシャルは女性と少数民族の権利のために合衆国全土で闘った。

鬼の解法　through と throughout の違いを認識すべし

解説 through は「通り抜けて、最後まで」、throughout は「あらゆるところで、徹底的に」を意味する。ここでは「合衆国のあらゆるところで」という意味だから、正解は (D)。throughout = all through と理解しよう。

2 解答 **C** (tops sunken → tops of sunken) 重要度 🔥🔥🔥

The Hawaiian Islands are volcanoes that have risen from the ocean floor, not the **tops of sunken** mountain ranges.

[訳] ハワイ諸島は海底から隆起した火山であり、沈んだ山脈の上表部ではない。

鬼の解法　名詞の後に形容詞がある時は要注意

解説 tops sunken mountain を無理に訳すと「頂上沈んだ山脈」となるが、「沈んだ山脈の上表部」であるはずで、tops の後に of が必要。正解は (C)。形容詞は前置詞を伴い名詞の前におけない場合には名詞の後にくる。Only the Earth provides the complex conditions **necessary for** physical life as we know.（地球のみが我々の知るような生命体に必要な複雑な諸条件を備えている。）

3 解答 **A** (Aiming after → After aiming) 重要度 🔥🔥🔥

After aiming carefully at the bird, he missed it completely.

[訳] 彼はその鳥を注意深くねらったが、完全に外してしまった。

鬼の解法　前置詞の後は名詞あるいは名詞相当語句がおかれる

解説 after の後に名詞、名詞相当語句がないことに着目する。aiming は動名詞なので名詞として扱われ、自動詞として at を伴い「〜をねらうこと」を表す。よって正解は (A)。また、「〜をねらう」は1点を表す at を使い aim at で、aim after ではない。

冠詞

冠詞は、誤所指摘問題で、不定冠詞があるのに名詞が複数形になっていたり、冠詞が脱落していたりといった問題が出題される。また、序数がつく名詞には the が必要だということも押さえておこう。

出題形式

❶ 誤 不定冠詞があり単数の名詞なのに複数形になっている
a slightly irregular north-south **belts** → **belt** (かすかに不規則な南北の地帯)

❷ 誤 名詞句の名詞が単数なのに冠詞がない
industrial and banking center → **an industrial** (産業および銀行業務の中心地)

❸ 誤 序数や形容詞の最上級に修飾されているのに the がない
The wheels of **first road** vehicles were fashioned from crude stone disks.
→ **the first road**
(道路用の最初の乗りものの車輪は自然の石の円盤からつくられた。)

❹ 誤 母音で始まる単語に a、子音で始まる単語に an がついている
a organism → **an** organism (有機体)、**a** X-ray → **an** X-ray (X線)、
an university → **a** university (大学)

鬼のチェックポイント

① 名詞が可算名詞かどうか、単数か複数かを確認し、冠詞の有無をチェック
② 序数や最上級の形容詞に修飾される名詞につく定冠詞 the の存在を確認
③ 不定冠詞 a / an の後に続く名詞の語頭が母音か子音かを判断

例題

1 A formula is <u>equations</u> that <u>expresses</u> <u>some</u> general <u>mathematical</u> or physical
　　　　　　　　　A　　　　　　B　　　　C　　　　　　　D
fact.

2 As <u>movie actor and director</u>, Charlie Chaplin <u>received</u> <u>a lot of</u> hints
　　　　A　　　　　　　　　　　　　　　　　　　B　　　　　C
<u>from the circus</u>.
　　D

3 Montreal, <u>second largest</u> metropolitan area <u>after</u> Toronto, is <u>a cultural</u>,
　　　　　　　A　　　　　　　　　　　　　　　　B　　　　　　　　C
financial, and industrial <u>center</u>.
　　　　　　　　　　　　D

解答・解説

1 解答 **A** (equations → an equation) 重要度 🔥🔥🔥

A formula is **an equation** that expresses some general mathematical or physical fact.

[訳] 公式は数学的、物理的事実を表現する方程式である。

> **鬼の解法** 主語と動詞の数の一致を確認し、冠詞の有無を判断

解説 (A) equations と (B) expresses で主語と動詞の数が一致していないのでいずれかが誤り。主語 formula に A がついているので、equation も an がついた単数にする。正解は (A)。

2 解答 **A** (movie actor and director → a movie actor and director) 重要度 🔥🔥🔥

As **a movie actor and director**, Charlie Chaplin received a lot of hints from the circus.

[訳] 映画俳優・監督としてチャーリー・チャップリンはサーカス公演から多くのことを学んだ。

> **鬼の解法** 名詞を見たら冠詞の有無をチェックせよ

解説 主語は Charlie Chaplin で単数である。従って movie actor and director には不定冠詞 a をつける必要がある。and があるからといって複数だと思い込まないように注意しよう。正解は (A)。なお、2人であれば **an** actor and **a** director となる。

3 解答 **A** (second largest → the second largest) 重要度 🔥🔥🔥

Montreal, **the second largest** metropolitan area after Toronto, is a cultural, financial, and industrial center.

[訳] トロントに次ぐ第2の大都市モントリオールは、文化、金融、産業の中心地である。

> **鬼の解法** 序数だけでなく、最上級にも the が必要

解説 この問題では、序数だけでなく、最上級 largest もあることに気づく必要がある。1番ではなく、「何番目かに最大、最小である」という時にも the は必要だ。よって正解は (A)。

鬼に金棒のスコアアップポイント

東西南北を示す east, west, south, north は、名詞の場合は the が必要。I will go east. のように副詞として使う場合はもちろん the は不要だ。

■ 動詞

動詞は様々な問題が出題されるが、「助動詞に続く動詞は原形にする」「使役動詞 make、have、let は動詞の原形を伴う」といった基本的なルールをまず押さえておこう。その上で、以下のように recognize、serve、prove、nominate、appoint の使い方を覚えよう。

出題形式

❶ 誤 recognize ~ as ... (…として~を認める) や serve as ~ (~として務める) の as がない

Nancy was **recognized** a major American artist. → **recognized as**
(ナンシーはアメリカの一流の画家と認められていた。)

❷ 誤 recognize ~ as ... や serve as ~ の as に続く名詞 (句) に冠詞がついていない

Mary Bethune served **as advisor**. → **as an advisor**
(メアリー・ベシューンは顧問を務めた。)

❸ 誤 prove ~ to be ... (~が…であるとわかる) や nominate[appoint] ~ to be ... (~を…に指名する) の be 動詞がない

The situation comedy has proved **to a** remarkable commercial television format. → **to be a** (その連続ホームコメディは注目すべき商業的テレビ形式だとわかった。)

❹ 空 prove ~ to be ... や nominate[appoint] ~ to be ... の to be を選ぶ

The outgoing secretary of the club nominated a woman (**to be**) vice president. (退任する事務局長はある女性を副会長に指名した。)

例題

1 In 1967 President Johnson, with the advice and consent of the Senate, for the first time appointed a black person -------.
  (A) as was a Justice of the Supreme Court
  (B) was a Justice of the Supreme Court
  (C) a Justice of the Supreme Court
  (D) and a Justice of the Supreme Court

2 It is <u>not always</u> easy to <u>make</u> the balloon <u>coming</u> down where <u>one</u> wants it to.
　　　　　A　　　　　　　　B　　　　　　　C　　　　　　　　　　D

3 As a midshipman <u>at</u> <u>the</u> naval academy, he found <u>interests</u> and friendships
　　　　　　　　　　A　B　　　　　　　　　　　　　　C
which <u>would lasting</u> a lifetime.
　　　　　D

171

解答・解説

1 解答 **C** 重要度 🔥🔥🔥

In 1967 President Johnson, with the advice and consent of the Senate, for the first time appointed a black person **a Justice of the Supreme Court**.

［訳］1967年ジョンソン大統領は上院の推薦と同意により初めて黒人を連邦最高裁判所判事に任命した。

鬼の解法 appoint＋〈人〉＋to be 〜では to be が省略可能である

解説 appoint＋〈人〉＋to be〜で「〈人〉を〜に任命する」。ここでは to be が省略されている。正解は (C)。

2 解答 **C** (coming → come) 重要度 🔥🔥🔥

It is not always easy to make the balloon **come** down where one wants it to.

［訳］気球を人が望むところに降ろすことは必ずしも容易なことではない。

鬼の解法 使役動詞の make は動詞の原形を伴う

解説 使役動詞 make は動詞の原形を伴うため、正解は (C)。one は総称的な不定代名詞として「(一般に) 人」を表すので balloon の言い換えではない。wants it の it が balloon を受ける代名詞だ。

3 解答 **D** (would lasting → would last) 重要度 🔥🔥🔥

As a midshipman at the naval academy, he found interests and friendships which **would last** a lifetime.

［訳］海軍士官学校の生徒時代、彼は生涯にわたって続く関心事と友人達を得た。

鬼の解法 助動詞に続く動詞は原形

解説 助動詞に続く動詞はつねに原形であるから、lasting は last にする必要がある。正解は (D)。last は「続く」という意味の動詞であることも覚えておこう。

Structure and Written Expression

Day 9 文法項目別攻略ポイント2

■ 動名詞

動名詞は、名詞のように主語、目的語、補語になるが、動名詞であるべきものが名詞や不定詞になっている問題が出題される。

出題形式

❶ 誤 動名詞であるべきものが名詞や動詞になっている
Smoke is prohibited in the library. → **Smoking**
(図書館での喫煙は禁じられている。)

❷ 誤 動名詞であるべきものが不定詞になっている
I stayed in bed all morning instead **to go out**. → **of going out**
(午前中はでかけることなくずっと寝ていた。)

鬼のチェックポイント

動名詞であるべき部分が名詞や動詞、不定詞になっていないかをチェック

例題

1 In the 1800's, Susan B. Anthony was <u>instrumental</u> in <u>establishment</u> the
　　　　　　　　　　　　　　　　　　　　　　A　　　　　　　B
 women's suffrage and <u>temperance</u> <u>movements</u> in the United States.
　　　　　　　　　　　　C　　　　　　D

2 <u>Desert</u> animals <u>depend on</u> oases for <u>drink</u> <u>water</u>.
　　A　　　　　　B　　　　　　　　C　　D

3 <u>Large, modern</u> corporations <u>increase</u> net profits by <u>to adjust</u> for <u>fluctuations</u>
　　A　　　　　　　　　　　B　　　　　　　　　　　C　　　　　　D
 in the foreign exchange rate.

解答・解説

1 解答 **B** (establishment → establishing) 重要度 🔥🔥🔥

In the 1800's, Susan B. Anthony was instrumental in **establishing** the women's suffrage and temperance movements in the United States.

[訳] 1800年代にスーザン・B・アンソニーは合衆国での婦人参政権確立と禁酒の運動に貢献した。

鬼の解法　動名詞は目的語を伴うことができる

解説　2つ目の in の後に、名詞 (establishment) と名詞句 (the women's suffrage) が連続しており不適切。the women's suffrage を目的語と捉え、establish を動名詞 establishing にするのが正しい。(B) が正解。

---

2 解答 **C** (drink → drinking) 重要度 🔥🔥🔥

Desert animals depend on oases for **drinking** water.

[訳] 砂漠の動物は飲み水をオアシスに頼っている。

鬼の解法　前置詞の後に動詞をおくことはできない

解説　前置詞 for の後に動詞 drink が続くのは不適切。動名詞 drinking に修正する。正解は (C)。drinking water は「飲み水」という意味で不可算名詞。

---

3 解答 **C** (to adjust → adjusting) 重要度 🔥🔥🔥

Large, modern corporations increase net profits by **adjusting** for fluctuations in the foreign exchange rate.

[訳] 大規模で近代的な企業は為替レートの変動を調整することで純益を増やす。

鬼の解法　前置詞の後に不定詞をおくことはできない

解説　前置詞の後に不定詞がくるのは不適切なので、動名詞にしなければならない。これはすべての前置詞に共通するポイントだ。よって正解は (C)。

鬼に金棒のスコアアップポイント

- 動名詞はもともと動詞であり、目的語を取ることができる
  I enjoy **learning economics**. (私は経済学を学ぶのを楽しむ。)
- 動名詞は前置詞の目的語になる（不定詞は前置詞の目的語にはならない）
  I insist on **learning economics** at university. (私は大学で経済学を学ぶことを要求する。)

■ 不定詞

不定詞は、誤所指摘問題で、動名詞になっていたり、名詞になっていたりする問題が出題される。特に動名詞との混同には注意しよう。

出題形式

❶ 誤 不定詞であるべきなのに動名詞になっている

Seeing is to believe. → **To see**
(見ることは信じることだ。)

The aim of the paper is **stating**. → **to state**
(この論文の目的は論じることだ。)

The techniques of ballet are designed **displaying** the human body. → **to display**
(バレエの技法は人間の体をはっきりと見てもらうために考えられている。)

❷ 誤 不定詞が文頭にくる文で、To の後ろが動詞の原形ではなく、名詞になっている

To **formation** a layer of coal one foot thick, about twenty feet of original plant material must be compacted. → **form**
(1フィートの厚さの石炭の層をつくるためには、約20フィートの原始の植物が凝縮されなければならない。)

鬼のチェックポイント

① 不定詞であるべきものが動名詞になっていないかを確認
② To ＋動詞の原形となるべきところが、To ＋名詞になっていないかどうかをチェック

例題

1 It is fascinating <u>for</u> the child <u>observing</u> <u>how that</u> toy <u>works</u>.
　　　　　　　　　　A　　　　　　B　　　　　　C　　　　　D

2 <u>For quite some time</u> people <u>have used</u> some <u>form</u> of air conditioning <u>keeping</u>
　　　A　　　　　　　　　　　　　B　　　　　　C　　　　　　　　　　　D
rooms comfortable.

3 To <u>protection</u> <u>its citizens</u>, the Roman Empire <u>set up</u> a number of <u>programs</u>.
　　　A　　　　　B　　　　　　　　　　　　　　C　　　　　　　　　D

解答・解説

1 解答 **B**　(observing → to observe)　重要度 🔥🔥🔥

It is fascinating for the child **to observe** how that toy works.
[訳] その子供にとってそのおもちゃがどのように動くか観察するのは興味がつきない。

🔥**鬼の解法**　形式主語構文 It is 〜 for〈人〉to do ... に気づくことが正答の鍵

> **解説** It は形式主語であり、to 以降が真主語となる形式主語構文 (It is 〜 for〈人〉to do...) となる。よって observing は to observe でなければならない。(B) が正解。

2 解答 **D**　(keeping → to keep)　重要度 🔥🔥🔥

For quite some time people have used some form of air conditioning **to keep** rooms comfortable.
[訳] 部屋を快適に維持するためにずっと以前から何らかの形の空調が使用されてきた。

🔥**鬼の解法**　不定詞であるべきなのに動名詞になっている場合に注意

> **解説** to keep rooms comfortable は、have used を修飾する不定詞の副詞的用法。正解は (D)。

3 解答 **A**　(protection → protect)　重要度 🔥🔥🔥

To **protect** its citizens, the Roman Empire set up a number of programs.
[訳] 市民を保護するために、ローマ帝国は数多くの計画を立てた。

🔥**鬼の解法**　To ＋名詞を見たら to 不定詞の可能性を考えよ

> **解説** To protection its citizens はこのままでは名詞が連続しており意味をなさない。protection を protect にしよう。正解は (A)。

👹 **鬼に金棒のスコアアップポイント**

force、encourage、allow、cause は、後ろに不定詞を取るが、誤って動名詞になっていることがあるので覚えておこう。

> 誤 Giraffes have eyes that allow them **seeing** in all directions. → **to see**
> （キリンは全方位を見渡せる目を持っている。）

分詞（現在分詞・過去分詞）

分詞は、現在分詞になるべきものが過去分詞になっていたり、過去分詞になるべきものが現在分詞になっていたりしている誤りを指摘する問題が出題される。文意から能動か受動かを見極め、どちらの分詞が適切かを判断できるようになろう。

出題形式

❶ 誤 現在分詞が正しいのに過去分詞になっている

The professor is **suggested** to his students that they watch this movie.
→ **suggesting**
(その教授は生徒達にこの映画を見ることを勧めている。)

❷ 誤 過去分詞が正しいのに現在分詞になっている

As a **well-knowing** television reporter, Walter Cronkite has access to great interview subjects. → **well-known**
(有名なテレビレポーターとして、ウォルター・クロンカイトはすばらしいインタビューテーマを見つける手段を持っている。)

❸ 誤 現在分詞が正しいのに不定詞になっている

I had a lot of trouble **to get** a job. → **getting**
(仕事を見つけるのにいろいろ問題があった。)

鬼のチェックポイント

① 分詞を見つけたら、文意から能動が適切なら現在分詞、受動が適切なら過去分詞になっているかどうかをチェック
② 現在分詞を用いるべき表現で不定詞が使われていないかどうかを確認

例題

1 A tropical thunderstorm <u>occurs</u> when <u>a large body</u> of moist air <u>stayed</u> near
　　　　　　　　　　　　　　　A　　　　　　B　　　　　　　　　　C
the ground <u>has been heated</u> by the Sun's warmth.
　　　　　　　　D

2 The mammoth <u>was</u> a <u>prehistoric</u> animal closely <u>relating</u> to <u>the modern elephant</u>.
　　　　　　　A　　　　B　　　　　　　　　　C　　　　　D

3 <u>Zoologist</u> Dian Fossy <u>spent</u> years <u>to study</u> gorillas in <u>the mountains</u> of Africa.
　　　　A　　　　　　　　B　　　　　C　　　　　　　　　D

解答・解説

1 解答 **C** (stayed → staying) 重要度 🔥🔥🔥

A tropical thunderstorm occurs when a large body of moist air **staying** near the ground has been heated by the Sun's warmth.
[訳] 熱帯性の雷雨は地上付近にとどまっている湿った大量の空気が太陽の熱によって温められる時に発生する。

🔥**鬼の解法** 現在分詞は能動的な動きを表す

解説 湿った大気は、地上付近にとどまっているのだから staying が正しい。よって正解は (C)。

2 解答 **C** (relating → related) 重要度 🔥🔥🔥

The mammoth was a prehistoric animal closely **related** to the modern elephant.
[訳] マンモスは現代の象と近い関係にある先史時代の動物であった。

🔥**鬼の解法** 過去分詞は受動的な動きを表す

解説 象はマンモスと自ら関係を持とうとしているのではなく、生物学的に関係づけられているのであるから受け身の related が正しい。正解は (C)。

3 解答 **C** (to study → studying) 重要度 🔥🔥🔥

Zoologist Dian Fossy spent years **studying** gorillas in the mountains of Africa.
[訳] 動物学者のダイアン・フォシーはアフリカの山中で何年にもわたりゴリラの研究を行った。

🔥**鬼の解法** spend +〈時間〉+ doing の現在分詞が不定詞になっていないか注意

解説 spend +〈時間〉の後は現在分詞が続き、不定詞は誤り。正解は (C)。

👹**鬼に金棒のスコアアップポイント**

以下の3つのパターンは、過去分詞にならず、現在分詞になる。

❶ 名詞 trouble の後　I have **trouble thinking** clearly. (私は秩序立てて考えられない。)
❷ 形容詞の後　She was **busy cleaning** the house. (彼女は家を掃除するのに忙しかった。)
❸ spend +〈時間〉の後　She **spent her time reading**. (彼女は読書をして過ごした。)

■ 時制

時制については、異なる時制の混在や、間違った時制を指摘する問題が出題される。過去を示す語句や現在完了で使われる語句などを覚えておこう。

出題形式

❶ 誤 現在形と過去形が混在している

People who <u>work</u> hard **did** not necessarily succeed. → **do**

（がんばって働く人が必ずしも成功するとは限らない。）

❷ 誤 過去を表す前置詞句があるのに現在形になっている

The white settlers of North America **begin** signing treaties with the Indians <u>in the seventeenth century</u>. → **began**

（北アメリカの白人植民者は 17 世紀にインディアン達と協定を交わし始めた。）

❸ 誤 前置詞句 for +〈期間〉、since +〈時点〉があるのに完了形になっていない

People **are waiting** for the ship to arrive <u>since yesterday</u>. → **have been waiting**（昨日から人々は船の到着を待っている。）

鬼のチェックポイント

① 節が 2 つ以上ある場合に時制が混在していないかどうかを確認
② 過去を示す語句がある場合に過去形になっているかどうかをチェック
③ 前置詞句 for +〈期間〉、since +〈時点〉がある場合、**TOEFL** では現在完了形の可能性が高い

例題

1 In 1902 Mt. Pelee, a volcano <u>on Martinique</u>, <u>erupts and buries</u> at least
　　　　　　　　　　　　　　　　　　A　　　　　　　B
<u>thirty thousand</u> people <u>living in</u> adjacent valleys under ash and lava.
　　C　　　　　　　　　　D

2 The Parthenon, a temple <u>sacred to</u> the goddess Athena, <u>had built</u> on the
　　　　　　　　　　　　　　　　A　　　　　　　　　　　　　　　B
Acropolis in Athens and <u>came to</u> be <u>regarded as</u> the culminating masterpiece
　　　　　　　　　　　　　C　　　　　　　D
of Greek architecture.

3 <u>From 1946 to 1949</u>, <u>lawyer</u> William Henry Hastie <u>had served as</u> <u>governor</u> of
　　　A　　　　　　　　　B　　　　　　　　　　　　　　　C　　　　　　D
the Virgin Islands.

解答・解説

1 解答 **B** (erupts and buries → erupted and buried) 重要度 🔥🔥🔥

In 1902 Mt. Pelee, a volcano on Martinique, **erupted and buried** at least thirty thousand people living in adjacent valleys under ash and lava.

[訳] マルティニク島の火山モンプレーは 1902 年に噴火し、近隣の谷の住民少なくとも 3 万人を灰と溶岩の下に埋めた。

🔥鬼の解法 過去を表す語句がある場合、時制は過去

解説 文頭に過去を表す In 1902 があるので過去時制がふさわしい。よって正解は (B)。

2 解答 **B** (had built → was built) 重要度 🔥🔥🔥

The Parthenon, a temple sacred to the goddess Athena, **was built** on the Acropolis in Athens and came to be regarded as the culminating masterpiece of Greek architecture.

[訳] 女神アテネを祀るパルテノン神殿はアテネのアクロポリスに建てられ、ギリシャ建築の頂点をなすものとしてみなされるようになった。

🔥鬼の解法 過去を示す語句と動詞の並列関係から正解を導け

解説 Parthenon、Acropolis、Greek architecture の 3 つの語句から過去の話であることを推測する。また、and の後ろにある came to be regarded は受け身の過去形であり、and の前後が並列関係であることを考えると、正解の (B) は受動態の過去形が適切。

3 解答 **C** (had served as → served as) 重要度 🔥🔥🔥

From 1946 to 1949, lawyer William Henry Hastie **served as** governor of the Virgin Islands.

[訳] 1946 年から 1949 年まで弁護士ウィリアム・ヘンリー・ヘイスティーはヴァージン諸島の知事を務めた。

🔥鬼の解法 過去を示す from 〜 to ... から時制を見抜く

解説 from 1946 to 1949 は過去のある一定期間を表すので動詞は過去形が正しい。よって (C) が正解。had served as では、1946 年よりも前にすでに知事職に就いていたことになってしまう。

主語と動詞の一致

主語と動詞の一致は、主語と動詞の「数」の一致に関する問題だ。文中の節に含まれるすべての主語・動詞の一致をチェックしよう。また、以下の❷のように、主語と動詞の性質が一致していないという問題も出題される。

出題形式

❶ 誤 主語と動詞の数が一致していない

Algae **grows** so thick that they block the sun from underwater plants.
→ **grow**

（藻類は非常に厚く成長するので水中の植物に太陽の光が届かない。）

algae は alga（藻）の複数形。この場合、that 節内の they から algae が複数形だと判断することも可能だ。この他特殊な名詞として、複数扱いの集合名詞 cattle（牛）や、teeth（複数）／tooth（単数）（意味は「歯」）も覚えておこう。

❷ 誤 主語と動詞の性質が一致していない

Romantic **novels** who revolted against classicism emphasized a deepened appreciation of the beauties of nature. → **novelists**

（古典主義に反旗を翻したロマン派の小説家達は自然の美を深く味わうことに力を注いだ。）

novels は小説だからおかしい。反旗を翻すのは小説家（novelists）である。

鬼のチェックポイント

① 主語の単数・複数に対し、動詞の形があっているかどうかをチェック
② 主語の性質と動詞の性質が適切かどうかを確認

例題

1 <u>Desert</u> support only a <u>limited</u> and <u>specially</u> adapted <u>animal population</u>.
　　　A　　　　　　　　　　B　　　　　　C　　　　　　　　　D

2 That <u>you were</u> out of town <u>for</u> a few days <u>do not</u> constitute <u>proof of</u> your
　　　　　A　　　　　　　　　　B　　　　　　　　C　　　　　　　　D
innocence.

3 The effects of cigarette smoking <u>has</u> <u>been proven</u> to be <u>extremely</u> <u>harmful</u>.
　　　　　　　　　　　　　　　　　　A　　　B　　　　　　　　　C　　　　　D

解答・解説

1 解答 **A** (Desert → Deserts) 重要度 🔥🔥🔥

Deserts support only a limited and specially adapted animal population.
[訳] 砂漠では限られた特別に適応した動物だけが生きていける。

> 鬼の解法　可算名詞が無冠詞、単数形で使われることはほとんどない

> 解説　主語が Desert、動詞が support なので主語と動詞の数が一致していない。この文は砂漠に関する一般論だから複数形（Deserts）が適切。正解は (A)。

2 解答 **C** (do not → does not) 重要度 🔥🔥🔥

That you were out of town for a few days **does not** constitute proof of your innocence.
[訳] 数日間町を離れていたことがあなたの無実の証明にはならない。

> 鬼の解法　名詞節である that 節は単数扱い

> 解説　この場合の that 節は名詞節であるから単数扱いの主語になる。正解は (C)。

3 解答 **A** (has → have) 重要度 🔥🔥🔥

The effects of cigarette smoking **have** been proven to be extremely harmful.
[訳] 喫煙は非常に有害であることが証明されてきた。

> 鬼の解法　名詞＋ of ＋名詞が主語の場合、of の前の名詞の数と動詞を一致させる

> 解説　of の前の名詞 effects に合わせて動詞は have にすべき。正解は (A) だ。なお、About sixty percent of the workers are female.（労働者の約60パーセントは女性である。）のように、パーセント＋ of ＋複数名詞は、複数扱いになる。

鬼に金棒のスコアアップポイント

- either of ＋複数名詞、neither of ＋複数名詞が主語の場合は単数扱いになる
- neither A nor B が主語の場合は名詞 B の数と動詞を一致させる
  Neither you nor **I am** wrong.（あなたも私も間違っていません。）

原級・比較級・最上級

原級は正しい as ～ as ... 構文の選択、比較級は比較級の形が正しいかどうか、最上級は the の脱落などが出題の中心である。比較級については、than の脱落や、than があるのに比較級の単語がないといったパターンにも注意しよう。

出題形式

❶ 空 原級：正しい as ～ as ... を選ぶ問題

Computer programming is as much an art (**as it is a science**).
（コンピュータープログラミングは、それが科学であるのと同じくらい芸術である。）

誤所指摘問題で、最初の as が so になっていたり、後ろの as が than になっていたりする問題も出題される。

❷ 誤 比較級：比較級の形が間違っている

more **difficulter** → more **difficult**、**more** nearer → **nearer**、
more strong → **stronger**

❸ 誤 最上級：the が欠けていたり、別の単語になっていたりする

I'm not sure what **a most** versatile member of the palm family is. → **the most**
（ヤシ科の植物のなかで何が最も多目的に利用されるかということについては、私ははっきりとはわからない。）

ただし、副詞の最上級では the を省略することができる。

鬼のチェックポイント

① 原級は、as ～ as ... の構文の形が正しいかどうかをチェック
② 比較級は、比較級の形が正しいかどうかを確認
③ 最上級は、形容詞の最上級の場合に the が欠けていないかどうかをチェック

例題

1 With assembly lines, automobile factories were able to manufacture as many cars in a few days as ------- weeks to produce by hand.

(A) once took it (B) took it once (C) it took once (D) it once took

2 Tennessee has more banjo players -------.

(A) than any other state in the United States
(B) which no other state has
(C) as other states do
(D) and other state in the United States do not

3 The diamond is <u>its</u> hardest <u>of</u> all <u>natural</u> <u>minerals</u>.
　　　　　　　　　　A　　　　　　B　　　C　　　　D

183

解答・解説

1 解答　**D**　重要度 🔥🔥🔥

With assembly lines, automobile factories were able to manufacture as many cars in a few days as **it once took** weeks to produce by hand.

[訳] 組み立てラインの出現で、自動車工場はかつては手作業では数週間を要して生産した数の車を数日で生産できるようになった。

鬼の解法　as 〜 as ... 構文で何を比較しているかを見抜け

解説　as 〜 as ... で、組み立てライン登場以前と以後で生産に要する期間の変化を同等比較している。it take +〈時間〉+ to do で「〜するのに…かかる」。once は took の前において直接修飾する形にする。正解は (D)。

2 解答　**A**　重要度 🔥🔥🔥

Tennessee has more banjo players **than any other state in the United States**.

[訳] テネシー州は合衆国の他のどの州よりもバンジョー演奏家が多くいる。

鬼の解法　文の前半に比較級を見つけたら、後半に than があると予測せよ

解説　more banjo players という比較級の表現があるので、than のある節を探す。正解は (A)。

3 解答　**A**　(its → the)　重要度 🔥🔥🔥

The diamond is **the** hardest of all natural minerals.

[訳] ダイヤモンドはすべての鉱物のなかで最も硬い。

鬼の解法　最上級の単語が形容詞か副詞かを判断し、the の有無を見極めよ

解説　最上級に the がない場合、最上級になっている単語が形容詞か副詞かを考え the の必要性を見極める。hard は副詞では「懸命に」などの意味になってしまいこの文には合わない。「硬い」という意味がある形容詞の最上級だとわかる。よって the が必要。正解は (A)。

■ 受動態

受動態については、動詞が適切な形ではなく、原形になっていたり、不定詞になっていたり、存在しない単語になっていたりする問題が出題される。

出題形式

❶ 誤 動詞が過去分詞ではなく原形になっている

Double-entry bookkeeping and record-keeping methods **were develop** in response to the errors. → **were developed**
(複式簿記や取引記録方法は誤りに対応する形で開発された。)

❷ 誤 動詞が過去分詞ではなく不定詞になっている

The building style was **to inspire** by a revival of 18th century architecture. → **inspired**
(その建築様式は18世紀の建築の復興に触発されたものだ。)

❸ 誤 存在しない単語が過去分詞として使われている

An electrical conductor is **connectioned** to the two elements.
→ **connected** (connection という動詞はない)
(電気伝導体は2つの要素に接続される。)

鬼のチェックポイント

be 動詞＋動詞の形を見たら文意から受動態かどうかをチェックし、動詞が過去分詞になっているかどうかを確認

例題

1 A <u>freshwater</u> eel <u>could easily</u> be <u>mistaken</u> for <u>a small water snake</u>.
　　　A　　　　　　B　　　　　　C　　　　　　D

2 The <u>number</u> of nerve cells <u>enclosed</u> within the eye of a <u>human</u> can be <u>to count</u>.
　　　　A　　　　　　　　　B　　　　　　　　　　　C　　　　　D

3 Promotion within the government <u>was base</u> <u>on favoritism</u> <u>and</u> bribery <u>until</u>
　　　　　　　　　　　　　　　　　　　A　　　　　B　　　　C　　　　　D
the dictator was overthrown.

解答・解説

1 解答 **C** (mistaked → mistaken) 重要度 🔥🔥🔥

A freshwater eel could easily be **mistaken** for a small water snake.

[訳] 淡水のウナギは小さなミズヘビとよく間違えられる。

🔥鬼の解法　動詞の不規則変化に注意

解説　mistake の過去形、過去分詞形は、take-took-taken のように、mistake-mistook-mistaken と変化する。よって (C) が正解。

2 解答 **D** (to count → counted) 重要度 🔥🔥🔥

The number of nerve cells enclosed within the eye of a human can be **counted**.

[訳] 人間の眼内を取り囲む神経細胞の数は数えられる。

🔥鬼の解法　be to 不定詞は「予定・計画・義務・可能」を表す

解説　be to 不定詞は助動詞とともには用いられない。また、The number of nerve cells は主語であるとともに、数えられる対象であるから受動態の counted が適切である。よって正解は (D)。

3 解答 **A** (was base → was based) 重要度 🔥🔥🔥

Promotion within the government **was based** on favoritism and bribery until the dictator was overthrown.

[訳] 政府内の昇進はその独裁者が追放されるまではえこひいきと贈収賄にもとづいていた。

🔥鬼の解法　意味から受動態かどうかを見抜いて動詞の形をチェック

解説　be based on ~で「~にもとづく」という意味。base は based にすべきだ。正解は (A)。

👹 鬼に金棒のスコアアップポイント

be 動詞＋過去分詞ではなく、do ＋過去分詞になっている問題も出題される。

誤　Aluminum baseball bats are more durable than wooden ones and **do** not easily broken when they hit a fast ball. → **are**

（アルミのバットは木のバットよりも強いので、速球を打っても簡単には折れない。）

■ 関係代名詞

関係代名詞では、先行詞が人か物か、そして続く関係代名詞が適切かどうかを判断できるようになろう。先行詞が人なのに which が使われていたり、物なのに who が使われていたりする問題が出題される。

出題形式

❶ 誤 先行詞が人なのに which、物なのに who が使われている

The woman **which** cuts my hair has moved to another hairdresser's. → **who**
(私の髪を切ってくれる女性は他の美容室へ移った。)

❷ 誤 関係代名詞の格が間違っている

I know a boy **who** father works in Chicago. → **whose**
(父親がシカゴで働いている少年を知っている。)

❸ 誤 主格の関係代名詞が省略されている（通常主格の関係代名詞は省略しない）

What's the name of the brown-haired girl **just came in**?
→ **who just came in**
(今入ってきた茶色い髪の女の子の名前は何ですか。)

鬼のチェックポイント

① 先行詞が人であれば that または who、whose、物であれば that または which、whose になっているかを確認
② 関係代名詞の格が正しいかどうかをチェック
③ 主格の関係代名詞が省略されていないかどうかを確認

例題

1 The suicide rate <u>naturally</u> increases <u>in</u> an age <u>who</u> expresses <u>itself</u> with
　　　　　　　　　　　A　　　　　　　　B　　　　　　C　　　　　D
hopelessness and recklessness.

2 Wind <u>instruments</u>, <u>which</u> tone is produced by <u>a vibrating column</u> of air,
　　　　　A　　　　　　B　　　　　　　　　　　　　C
<u>include</u> the pipe organ.
　D

3 K. Mfume <u>served</u> as a US Congressman <u>for five terms</u>, <u>an office</u>
　　　　　　　A　　　　　　　　　　　　　　B　　　　　　　C
<u>to that</u> he was elected in 1986.
　D

187

解答・解説

1 解答 **C** (who → that[which])　重要度 🔥🔥🔥

The suicide rate naturally increases in an age **that[which]** expresses itself with hopelessness and recklessness.

[訳] 自殺率は絶望と無謀さが特色の年齢に自然と高まる。

鬼の解法　先行詞が人以外であれば関係代名詞は that または which、whose

解説　先行詞 age は人ではないため、who は使えない。よって正解は (C)。なお、先行詞が、① 最上級や、the only、the very のように限定の意味を持つ場合、② no、any、all、every などに修飾される場合、③ the man and his cat のように「人ともの」の場合は that しか使えないことも覚えておこう。

2 解答 **B** (which → whose)　重要度 🔥🔥🔥

Wind instruments, **whose** tone is produced by a vibrating column of air, include the pipe organ.

[訳] 空気の柱の振動で音をだす管楽器にはパイプオルガンも含まれる。

鬼の解法　whose は先行詞が人でも人以外でも使用可能

解説　後ろにそれ自体と組み合わされて挿入節の主語を構成する名詞の tone があるので、which ではなく所有格の whose にする必要がある。正解は (B)。whose は、制限用法、非制限用法どちらでも使用可能。また of which で言い換えることもできる。

3 解答 **D** (to that → to which)　重要度 🔥🔥🔥

K. Mfume served as a US Congressman for five terms, an office **to which** he was elected in 1986.

[訳] K・ムフメは 1986 年に選出された連邦議会議員の職務を 5 期務めた。

鬼の解法　前置詞＋関係代名詞の場合、関係代名詞 that は使えない

解説　関係代名詞の前に前置詞 to があるため that は使えない。正解は (D)。

鬼に金棒のスコアアップポイント

先行詞がない問題が出題されたら、関係代名詞 what を考える。what ＝ the thing(s) which [that] で先行詞を含んでおり、「〜すること［もの］」を意味する。

■ 関係副詞

関係副詞は副詞が接続詞機能を持ったもの。先行詞が場所、時、理由、方法を表す時は、それぞれ where、when、why、how を使う。関係代名詞との混同や関係副詞の脱落などが問われる。

出題形式

❶ 誤 関係副詞であるべきなのに関係代名詞などになっている

where なのに which、when なのに that、why なのに that、how なのに the way が使われている。

I know a wood **which** you can find wild strawberries. → **where (=in which)**
(野生のイチゴが見つかる森を知っている。)

❷ 誤 関係副詞節の主語がなく、関係副詞も脱落している

Nancy will never forget the day **first** met Tom. → **when she first**
(ナンシーはトムに最初に会った日のことを決して忘れないだろう。)

鬼のチェックポイント

① 関係副詞であるべきものが関係代名詞などになっていないかをチェック
② 関係副詞節で関係副詞や主語が脱落していないかを確認

例題

1 The Sahara covers an area of 3,500,000 sq. mi. which large oases, rock-strewn
   A   B   C   D
plateaus, and sand seas are topographical features.

2 The prime of the English theatre dates back to the early seventeenth century,
   A   B   C
that Shakespeare was actively writing and performing.
D

3 He told us which the distressing conditions of the journey had used up his
      A   B   C   D
energy.

解答・解説

1 解答 **C** (which → where) 重要度 🔥🔥🔥

The Sahara covers an area of 3,500,000 sq. mi. **where** large oases, rock-strewn plateaus, and sand seas are topographical features.

[訳] サハラ砂漠は 350 万平方マイルにわたって広がり、大きなオアシス、岩が散在する高原、砂海などがその地形的特徴である。

鬼の解法　関係詞より後ろが節として成立するかどうかを考えよ

解説 area は場所を表す名詞だから which でもよいと考えがちだが、続く large oases 〜 features は節として成立しており、関係詞部分は副詞の働きをすると考えられる。in which または where とするべきだ。正解は (C)。

2 解答 **D** (that → when) 重要度 🔥🔥🔥

The prime of the English theatre dates back to the early seventeenth century, **when** Shakespeare was actively writing and performing.

[訳] イギリスの演劇の最盛期は 17 世紀初頭にさかのぼるが、それはシェイクスピアが執筆の腕を振るい演じていた時代だ。

鬼の解法　関係詞より後ろが節として成立するかどうかを考えよ

解説 Shakespeare 以降は節として成立しており、関係詞部分は副詞の働きをする。正解は (D)。

3 解答 **A** (which → how) 重要度 🔥🔥🔥

He told us **how** the distressing conditions of the journey had used up his energy.

[訳] 彼はその旅行の苦しい状況が彼のエネルギーをいかに奪ったということを語った。

鬼の解法　関係詞を見たら先行詞を確認せよ

解説 which の前に先行詞がないので (A) が正解。the distressing 以降の意味を考えると、which を関係副詞 how にするのが妥当だ。how は先行詞を含む関係副詞で how = the way in which である。

Structure and Written Expression

Day 10 文法項目別攻略ポイント3

■ 分詞構文

分詞構文に関する問題では、分詞構文が正しい形になっているかどうかを見抜くことがポイントだ。**文の結論が書かれている主節を先に読み、文全体の意味を考えながら**、従属節の主語、接続詞、時制、態が正しいかどうかを判断しよう。

出題形式

❶ 空 分詞構文の部分全体が空欄になっており、適切なものを選ぶ

(**After studying medicine and pharmacy privately**), Chandler became a pharmacist in Atlanta.
（医学と薬学を1人で勉強した後、チャンドラーはアトランタで薬剤師になった。）

❷ 誤 過去分詞でなければならないのに現在分詞になっている

Driving carefully, the car will get 25 miles per gallon. → **Driven carefully**
（注意して運転すれば、その車は1ガロンあたり25マイル走るだろう。）

鬼のチェックポイント

① 文全体の意味をもとに、省略された従属節の主語と接続詞が何かを確認
② 従属節の主語、接続詞、時制、態が適切かどうかを判断

例題

1 -------, I decided to become a restaurant owner.
 (A) The bar examination failing
 (B) The bar examination having failed
 (C) Having failed the bar examination
 (D) Failed the bar examination

2 Hands <u>raising high</u>, the players <u>responded</u> to the <u>cheers</u> of the <u>spectators</u>.
　　　　　　A　　　　　　　　　　　B　　　　　　　　C　　　　　　　D

3 ------- by their parents to eat vegetables, many children learn to like food such as spinach and broccoli.
 (A) Requiring　　　　　　(B) Having required
 (C) Though required　　　(D) When required

解答・解説

1 解答　C　重要度 🔥🔥🔥

Having failed the bar examination, I decided to become a restaurant owner.
[訳] 司法試験に落ちたので、レストラン経営をすることに決めた。

鬼の解法　文全体の意味から従属節の主語と時制を判断せよ

解説　fail は人が主語の場合「失敗する」、物が主語の場合「役に立たない」という意味。文全体の意味から「失敗する」が適切なので従属節の主語は主節と同じ I。司法試験に落ちたのはレストラン経営の前だから、1つ前の時制を示す having が必要。(D) は Being が省略された受動態であり、意味を考えると不適切。よって正解は (C)。

2 解答　A　(raising high → raised high)　重要度 🔥🔥🔥

Hands **raised high**, the players responded to the cheers of the spectators.
[訳] 選手達は手を高くあげて、スタンドの観客の歓呼に応えた。

鬼の解法　主語が何かを確認し、主語にあった態にする

解説　分詞の意味上の主語が主節の主語と異なる独立分詞構文。この問題の文では、従属節の主語は Hands、主節の主語は the players。文の意味を考えると、hands (手) はあげられるものだから、受動態が正しい。従って正解は (A)。

3 解答　D　重要度 🔥🔥🔥

When required by their parents to eat vegetables, many children learn to like food such as spinach and broccoli.
[訳] 野菜を食べるように親に言われ、多くの子供はほうれん草やブロッコリーのような食べものを好きになる。

鬼の解法　文全体の意味を考えながら適切な態と接続詞を選べ

解説　「食べなさいと言われた場合」のことを意味しているので、接続詞の when と過去分詞の required が必要。主節の主語は children なので、従属節の動詞が能動態の (A) と (B) は不適切。(C) では意味がつながらない。正解は (D)。

仮定法

仮定法では、主節と従属節の時制の一致を問う問題が出題される。意味を考え始めると混乱するおそれがあるので、機械的に時制を確認しよう。

出題形式

❶ 誤 主節と従属節の時制が一致していない

If it were too far from the Sun, the Earth **will** be too cold to support any living thing. → **would**
(太陽から遠すぎれば、地球は寒すぎて生命体を維持することができないだろう。)

❷ 空 倒置により if が省略された場合の従属節を選ぶ

Things would have turned out differently, (**had they known**) the truth.
(彼らがその事実を知っていたら、状況は違っていたはずだ。)

この場合もやはり主節の時制が手がかりになる。特に以下のようにカンマがなく従属節が続くケースは文に2つの節があるかどうかがわかりづらいため、注意が必要だ。

I could have gone to the party **had I known** about it.
(知っていたらパーティーに行けたのに。)

鬼のチェックポイント

① 仮定法現在、仮定法過去、仮定法過去完了のいずれに該当するかをチェック
② 主節と従属節の時制の一致を確認
③ 倒置が生じている問題でも時制を確認

例題

1 If she ------- to the station, she would have seen him.
 (A) went (B) go (C) had gone (D) goes

2 -------, I could have pitched on a major league team.
 (A) Practiced I harder   (B) If I practice harder
 (C) Had I practiced harder   (D) Were it harder

3 ------- I get the money soon, I can't go on a vacation.
 (A) Otherwise (B) Unless (C) When (D) Either

解答・解説

1 解答 **C**　重要度 🔥🔥🔥

If she **had gone** to the station, she would have seen him.
[訳] 駅に行っていたら彼女は彼を見かけていただろう。

> 🔥**鬼の解法**　仮定法はまず時制を確認せよ

> 解説　主節 would have seen から仮定法過去完了と判断する。従属節は had ＋過去分詞になる。よって正解は (C)。

2 解答 **C**　重要度 🔥🔥🔥

Had I practiced harder, I could have pitched on a major league team.
[訳] もっと練習していれば，メジャーリーグのチームで投げることができただろう。

> 🔥**鬼の解法**　倒置によって if がない場合も、時制のチェックがポイント

> 解説　主節の時制から、仮定法過去完了と判断。該当するのは if が省略されて倒置が起きている (C) だ。

3 解答 **B**　重要度 🔥🔥🔥

Unless I get the money soon, I can't go on a vacation.
[訳] その金がすぐに手に入らないと、休暇に行けなくなる。

> 🔥**鬼の解法**　unless ＝ except if（～の場合を除いて）と覚える

> 解説　この問題の場合は文の意味を考える必要がある。従属節と主節の意味がつながるのは (B) Unless だけだ。

🔥鬼に金棒のスコアアップポイント

　仮定法現在では、文の動詞が advise、recommend、insist、require、suggest、demand、propose などの場合、that 節中の時制は原形となる。イギリス英語では should を使うが、アメリカ英語では should を削除する。

I insisted that he wake up early.（彼に早く起きてほしいと言った。）

　上の例のように動詞が過去形でも (insisted)、that 節内は原形になる。また人称の影響も受けない。TOEFL では原形を選ぶ形が出題される。

同格

同格は、Nancy, a student（学生のナンシー）のように前の名詞を別の名詞で表現するもの（間にはカンマが入る）。同格に関する問題は、同格になる名詞が同じ性質かどうかが問われる。

出題形式

❶ 誤 同格になる名詞の性質が異なる

A chief **design** of New York's World Trade Center complex, Minoru Yamazaki has a lot of experience. → **designer**

Minoru Yamazaki は人だから design と同格にするのは不適切だ。
（ニューヨークのワールドトレードセンター複合ビルの主任デザイナー、ミノル・ヤマザキには豊かな経験がある。）

また、architect Edward Stone（建築家エドワード・ストーン）のように、名前の前に肩書きや称号がつく時はカンマを使わないので注意しよう。

鬼のチェックポイント

同格になる2つの名詞が同じ性質のものであるかどうかをチェック

例題

1 Shirley Chisholm, a membership of the United States House of Representatives,
　　　　　　　　　　 ─────A─────
unsuccessfully sought nomination as the Democratic party's candidate for
─────B───── 　　　　　　　 ─C─ 　　　　　　　　　　　　　─────D─────
President in 1972.

2 ------, Humphrey Bogart is best known for playing characters whose tough exteriors concealed more sentimental natures.
　(A) He was an outstanding American actor
　(B) An outstanding American actor
　(C) Outstanding from American actors
　(D) Outstanding American actor

3 When a bacterium becomes too large, it splits in half and forms two new bacteria, ----- its own cell wall and protoplasm.
　(A) each with　　(B) each for
　(C) every with　 (D) every for

解答・解説

1 解答 A (a membership → a member) 重要度 🔥🔥🔥

Shirley Chisholm, **a member** of the United States House of Representatives, unsuccessfully sought nomination as the Democratic party's candidate for President in 1972.

[訳] シャーリー・チザム、合衆国下院議員は、1972年の大統領選の民主候補になれなかった。

> **鬼の解法**　人名の後の同格は人を正しく言い換えているかどうかに注目

> **解説** membership（会員の地位）は Shirley Chisholm と同格の位置にある。しかし、membership は抽象名詞だから、人名と同格にはなれない上、a はつかない。同格と名詞の数の2つを試す問題だ。(A) が正解。

2 解答 B 重要度 🔥🔥🔥

An outstanding American actor, Humphrey Bogart is best known for playing characters whose tough exteriors concealed more sentimental natures.

[訳] 傑出したアメリカの俳優であるハンフリー・ボガートはタフな外見にやさしさを秘めた役柄を演じたことで最も知られている。

> **鬼の解法**　接続詞や冠詞の知識も総動員して正答を導け

> **解説** 秀でた俳優であることを表す名詞句の後に人名がおかれる同格表現。正解は (B)。(A) は接続詞なしで2つの節がつながれているので誤り。(C) は Outstanding among American actors であれば意味を成す。(D) は An outstanding American actor のように冠詞 an が必要だ。

3 解答 A 重要度 🔥🔥🔥

When a bacterium becomes too large, it splits in half and forms two new bacteria, **each with** its own cell wall and protoplasm.

[訳] バクテリアは大きくなりすぎると、半分に分裂して、2つのバクテリアになり、それぞれが細胞壁と原形質を有する。

> **鬼の解法**　カンマの前を確認し、カンマ以降の意味を考えよ

> **解説** 選択肢に含まれる each は代名詞、every は形容詞だ。every は後ろに名詞が必要になるので (C)(D) は誤り。each は直前の two new bacteria のそれぞれを表し、個々の細胞が細胞壁と原形質を有しているのだから、「所有」の意味を表す前置詞 with を用いる。(A) が正解。

並列

同質のものを並べるのが並列だ。同じ品詞や同じ性質の語句を並べなければならないのに、異なるものが並んでいる問題が出題される。

出題形式

❶ 誤 異なる性質の語句や異なる品詞が並んでいる

All our produce is harvested, **fresh-froze**, and marketed at the peak of perfection. → **fresh-frozen**

（すべての農産物は収穫され、新鮮凍結され、そして最高品質の時に市場にだされる。）

fresh-froze だけ過去形になっているが、harvested、marketed と同じように過去分詞にそろえる必要がある。

❷ 誤 等位接続詞（and、but、or）の前後で異なる形のものが並んでいる

The purpose of an aircraft carrier is **for carrying** planes and to provide space for the takeoff and landing of planes. → **to carry**

（航空母艦の用途は航空機の運搬と離着陸のためのスペースを提供することである。）

鬼のチェックポイント

並列された語句の品詞や性質が同じかどうかを確認

例題

1 Gloves have been worn since prehistoric times for protection, for ornamentation, and ------- social status.

(A) to indicate and
(B) for they indicate
(C) as an indication of
(D) indicating

2 Assassinations are not rare <u>in</u> history, probably because they have been
　　　　　　　　　　　　　　　　A
<u>thought by</u> numerous people to be <u>sure</u> and easiest way to <u>get rid of</u> their
　　B　　　　　　　　　　　　　　　　C　　　　　　　　　　　　　　D
enemies.

3 During his second year at college, he studied five subjects: <u>English</u>, <u>geology</u>,
　　　　　　　　　　　　　　　　　　　　　　　　　　　　　　　　　A　　　　B
mathematics, <u>economics</u> and <u>playing the guitar</u>.
　　　　　　　　　C　　　　　　　　D

197

解答・解説

1 解答 C　重要度 🔥🔥🔥

Gloves have been worn since prehistoric times for protection, for ornamentation, and **as an indication of** social status.

[訳] 手袋は有史以前から保護のため、装飾のため、そして社会的地位を示すものとして使用されている。

> 🔥**鬼の解法**　前置詞句の並列は、前置詞＋名詞が並ぶ

解説 for protection, for ornamentation と続いているから、and の後も前置詞句だと考えて、as an indication of が適切だと判断する。よって (C) が正解。

2 解答 C　(sure → the surest)　重要度 🔥🔥🔥

Assassinations are not rare in history, probably because they have been thought by numerous people to be **the surest** and easiest way to get rid of their enemies.

[訳] 暗殺は歴史のなかで珍しいことではない。おそらく、多くの人に、敵を片づける最も確実で簡単な方法と考えられているからである。

> 🔥**鬼の解法**　等位接続詞 and の前後は同じ形のものを並べる

解説 sure and easiest を見てすぐに不自然と判断できるようにしたい。sure に下線があるから easiest に合わせて surest に訂正する。最上級なので the が必要だ。正解は (C)。

3 解答 D　(playing the guitar → music)　重要度 🔥🔥🔥

During his second year at college, he studied five subjects: English, geology, mathematics, economics and **music**.

[訳] 大学2年生の時、彼は英語、地質学、数学、経済学と音楽を履修した。

> 🔥**鬼の解法**　A, B, C, and D と並んでいる場合、A〜D を同じ性質の語 (句) にする

解説 A, B, C, and D がすべて名詞であれば同じ性質の名詞にする。ここでは科目名が並んでいるので、科目名で統一する。よって playing the guitar を music に修正する。正解は (D)。

🔥 鬼に金棒のスコアアップポイント

相関接続詞 both A and B、either A or B、neither A nor B、not only A but also B の A と B も同じ性質や品詞の語句を並べなければならない。

He wanted to study **either chemistry or geology**. (彼は化学あるいは地質学のいずれかを学びたかった。)

倒置

倒置は、否定や制限の副詞、場所を表す前置詞句、強調の so が文頭にある場合や、仮定法で生じる。倒置が生じる条件を覚え、正しい語順を選べるようにしよう。

出題形式

❶ 空 倒置の語順になっている語句を選ぶ

Only with the victory of the Union forces in the U.S. Civil War (**could abolitionists claim**) a triumph.
（南北戦争での連邦軍の勝利によってのみ、奴隷制度反対論者は勝利を主張できた。）

only、nowhere、never before、hardly など、否定や制限の副詞が文頭にくる場合や、under a table、along the road など、場所を示す前置詞句が文頭にくる場合には倒置が生じる。

❷ 空 倒置になっている形容詞を選ぶ

So (**numerous were the inventions**) devised to lessen the drudgery of washing clothes that the origin of the washing machine is unclear.
（衣服の洗濯の苦労を減らすためにあまりに多くの発明がなされたため、洗濯機の起源ははっきりしない。）

so ～ that 構文で so の次の形容詞が強調されると倒置が起こり、so ＋形容詞＋ be 動詞＋主語の語順になる。

鬼のチェックポイント

① 否定・制限の副詞や場所を表す前置詞句が文頭にないかどうかをチェック
② 強調の so が文頭にある場合は、形容詞の倒置の可能性があると判断

例題

1 In the middle of the Pacific Ocean -------, which are sometimes called "the paradise of the Pacific" because of their spectacular beauty.
　(A) the Hawaiian Islands lie where　(B) where the Hawaiian Islands lie
　(C) the Hawaiian Islands lie and　(D) lie the Hawaiian Islands

2 In some societies, not only ------- a form of recreation, but it is also a means of educating the young.
　(A) traveling　　(B) is traveling
　(C) that traveling is　(D) why is traveling

3 Hardly <u>he had</u> <u>fallen asleep</u> when he <u>began to dream</u> of <u>far-away</u> lands.
　　　　　A　　　　B　　　　　　　　　C　　　　　　D

解答・解説

1 解答 **D**　重要度 🔥🔥🔥

In the middle of the Pacific Ocean **lie the Hawaiian Islands**, which are sometimes called "the paradise of the Pacific" because of their spectacular beauty.

[訳] 太平洋の中央に位置するハワイ諸島は時に壮大な美しさゆえに「太平洋の楽園」と呼ばれる。

鬼の解法　文頭に場所を示す前置詞句があると倒置が生じる

解説　文頭に場所を示す前置詞句 In the middle of the Pacific Ocean があるので、倒置が生じる。よって (D) が正解。ただし、主語が代名詞の場合、倒置は起きない（例 Here they come. ほら、彼らがやって来る。）。

2 解答 **B**　重要度 🔥🔥🔥

In some societies, not only **is traveling** a form of recreation, but it is also a means of educating the young.

[訳] 社会によっては、旅行はレクリエーションの一形態であるだけでなく、若者を教育する手段でもある。

鬼の解法　not only ～, but also ... の倒置は not only の後のみで起こる

解説　is traveling が現在進行形だと誤解しないようにしよう。not only があるので倒置が生じている。よって正解は (B)。but の後の it は traveling を指している。また、but は文頭ではないから、その後ろは通常の主語＋動詞の語順になる。

3 解答 **A**　(he had → had he)　重要度 🔥🔥🔥

Hardly **had he** fallen asleep when he began to dream of far-away lands.

[訳] 眠りにつくとすぐに彼は遠い異国の夢を見始めた。

鬼の解法　hardly が文頭にあると倒置が生じる

解説　文頭に hardly があるため倒置が生じる。正解は (A)。

鬼に金棒のスコアアップポイント

文学的表現では、接続詞 as の後でも倒置が起こりうることを頭に入れておこう。

She was optimistic, as **were most young people**.

(たいていの若者がそうであるように、彼女は楽観的だった。)

■ 重複

重複問題は文法的におかしい重複と、重複によって意味がくどくなっている場合の2種類の問題が出題される。

出題形式

① 誤 文法的に不適切な重複

Mary **she** likes tennis. → she を削除（人名 Mary の後に人称代名詞は不要）
（メアリーはテニスが好きだ。）

Mary, who **she** likes tennis, lives in Tokyo. → she を削除（主格の関係代名詞節内に主格の代名詞は不要）
（メアリーは、テニスが好きで、東京に住んでいる。）

Although Steve had only entered the contest for fun, **however** he won first prize. → however を削除（although があるので however は不要）
（スティーブは面白半分でコンテストに参加したが、1位を勝ち取った。）

② 誤 意味上の重複

- 動詞　endure and stand、have and possess、have and own → どちらかを削除
- 副詞＋形容詞　greatly high cost → 副詞を削除
- 副詞＋副詞　generally normally、very extremely → どちらかを削除
- 形容詞＋形容詞　annual and yearly、all many directions → どちらかを削除
- 名詞＋名詞　the place location → どちらかを削除

鬼のチェックポイント

① 人名＋人称代名詞のような文法的に不適切な重複をチェック
② 意味的に単語が重複していないかどうかを確認

例題

1 Most mammals can float, but otters they can swim really well.
　　A　　　　　　B　　　　　　　C　　　　　　　D

2 Conservation of natural resources is a quite relatively modern phenomenon.
　　A　　　　　　B　　　　　　　C　　　　D

3 Longitude describes the position and location of a point on the Earth's
　　　　　A　　　　　B　　　　　　　　C
surface in relation to the prime meridian.
　　　D

解答・解説

1 解答 **C** (otters they → otters) 重要度 🔥🔥🔥

Most mammals can float, but **otters** can swim really well.
[訳] ほとんどの哺乳類は浮くことができるが、カワウソは泳ぎが上手である。

鬼の解法　名詞の連続に注意すべし

解説　前半の主語 Most mammals の1つとして、後半に otters が取り上げられている。述語動詞 can swim の前の otters と代名詞 they が重複しているので代名詞を削除する。(C) が正解。

2 解答 **C** (quite relatively → relatively) 重要度 🔥🔥🔥

Conservation of natural resources is a **relatively** modern phenomenon.
[訳] 天然資源の保全の考えは比較的新しく起こったものである。

鬼の解法　連続する副詞の意味を考えよ

解説　relatively にはすでに程度の意味が含まれているので、その前にさらに程度を示す副詞 quite で修飾する必要はない。よって正解は (C)。

3 解答 **B** (position and location → position) 重要度 🔥🔥🔥

Longitude describes the **position** of a point on the Earth's surface in relation to the prime meridian.
[訳] 経度は本初子午線をもとにして地球表面上のある地点の位置を表す。

鬼の解法　location は position の同義語

解説　同義語を並列するのが重複問題の好例だ。正解は (B)。

鬼に金棒のスコアアップポイント

so [very/too/as/how] ＋形容詞という表現で、so、very、too、as、how は通常 much を伴うことなく直接形容詞を修飾する。形容詞の前に much が加えられた重複問題が出題される。

誤　Mercury is so **much** close to the Sun that it is usually hidden by the Sun's rays. → much を削除　（水星は太陽に非常に近いので、通常は太陽光線の輝きで見ることができない。）

■ 名詞節

名詞節の役割は、主語、目的語、補語になることだ。空所補充問題において、主語、目的語、補語になる名詞節を選ぶ問題や、接続詞の that を選ぶ問題などが出題される。空所部分に節が入るかどうかを見極めることがポイントだ。

出題形式

❶ 空 主語、目的語、補語になる名詞節を選ぶ

(**Whatever brings about happiness**) has utility.　この場合、色文字部分が主語
（幸福をもたらすものはどんなものでも有用である。）

❷ 空 接続詞 that を選ぶ

(**That**) she lost 10 pounds is what I don't understand.
（彼女が 10 ポンドやせたということを私は理解できない。）

鬼のチェックポイント

① 空所に節が入るかどうかをチェック
② 1 文に 2 つ節があり、空所に接続詞が入るかどうかを確認

例題

1 ------- innocent was a great joy to us all.
 (A) For being　　　　　　　　(B) Whether he was proved
 (C) He proved　　　　　　　　(D) That he was proved

2 ------- red and fall from trees in autumn is a mystery to children.
 (A) For leaves turning　　　　(B) How leaves turn
 (C) Leaves turn　　　　　　　(D) As leaves turn

3 Some member countries have advocated ------- its policy of not interfering in the internal affairs of a sovereign country.
 (A) by the United Nations　　　　(B) to maintain the United Nations
 (C) that the United Nations maintain　(D) maintenance of the United Nations

解答・解説

1　解答　D　重要度 🔥🔥🔥

That he was proved innocent was a great joy to us all.
[訳] 彼の無罪が証明されたことは私達全員にとって大きな喜びだった。

鬼の解法　be 動詞の前の空欄は主語が入る可能性を考えよ

解説　was の前が主語であり、さらに形容詞 innocent があることからこの主語は節であるとわかる。名詞節は (B) と (D) だが、(B) は意味が不自然。よって (D) が正解。

2　解答　B　重要度 🔥🔥🔥

How leaves turn red and fall from trees in autumn is a mystery to children.
[訳] どのようにして秋に葉っぱが紅葉し落葉するのかということは子供達にとっては謎だ。

鬼の解法　how は名詞節を導く代表的な接続詞

解説　how ～は「～する方法」を表す接続詞で、この文では主語になっている。文意を考ると「どのように赤くなって落葉するのか」ということが不思議なので、正解は (B)。

3　解答　C　重要度 🔥🔥🔥

Some member countries have advocated **that the United Nations maintain** its policy of not interfering in the internal affairs of a sovereign country.
[訳] 国連は主権国の内政に干渉しない態度を維持するということを唱道する加盟国もあった。

鬼の解法　that 節は名詞節として動詞の目的語になる

解説　ここでの that 節は動詞 advocate の目的語。よって正解は (C)。(A)(B)(D) はいずれも文法的に正しくない。The United Nations は単数扱い。

鬼に金棒のスコアアップポイント

誤所指摘問題では、名詞節の前に不要な前置詞がついた問題が出題される。

誤 Alto Julia Johnson believed **in** that her Latin American background helped her interpret the role of the Spanish character Carmen in the 1952 opera film. → in を削除 (in that ～ (～という点で) は副詞節を導く)

（アルト歌手ジュリア・ジョンソンは彼女のラテンアメリカの生い立ちが 1952 年のオペラ映画におけるスペイン人気質のカルメンの役柄の解釈を助けてくれたと信じていた。）

副詞節

副詞節の出題内容は多様で、空所補充問題では、副詞節内の接続詞、主語、動詞などを選ぶ問題が出題される。また、誤所指摘問題では、副詞節内の主語の脱落や、不適切な接続詞の使用、接続詞を使うべき部分が前置詞になっているといった問題が出題される。

出題形式

❶ 空 接続詞と主語・動詞を選ぶ

(**When it is**) struck, a tuning fork produces an almost pure tone, retaining its pitch over a long period of time.
（音叉は打たれると、ほぼ純粋な音を発し、長時間にわたってそのピッチを維持する。）

a tuning fork 〜 tone は主節。カンマの前には過去分詞の struck があり副詞節になると推測できる。

❷ 空 副詞節のなかの主語と動詞を選ぶ

Although (**many national leaders objected**) strenuously to the acquisition of Alaska, Secretary of State William Seward managed to secure its purchase in 1867.
（アラスカの獲得には国の指導者の多くが精力的に反対したが、国務長官ウィリアム・スワードは1867年に購入を確実にした。）

接続詞 although があるので、空所部分は副詞節の主語と動詞が入るとわかる。

❸ 誤 副詞節内の主語が脱落している

When was nineteen years old, Martha became an artist. → **When she was**
（マーサは19歳の時、アーティストになった。）

❹ 誤 不適切な接続詞が使われている

John Johnson started his publishing career in 1942, **whenever** he founded the Johnson Publishing Company. → **when**
（ジョンソン・パブリッシング・カンパニーを設立した1942年に、ジョン・ジョンソンは出版業を開始した。）

❺ 誤 接続詞ではなく前置詞が使われている

For we have no money, we can't afford a new car. → **Since**
（私達にはお金がないので、新しい車が買えない。）

前置詞は節を導くことはできないので接続詞にする必要がある。この場合、for には接続詞の機能もあるが、等位接続詞なので文頭に使うことはできない。

❻ 誤 even though ではなく even が使われている

Even they do not have webbed feet, gallinules are excellent swimmers.

→ **Even though**

（たとえバン〔水鳥〕は水かきのある足を持っていなくても、見事に泳ぐ。）

evenは副詞であり、節を導くことはできないので、even thoughにする必要がある。

鬼のチェックポイント

① 文中の主語と動詞を確認し、従属節の有無を確認。欠けている要素をチェック
② 接続詞が適切かどうかを確認
③ 接続詞の代わりに間違って前置詞が用いられていないかどうかをチェック

例題

1 ------- with milk, a churn agitates the fat globules until they clump together to form butter.

(A) When filled　　(B) In filled
(C) It is　　　　　(D) They are

2 ------- many towns are named after early leaders of the United States, only George Washington is remembered in the name of a state.

(A) Even if　　(B) Even though
(C) Even so　　(D) Even it is

3 ------- you give way, there is no end to it.

(A) While　　(B) Instead of
(C) That　　 (D) Once

解答・解説

1 解答 **A** 重要度 🔥🔥🔥

When filled with milk, a churn agitates the fat globules until they clump together to form butter.
［訳］ミルクで満たされると、攪乳器は脂肪球を撹拌し、固形化させてバターにする。

鬼の解法　2つの節をつなぐには接続詞が必要

解説　カンマ以降には接続詞がなく、主語 churn、動詞 agitates がある主節になっている。文意と選択肢から従属節の意味は「攪乳器が満たされる」であると推測し、(A) が正しいと考える。When it is filled ～ , の it is が省略された形だ。(B)(C)(D) はいずれも接続詞がない。

2 解答 **B** 重要度 🔥🔥🔥

Even though many towns are named after early leaders of the United States, only George Washington is remembered in the name of a state.
［訳］たとえ多くの町が合衆国の初期の指導者達にちなんで名づけられているとしても、ジョージ・ワシントンだけは州名として記憶されている。

鬼の解法　even は副詞であり単独で接続詞の機能はない

解説　(C) Even so は「たとえそうでも」という副詞句。(D) は代名詞 it が指すものが存在しない。またいずれも接続詞が必要だ。(A) Even if、(B) Even though は「たとえ～であっても」という意味で、(B) の Even though が事実を表す際に用いられるのに対し、(A) の Even if は仮定を表す際に用いられる。正解は (B)。

3 解答 **D** 重要度 🔥🔥🔥

Once you give way, there is no end to it.
［訳］ひとたび譲歩してしまうと、そのままになってしまう。

鬼の解法　once 以下は条件を表す従属節

解説　once は「ひとたび～すれば」という意味の接続詞で副詞節を導く。(A) While、(C) That は接続詞だが意味が不適切。(B) Instead of は前置詞句なので節を導けない。よって正解は (D)。

Structure and Written Expression

Day 11 その他の注意すべき構文や表現

ここでは、これまで取り上げた文法項目では扱いきれなかった構文や表現に関する出題内容についてチェックしよう。

■ **so ＋形容詞＋ that ... ／ such ＋名詞＋ that ... (とても〜なので…だ)**

so の場合には形容詞が続き、such の場合には名詞（あるいは形容詞＋名詞）が続く。

誤 so が very、too、quite になっている

Joe has become **very** tall that last year's suit doesn't fit him. → **so**
（ジョーは背が高くなって、去年のスーツが合わない。）

この他、so であるべきなのに such になっていたり、such であるべきなのに so になっていたりする問題にも注意。

■ **there ＋ be 動詞 〜（〜がある）**

There **is** a book on the desk. のように主語が単数なら be 動詞は is [was]、主語が複数なら be 動詞は are [were] になる。

空 主語の数に応じた動詞を選ぶ

(**There are more**) than 2,600 kinds of palms which vary in economic importance.
（2,600 種類以上のヤシがあり、経済的な重要性も様々である。）

■ **there exist 〜（〜が存在する）**

There **exist** many problems 〜のように主語が複数なら exist になり、There **exists** much evidence 〜のように主語が単数なら exists になる。

誤 動詞 exist が existence になっている

There **existence of** a fundamental human urge to make sense of what is being talked about. → **exists**
（何が話されているか理解しようとする根源的な人間の衝動が存在する。）

誤 主語が 3 人称単数形なのに複数形の動詞になっている

There **exist** much to be learned. → **exists** (much は「たくさん」という意味で、単数扱いの名詞)
（学ぶことが多い。）

■ the ＋比較級＋S＋V, the ＋比較級＋S＋V（〜であればあるほど、いっそう…だ）

出題頻度の高い注意すべき構文だ。

> 空 前半の the あるいは、後半の the の部分が空欄になっており、the を選ぶ
>
> (**The**) higher the animal in the evolutionary chain, the more it can learn and (**the**) less it depends on instinct.
>
> (進化の連鎖において動物が高等になればなるほど、いっそう動物は学習できるようになり、いっそう本能に依存しなくなる。)

> 空 カンマ以前あるいは、カンマ以降が空欄になっている
>
> The more skilled the dancer, (**the more graceful their movements**).
>
> (ダンサーの技術が向上すればするほど、いっそう動きは優美になる。)
>
> ＊be 動詞の省略について
>
> The more arid the continent, the less the amount of annual precipitation that runs off.
>
> (大陸が乾燥すればするほど、年間降雨量は少なくなる。)

2 つの節とも be 動詞が省略されているが、これは正しい用法だ。ただし、本動詞は省略されない。

■ in that 〜（〜という意味で）

in that 〜は副詞節であり、in the fact that 〜や because 〜と同義。名詞節や関係詞節では that の前に in はおけないことに注意しよう。

> 誤 関係代名詞の which が that になっている
>
> This is the room in **that** Churchill was born. ➜ **which**
>
> (これはチャーチルが生まれた部屋だ。)

> 誤 名詞節を導く that の前に in がある
>
> I believe **in** that she got an A on the test. ➜ in を削除
>
> (私は彼女がテストで A を取ったと信じている。)

> 空 副詞節 in that 〜を選ぶ
>
> The commutation of a criminal's sentence differs from a pardon (**in that it**) reduces the term of punishment rather than excusing the criminal completely.
>
> (犯罪者の判決の減刑は犯罪者を完全に許すというよりも刑を軽減するという点で恩赦とは異なる。)
>
> ＊commutation は「減刑」という意味

■ more 〜 than any other ... (他の…よりもいっそう〜)

more 〜 than any other ... の other の後には単数の名詞がくる。

誤 単数であるべき名詞が複数になっている

Many people believe that it is more difficult to write a sonnet than any other **kinds** of poem. → **kind**
(多くの人は他の種類の詩よりもソネットを書くほうが難しいと思っている。)

■ it 〜 for ... to *do* (…が—するのは〜)

it は以下のように、形式主語の場合と形式目的語の場合の2通りがあり、形式目的語と形容詞を選ぶ問題が出題される。

It would suit me best **for** you **to** arrive at about ten o'clock.
(10時頃にあなたが到着してくれると私は助かるのだが。)

Mr. Smith made **it** easy **for** the students **to** prepare for the final test.
(生徒が最終テストの準備をするのをスミスさんは容易にしてくれた。)

空 形式目的語と形容詞を選ぶ

The invention made (**it possible**) for newspapers to be printed much faster.
(その発明は新聞がさらに速く印刷されることを可能にした。)

■ the same 〜 as ... (…と同じ〜)

空 the same 〜 as を選ぶ

The lens of a camera performs (**the same function as**) the lens of the eye.
(カメラのレンズは人間の眼の水晶体と同じ働きをする。)

■ some 〜 , others ... (〜もいれば、…もいる)

空 一方の節の主語の一部に some があり、他方の節の others を選ぶ

Some birds weave intricate nests, whereas (**others**) do not even have their own nests.
(複雑な巣を編んでつくる鳥もいれば、他方自分の巣を持っていない鳥もいる。)

■ コロンとセミコロン

コロンは、コロン以降の語句で、コロンの前の語を説明する際に用いる。一方セミコロンは、節と節をつなぐ際に用いる。

I like fruits: strawberries, apples, and oranges.
(私はイチゴ、リンゴ、オレンジといったくだものが好きだ。)

I want to go to Japan; however, I don't have enough time.
(私は日本に行きたい。しかしながら、十分な時間がない。)

空 コロンの後にくる、直前の名詞を説明する語句を選ぶ

From antiquity through the present, satirists have shared a common goal: (**to expose**) human folly in all its guises.
（太古の昔から現在にいたるまで風刺家は共通の目的を持っていた。つまり見せかけの人間の愚かさを暴くことである。）

■ 前置詞 like と unlike

前置詞 like、unlike の後ろには名詞（句）がくる。

誤 like が alike、the same、the similar になっている

It didn't look **alike** anything else that I had at that time. → **like**
（その時私が持っていた他のどんなものとも違って見えた。）

■ one of ～（～の 1 つ）

誤 one of の後には可算名詞の複数形がくるが、単数形になっている

one of the earliest **form** → **forms**（最も初期の形の 1 つ）

■ because と because of

接続詞 because の後ろには節が続き、群前置詞 because of の後ろには名詞（句）が続く。

誤 because of の後に節が続いている

We couldn't play tennis **because of** it rained. → **because**
（雨が降ったので、私達はテニスができなかった。）

誤 because の後に名詞句が続いている

The game was called off **because** the possible terrorist attack. → **because of**
（テロリストの攻撃が考えられたのでゲームは中止された。）

■ during と while

during を誤って接続詞として使う、あるいは while を誤って前置詞として使う問題が出題される。during は前置詞なので直後に名詞や名詞句がくる。while は接続詞だから節を導くか、分詞構文に使われる。

誤 While the vacation → **During**
誤 During listening to the radio, ～ → **While**（この場合、接続詞を伴う分詞構文になっている）
（ラジオを聞いている間、～）

■ be sure to *do*(きっと〜する)

sure の後は to 不定詞が続く。

誤 to が欠けている

His popularity is sure **increase** in this part of the country. → **to increase**
(国のこの地域での彼の人気は確かに高まるだろう。)

誤 不定詞ではなく動名詞になっている

He is sure **increasing** in power during his next presidency. → **to increase**
(次の大統領在任期間、彼の権力は間違いなく強固になる。)

■ late(遅れて)と later(後で)

誤 later であるべきところが late になっている

He wrote many poems, many of which were **late** given melody. → **later**
(彼はたくさんの詩を書いた。その多くは後にメロディーがつけられた。)

■ almost(ほとんど)

副詞 almost の直後には形容詞か副詞がくる。

誤 almost の前に形容詞がある

every almost area of 〜 → **almost every** (〜のほとんどすべての地域)

誤 almost の直後に名詞がある

almost students → **most students [almost all students]** (ほとんどの学生)

■ 形容詞 high のコロケーション

以下のような high とともに使われる名詞を頭に入れておこう。

high rate、high position、high price、high recommendation、high regard、high speed、high tide、high pressure、high humidity、high praise

誤 high の代わりに big や tall が使われている

big position → **high** (高い地位)
tall humidity → **high** (高湿度)

■ 形容詞 no

否定の no は形容詞として直後の名詞を否定する(not は副詞で述語全体を否定)。

誤 no であるべきところが none、never、nothing、not になっている

He has **none** money. → **no**
(彼はお金がない。)

誤 no の後が名詞ではなく形容詞になっている

no **windy** → **wind** (風がない)

■ 文頭の副詞と接続詞の混同

certainly、evidently、frankly、obviously などの副詞は、文頭におかれ、文全体を修飾する場合がある。副詞のみ存在し、接続詞が脱落している問題が出題される。

> 誤 接続詞がなく、文頭に副詞がある。
>
> **Consequently** sharks are heavier than water, they must swim continuously or they will sink to the bottom. → **Since**
> （サメは水よりも重いので絶えず泳いでいないと海底に沈んでしまう。）

■ little と few

little は a little bacon のように不可算名詞を修飾し、few は a few eggs のように可算名詞を修飾する。little の比較級が less であることも覚えておこう。

> 誤 不可算名詞を修飾するのに few や small が使われている
>
> **small** importance → **little** （ほとんど重要でない）
> There is **few** demand. → **little** （需要がほとんどない。）
> **Few** is known of Marlow's life. → **little** （倒置が生じていてわかりづらいので要注意）
> （マーローの生涯はほとんど知られていない。）

> 誤 可算名詞の複数形を修飾するのに little が使われている
>
> a **little** other animals → **few** （2、3 の別の動物）

■ number と amount

number と amount を使った表現は、後に続く名詞と動詞の数の一致を問う問題が出題される。a number of = many（可算名詞の複数形を修飾）、a large amount of = much（不可算名詞を修飾）と覚えておけば動詞を単数にすべきか複数にすべきかがわかりやすいだろう。

- 主語：a number of ＋可算名詞（複数）　動詞：複数

  A number of friends think I should take a holiday.
  （多くの友人は私が休みを取るべきだと考えている。）

- 主語：a large amount of ＋不可算名詞　動詞：単数

  A large amount of old **clothing was** thrown away.
  （多量の古着が捨てられた。）

- 主語：the number of ＋可算名詞（複数）　動詞：単数

  The number of freshmen this year **is** 240.
  （今年の新入生の数は 240 名だ。）

- 主語：large numbers of ＋可算名詞（複数）　　動詞：複数
  Large numbers of students choose to go to the United States.
  （多数の学生が米国に行くことを選ぶ。）
- 主語：large amounts of ＋不可算名詞（単数）　　動詞：複数
  Large amounts of lead were used.（大量の鉛が使われた。）

誤 主語と動詞の数が一致していない
The number of students **are** increasing. → **is**
（生徒数は増加している。）

誤 vast（大量の、多数の）と mass（多数、多量）が重なり冗長な表現になっている
vast **mass** of manuscripts → **numbers**（膨大な数の原稿）

vast mass of manuscripts でも誤りではないが、vast numbers of のほうが好ましい。

■ a variety of と varieties of （たくさんの）

a variety of と varieties of はいずれも「たくさんの」という意味。可算名詞、不可算名詞どちらも修飾することができ、いずれも of の後には、可算名詞の複数形か、不可算名詞がくる。動詞は a variety of の場合は単数になり、varieties of の場合は複数になる。

誤 a variety of 後の名詞が可算名詞の単数形になっている
a variety of **reason** → **reasons**（たくさんの理由）

誤 varieties of ～が主語なのに動詞が単数になっている
varieties of corn **is** → **are**（たくさんのとうもろこしが）

■ what is now （今で言う）

what is now が間違った表現になっていたり、空所補充問題で what is now を選択したりする問題が出題される。

誤 what is now が間違った表現になっている
it is now → **what**、which now is → **what is now**、now is → **what is now**、which is now → **what is now**

His great-grandfather was born in a city **it is now** St. Petersburg. → **what is now**
（彼の曽祖父は現在のサンクト・ペテルブルクで生まれた。）

空 what is now を選ぶ
The powerful Miami Indians once hunted in (**what is now**) the Cincinnati, Ohio, area.
（大きな勢力を誇ったマイアミインディアンはかつて現在のオハイオ州シンシナティ地域で狩りをしていた。）

■ near (近く) と nearly (ほとんど)

つづりが似ているが意味が違うので注意が必要だ。near には場所を表す名詞が続き、nearly には数字や形容詞が続く。

> 誤 nearly であるべき部分が near になっている、near であるべき部分が nearly になっている
>
> Nancy has seen **near** ten pictures. → **nearly**
> (ナンシーはもう 10 点近くの写真を見た。)
>
> Glaciers that develop **nearly** the North and South Poles advance into the sea. → **near**
> (南北極付近に発達する氷河が海に前進する。)

■ rather than ～ (～よりはむしろ)

> 誤 rather than の than が脱落している
>
> **Rather** keeping all the profits to themselves, the executives should share them with the employees. → **Rather than**
> (役員は利益を独り占めするよりむしろ、社員とわかち合うべきだ。)

■ instead of ～ (～の代わりに)

> 誤 instead of ではなく rather of になっている
>
> Use public transportation to commute **rather** of using private cars whenever possible. → **instead**
> (可能な限り自家用車ではなく公共交通機関を利用しなさい。)

■ ～ such as ... (…のような～)

> 誤 such や as が脱落している
>
> Mark's doctor told him to avoid fatty foods **such** bacon and hamburgers. → **such as**
> (マークの医師はベーコンやハンバーガーのような脂肪の多い食べものを避けるように彼に言った。)
>
> In **such areas** North Wales or the Lake District, there are too many walkers and climbers. → **such areas as**
> (北ウェールズや湖水地方のような地域には、歩行者や登山者が多すぎる。)

■ other と another

other の後には複数の名詞が続き、another の後には単数の名詞が続く。

> 誤 other であるべきなのに another になっている／another であるべきなのに other になっている
>
> **another** causes → **other** (別の原因)

It is just **other** wonder of ancient Greek civilization. → **another**
（それはまさに古代ギリシャ文明のもう１つの不思議である。）

■ each other（たがいに）

誤 other が others になっている

each **others** → **other**（たがいに）

■ many と much

many は可算名詞の複数形につき、much は不可算名詞につく。

誤 much が形容詞を修飾している

much recent past → **very**（ごく最近）

副詞の much は動詞、前置詞、文全体、形容詞・副詞の比較級・最上級を修飾する。

誤 much of の後に複数可算名詞が続いている

much of the jazz greats → **many**（ジャズの大物のなかの多く）

誤 many of の後に不可算名詞が続いている

many of his work → **much**（多くの彼の仕事）

■ and と also

誤 接続詞 and であるべき部分が also になっている

McDowell shared Jane Addams' interest in social work **also** was a loyal supporter of the League of Nations. → **and**
（マクダウェルはジェーン・アダムズの社会事業への関心に共鳴し、国際連盟の忠実な支持者になった。）

■ 年代

年代は the ＋数字の複数形で表す。

誤 the が欠けている

during 1700's → **the** 1700's（1700年代の間）

誤 's が欠けている

in the 1800 → **1800's**（1800年代に）

■ listen と hear

listen は聞こうとして聞く際に使い、hear は自然と聞こえてくる際に使う。

誤 hear と listen の使いわけが間違っている

Thunder can be **listened** from a great distance. → **heard**
（雷鳴は非常に遠くからでも聞こえる。）

■ percent（パーセント）と percentage（割合、百分率）

percent は 50 percent のように数字を前につけ、具体的な割合の値について述べる際に使い、percentage は a small [a tiny/a high/the whole] percentage のように割合を指す。

> 誤 percent と percentage の使いわけが間違っている
> about ninety-five **percentage** of the money → **percent**（お金の約 95%）

■ long before

> 誤 before long になっている
> It won't be **before long** we reach his house. → **long before**
> （間もなく彼の家に到着するだろう。）

> 誤 along before になっている
> It will be **along** before I find a solution to it. → **long**
> （その解決策を見つけるには時間がかかるだろう。）

■ as well（そのうえ）

> 誤 as well が as good になっている
> The aging process is not entirely determined by heredity, but is influenced by different environment and social circumstances as **good**. → **well**
> （老化は必ずしも遺伝によって決定されるのではなく、環境や社会状況によっても影響を受ける。）

■ 後置の形容詞

形容詞が前置詞を伴う場合は名詞の前ではなく、名詞の後ろにおかれる。

> Only the Earth provides the complex conditions **necessary for** physical life as we know it.
> （周知のように、地球だけが物質的生命に必要な複雑な条件を備えている。）

> 空 形容詞＋前置詞を選ぶ
> The perfume had a smell (**distinct from**) any other type displayed in the shop.
> （その香水はその店に陳列されていた他のタイプのものとは明らかに異なる香りだった。）

■ between と among

between は 2 人あるいは 2 つのものの間 (❶) や、2 つ以上でも明らかに区切られている人あるいはもののグループの間 (❷) を表す際に用い、among は境目がなく漠然と存在する人々あるいはものの集まりのなか (❸) を表す際に用いる。

❶ He stood **between** the table and the wall.
（彼はテーブルと壁の間に立っていた。）

❷ The shrine is **between** the village, the stream, and the woods.
（その神社は村と小川と森の間にある。）

❸ My house was unseen **among** the trees.
（私の家は木立のなかで見えなかった。）

誤 among であるべきなのに between になっている
The attendance rate **between** male students is high. → **among**
（男子生徒の出席率が高い。）

■ a series of と two series of

「連続」の意味の series は単複同形であることに注意。a series of は of の後ろが名詞の複数形でも動詞は単数にする。ただし、two [several] series of の場合はつねに動詞は複数にする。

誤 単数であるべき動詞が複数になっている
A series of strange things **are** happening in my neighborhood. → **is**
（一連の不思議なことが近隣で続いて起こっている。）

■ neither of ＋名詞の複数形

neither of my sisters のように neither of の後ろには名詞の複数形が続くが、動詞は単数になる。

誤 単数であるべき動詞が複数になっている
Neither of my daughters **have** red hair. → **has**
（私の娘達はどちらも赤毛ではない。）

■ many of ＋ the、my、this など＋名詞

many に the、my、this などが続く時は many of になる。

誤 of がない
Many my watches are made in Switzerland. → **Many of**
（私の時計の多くはスイス製です。）

> 例題

1 Thoreau had grown <u>such accustomed</u> to living <u>by himself</u> that when visitors
                        A   B
<u>did trek</u> <u>the twelve miles</u> out to his cabin, he often refused to answer the door.
   C   D

2 The more <u>popular</u> the presidential candidate, <u>more</u> <u>easily</u> he can collect the
              A   B   C
money <u>needed</u> to continue his campaign.
        D

3 ------- old-age and survivors insurance, the unemployment insurance program is a Federal-State system.
(A) Although (B) Alike (C) Similar (D) Unlike

4 ------- amino acids, and their precise order within a given protein is determined by DNA.
(A) It is twenty different   (B) There are twenty different
(C) There exist   (D) Twenty different

5 Babe Ruth, the baseball legend, impressed fans <u>with</u> his batting prowess
                                                      A
even <u>when</u> the time he played as a pitcher <u>for</u> the Red Sox before he <u>joined</u>
      B   C   D
the New York Yankees.

6 I <u>caught</u> the rope and held on to <u>it</u> <u>during</u> my rescuers pulled me <u>to safety</u>.
     A   B   C   D

7 <u>Most of us</u> in the class <u>want to go</u> <u>to a movie</u> <u>rather</u> to the museum.
      A   B   C   D

8 The hostess was <u>quite</u> disappointed since <u>less people</u> came to the party <u>than</u>
                     A   B   C
she <u>had expected</u>.
     D

9 In <u>1930's</u> <u>a large number of</u> people <u>in many parts of</u> the world
         A   B   C
<u>suffered the effects of</u> the Great Depression.
   D

10 A calorie is defined <u>as amount</u> of heat energy <u>needed</u> <u>to raise</u> the
                                   A   B   C
temperature of one gram of water <u>by</u> one degree centigrade.
                                  D

11 <u>Standing between</u> so many people, <u>the frightened</u> child began <u>to sob</u>
            A   B   C
<u>uncontrollably</u>.
    D

12 When Europeans originally arrived in ------- El Paso, Texas, the area was inhabited by the Manso and Suma peoples.
  (A) which is now (B) what is now (C) now is (D) now

13 But <u>countries</u> <u>as</u> the United States and England <u>certainly</u> use more paper
           A   B   C
than <u>other countries</u>.
        D

14 We <u>had never experienced</u> <u>so</u> a catastrophe as <u>the great</u> flood <u>of</u> 1967.
                     A   B   C   D

15 The trapdoor spider lives underground ------- catches insects which walk near its secret door.
  (A) except (B) and (C) besides (D) also

16 <u>Many</u> the pots and tools <u>recently found</u> in Egypt are <u>similar</u> to <u>those found</u>
         A   B   C   D
in Iran.

17 Few <u>people</u> who <u>has</u> not been hungry <u>can realize</u> what <u>a terrible thing hunger is</u>.
            A   B   C   D

解答・解説

1 解答 **A** (such accustomed → so accustomed) 重要度 🔥🔥🔥

Thoreau had grown **so accustomed** to living by himself that when visitors did trek the twelve miles out to his cabin, he often refused to answer the door.

[訳] ソローは1人暮らしにすっかり慣れてしまっていたので、訪問客が彼の小屋まで12マイルも山道を歩いてきてもしばしば迎えようとしなかった。

> 鬼の解法　such ～ that ... の～には名詞が入る

解説　such ～ that ... の構文で～の部分には名詞（あるいは形容詞＋名詞）が入る。しかし、この場合、～の部分は accustomed to living by himself と形容詞句なので such を so に換え、so ～ that ... の構文にしなければならない。正解は (A)。

2 解答 **B** (more → the more) 重要度 🔥🔥🔥

The more popular the presidential candidate, **the more** easily he can collect the money needed to continue his campaign.

[訳] 大統領候補は人気があればあるほど、選挙戦継続に必要な資金を集めるのがより容易になる。

> 鬼の解法　the ＋比較級を見たら、もう1つ the ＋比較級があると考えよ

解説　the ＋比較級＋ S ＋ V, the ＋比較級＋ S ＋ V の構文。ここでは2つ目の more の前にあるべき the が欠けている。正解は (B)。

3 解答 **D** 重要度 🔥🔥🔥

Unlike old-age and survivors insurance, the unemployment insurance program is a Federal-State system.

[訳] 老齢生活保険とは異なり、失業保険プログラムは連邦国家制度である。

> 鬼の解法　従属節なら主語と動詞がある。なければ句と考え前置詞を探せ

解説　選択肢内で前置詞は unlike のみ。although は接続詞、alike は形容詞・副詞、similar は形容詞である。正解は (D)。名詞の前だからといって形容詞を入れてしまうと、～ old-age and survivors insurance が名詞句になってしまい、the unemployment 以降を修飾できない。

4 解答 B 重要度 🔥🔥🔥

There are twenty different amino acids, and their precise order within a given protein is determined by DNA.

[訳] 20種類のアミノ酸があり、特定のたんぱく質内のそれらの正確な配列はDNAによって決定される。

鬼の解法　接続詞が節と節をつないでいることを見抜け

[解説] and以降に単数の主語 their precise order とbe動詞 is があることから、and は節と節をつなぐ接続詞であると考えられる。(A) は It が何を指すのか不明。複数のアミノ酸配列の話だから存在だけを示し、数値に言及しない (C) も不適切。(B) が正解。

5 解答 B （when → during） 重要度 🔥🔥🔥

Babe Ruth, the baseball legend, impressed fans with his batting prowess even **during** the time he played as a pitcher for the Red Sox before he joined the New York Yankees.

[訳] ベースボール界の伝説的プレイヤー、ベーブ・ルースは、ニューヨーク・ヤンキースに移籍する前レッドソックス在籍時にピッチャーとしてプレーしていた時でさえ、その秀でたバッティングでファンを魅了した。

鬼の解法　whenは節を導く接続詞、duringは前置詞で後ろに名詞句がくる

[解説] he played 以降はその前の the time を修飾し、the time 以降は1つの名詞句となっているため、接続詞 when ではなく前置詞 during にすべき。正解は (B)。during は特定の期間の初めから終わりまでを表し、文中では、ベーブ・ルースがレッドソックスでプレーした期間を指す。

6 解答 C （during → while） 重要度 🔥🔥🔥

I caught the rope and held on to it **while** my rescuers pulled me to safety.

[訳] レスキュー隊員が私を安全な場所へ引っ張り上げてくれている間、私はロープをとらえて、それにしがみついていた。

鬼の解法　whileは「〜する間ずっと」を意味する接続詞

[解説] my rescuers 以降は節なので前置詞 during を接続詞 while にしなければならない。正解は (C)。

7 　解答　D 　（rather → rather than）　重要度 🔥🔥🔥

Most of us in the class want to go to a movie **rather than** to the museum.

［訳］クラスの私達のほとんどは美術館よりもむしろ映画に行きたい。

鬼の解法　rather があったら than の必要性を確認せよ

解説 rather than ～（～よりはむしろ）の than が脱落している問題が出題される。正解は (D)。rather than の前後は並列構造。この場合、前後が不定詞だが、後半の動詞は同じものであれば省略される。

8 　解答　B 　（less people → fewer people）　重要度 🔥🔥🔥

The hostess was quite disappointed since **fewer people** came to the party than she had expected.

［訳］思っていたほどパーティーに人が来なかったのでその女主人は大変落胆した。

鬼の解法　fewer は few の比較級で「より少数の」を意味し、複数名詞が続く

解説 few が後ろに可算名詞の複数形（文中では people）を伴うのに対し、little の後ろには不可算名詞（例えば money）が続く。比較級、最上級でも同様である。few は few-fewer-fewest、little は little-less-least と変化する。(B) が正解。

9 　解答　A 　（1930's → the 1930's）　重要度 🔥🔥🔥

In **the 1930's** a large number of people in many parts of the world suffered the effects of the Great Depression.

［訳］1930 年代、世界各地で多くの人が大恐慌の影響を被った。

鬼の解法　the ＋数字の複数形（～年代、～点台）の the を忘れるな

解説 My grade in English was never above the nineties.（英語の成績は 90 点台を上まわったことがなかった。）のように、the ＋数字の複数形で「～年代、～点台」という意味。問題文中では the が抜けている。正解は (A) だ。

10 解答 **A** (as amount → as the amount) 重要度 🔥🔥🔥

A calorie is defined **as the amount** of heat energy needed to raise the temperature of one gram of water by one degree centigrade.
[訳] 1 カロリーは 1 グラムの水を摂氏 1 度上昇させるのに必要な熱エネルギーの量と定義されている。

🔥鬼の解法 amount of の前に必要な冠詞を見抜け

解説 the amount of ~ は「~の量（総計）」という意味、an amount of ~ は「かなりの量の~」という意味になる。この場合、前者だから as the amount にする。正解は (A)。

---

11 解答 **A** (Standing between → Standing among) 重要度 🔥🔥🔥

Standing among so many people, the frightened child began to sob uncontrollably.
[訳] たくさんの人のなかに立って、そのおびえた子供は手に負えないほど泣き始めた。

🔥鬼の解法 among はグループ、群衆、人・ものの集まりなど、境が見えない状況のなかにいる場合に使う

解説 文中では群衆のなかに子供が 1 人立っている様子がうかがえるので、正解は (A)。between は「2 つあるいはそれ以上のはっきりとわかれた人・ものの間」を指す。

---

12 解答 **B** 重要度 🔥🔥🔥

When Europeans originally arrived in **what is now** El Paso, Texas, the area was inhabited by the Manso and Suma peoples.
[訳] ヨーロッパ人が初めて今で言うテキサスのエルパソに到着した時、その地域はマンソ族とスマ族が定住していた。

🔥鬼の解法 what is now = what is now called

解説 what is now（今で言う）は what is now called と同義。what is now El Paso は挿入節で「今ではエルパソと呼ばれている土地」を意味する。正解は (B)。適切な先行詞がないので (A) は誤り。動詞が 2 つになってしまうので (C) も誤答。過去時制の文なので (D) もおかしい。

13 解答 B (as → such as) 重要度 🔥🔥🔥

But countries **such as** the United States and England certainly use more paper than other countries.
[訳] しかし合衆国やイギリスなどの国々は他の諸国よりも確かに紙の使用量が多い。

鬼の解法 such as は後ろに名詞を伴って具体例を提示する

[解説] 〜 such as ...（…のような〜）は、〜の具体的な内容を…で紹介する。(B) が正解。

14 解答 B (so → such) 重要度 🔥🔥🔥

We had never experienced **such** a catastrophe as the great flood of 1967.
[訳] 1967年の大洪水のような大災害を私達は経験したことがなかった。

鬼の解法 such 〜 as ...（…のような〜）

[解説] so は副詞なので後ろに形容詞が続かなければならない。such は形容詞だから後ろに名詞を伴うことができる。ただし、冠詞 a は such の後におく。正解は (B)。

15 解答 B 重要度 🔥🔥🔥

The trapdoor spider lives underground **and** catches insects which walk near its secret door.
[訳] トダテグモは地中に住み、住みかのわかりにくい扉に近づく昆虫を捕まえる。

鬼の解法 並列関係にある語を見抜け

[解説] (A) except は「〜を除いて」を意味する前置詞または後ろに that 節を伴う接続詞、(C) besides と (D) also はともに副詞。いずれも直後に動詞 catches が続くのでおかしい。(B) の等位接続詞 and は前後の動詞 lives と catches をつないでいる。正解は (B) だ。

16 解答 **A** (Many → Many of) 重要度 🔥🔥🔥

Many of the pots and tools recently found in Egypt are similar to those found in Iran.

[訳] 昨今エジプトで発見されたつぼや道具の多くはイランで見つかったものと似ている。

> 鬼の解法　many of ＋ the ＋複数名詞

解説　Many the はおかしいので (A) が正解。many に of をつけ Many of the ＋複数名詞（～の多く）の形にしなければならない。この場合の Many は名詞だ。

---

17 解答 **B** (has → have) 重要度 🔥🔥🔥

Few people who **have** not been hungry can realize what a terrible thing hunger is.

[訳] 空腹を経験したことのない人はほとんどいないが、その人たちは空腹がどんなに苦しいものかを実感できない。

> 鬼の解法　few は後ろに複数形の名詞を伴う形容詞

解説　Few people は複数なので関係代名詞節中の動詞もそれに一致させ have にしなければならない。正解は (B)。few は無冠詞の場合、否定的に「ほとんど～ない」を意味し、a を前につけた場合、「多少～である」の意味になる。

Structure and Written Expression

練習問題 1

■ Structure

1 ------- differences between the consciousness raising sessions of the twentieth century and the witch-hunting of the seventeenth.
  (A) Apparently no
  (B) There are no apparent
  (C) There is no apparent
  (D) Apparent that no

2 The average athlete is ------- and weighs more than 170 pounds.
  (A) over six foot tall
  (B) six foot tall over
  (C) tall over six feet
  (D) over six feet tall

3 People found a new source of entertainment while peering through Sir David Brewster's invention, ------- fascinated them.
  (A) the kaleidoscope, the ever-changing patterns of which
  (B) the kaleidoscope's ever-changing patterns
  (C) the kaleidoscope, its ever-changing patterns
  (D) the ever-changing patterns of the kaleidoscope

4 Sign language makes it possible for the deaf to read words they would -------.
  (A) not otherwise "hear"
  (B) otherwise no "hear"
  (C) nor otherwise "hear"
  (D) otherwise "hear" none

5 In most cities, ------- luxuriant parks have been replaced by shopping malls and gas stations.
   (A) then
   (B) were
   (C) once
   (D) when

6 ------- the questions, he showed his ignorance of the subject matter.
   (A) As trying to answer
   (B) To answer
   (C) When he tried to answer
   (D) During trying to answer

7 Cholesterol is another dietary compound whose range of operating concentration in the blood ------- by the liver.
   (A) maintain
   (B) maintaining
   (C) maintained
   (D) is maintained

8 Predation consists of the acts of capturing and ------- species for food.
   (A) to ingest members of another
   (B) ingesting members of another
   (C) to ingest members of other
   (D) ingested other members'

9 Although he ------- music for less than eleven years, Wolfgang Amadeus Mozart received a commission to create an opera in 1767.
   (A) will compose
   (B) composes
   (C) had composed
   (D) has been composing

10 ------- as one considers the diversity of sensory systems that they have evolved and been retained because they afford selective advantages.
   (A) It becomes obvious
   (B) There is obvious
   (C) If obvious
   (D) To become obvious

11 Members of at least seven families of fish can generate electricity, including the electric eel, the knife fish, -------.
   (A) and the electric catfish
   (B) and so can the electric catfish
   (C) as well as the electric catfish can
   (D) and the electric catfish can

12 It is easier to describe the learning abilities of animals than it is to understand the mechanisms -------.
   (A) that makes learning possible
   (B) that make learning possible
   (C) they make it possible to learn
   (D) that they make learning possible

13 Calmly analyzing the problem, ------- proceeded to suggest suitable remedies.
   (A) the causes of the conflict were examined by the judge and he
   (B) the judge examined the causes of the conflict and
   (C) the conflict's causes were examined by the judge and he
   (D) judged the causes of the conflict and

14 Until recently, ------- coyotes in states east of the Mississippi were rare.
   (A) to see
   (B) seeing
   (C) sightings of
   (D) having seen

15 An opossum will eat just about ------- that it can find.
   (A) something
   (B) whatever
   (C) anything
   (D) that which

解答・解説

1 解答 **B** 重要度 🔥🔥🔥

There are no apparent differences between the consciousness raising sessions of the twentieth century and the witch-hunting of the seventeenth.
[訳] 20 世紀の意識高揚運動と 17 世紀の魔女狩りとの間には明白な違いはない。

鬼の解法 動詞の有無と、主語と動詞の数の一致に着目せよ

解説 空欄の後ろには動詞がないので、空欄には動詞が含まれているはずだが、(A) と (D) には動詞がないので誤り。(B) と (C) は be 動詞の形だけが異なっているので、主語の数に着目すると、複数形 differences なので (B) が正解だ。There is [are] ～の文では主語は be 動詞の後ろにくる。

2 解答 **D** 重要度 🔥🔥🔥

The average athlete is **over six feet tall** and weighs more than 170 pounds.
[訳] 平均的な運動選手は身長 6 フィート以上で、体重 170 ポンド以上である。

鬼の解法 名詞の数と語順から正答を導け

解説 選択肢では名詞 foot の数と語順が異なっている。foot の前には six があるから foot は複数形 feet にすべき。よって (A) と (B) は誤答。over ～ feet tall で「～フィート以上の身長」だから (D) が正解だ。

3 解答 **A** 重要度 🔥🔥🔥

People found a new source of entertainment while peering through Sir David Brewster's invention, **the kaleidoscope, the ever-changing patterns of which** fascinated them.
[訳] サー・デヴィッド・ブルースターの発明品、万華鏡をのぞきながら人々は新しい楽しみに浸った。そして万華鏡は絶えず変化する模様で人々の心を捉えた。

鬼の解法 2 つ以上の節がある場合、接続詞や関係詞の有無を確認せよ

解説 空欄以降に動詞 fascinated があるので、もし空欄以降が節になるのなら、空欄前までの節とつなぐものが必要になる。(B)(C)(D) は節と節をつなぐものがないので誤り。関係代名詞の which がある (A) が正解だ。Sir David Brewster's invention と the kaleidoscope は同格の関係にある。

4 解答 A 重要度 🔥🔥🔥

Sign language makes it possible for the deaf to read words they would **not otherwise "hear"**.

[訳] 手話は、耳の不自由な人々が手話がなければ「聞こえ」ない言葉を読むことを可能にする。

鬼の解法 否定の意味を表す語の使いわけを理解せよ

解説 (B) の no は名詞を否定する。(C) の nor は「～もまた…ない」という意味の接続詞。(D) none は「1つも～ない」という意味の代名詞で、they 以降は words を修飾する関係詞節なので代名詞があると目的語が重複してしまう。助動詞＋否定の副詞＋通常の副詞＋動詞という正しい語順になっている (A) が正解。ここでの otherwise は「手話がなければ」という意味。

5 解答 C 重要度 🔥🔥🔥

In most cities, **once** luxuriant parks have been replaced by shopping malls and gas stations.

[訳] ほとんどの都市で、かつての緑豊かな公園がショッピングモールやガソリンスタンドに変えられている。

鬼の解法 品詞と意味から正答を導け

解説 (A) の then は現在完了形とともに用いることはできない。動詞はすでにあるので be 動詞の (B) は誤り。節は1つしかないので接続詞の (D) も誤答だ。「かつて (は)」という意味の副詞として once を使っている (C) が正解。

6 解答 C 重要度 🔥🔥🔥

When he tried to answer the questions, he showed his ignorance of the subject matter.

[訳] その問題に答えようとして、彼はその件に関する無知を露呈した。

鬼の解法 意味と文法的な正しさの両面から選択肢をチェック

解説 (A) は分詞構文と考えても、As では意味が不自然。(B) は不定詞の副詞的用法で、「その問題に答えるために、彼はその件に関する無知を露呈した。」となってしまい、やはり意味がおかしい。(D) の During は前置詞だから従属節を導くことはできない。意味的にも文法的にも正しいのは (C) だ。

7 解答 D 重要度 🔥🔥🔥

Cholesterol is another dietary compound whose range of operating concentration in the blood **is maintained** by the liver.

[訳] コレステロールは食事から摂取されるもう1つの化合物であり、その血液中の稼働濃度の範囲は肝臓によって維持される。

鬼の解法 動詞＋by を見たら受動態の可能性を考えよ

解説 空欄直後に by the liver とあり、文意と合わせて、受動態が入る可能性を考える。関係詞節内の動詞が空欄に入るはずなので、(D) が正解。

8 解答 B 重要度 🔥🔥🔥

Predation consists of the acts of capturing and **ingesting members of another** species for food.

[訳] 捕食とは他の種を食物として捕らえて食べることである。

鬼の解法 等位接続詞 and を見たら前後の並列関係を意識せよ

解説 and の前に capturing があるので、and の後も doing が続くはず。正解は (B) だ。

9 解答 C 重要度 🔥🔥🔥

Although he **had composed** music for less than eleven years, Wolfgang Amadeus Mozart received a commission to create an opera in 1767.

[訳] それまでの作曲活動は11年間に満たなかったが、ヴォルフガング・アマデウス・モーツァルトは1767年にオペラ制作の仕事を依頼された。

鬼の解法 過去完了形は過去のある時点までの完了・結果・経験・継続を表す

解説 モーツァルトは、オペラ制作の依頼を受ける以前、作曲の経験は11年におよばなかったとあるから、「1767年までの経験」を示す過去完了形が意味的に適切。(D) は現在完了進行形だが、「継続」を表すので意味的に不適切。正解は (C)。

10 | 解答 A | 重要度 🔥🔥🔥

It becomes obvious as one considers the diversity of sensory systems that they have evolved and been retained because they afford selective advantages.

[訳] 感覚系の多様性を考慮すると、選択的優位性を持っているという理由で感覚系は進化し、維持されてきたことが明らかになる。

鬼の解法 文頭に It があり、後半に that 節がある場合、形式主語構文の可能性を考える

解説 (B) は形容詞 obvious の後に名詞が必要。主語がない (C) も誤り。(D) もこの文の主節の動詞がなくなってしまうので不適切。(A) の It が仮主語、文中の that 以降が真主語の形式主語構文と考えるのが適切であり、正解。

11 | 解答 A | 重要度 🔥🔥🔥

Members of at least seven families of fish can generate electricity, including the electric eel, the knife fish, **and the electric catfish**.

[訳] デンキウナギ、新世界産のデンキウナギ、デンキナマズを含む少なくとも 7 科の魚は電気を発生させることができる。

鬼の解法 前置詞 including の後ろは、名詞あるいは名詞句がくる

解説 including A, B, and C の形で魚の種類が並列構造になっている (A) が正解。また、魚の名称も the ＋形容詞＋名詞で、表現が統一されている。

12 | 解答 B | 重要度 🔥🔥🔥

It is easier to describe the learning abilities of animals than it is to understand the mechanisms **that make learning possible**.

[訳] 動物の学習を可能にする構造を理解するよりも学習能力を記述するほうが容易である。

鬼の解法 関係代名詞の問題は格と先行詞の数に注目

解説 関係代名詞の格と先行詞の数を見わける問題。(A)(B)(D) には関係代名詞 that がある。(C) は関係代名詞が省略されていると考えてみよう。(A)(B) は直後に動詞があるので主格。先行詞 mechanisms は複数形なので (A) は誤り。(C)(D) は目的格だが、すでに目的語が含まれているので不適切。正解は (B)。

13 解答 B 重要度 🔥🔥🔥

Calmly analyzing the problem, **the judge examined the causes of the conflict and** proceeded to suggest suitable remedies.

[訳] 冷静に問題を分析して、判事は争いの原因を調べ、適切な解決策を提案した。

鬼の解法　分詞構文はまず2つの節の主語を確かめる

解説 分詞構文の主語を判断する問題。問題を分析するのは the judge（判事）であり、(A) や (C) の causes が主語になるのはおかしい。また (D) には主語がない。正解は (B) だ。主語を確認して文全体の整合性を判断しよう。

14 解答 C 重要度 🔥🔥🔥

Until recently, **sightings of** coyotes in states east of the Mississippi were rare.

[訳] 最近まで、ミシシッピ州以東の州でコヨーテを目撃する例はまれであった。

鬼の解法　主語と動詞の数の一致を確認せよ

解説 この文の動詞は were なので主語は複数でなければならない。よって正解は (C)。(A)(B)(D) は単数扱い。sightings は複数形だから意味は「目撃」ではなく「目撃事例」である。

15 解答 C 重要度 🔥🔥🔥

An opossum will eat just about **anything** that it can find.

[訳] オポッサムは見つけたものならほぼ何でも食べる。

鬼の解法　that が関係代名詞であることを見抜け

解説 空欄直後の that は関係代名詞。(B)(D) では関係代名詞が続いてしまうので誤り。(A) something は意味が不適切。anything 〜で「〜したものは何でも」の意味になる。また、先行詞が anything の場合、関係代名詞は that が使われる。(C) が正解。

■ Written Expression

1 Dr. Smith recommended that his patient take an unit of morphine to relieve
    A   B   C
the pain and to enable her to sleep.
                   D

2 A coating of creosote applied to wood prevents it from to rotting.
    A   B   C   D

3 Soils differ so greatly that it is difficult to generalize; but virtually all soils
        A   B
can be seen to consist of two or more horizons lie on top of one another in
          C   D
predictable patterns.

4 Unlike animals, terrestrial plants cannot move from place to place; thus
                 A   B
they must have settled for what is available where they begin life.
            C   D

5 We should ask us what is more important, technological progress or
           A   B   C
environmental concerns.
                     D

6 Cephalopod mollusks, include squid, octopus, and cuttlefish, have suckered
                           A
tentacles, and in addition some species use toxins in their saliva to quiet
          B   C
their prey, and parrot-like beaks to tear it up before ingestion.
                                         D

7 Beethoven's musical skills were apparent by the time him became a teenager.
                  A   B   C   D

8 The South's economic development after 1800 depended heavily upon
                                                              A
cotton which is raised for home use during the colonial period, but had
             B   C
never become as significant a commercial crop as tobacco, rice, or indigo.
                    D

9 Napoleon's conquests encompassed <u>near all of Europe</u> west of Austria, and
                                         A
<u>by the end of the year</u> <u>1809</u>, Austria itself had become <u>yet another satellite</u>
         B   C   D
of France.

10 <u>When</u> a person experiences <u>a chronic shortage of a nutrient</u>, a characteristic
     A   B
deficiency disease <u>results</u>; <u>if it were not remedied</u>, death may follow.
                         C   D

11 <u>The outbreak of a cattle disease known</u> as "Texas fever" brought about
                        A
violent reactions from farmers in Missouri, Illinois, <u>and it occurred</u> in
                                                                    B
<u>other places where</u> Texas cattle had <u>been driven or shipped</u>.
       C   D

12 <u>Skunks</u> have <u>special</u> <u>musk glands</u> in <u>theirs</u> tails that can be used for defense.
     A   B   C   D

13 Celts were neither <u>so</u> mystical <u>or so</u> belligerent <u>as popular legends</u> have
                         A   B   C
painted <u>them</u>.
         D

14 It was so <u>heat</u> that elderly people <u>were advised</u> <u>to stay</u> indoors and do
              A   B   C
<u>as little work as</u> possible.
        D

15 Sea anemones, <u>whose poison causes</u> severe pain and muscular contractions
                                   A
<u>in animals and human</u> beings, <u>is responsible</u> for <u>over a hundred deaths on</u>
          B   C   D
American beaches every year.

16 <u>Much to the surprise</u> of colonial officials, <u>resistance to</u> the Stamp Act
           A   B
<u>vast exceeded</u> that evoked <u>by the Sugar Act of 1764</u>.
     C   D

17 Men seldom react <u>rationally</u> to real or <u>imagined dangers</u>, and the emotion-
                            A   B
ridden Southerners <u>for</u> the fifties were <u>no</u> exception.
                     C   D

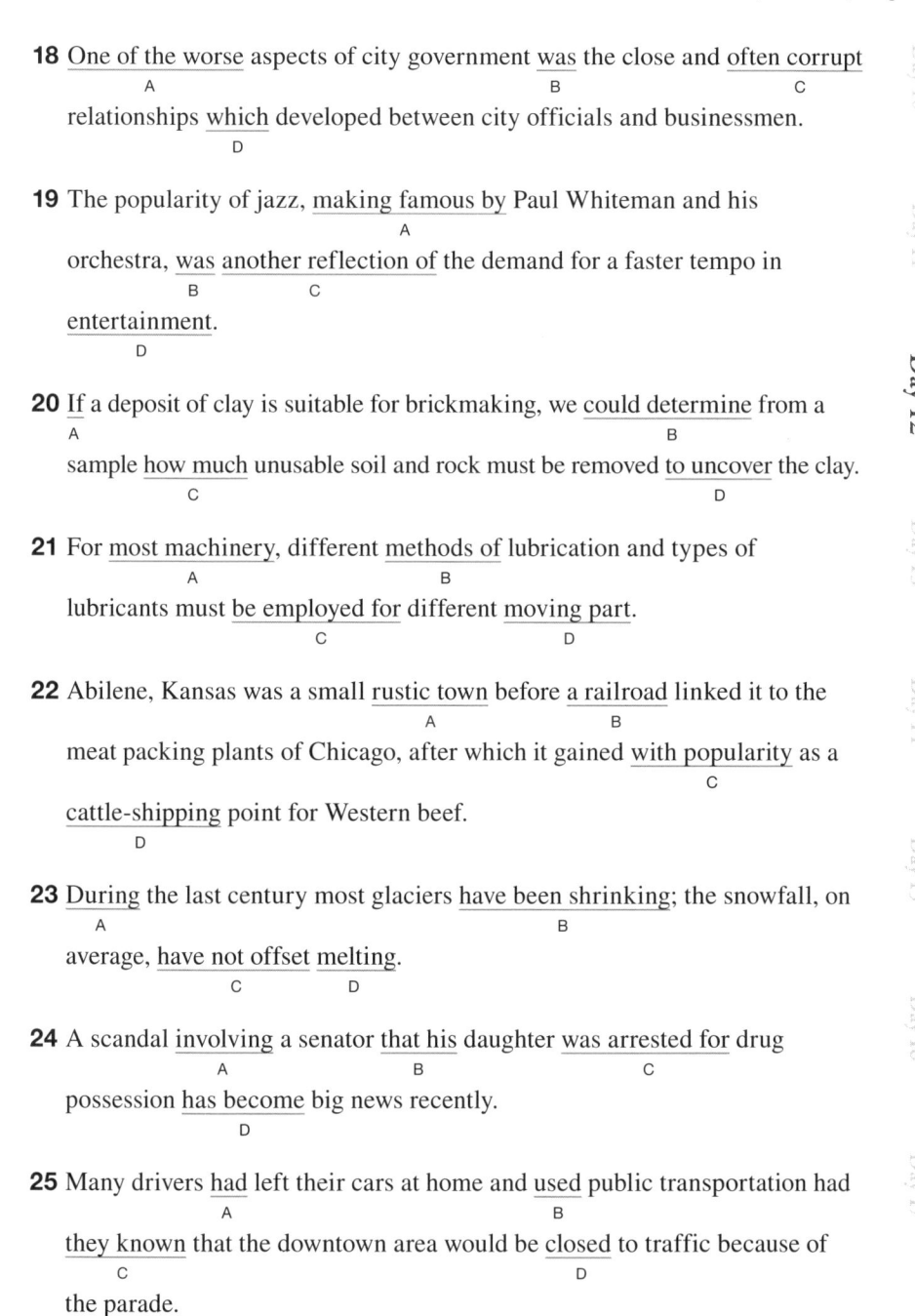

18 One of the <u>worse</u> aspects of city government <u>was</u> the close and <u>often corrupt</u>
       A   B   C
relationships <u>which</u> developed between city officials and businessmen.
               D

19 The popularity of jazz, <u>making famous by</u> Paul Whiteman and his
                              A
orchestra, <u>was</u> <u>another reflection of</u> the demand for a faster tempo in
            B   C
<u>entertainment</u>.
 D

20 <u>If</u> a deposit of clay is suitable for brickmaking, we <u>could determine</u> from a
       A   B
sample <u>how much</u> unusable soil and rock must be removed <u>to uncover</u> the clay.
        C   D

21 For <u>most machinery</u>, different <u>methods of</u> lubrication and types of
           A   B
lubricants must <u>be employed for</u> different <u>moving part</u>.
                 C   D

22 Abilene, Kansas was a small <u>rustic town</u> before <u>a railroad</u> linked it to the
                                    A   B
meat packing plants of Chicago, after which it gained <u>with popularity</u> as a
                                                       C
<u>cattle-shipping</u> point for Western beef.
 D

23 <u>During</u> the last century most glaciers <u>have been shrinking</u>; the snowfall, on
       A   B
average, <u>have not offset</u> <u>melting</u>.
          C   D

24 A scandal <u>involving</u> a senator <u>that his</u> daughter <u>was arrested for</u> drug
                 A   B   C
possession <u>has become</u> big news recently.
             D

25 Many drivers <u>had</u> left their cars at home and <u>used</u> public transportation had
                    A   B
<u>they known</u> that the downtown area would be <u>closed</u> to traffic because of
 C   D
the parade.

解答・解説

1 解答 **C** (an unit of morphine → a unit of morphine) 重要度 🔥🔥🔥

Dr. Smith recommended that his patient take **a unit of morphine** to relieve the pain and to enable her to sleep.

[訳] スミス医師は彼の患者が痛みを和らげて眠ることができるように1単位のモルヒネを吸入することを勧めた。

鬼の解法　母音で始まる単語には an、半母音で始まる単語には a をつける

解説　unit, university, union など半母音の u の前では不定冠詞は an ではなく a を用いる。正解は (C)。つづりではなく音にもとづいて判断しよう。例えば X-ray には an がつく。(B) の take は正しいので注意。文の動詞が advise、recommend、insist、require、suggest、demand、propose など要求や提案などを表す場合は、that 節のなかの動詞は人称、数、時制にかかわらず原形（イギリス英語では should ＋原形）になる。

2 解答 **D** (to rotting → rotting) 重要度 🔥🔥🔥

A coating of creosote applied to wood prevents it from **rotting**.

[訳] 木に塗られたクレオソートのコーティングで腐敗を防ぐ。

鬼の解法　prevent ～ from doing で「～が…するのを妨げる」

解説　prevent ～ from doing で「～が…するのを妨げる」。rotting の前の to が不要だ。正解は (D)。

3 解答 **D** (lie on top of one another → lying on top of one another) 重要度 🔥🔥🔥

Soils differ so greatly that it is difficult to generalize; but virtually all soils can be seen to consist of two or more horizons **lying on top of one another** in predictable patterns.

[訳] 土壌は種類が非常に異なっているので一般化するのは難しいが、実質的にはすべての土壌は予測できるパターンで2つ以上の重なり合った層から成っていることがわかる。

鬼の解法　1つの節のなかに動詞は1つ

解説　lie は動詞なのでこのままだと1つの節に2つの動詞が存在することになってしまう。正解は (D)。lie を horizons を修飾する分詞にする必要がある。分詞は一般的に1語の場合は名詞の前におかれる (a sleeping baby) が2語以上になると名詞の後ろにおかれる (a baby sleeping so soundly)。

4 解答 C (they must have settled → they must settle) 重要度 🔥🔥🔥

Unlike animals, terrestrial plants cannot move from place to place; thus **they must settle** for what is available where they begin life.

[訳] 動物とは異なり、陸生の植物は移動することができないので、生命を開始するのが可能な場所で満足する他ない。

鬼の解法　時制の一致をチェックせよ

解説 正解は (C)。cannot move は現在形だが (C) must have settled for ～ は過去形なので誤り。settle for ～ は「～を甘んじて受け入れる」。

5 解答 A (ask us → ask ourselves) 重要度 🔥🔥🔥

We should **ask ourselves** what is more important, technological progress or environmental concerns.

[訳] 技術の進歩と環境への懸念とどちらが大切か自問しなければならない。

鬼の解法　主語と同じものが目的語になる時は再帰代名詞を使う

解説 再帰代名詞の問題。主語と同じものが目的語になる時は人称代名詞の目的格ではなく、再帰代名詞が使われる。正解は (A) だ。再帰代名詞の問題に出題されやすい動詞として、ask *one*self、attach *one*self を覚えておこう。

6 解答 A (include squid → including squid) 重要度 🔥🔥🔥

Cephalopod mollusks, **including squid**, octopus, and cuttlefish, have suckered tentacles, and in addition some species use toxins in their saliva to quiet their prey, and parrot-like beaks to tear it up before ingestion.

[訳] イカ、タコ、コウイカを含む頭足軟体動物は吸盤のある触手を持ち、また、種によってはさらに唾液に獲物をおとなしくさせる毒を持ち、食べる前に、オウムのようなくちばしで獲物を引き裂く。

鬼の解法　and が何をつないでいるかを見抜け

解説 問題文では、2 つ目の and の前の節の主語は Cephalopod mollusks、動詞は have であり、include は前置詞 including に修正し挿入句にすべきである。正解は (A)。3 つある and がそれぞれ何をつないでいるかを見抜こう。

7 解答 D (him → he) 重要度 🔥🔥🔥

Beethoven's musical skills were apparent by the time **he** became a teenager.

[訳] ベートーベンの音楽的技能は10代になる頃には明らかだった。

鬼の解法　by the time は後ろに節を従える接続詞句

解説 by the time は「(あることが起こる)時までには」という意味の接続詞句であり、後ろには節が続く。正解は (D)。him を主格の he に修正する必要がある。

8 解答 B (which is raised → which was raised) 重要度 🔥🔥🔥

The South's economic development after 1800 depended heavily upon cotton **which was raised** for home use during the colonial period, but had never become as significant a commercial crop as tobacco, rice, or indigo.

[訳] 1800年以降の南部の経済的発展は植民地時代に自国用に栽培された綿花に大きく依存していたが、綿花はタバコ、米、青藍のような商品作物には成長しなかった。

鬼の解法　過去を表す語句があれば動詞は過去形を使う

解説 時制の一致の問題。過去を示す明らかな副詞、出来事がある場合は動詞は過去形を使用する。この場合、the colonial period (植民地時代) という過去の時代を示す語句がある。正解は (B)。(C) の during は for と混同されることがあるが、ここでは the colonial period という特定の時期を指しているので during で正しい。

9 解答 A (near all of Europe → nearly all of Europe) 重要度 🔥🔥🔥

Napoleon's conquests encompassed **nearly all of Europe** west of Austria, and by the end of the year 1809, Austria itself had become yet another satellite of France.

[訳] ナポレオンの征服はオーストリアの西ほぼヨーロッパ全土におよび、1809年の終わりまでにはオーストリアもフランスの支配下に入った。

鬼の解法　nearly は「ほとんど」という意味、near は「近い」という意味

解説 (A) の near だと「全ヨーロッパの近くを征服した」という意味になってしまう。nearly は all を修飾する。正解は (A)。

10 解答 **D**　(if it were not remedied → if it is not remedied)　重要度 🔥🔥🔥

When a person experiences a chronic shortage of a nutrient, a characteristic deficiency disease results; **if it is not remedied**, death may follow.

[訳] ある栄養素が恒常的に不足すると、特徴的な欠乏症が起こり、治療されないと死にいたる可能性もある。

鬼の解法　主節の時制と意味から仮定法現在を選べ

解説 主節の death may follow は現在形だが、(D) は仮定法過去になってしまっている。「治療されないと死にいたる可能性もある」という意味の仮定法現在に修正する必要がある。(D) が正解。

---

11 解答 **B**　(and it occurred → and)　重要度 🔥🔥🔥

The outbreak of a cattle disease known as "Texas fever" brought about violent reactions from farmers in Missouri, Illinois, **and** in other places where Texas cattle had been driven or shipped.

[訳] テキサス牛が持ち込まれたミズーリ州、イリノイ州、その他の地域で「テキサス熱」として知られる牛の病気が突発すると酪農家は激しい反応を示した。

鬼の解法　等位接続詞の前後に同じような表現があれば並列を意識せよ

解説 (B) の and は in Missouri, Illinois と in other places をつないでおり、it occurred があると、in Missouri, Illinois と in other places をつなぐことができなくなる。正解は (B)。「, and」の後に節が続くとは限らない点に注意しよう。

---

12 解答 **D**　(theirs → their)　重要度 🔥🔥🔥

Skunks have special musk glands in **their** tails that can be used for defense.

[訳] スカンクは尾のなかに防御に使われる特殊なじゃこう腺を持つ。

鬼の解法　人称代名詞の所有格と所有代名詞の混同に注意

解説 they の所有格は their。(D) の theirs (彼らのもの) は所有代名詞。(D) の後ろには名詞 tails があるので、その前は所有格の their が正しい。正解は (D)。

---

13 解答 **B**　(or so → nor so)　重要度 🔥🔥🔥

Celts were neither so mystical **nor so** belligerent as popular legends have painted them.

[訳] ケルト人は一般的な言い伝えが描くようには謎に満ちていたわけでも、好戦的であったわけでもなかった。

> **鬼の解法**　neither so 〜 nor so ... as —は、「—ほど〜でも…でもない」

解説　二重の not so 〜 as ... の構文である。「〜でも…でもない」は neither 〜 nor ... なので、(B) の or を nor にする。not so 〜 as ...（…ほど〜ない）が nor で 2 つ並列されている。

14　解答　**A**　(heat → hot)　重要度 🔥🔥🔥

It was so **hot** that elderly people were advised to stay indoors and do as little work as possible.

[訳] 非常に暑かったので、お年寄りは外出せずに、できるだけ働かないように勧められた。

> **鬼の解法**　副詞 so の後には副詞か形容詞が続く

解説　so と such の混同問題。副詞の so の後ろは副詞か形容詞だが heat は名詞。正解は (A)。

15　解答　**C**　(is responsible → are responsible)　重要度 🔥🔥🔥

Sea anemones, whose poison causes severe pain and muscular contractions in animals and human beings, **are responsible** for over a hundred deaths on American beaches every year.

[訳] イソギンチャクは、動物や人間に激しい痛みや筋肉の収縮を起こさせる毒を持ち、アメリカの海岸では毎年 100 人以上の死者をだしている。

> **鬼の解法**　関係詞節の修飾に惑わされずに主語の数を把握せよ

解説　主語と動詞の数の一致の問題。主語の後ろに長い関係詞節が挿入されているが、anemones が複数なので be 動詞も複数にしなければならない。正解は (C)。読み進めているうちに主語の数を忘れてしまわないように気をつけよう。

16　解答　**C**　(vast exceeded → greatly [vastly] exceeded)　重要度 🔥🔥🔥

Much to the surprise of colonial officials, resistance to the Stamp Act **greatly [vastly] exceeded** that evoked by the Sugar Act of 1764.

[訳] 植民省の役人が大いに驚いたことには、印紙税法への抵抗は 1764 年の砂糖条例によって引き起こされた抵抗をはるかにしのぐものだった。

> **鬼の解法**　形容詞と副詞に下線が引かれていたら、何を修飾しているかをチェック

解説　vast（多大な）は形容詞であり、動詞 exceeded を修飾するには副詞 vastly にしなければならない（ここでは greatly でも可）。正解は (C)。

17 解答 C (for → of) 重要度 🔥🔥🔥

Men seldom react rationally to real or imagined dangers, and the emotion-ridden Southerners **of** the fifties were no exception.

[訳] 男は現実のあるいは想像される危険に合理的になかなか反応しない。感情に支配された50年代の南部人もその例外ではなかった。

鬼の解法 for は「期間」を表し、of は「所属」を表す

解説 of は「所有・所属」を意味し、the fifties は「50年代」を表すから、the Southerners of the fifties は「50年代の南部人」という意味になる。正解は(C)。fifties を見て「期間」の for だから問題ないと即断しないように注意しよう。

18 解答 A (One of the worse → One of the worst) 重要度 🔥🔥🔥

One of the worst aspects of city government was the close and often corrupt relationships which developed between city officials and businessmen.

[訳] 市政府の最も悪い面の1つは市の役人と経済界との間に築かれた緊密でしばしば腐敗した関係であった。

鬼の解法 比較級 worse の前には the はつかない

解説 one of the ~を見たら、~に最上級が入る可能性を考えよう。正解は(A)。比較級で the が使われるのは、He is the taller of the two.（その2人のうちで彼のほうが背が高い。）のように、1つのグループが2人で構成されているような場合だ。

19 解答 A (making famous by → made famous by) 重要度 🔥🔥🔥

The popularity of jazz, **made famous by** Paul Whiteman and his orchestra, was another reflection of the demand for a faster tempo in entertainment.

[訳] ジャズの人気はポール・ホワイトマンと彼のバンドによって広められたが、娯楽のなかでより速いテンポを求める要望を反映していた。

鬼の解法 現在分詞は「能動」、過去分詞は「受動」を表す

解説 ジャズの人気は広められるものだから「広められた」という意味の過去分詞が使われるべきだ。「広めた」のは Paul Whiteman and his orchestra である。正解は(A)。

20 解答 **B** (could determine → can determine) 重要度 🔥🔥🔥

If a deposit of clay is suitable for brickmaking, we **can determine** from a sample how much unusable soil and rock must be removed to uncover the clay.

[訳] 粘土の堆積物がレンガ製造にふさわしいのであれば、粘土を見つけるために試料から不要な土壌と岩石をどの程度取り除かなければならないかということを判断できる。

> **鬼の解法** if 節内の動詞の時制で、主節の動詞の時制を判断する

[解説] 仮定法の問題。if 節内の動詞が現在形であれば単なる条件を表し、主節の時制は過去形にはならない。主節の時制が過去形になるのは、仮定法過去の場合である。正解は (B)。

21 解答 **D** (moving part → moving parts) 重要度 🔥🔥🔥

For most machinery, different methods of lubrication and types of lubricants must be employed for different **moving parts**.

[訳] ほとんどの機械は、それぞれの稼働部品に別々の潤滑方法、潤滑油が使用されなければならない。

> **鬼の解法** 名詞に下線がある場合、可算名詞か不可算名詞か考えよ

[解説] 可算名詞の単数形が、無冠詞で文中に現れることはほとんどない。よって、問題文中の moving part は moving parts とすべき。正解は (D)。machinery（機械類）は集合名詞で単数扱いなので、このままで問題ない。

22 解答 **C** (with popularity → popularity) 重要度 🔥🔥🔥

Abilene, Kansas was a small rustic town before a railroad linked it to the meat packing plants of Chicago, after which it gained **popularity** as a cattle-shipping point for Western beef.

[訳] カンザス州アビリーンは、シカゴの食肉加工工場に鉄道でつながる前は小さな田舎町だったが、鉄道開通後は西部の牛肉を求める牛の積み込み地として栄えた。

> **鬼の解法** gain は他動詞なので目的語が続く

[解説] gain は他動詞なので with は不要。gain popularity で「人気を博す」だ。正解は (C)。have popularity（人気がある）、win popularity（人気を得る）、lose popularity（人気を失う）もあわせて覚えよう。

23 解答 C (have not offset → has not offset) 重要度 🔥🔥🔥

During the last century most glaciers have been shrinking; the snowfall, on average, **has not offset** melting.

[訳] 過去1世紀の間にほとんどの氷河は縮小しており、平均してみると、降雪量は氷の溶解を相殺していない。

鬼の解法　主語と動詞の数の一致を確認せよ

解説 the snowfall は単数扱いだから動詞は has not offset が正しい。よって正解は (C)。なおこの文はセミコロンによって節と節が結ばれている。なお、last week [month] のように the がない場合は動詞は過去形にする。一方、for the last week [month] のように前置詞＋the last ～の場合は、影響が現在にもおよんでいるので問題のように現在完了形を使う。last があると動詞は過去形を使うと自動的に考えないこと。

24 解答 B (that his → whose) 重要度 🔥🔥🔥

A scandal involving a senator **whose** daughter was arrested for drug possession has become big news recently.

[訳] 娘が麻薬所持で逮捕された上院議員に絡むスキャンダルは昨今大きなニュースになっている。

鬼の解法　関係詞節内の構造から関係詞の格を見抜け

解説 先行詞は senator (上院議員) で his daughter は「上院議員の娘」だから、that his ではなく whose にしなければならない。関係詞 whose は that でおき換えることは不可能。正解は (B)。

25 解答 A (had → would have) 重要度 🔥🔥🔥

Many drivers **would have** left their cars at home and used public transportation had they known that the downtown area would be closed to traffic because of the parade.

[訳] 中心部はパレードのために交通が遮断されることを知っていたら、多くのドライバーは車を自宅において、公共交通機関を利用しただろう。

鬼の解法　had ＋主語＋過去分詞の倒置に着目

解説 had they known に着目すると、倒置が起きており、if they had known の仮定法過去完了の文だと推測できる。主節の had は would have にしなければならない。従って正解は (A) である。

Structure and Written Expression

Day 13　練習問題 2

■ Structure

1 Wine, an alcoholic beverage, is not made by simply squeezing grapes, ------- by fermenting the juice of grapes.

   (A) that
   (B) but
   (C) instead
   (D) despite

2 The abundance of oxygen is one of ------- of the atmosphere.

   (A) the most striking aspect
   (B) the most striking aspects
   (C) the striking most aspects
   (D) more striking aspects

3 Limestones and dolomites ------- sedimentary rocks found today.

   (A) make up about 20 percent
   (B) make up about 20 percent of
   (C) made from about 20 percent of
   (D) made out of 20 percent

4 An aquifer is a vast reservoir of ground water ------- in level areas near mountains.

   (A) that collect
   (B) which collecting
   (C) that collects
   (D) collects

5 -------, the decorative arts gradually assumed the refinement of artistic expression that now characterizes the fine arts.

   (A) During the Middle Ages
   (B) In Middle Age
   (C) While the Middle Ages
   (D) The Middle Ages

6 The Choctaw Indians, unlike their more recalcitrant neighbors, accepted the White Man's ways and -------.
   (A) were assimilation
   (B) assimilate
   (C) had assimilated
   (D) were assimilated

7 Parakeets make ideal pets; they are clean, quiet, easy to care for, and -------.
   (A) showing affection for their owners
   (B) affection toward their owners
   (C) affect their owners
   (D) affectionate toward their owners

8 Lumber camps move according to ------- suitable for cutting.
   (A) the available of trees
   (B) an available trees
   (C) tree availability
   (D) the availability of trees

9 Ancient Celtic warriors ------- highly-decorated metal bands, called torques, about their necks.
   (A) wore
   (B) wearing
   (C) had wore
   (D) has wore

10 Dublin was actually founded by Viking invaders, not the Irish, -------.
   (A) as are commonly believed
   (B) commonly believed
   (C) as is commonly believed
   (D) common belief

11 ------- a hundred years ago, the International Herald Tribune is one of the most respected newspapers in the world today.
   (A) Founded
   (B) Founded in
   (C) Founded by
   (D) Founded since

12 A marten is a small, flesh-eating animal, like a weasel but larger, ------- much valued for its fur.
  (A) is
  (B) so
  (C) that is
  (D) is so

13 A hundred years ago, a wife was considered as much a part of a man's possessions as ------- his horse or his hunting knife.
  (A) was
  (B) were
  (C) had been
  (D) had

14 On reaching maturity, male porpoises leave their schools and go ------- mates.
  (A) search of
  (B) in search of
  (C) in search
  (D) search

15 The word processor, -------, has completely revolutionized the way paperwork is stored and retrieved.
  (A) typewriters of the eighties
  (B) typewriter of the eighty
  (C) eighties' typewriters
  (D) the typewriter of the eighties

解答・解説

1 解答 **B** 重要度 🔥🔥🔥

Wine, an alcoholic beverage, is not made by simply squeezing grapes, **but** by fermenting the juice of grapes.

[訳] アルコール飲料であるワインは単にブドウを絞るのではなく、ブドウ果汁を発酵させてつくられる。

鬼の解法　並列構造と not の存在に着目する

解説 by simply squeezing grapes と by fermenting the juice of grapes が並列になっていることに注目し、等位接続詞が入ると考えよう。not 〜 but ... (〜ではなく…) は、〜と…に同じ種類の語句を並列させるのが原則だから正解は (B)。but の後の made は省略されている。(A) that は従位接続詞、(C) instead は副詞、(D) despite は前置詞で不正解。

2 解答 **B** 重要度 🔥🔥🔥

The abundance of oxygen is one of **the most striking aspects** of the atmosphere.

[訳] 酸素が豊かにあることは大気の最も際立った性質の1つである。

鬼の解法　one of the ＋最上級＋名詞の複数形で「最も〜な…の（うちの）1つ」

解説 正解は (B)。名詞 aspect は複数でなければならないので (A) は誤り。(C) は most と striking の語順が逆、(D) は比較級なので不適切。

3 解答 **B** 重要度 🔥🔥🔥

Limestones and dolomites **make up about 20 percent of** sedimentary rocks found today.

[訳] 石灰石とドロマイトは今日発見される堆積性の岩の20%を構成している。

鬼の解法　熟語の意味を正確に捉えて正答を導け

解説 「〜を構成する」という意味の make up と、of 以降のものの割合を示す〜 percent of ... からなる (B) が正解。(A) は of が欠けている。(C) の made from 〜と (D) の made out of 〜は「〜からできている」という意味なので不適切。

4 解答 C 重要度 🔥🔥🔥

An aquifer is a vast reservoir of ground water **that collects** in level areas near mountains.

[訳] 帯水層は山の近くの平坦な地域にたまる地下水の巨大な自然の貯水池である。

鬼の解法　先行詞と動詞の数の一致をチェック

[解説] 選択肢を見て、関係詞の問題だと判断しよう。先行詞 ground water は 3 人称単数なので (C) が正解。(D) は関係代名詞がないが、主格の関係代名詞は通常省略されない。

5 解答 A 重要度 🔥🔥🔥

During the Middle Ages, the decorative arts gradually assumed the refinement of artistic expression that now characterizes the fine arts.

[訳] 装飾芸術はヨーロッパ中世の間に芸術的表現が次第に洗練されていき、その洗練が今では美術を特徴づけている。

鬼の解法　during は前置詞、while は接続詞

[解説] 中世は the Middle Ages なので、単数になっている (B) は誤り。(C) の While は節を導くが後に続いているのは句なので誤答、(D) は前置詞が必要だ。正解は (A)。

6 解答 D 重要度 🔥🔥🔥

The Choctaw Indians, unlike their more recalcitrant neighbors, accepted the White Man's ways and **were assimilated**.

[訳] チョクトー族は、他の抵抗する部族とは異なり、白人のやり方を受け入れ、同化した。

鬼の解法　時制や意味など、複数の情報をもとに考える

[解説] 「チョクトー族」は「同化」ではないから (A) は誤り。(B) は時制から判断して原形はありえない。(C) は「白人のやり方を受け入れる前に同化していた」の意味になってしまう。「同化させられた」という意味の (D) が正解だ。

7 解答 D 重要度 🔥🔥🔥

Parakeets make ideal pets; they are clean, quiet, easy to care for, and **affectionate toward their owners**.

[訳] インコは、清潔で、おとなしく、世話が楽で、飼い主になつくという点で理想的なペットになる。

鬼の解法　並列構造を見抜いて、同じ品詞の選択肢を探せ

解説　clean、quiet、easy と形容詞が並んでおり、and の後にも形容詞が入る。(D) が正解だ。

8 解答 D 重要度 🔥🔥🔥

Lumber camps move according to **the availability of trees** suitable for cutting.

[訳] 挽材（ひきざい）集落は伐採にふさわしい木が入手できるかどうかに従って移動する。

鬼の解法　according to と the の後ろは名詞（句）が続く

解説　(A) は the の後ろに形容詞しかないので誤り。(B) は trees が複数形なので不定冠詞の an があるのはおかしい。また空欄に続く suitable for cutting（伐採に適した）の直前にはこの形容詞句に修飾される名詞 tree がくるはずなので (C) も誤りである。正解は (D)。

9 解答 A 重要度 🔥🔥🔥

Ancient Celtic warriors **wore** highly-decorated metal bands, called torques, about their necks.

[訳] 古代のケルト戦士はトルクと呼ばれる華やかに飾り立てられた金属のリボンを首に巻いていた。

鬼の解法　過去を示す明らかな表現がある時は過去時制を用いる

解説　ancient（古代の）という語があることからも、過去時制であることが明らか。正解は (A)。(C)(D) は had、has の後ろが過去分詞（worn）になっていない。

10 解答 C 重要度 🔥🔥🔥

Dublin was actually founded by Viking invaders, not the Irish, **as is commonly believed**.

[訳] ダブリンは、実際は、一般に信じられているように、アイルランド人ではなく、バイキングの侵略者によってつくられた。

鬼の解法　関係代名詞の as は前出の節全体を先行詞とする

解説　関係代名詞 as の問題。関係代名詞 as は前出の節全体、あるいはその一部を先行詞として「～のように」という意味を表す。節全体が先行詞で単数扱いなので、(C) が正解。

11 解答 A 重要度 🔥🔥🔥

Founded a hundred years ago, the International Herald Tribune is one of the most respected newspapers in the world today.

[訳] 100年前に創刊されたインターナショナル・ヘラルド・トリビューンは今日世界で最も評価の高い新聞の1つである。

鬼の解法　ago は時を表す名詞語句とともに使われる副詞

解説　(B) は、Founded in 1915 のように in の後ろには年代がくるべき。(C) では「～によって創刊された」という意味になってしまう。(D) の Founded since は、Founded since 1915（1915年創刊以来）のように使うが、後ろに続く a hundred years ago と合わない。正解は (A)。Founded a hundred years ago で「100年前に創刊されて」という意味。

12 解答 C 重要度 🔥🔥🔥

A marten is a small, flesh-eating animal, like a weasel but larger, **that is** much valued for its fur.

[訳] テンはイタチに似ているが少し大型の肉食の動物で、その毛皮は大きな金銭的価値を持つ。

鬼の解法　節と節をつなぐには接続詞や関係詞が必要

解説　A marten is a small ～という独立した節があるので、空欄部分に動詞が入るには関係詞や接続詞が必要になる。関係代名詞 that がある (C) が正解。

13 解答 A 重要度 🔥🔥🔥

A hundred years ago, a wife was considered as much a part of a man's possessions as **was** his horse or his hunting knife.

[訳] 100年前は、妻は馬や狩りのナイフと同様夫の所有物の一部とみなされていた。

鬼の解法　過去を示す表現をチェック

解説　「時制の一致」を判断する問題。A hundred years ago ～とあり、過去の文なので as の後ろも過去時制である。従って、(A) が正解。主語は単数 his horse or his hunting knife なので (B) は誤り。

14 解答 B 重要度 🔥🔥🔥

On reaching maturity, male porpoises leave their schools and go **in search of** mates.

[訳] 成体に達するとオスのネズミイルカは群れを離れ、メスを探しに行く。

鬼の解法　go が自動詞であることが正解の鍵

解説　go は自動詞なので、目的語 search を取ることができない。よって (A)(D) は誤り。(C) は search の後に of がなければ目的語 mates を取れない。(B) in search of ～（～を探して、～を求めて）が正解。

15 解答 D 重要度 🔥🔥🔥

The word processor, **the typewriter of the eighties**, has completely revolutionized the way paperwork is stored and retrieved.

[訳] 80年代のタイプライターであるワードプロセッサーは、書類の保管と検索の仕方に大変革を起こした。

鬼の解法　空所前後にカンマがあり、前が名詞（句）なら同格の可能性を考える

解説　The word processor は単数なので (A) は誤り。「80年代」は the eighties だから (B) (C) も誤答。(D) が正解。

Written Expression

1 Wallace Stevens, <u>one of</u> America's <u>greatest</u> poets, <u>born</u> <u>in 1987</u>.
                          A   B   C   D

2 Red deer <u>are</u> <u>the more aggressive</u> than <u>the smaller species</u> found <u>in</u> the south.
               A   B   C   D

3 Bats navigate <u>through</u> dark, subterranean caverns <u>by means of</u> a highly
      A   B   C
    sophisticated <u>system radar</u>.
                        D

4 Like <u>much other</u> diurnal primates, baboons live in groups <u>within which</u>
              A   B
    there <u>are</u> complex <u>social</u> interactions.
         C   D

5 It was not <u>until</u> 1492, <u>while</u> Columbus discovered the Americas, <u>that</u>
                A   B   C
    Europeans accepted the idea <u>that</u> the earth was round.
                                   D

6 <u>Viruses</u> are <u>even</u> smaller <u>than</u> bacteria <u>is</u>.
     A   B   C   D

7 Sonar <u>makes it</u> possible <u>that</u> submarines to detect distant objects <u>in</u> the dark
             A   B   C
    <u>depths</u> of the ocean.
     D

8 Freshwater <u>warms</u> more slowly than saltwater, <u>but</u> it <u>usually</u> returns to <u>their</u>
                A   B   C   D
    original temperature more quickly.

9 <u>In</u> Spanish, the word "sandia" <u>means</u> watermelon, and the Sandia
    A   B
    Mountains <u>east of Albuquerque</u> are so named <u>because</u> their color.
                        C   D

10 <u>Ergonomics</u> <u>are</u> the study of <u>human factors</u> <u>in</u> engineering.
      A   B   C   D

11 To read Melville's <u>writings</u> is <u>experiencing</u> a world <u>far different from</u> <u>our own</u>.
                          A   B   C   D

12 Registered nurses routinely give injections, dispense medicine, and they
       A   B   C
give post-operative treatment.
                      D

13 A microscope can focus on a singularly cell, enabling a scientist to study its
                                 A   B   C   D
properties.

14 Laudanum, a solution of opium in alcohol, were much used by the Romantic
            A   B   C
poets for its hallucinatory effects.
     D

15 Young jackals often remain with their parents that the next litter is produced.
    A   B   C   D

16 The North Pole differs from Antarctica in which the North Pole is a frozen
                 A   B   C
sea whereas Antarctica is a continent.
     D

17 "Joy," an expensive French perfume, is distilled from a particular
           A   B
variety of rose that grow only in Bulgaria.
  C   D

18 "Dracula" has been called the most scariest movie in motion-picture history.
             A   B   C   D

19 A power in mathematics represents the number of times that a number is to
    A   B   C
be multiplied by it.
        D

20 Lime is often added to soil in order to lower it's acidity.
   A   B   C   D

21 Only a few birds, such as the now extinct dodo, is incapable of flight.
     A   B   C   D

22 People's first names sometimes help themselves to understand what was
                             A   B
expected of them by their parents at their birth.
  C   D

23 When Tycho Brahe's death, his observational data was passed on to a young
         A   B
German mathematician named Johannes Kepler.
   C   D

24 That seven of the boys were rescued from the cave-in were considered
         A   B   C
a miracle.
  D

25 A spectroscope utilizes a wedge-shaped prism of glass splits sunlight into its
                   A   B   C   D
component colors.

解答・解説

1 解答 **C** (born → was born) 重要度 🔥🔥🔥

Wallace Stevens, one of America's greatest poets, **was born** in 1987.

[訳] アメリカの最も偉大な詩人の1人、ウォレス・スティーヴンズは1987年に生まれた。

> 🔴 鬼の解法　born は bear の過去分詞。be born で「生まれる」という意味

> 解説 (C) は過去分詞 born しかないため、was を加える必要がある。よって正解は (C)。bear にはこの他に「耐える」という意味もあり、can't bear（我慢できない）の形で用いられる。

2 解答 **B** (the more aggressive → more aggressive) 重要度 🔥🔥🔥

Red deer are **more aggressive** than the smaller species found in the south.

[訳] アカシカは南に見られる小型の種よりも攻撃的である。

> 🔴 鬼の解法　基本的に比較級の形容詞に the は不要

> 解説 比較級の形容詞に通常 the は不要。(B) が正解だ。the が必要なのは最上級や2つのもののなかでの比較の場合。deer は複数形も deer なので (A) are は問題ない。

3 解答 **D** (system radar → radar system) 重要度 🔥🔥🔥

Bats navigate through dark, subterranean caverns by means of a highly sophisticated **radar system**.

[訳] コウモリは暗い地下の洞穴を非常に複雑なレーダーシステムで飛行する。

> 🔴 鬼の解法　レーダーをコントロールするのはシステム

> 解説 名詞＋名詞では、2つ目の名詞が主語、1つ目の名詞が目的語の役割を持つ（システムがレーダーをコントロールするのであって、レーダーがシステムをコントロールするのではない）。正解は (D)。

4 解答 **A** (much other → many other) 重要度 🔥🔥🔥

Like **many other** diurnal primates, baboons live in groups within which there are complex social interactions.

[訳] 他の多くの昼行性の霊長類と同様に、ヒヒは複雑な社会的相互作用のあるグループで生活している。

> 鬼の解法　**many は可算名詞の複数形を修飾し、much は不可算名詞を修飾する**

解説　primate（霊長類）という単語の意味が仮にわからなくても、primates と複数形になっていることから可算名詞と判断する。much は不可算名詞の前に用いるので、many にする必要がある。正解は (A)。

---

5 解答 **B** (while → when) 重要度 🔥🔥🔥

It was not until 1492, **when** Columbus discovered the Americas, that Europeans accepted the idea that the earth was round.

[訳] コロンブスがアメリカ大陸を発見した 1492 年になって初めてヨーロッパ人は地球が丸いという考えを受け入れた。

> 鬼の解法　**意味と節の位置から正答を導け**

解説　it is not until ~ that ... は「~になって初めて…が起こる」という意味。while ~ は「~する間」のように、動作や状態が継続する期間を意味し、この文の意味とは合わない。while Columbus discovered the Americas が年号 1492, の直後にあることから、while を関係副詞 when にすればよいことを見抜こう。先行詞は 1492 だ。正解は (B)。

---

6 解答 **D** (is → are) 重要度 🔥🔥🔥

Viruses are even smaller than bacteria **are**.

[訳] ウイルスはバクテリアよりもいっそう小さい。

> 鬼の解法　**複数形 viruses と比較していることから、bacteria も複数形と推測**

解説　主語と動詞の数の一致問題。viruses が複数なので、bacteria も複数と考え、動詞は are にしなければならない。ちなみに bacteria は bacterium の複数形だ。正解は (D)。その他、複数形が不規則変化する名詞として、phenomenon/phenomena（現象）、criterion/criteria（基準）、datum/data（データ）、genus/genera（属）などを覚えておくとよい（いずれも 2 つ目が複数形）。

7 解答 **B** (that → for) 重要度 🔥🔥🔥

Sonar makes it possible **for** submarines to detect distant objects in the dark depths of the ocean.

[訳] 水中音波探知法は潜水艦が暗い深海の遠くにある目標物を探しだすことを可能にする。

鬼の解法　it ～ for ... to do 構文であることを見抜け

解説 it ～ for ... to do 構文の問題。it は仮目的語、... に真の目的語が入る。この文では for が that になってしまっている。that を形容詞と考えると、前の possible と形容詞が続くので不適切。名詞節を導く接続詞と考えても、that 以降に主語と動詞がないので成立しない。正解は (B)。

8 解答 **D** (their → its) 重要度 🔥🔥🔥

Freshwater warms more slowly than saltwater, but it usually returns to **its** original temperature more quickly.

[訳] 淡水は塩水よりも温まるのは遅いが、通常、もとの温度に戻るのはより速い。

鬼の解法　代名詞に下線があったら何を指すか、単数か複数かをチェックせよ

解説 代名詞の数の一致問題。their は Freshwater を指しており、文中の but it usually のように it で受ける。所有格にする必要があるので its にする。(D) が正解。

9 解答 **D** (because → because of) 重要度 🔥🔥🔥

In Spanish, the word "sandia" means watermelon, and the Sandia Mountains east of Albuquerque are so named **because of** their color.

[訳]「サンディア」はスペイン語でスイカを意味するが、アルバカーキの東のサンディア山脈はその色からそう名づけられている。

鬼の解法　because は接続詞、because of は群前置詞

解説 because は節を導く接続詞だから、後ろに主語と動詞が続く。(D) に続く their color は名詞句だから because of にしなければならない。正解は (D)。

10 解答 **B** (are → is) 重要度 🔥🔥🔥

Ergonomics **is** the study of human factors in engineering.

[訳] エルゴノミクスは工学技術のなかの人間の要素の研究である。

鬼の解法　学問の名前は語尾に -s がついていることが多いが単数扱い

解説　語尾が -s で終わる学問名は単数扱い。(B) が正解。以下の名詞も語尾に -s がつくが単数扱いだ。ethics (倫理学)、physics (物理学)、economics (経済学)、mathematics (数学)、phonetics (音声学)、linguistics (言語学)、dynamics (力学)、tactics (戦術)、optics (光学)、conics (円錐曲線論)

11 解答 **B** (experiencing → to experience) 重要度 🔥🔥🔥

To read Melville's writings is **to experience** a world far different from our own.

[訳] メルヴィルの作品を読むことは我々とははるかに遠い世界を経験することである。

鬼の解法　主語と補語の形をそろえる

解説　不定詞には名詞的用法があり、動名詞は名詞でもあるから、ともに主語にも補語にもなることができる。しかし、1 文のなかでは、主語を不定詞にした場合、補語も不定詞にし、主語を動名詞にした場合、補語も動名詞にして形をそろえる。正解は (B)。

12 解答 **C** (and they → and) 重要度 🔥🔥🔥

Registered nurses routinely give injections, dispense medicine, **and** give post-operative treatment.

[訳] 登録正看護師は規定通りに注射をし、投薬し、術後の処置をする。

鬼の解法　動詞＋名詞の並列構造を見抜け

解説　「並列」の問題。give injections、dispense medicine、give post-operative treatment が並列しており、2 つ目の give の前の they は不要だ。and を見てその後に新しい節が始まると誤解しないようにしよう。正解は (C)。

13 解答 **A** (singularly → single) 重要度 🔥🔥🔥

A microscope can focus on a **single** cell, enabling a scientist to study its properties.
[訳] 顕微鏡を使って科学者は1個の細胞に焦点をあて、その特性を調べることができる。

> 鬼の解法　副詞を見たら何を修飾しているかを確認せよ

解説 (A) singularly は「並外れて」という意味の副詞。前に a があり、後ろに名詞 cell があるので、ここには形容詞が入る。語尾 -ly から副詞であることを推測しよう。正解は (A)。

14 解答 **C** (were much used → was much used) 重要度 🔥🔥🔥

Laudanum, a solution of opium in alcohol, **was much used** by the Romantic poets for its hallucinatory effects.
[訳] アヘンチンキ、アヘンのアルコール溶液は幻覚作用を求めるロマン派の詩人に多用された。

> 鬼の解法　同格の語句から主語の数を見抜け

解説 カンマではさまれている a solution of opium in alcohol は文頭の Laudanum と同格。これが単数であることから Laudanum も単数と考えられるので、動詞もそれに対応する形にする必要がある。正解は (C)。solution（溶液）という語は覚えておきたい。

15 解答 **C** (that → until) 重要度 🔥🔥🔥

Young jackals often remain with their parents **until** the next litter is produced.
[訳] 子供のジャッカルは次の子供達が生まれるまで親と一緒にいることが多い。

> 鬼の解法　文の意味から適切な接続詞を考えよ

解説 Young jackals often remain with their parents は文として成立しているので、that は接続詞ではない。また、後ろに受動態の節が続いているので、主格、目的格いずれの関係代名詞にもなりえない。正解は (C)。

16 解答 B (in which → in that) 重要度 🔥🔥🔥

The North Pole differs from Antarctica **in that** the North Pole is a frozen sea whereas Antarctica is a continent.

[訳] 北極点は凍った海であるという点で大陸である南極大陸と異なる。

鬼の解法　関係代名詞節が適切かどうかを確認

解説 (B) が in which の場合、先行詞 Antarctica (南極大陸) のなかに the North Pole が存在することになるので誤り。「〜という点で」という意味の in that に修正する必要がある。正解は (B)。この場合の that は接続詞だ。

17 解答 D (grow → grows) 重要度 🔥🔥🔥

"Joy," an expensive French perfume, is distilled from a particular variety of rose that **grows** only in Bulgaria.

[訳] 高級なフランスの香水「ジョイ」は、ブルガリアにのみ生育する特別なバラから蒸留濃縮される。

鬼の解法　a variety of 〜は単数扱い

解説 a variety of ＋可算名詞の単数形／不可算名詞の場合、「様々な〜」という意味。ただし、variety には「品種」という意味もあり、ここではこちらの意味で使われている。いずれの場合も動詞は単数扱いなので、正解は (D)。

18 解答 B (the most scariest movie → the scariest movie) 重要度 🔥🔥🔥

"Dracula" has been called **the scariest movie** in motion-picture history.

[訳]「ドラキュラ」は映画史上最も気味の悪い映画と呼ばれている。

鬼の解法　most と -est の併用は不可

解説 2音節の形容詞で語尾が -y の単語は、最上級にする場合、語尾を -est にするか、前に most をつける。しかし、(B) は両方が併用されてしまっている。正解は (B)。

19 解答 D (it → itself) 重要度 🔥🔥🔥

A power in mathematics represents the number of times that a number is to be multiplied by **itself**.

[訳] 数学の累乗はある数が掛け合わされる回数を表す。

鬼の解法　主語自身を目的語とする時は再帰代名詞を使う

解説 (D) it は主語の a number を指しており、再帰代名詞にする必要がある。be multiplied by itself は「それ自身によって掛け合わされる」という意味。正解は (D)。

---

20 解答 **D** (it's → its) 重要度 🔥🔥🔥

Lime is often added to soil in order to lower **its** acidity.

[訳] 石灰は酸性度を下げるためにしばしば土壌に加えられる。

鬼の解法　it's は it is か it has の短縮形、its は it の所有格

解説 it's の後ろが名詞 acidity であり、動詞 lower（下げる）の目的語だから its acidity と名詞句にするのが適切。正解は (D)。

---

21 解答 **C** (is → are) 重要度 🔥🔥🔥

Only a few birds, such as the now extinct dodo, **are** incapable of flight.

[訳] ごくわずかな種類の鳥、例えば今は絶滅したドードーなどが飛べない鳥である。

鬼の解法　a few と few はどちらも名詞の複数形が続く

解説 a few（多少の）と few（ほとんど〜ない）はともに後ろに名詞の複数形が続く。よって正解は (C)。is を are にする必要がある。

---

22 解答 **B** (themselves → them) 重要度 🔥🔥🔥

People's first names sometimes help **them** to understand what was expected of them by their parents at their birth.

[訳] 人のファーストネームは、生まれた時に親がその人に期待していたのを理解することを可能にしてくれる場合がある。

鬼の解法　代名詞を見たら、何を指しているのかを考えよ

解説 themselves が何を指しているのかを考える。「人」がファースト・ネームによって親からの期待を認識するのだから them は people を指す。People's first names が自分自身を認識するのであれば themselves が正しいが、それは現実的にありえない。正解は (B)。

23 解答 A (When Tycho Brahe's death → When Tycho Brahe died) 重要度 🔥🔥🔥

When Tycho Brahe died, his observational data was passed on to a young German mathematician named Johannes Kepler.

[訳] ティコ・ブラーエが亡くなると、彼の観察記録はヨハネス・ケプラーという名のドイツの若き数学者に引き継がれた。

> 鬼の解法　when は節を導く接続詞

> 解説　When は節を導くので、主語と動詞が必要だ。(A) が正解。

24 解答 C (were considered → was considered) 重要度 🔥🔥🔥

That seven of the boys were rescued from the cave-in **was considered** a miracle.

[訳] 陥没箇所からその少年達のなかの 7 人が救出されたことは奇跡と考えられた。

> 鬼の解法　主語の that 節は単数扱い

> 解説　That から the cave-in までは主語となる名詞節で単数扱い。よって (C) の were は was にしなければならない。正解は (C)。

25 解答 C (splits → which [that] splits) 重要度 🔥🔥🔥

A spectroscope utilizes a wedge-shaped prism of glass **which [that] splits** sunlight into its component colors.

[訳] 分光器は太陽光を構成要素の色に分離する楔形のガラスのプリズムを利用する。

> 鬼の解法　主格の関係代名詞は原則的に省略できない

> 解説　utilizes、splits と動詞が 2 つある。splits の主語は a wedge-shaped prism of glass だと考えられるから関係代名詞が必要だ。正解は (C)。

Reading Comprehension 攻略 | Chapter 3

Day 14 Reading Comprehension の概要

■ 問題の構成とパッセージの内容

Section 3 では、読解問題が出題される。この Section は 5 つのパッセージからなり、各パッセージには 10 問前後の設問がある。これら合計 50 問を 55 分間で解く。1 つのパッセージの長さは 250 〜 380 words だ。

パッセージは、アメリカやカナダの入門的なレベルの大学講義だ。分野にかたよりはなく、自然科学、社会科学、人文科学から広く出題される。ただし、専門知識が必要なわけではなく、講義を受講するためのリーディング力が試されている。

■ タイムマネジメント

問題の前にまず指示文が示される。こちらは ETS のホームページで確認しておこう。

50 問を 55 分で解くわけだから、1 つのパッセージ (10 問前後) にかけられる時間は単純計算で 11 分だ。この短い時間で問題を解くには、①効率的な読み方をする、②設問のタイプを知り、タイプ別の攻略方法を知る、③①と②を知った上で解答プロセスに慣れるという 3 つの点が重要だ。以降で①と②を解説しよう。

■ スコアアップのための効率的な読み方

■ 誤った読み方とその原因

受験者のなかには急いで読もうとするあまり、走り読みや飛ばし読みになってしまう人がいる。しかし、表面的な情報を追うだけではパッセージの内容がほとんど頭に残らず、TOEFL リーディングでスコアを伸ばすことは難しい。

なぜこうした読み方が通用しないかというと、TOEFL リーディングでは、文の表面的な意味だけではなく、パッセージ全体の主題や構成、一段深いレベルでの意味、論理の流れ、著者がある文をその場所に置いた意図、著者の論調といったことが設問で問われるからだ。

■ パッセージの構成と情報の分類

ではどのように読めばいいのだろうか。効率的な読解のために、まずはパッセージの構成を把握しよう。TOEFL に限らず、英文のエッセイは、Introduction (導入)、Body (本論)、Conclusion (結論) の 3 つの要素からなっている (次ページのパッセージを見てみ

よう)。なお、Bodyの数はパッセージによって異なる。

　また、パッセージの文は情報の種類によって、プライマリー・インフォメーションとセカンダリー・インフォメーションの2つにわけることができる。プライマリー・インフォメーションはパッセージの要点であり、セカンダリー・インフォメーションは、プライマリー・インフォメーションを支える補足的な詳細情報だ。

　一般的に、IntroductionとConclusionの1文目と最終文、またBodyの1文目は、プライマリー・インフォメーション、それ以外はセカンダリー・インフォメーションというケースが多い。プライマリー・インフォメーションを読み取れば、パッセージの大意をつかむことができる。

　効率的にパッセージを読むために、はじめにプライマリー・インフォメーションだけを読む。そして2回目のリーディングで設問を解きながら、セカンダリー・インフォメーションを読むようにしてみよう (つまりパッセージを2回読む)。このように情報を区別して読むことでムダをなくすのだ。設問に関係ない部分については読まなくて構わない。

　では実際に、次のパッセージのプライマリー・インフォメーションを1〜2分で読み、パッセージの概要をつかんでみよう。

▶ プライマリー・インフォメーション → 問題を解く前に読む
▶ セカンダリー・インフォメーション → 問題を解きながら読む

Introduction (導入)
　Predictive analytics is essentially the use of highly advanced computer systems to make forecasts in real-world situations. These predictions are most precise when the data and the rules that govern them are well-established.

Body 1 (本論1)
　Advanced computer systems that play chess are the best examples of this. Chess has a fixed number of pieces and rules, and the game is unaffected by external factors. There is also a tremendous amount of historical data on chess strategies that the systems can rely on. As a result, these systems play so many high-level moves that even grandmasters cannot follow them. For the most part today, only an advanced computer can consistently beat another advanced computer at chess.

Body 2 (本論2)
　Predictive analytics is much more difficult in environments less bounded than board games. As a case in point, even the most sophisticated computers cannot consistently forecast financial markets. Indeed, many studies show that these computers produce—on average—stock market picks that are no better than random stock selections. One reason for this is that there are a tremendous number of external variables that affect stock

market prices; weather events, elections, and ever-changing consumer preferences all have effects. Another problem is outliers or extreme events. These systems cannot predict events such as sudden real estate collapses or major wars—infrequent but crucial phenomena that usually have the largest and most immediate impact on stocks. This is why it is so questionable that computer systems—regardless of the claims of financial firms—are actually helpful to investors.

Conclusion（結論）

Nevertheless, predictive analytics has tremendous utility. As an example, by monitoring seismic—or geological—activity, these systems are coming closer to being able to predict earthquakes and tsunamis. Predictive analytics systems are also helping medical centers predict when patients being monitored by such systems may have heart attacks. They then have a greater chance of avoiding such severe dangers to their health. As these systems improve, their scope of action will necessarily widen.

プライマリー・インフォメーションをまとめると以下のようになる。

Introduction	予測解析は、本質的に最先端コンピューターシステムを駆使し、現実世界における予測を行うことである。こうした予測は複数のデータとそれらを支配する法則が適切に組み合わされた時、最も正確なものとなる。
Body 1	チェスをする最新式コンピューターシステムがこの最もわかりやすい例である。チェスには決まった数のコマとルールが存在し、ゲームは外的な要因によって影響を受けない。 ＊このパッセージの場合、2文目もプライマリー・インフォメーション
Body 2	予測解析は、ボードゲームより予測範囲が限定されない環境では、さらにずっと困難である。
Conclusion	しかしながら、予測解析は、様々な実用的可能性を秘めている。コンピューター解析システムが進歩するにつれて、応用の領域も必然的に広がっていくことだろう。

この情報をインプットした上で、設問に答えながらセカンダリー・インフォメーションを読むのだ。それでは、続いて設問にはどのようなタイプがあるか分析しよう。

■ 設問タイプ別攻略法

設問にはおもに以下の9タイプがある。順に解説していこう。

① パッセージ全体や段落の意味を問う問題 (Main topic questions)
② パッセージの構成に関する問題 (Passage organization and paragraph-related questions)
③ 詳細問題 (Detail[Factual] information questions)
④ ネガティブ問題 (Negative factual information questions)
⑤ 段落や文章を見つける問題 (Indicating paragraph[sentence] questions)
⑥ 推測問題 (Inference questions)
⑦ 論調問題 (Author's attitude[stance] questions)
⑧ 語彙問題 (Vocabulary questions)
⑨ 参照問題 (Reference questions)

■ パッセージ全体や段落の意味を問う問題

- パッセージ全体や段落のテーマ・主旨を問う問題
- 最も適切なタイトル、パッセージを書いた目的などが問われることもある
- 一般的に最初にこの問題が出題される

典型的設問パターン

- What is the main topic [main subject/main idea/main purpose] of the passage?
- What does the passage mainly discuss?
- With which of the following topics [subjects] is the passage mainly concerned?
- Which of the following sentences best summarizes the author's main point?

鬼のチェックポイント

① プライマリー・インフォメーションを読み、主旨を把握する(比較的長く、段落数が多い文章に特に有効)
② 一部の詳細情報にしか触れていない選択肢は正解にはならないので要注意

■ パッセージの構成に関する問題

- パッセージ全体、またはある段落がどのように構成されているかを問う問題
- それほど頻繁には出題されない

[典型的設問パターン]

- Which of the following best describes the organization of the passage?
- Which of the following statements best describes the organization of the third paragraph?
- Which of the following best describes the relationship between the first and second paragraphs?

鬼のチェックポイント

① プライマリー・インフォメーションを読み取り、文章の流れ、文章全体の構成を参考にして答える
② 上記3つ目の設問パターンのように、段落間の構成上の関連性についても質問される可能性がある

■ 詳細問題

- パッセージの具体的な細部に関する問題
- 正解の選択肢とほぼ同じか、非常に似かよった表現で本文中に記述があり、それを見つけさえすれば正解できる

[典型的設問パターン]

- Which of the following is true of ～?
- What does the passage say about ～?
- What does the author mention as ～?

鬼のチェックポイント

① 正解の選択肢とほぼ同じ内容の箇所を、パッセージ中に迅速かつ正確に見つける。設問文の固有名詞や数字などを手がかりにしよう
② 正解の選択肢は同義語などで、より簡潔な表現で言い換えてあることが多い
③ 本文に明記されていない時は、文章全体の構成や論理の流れを考える

■ ネガティブ問題

- 「〜ではないもの」「あげられていないもの」「言及されていないもの」「あてはまらないもの」を選ばせる問題
- 一般的には、本文中に正解を選ぶための根拠がはっきり明示されているが、なかには多少の推論を必要とするものもある

典型的設問パターン

- All of the following are [were] mentioned as 〜 EXCEPT
- Which of the following is [was] NOT mentioned as 〜?
- The author mentions all of the following as 〜 EXCEPT
- Which of the following is NOT given as a reason why 〜?

＊1番目と3番目のパターンは EXCEPT の後に選択肢の内容が続く。

鬼のチェックポイント

① 「あてはまるもの」を選択肢から3つ見つけ、消去法で答えを絞る
② ほとんどの場合、2、3文中に、消去すべき情報が集中している
③ 全体の構成、流れを理解すれば、選択肢を見ただけで正解できることもある

■ 段落や文章を見つける問題

- パッセージの**一部**に明確に述べられている情報を探す問題
- 各パッセージの設問のうち、10番目に出題されることが多い
- 設問文には Where、選択肢に行数あるいは段落が表示される

典型的設問パターン

- Where in the passage does the author discuss 〜?
- Where in the passage does the author provide a term for 〜?

鬼のチェックポイント

① 設問文から「キーワード」を探す
② 選択肢に書かれている行や段落に目を通し、本文中にキーワード（またはその「言い換え」）が書かれている箇所を探し、答えを選ぶ

■ **推測問題**
- 詳細問題と異なり、本文中に正解と同じ表現はでてこないが、書かれていることから多少推論すれば正解がわかる
- 文脈の流れから、存在しない前後の段落の内容を推測させる設問もある（以下の3つ目の設問）

> 典型的設問パターン

- It can be inferred from the passage [from the third paragraph] that 〜
- What does the author imply about 〜?
- What does the paragraph preceding [following] the passage probably discuss?

鬼のチェックポイント

① 文章の内容に即して、論理的かつ常識的に推論するよう心がける
② 自分の勝手な思い込みで推論しないように注意
③ 複数の情報を統合して結論を導きだす

■ **論調問題**
- ある議論に関して、**著者の立場、意見、見解、論調**に関する理解度を問う問題
- パッセージ全体を通じて用いられている論調、表現を見つける
- 著者が意見を明確に述べておらず、複数の情報から個人的見解を推測しなければならない難問もある

> 典型的設問パターン

- What is the author's tone [attitude] toward the topic?
- The author is most likely to agree or disagree with which of the following statements?
- How does the author feel about 〜?

鬼のチェックポイント

① 著者の見解、立場は以下のような形容詞の選択肢で表されることが多い accusative/critical/regretful/dubious/suspicious/supportive/skeptical/sarcastic など
② 著者は、パッセージのテーマを客観的に説明しているのか、あるいは疑問を投げかけるような論調なのかに注目

③ ポジティブな見解の表現 (obvious/convincing/evident/conclusive/confirmed) やネガティブな見解の表現 (unknown/despite/arguable/controversial) などに注目し著者の考えをつかむ

■ 語彙問題

- パッセージ中のある単語 (名詞、動詞、形容詞、副詞) と最も意味の近い単語を選ばせるものがほとんど。句を問うこともある
- Reading Comprehension における設問の少なくとも 30% 程度を占める

典型的設問パターン

- The word "-----" in line 8 is closest in meaning to ～
- The word "-----" in line 14 could best be replaced by ～

鬼のチェックポイント

① 選択肢のうちどれをもとの語句の代わりに使えば、もとの文の意味が維持できるかを判断しよう
② 意味が完全に一致しない類義語も正解になる
③ 明らかに意味がそぐわないものを除外し、できるだけ選択肢を減らす
④ 意味を知らない単語は、接頭辞、語根、接尾辞の意味をもとに、ある程度意味を推測する
⑤ 文脈 (前後関係) から意味を限定することも有効

■ 参照問題

- ある単語 (まれに句) が何を指しているのかを問う問題
- 問われる単語は代名詞、名詞、副詞 there など

典型的設問パターン

- The word "it" in line 7 refers to ～
- In line 14, the word "their" refers to ～
- The word "one" in line 7 refers to ～

鬼のチェックポイント

① ごく単純に指示語が指す名詞 (時に名詞句や名詞節) を探せばよい
② 大半は、指示語と同じ文か、その直前の文に正解語句が見つかるが、時に 2 つ、3 つ前の文まで探さなければならないこともある
③ 逆に正解があまりに近くにあるため、受験者は見逃してしまったり、選ぶのをためらったりする傾向があるので注意

■ 実践演習と設問タイプ別解説

先ほど読んだパッセージを再度読み、解答にチャレンジする。実際には11分で解答を終えるべきだが、ここでは設問タイプ別の攻略法を知ることが目的なので、時間をかけて構わない。各設問がどのタイプにあたり、どう攻略すべきかを確認しながら、解答プロセスを学んでいこう。

1　　Predictive analytics is essentially the use of highly advanced computer systems to make forecasts in real-world situations. These predictions are most precise when the data and the rules that govern them are well-established.

5　　Advanced computer systems that play chess are the best examples of this. Chess has a fixed number of pieces and rules, and the game is unaffected by external factors. There is also a tremendous amount of historical data on chess strategies that the systems can rely on. As a result, these systems play so many high-level moves that even grandmasters
10 cannot follow them. For the most part today, only an advanced computer can consistently beat another advanced computer at chess.

　　Predictive analytics is much more difficult in environments less bounded than board games. As a case in point, even the most sophisticated computers cannot consistently forecast financial markets. Indeed, many
15 studies show that these computers produce—on average—stock market picks that are no better than random stock selections. One reason for this is that there are a tremendous number of external variables that affect stock market prices; weather events, elections, and ever-changing consumer preferences all have effects. Another problem is outliers or extreme events.
20 These systems cannot predict events such as sudden real estate collapses or major wars—infrequent but crucial phenomena that usually have the largest and most immediate impact on stocks. This is why it is so questionable that computer systems—regardless of the claims of financial firms—are actually helpful to investors.

25　　Nevertheless, predictive analytics has tremendous utility. As an example, by monitoring seismic—or geological—activity, these systems are coming closer to being able to predict earthquakes and tsunamis. Predictive analytics systems are also helping medical centers predict when patients being monitored by such systems may have heart attacks. They then have
30 a greater chance of avoiding such severe dangers to their health. As these systems improve, their scope of action will necessarily widen.

1 **What is the author's main point?**
   (A) Computers cannot actually predict as much as hoped.
   (B) Predictive analytics needs much more powerful computer systems.
   (C) People are ignoring the tremendous opportunity for the use of predictive analytics.
   (D) Computer systems can predict a limited but growing number of phenomena.

2 **What does the paragraph preceding the passage probably discuss?**
   (A) The origin and development of highly advanced computer systems
   (B) The reasons why computers are necessary in a highly complex world
   (C) The importance of game theory in programming sophisticated systems
   (D) The overreliance of early systems on fixed sets of data

3 **Which of the following best describes the relationship between the second and third paragraphs?**
   (A) The second paragraph introduces one theory and the third provides an alternative theory.
   (B) The second paragraph outlines uses of an innovation and the third paragraph outlines its shortcomings.
   (C) The second paragraph criticizes an existing consensus and the third one provides a case that reinforces that criticism.
   (D) The second paragraph compares several competing explanations for a trend and the third paragraph proves that one of them is correct.

4 **In paragraph 2, all of the following are mentioned as reasons why computers can excel at chess EXCEPT**
   (A) fixed rules
   (B) absence of externalities
   (C) unlimited time
   (D) large data sets

5 **Which of the following does the author mention as a reason for the difficulty computer systems have in accurately modeling financial markets?**
   (A) A focus on extreme events that impact stock prices
   (B) A limited amount of historical data on stocks
   (C) A broken connection between real estate and stock movements
   (D) An inability to deal with occurrences that are impactful but unpredictable

6 It can be concluded from the passage that
 - (A) computers have gained the ability to accurately forecast a wide range of human behavior
 - (B) software can make accurate forecasts even with relatively small data sets
 - (C) the more controlled an environment, the more accurate a computer prediction will be
 - (D) software systems can usually account for factors external to an environment

7 What is the author's attitude toward the claim that the financial markets can be modeled by advanced computer systems?
 - (A) Optimism that dramatic breakthroughs will take place
 - (B) Skepticism about the goal of ever-modeling financial markets
 - (C) Disdain for the general intelligence of supposedly sophisticated investors
 - (D) Confidence that financial markets are reasonably accurately modeled through existing technology

8 The word "utility" in line 25 is closest in meaning to
 - (A) value
 - (B) research
 - (C) profit
 - (D) decision

9 The word "They" in line 29 refers to
 - (A) centers
 - (B) patients
 - (C) attacks
 - (D) dangers

10 Where in the passage does the author assert the superiority of computer systems over humans in chess?
 - (A) Lines 3-4
 - (B) Lines 5-6
 - (C) Lines 6-7
 - (D) Lines 9-10

解答・解説

[訳]

① 予測解析は、本質的に最先端コンピューターシステムを駆使し、現実世界における予測を行うことである。こうした予測は複数のデータとそれらを支配する法則が適切に組み合わされた時、最も正確なものとなる。

② チェスをする最新式コンピューターシステムがこの最もわかりやすい例である。チェスには決まった数のコマとルールが存在し、ゲームは外的な要因によって影響を受けない。また、現在に至るまでの膨大なチェス戦略のデータがあり、コンピューターシステムはそれらを駆使することができる。その結果、これらのシステムは、世界トップクラスのチェスプレイヤーでもまねできないような高度なコマ運びを行うのである。現在では、大方、チェスにおいて高性能コンピューターを一貫して打ち破ることができるのは、さらに進化した最先端コンピューターのみということになっている。

③ 予測解析は、ボードゲームより予測範囲が限定されない環境では、さらにずっと困難である。その事例としては、どんなに進歩したコンピューターでも金融市場を一貫して予測できないことがあげられる。確かに、コンピューターは、市場から株式選択し、提示をしてくれるが、通常、それらは株式の無作為選択とほぼ変わらないことを多くの研究が示している。その理由の1つは、気象現象、選挙、つねに変化する消費者嗜好など、市場株価に影響を与えうる、おびただしい数の外的な可変性要素が存在することにある。別の問題は、予想をはるかに超えた想定外の出来事が起こりうるということだ。これらのシステムは、不動産市場の崩壊や大規模な戦争といった出来事、つまり、頻繁ではないが、株価にたいてい多大、かつ即座の影響をおよぼす重大な現象は予測不可能なのである。であるから、たとえ金融機関が主張したとしても、コンピューターの予測システムが、実際に投資家の役に立つかどうかは疑わしいのである。

④ しかしながら、予測解析は、様々な実用的可能性を秘めている。その例としては、地震や地質活動を観測することにより、コンピューター解析システムは地震や津波の予測が可能な域にまで近づいていることがあげられる。また、医療現場でも、患者のデータを解析することによって、心臓発作がいつ起きるかを予測するのに役立っている。それによって患者達は、自身の身体に起こりうる致命的な危険状態を回避できる可能性が大幅に増えるのである。コンピューター解析システムが進歩するにつれて、応用の領域も必然的に広がっていくことだろう。

❶ ボキャブラリー
- predictive analytics 予測解析
- bounded 制限された
- variable 変化するもの、変数
- collapse 崩壊
- crucial 重大な
- seismic 地震の

1 解答 D   パッセージ全体や段落の意味を問う問題

What is the author's main point?

(A) Computers cannot actually predict as much as hoped.
(B) Predictive analytics needs much more powerful computer systems.
(C) People are ignoring the tremendous opportunity for the use of predictive analytics.
(D) Computer systems can predict a limited but growing number of phenomena.

著者のおもな論点は何ですか。

(A) コンピューターは期待されているほど、実際には予測できない。
(B) 予測解析にはもっと優れたコンピューターシステムが必要だ。
(C) 人々は予測解析の利用のための大きな機会を見過ごしている。
(D) コンピューターシステムの予測は限定されているが、その予測の幅は広がってきている。

鬼の解法 プライマリー・インフォメーションから主旨をつかめ

解説 p. 268 にまとめたパッセージのプライマリー・インフォメーションを統合すると、(D) が正解だとわかる。

2 | 解答 A | 推測問題

What does the paragraph preceding the passage probably discuss?

(A) The origin and development of highly advanced computer systems
(B) The reasons why computers are necessary in a highly complex world
(C) The importance of game theory in programming sophisticated systems
(D) The overreliance of early systems on fixed sets of data

このパッセージの前にある段落はおそらく何を論じていますか。

(A) 最先端コンピューターシステムの誕生と発展
(B) 非常に複雑な世界でコンピューターが必要な理由
(C) 極めて複雑なシステムをプログラムする際のゲーム理論の重要性
(D) 初期システムの一定の複数データに対する過度の依存

鬼の解法 パッセージの前後を推測させる問題は、最初の1文か最後の1文を読む

解説 パッセージの前後の段落を推測させるタイプの推測問題。この場合 preceding the passage だから、第1段落の最初の1文を読む。逆に following the passage であればパッセージ最後の1文を読む。1文目「予測解析は、本質的に最先端コンピューターシステムを駆使し、現実世界における予測を行うことである」から (A) が正解だとわかる。

3 | 解答 B | パッセージの構成に関する問題

Which of the following best describes the relationship between the second and third paragraphs?

(A) The second paragraph introduces one theory and the third provides an alternative theory.
(B) The second paragraph outlines uses of an innovation and the third paragraph outlines its shortcomings.
(C) The second paragraph criticizes an existing consensus and the third one provides a case that reinforces that criticism.

第2段落と第3段落の関連性を最も適切に述べているものは、次のどれですか。

(A) 第2段落である理論を持ちだし、第3段落でまた別の理論を提示している。
(B) 第2段落である革新技術の応用の概要を述べ、第3段落でその欠点を述べている。
(C) 第2段落で現在の一致意見を批判し、第3段落である事例をだし、批判をさらに強めている。

(D) The second paragraph compares several competing explanations for a trend and the third paragraph proves that one of them is correct.

(D) 第 2 段落である動向に競合するいくつかの説明を比較し、第 3 段落で、それらのうち、1 つの説明が正しいということを証明している。

鬼の解法　全体の要旨を把握した上で各段落の関連性を確認せよ

解説　連続した段落の関連性を問う構成問題。「コンピューターシステムの予測は限定されているが、その予測の幅は広がってきている」という全体の主旨を理解した上で、第 2、第 3 段落の関連性をチェックしてみると、第 2 段落は、最先端コンピューターシステムを用いたチェスの例をあげ、第 3 段落は、最先端コンピューターシステムによる予測不可能な領域を金融市場の例を用いて説明している。よって正解は (B) だ。

4 | 解答　**C** | ネガティブ問題

In paragraph 2, all of the following are mentioned as reasons why computers can excel at chess EXCEPT

(A) fixed rules
(B) absence of externalities
(C) unlimited time
(D) large data sets

第 2 段落で、なぜコンピューターがチェスにおいてまさることができるのか、その理由として述べられていないものは、次のどれですか。

(A) 一定のルール
(B) 外的要因の欠如
(C) 無制限の時間
(D) 膨大なデータ

鬼の解法　設問や選択肢のキーワードをパッセージに探し、解答を導け

解説　設問や選択肢のキーワードをパッセージ内に探し、消去法で解答を絞り込む。(A) fixed rules は 6 行目の a fixed number of pieces and rules、(B) absence of externalities は 7 行目の unaffected by external factors、(D) large data sets は 7 ～ 8 行目の a tremendous amount of historical data に対応しており、(C) だけが異なる。

5 解答 D 詳細問題

Which of the following does the author mention as a reason for the difficulty computer systems have in accurately modeling financial markets?

(A) A focus on extreme events that impact stock prices
(B) A limited amount of historical data on stocks
(C) A broken connection between real estate and stock movements
(D) An inability to deal with occurrences that are impactful but unpredictable

コンピューターシステムが金融市場を正確に予測、形成することができない理由の1つとして著者が述べているものは次のどれですか。

(A) 株価に影響を与える想定外の出来事に集中していること
(B) 株価に関する過去のデータが限られていること
(C) 不動産市場と株価の動きの間に関係性がないこと
(D) 影響が大きいが予測不可能な出来事に対応できないこと

鬼の解法 設問や選択肢のキーワードをパッセージに探し、解答を導け

解説 設問中のキーワード financial market と reason が第3段落にあるので、第3段落に注目する。reason は16行目にあり、おびただしい数の可変性要素の存在によって、コンピューターが金融市場を予測できないことがわかる。(D) が正解だ。

6 解答 C 推測問題

It can be concluded from the passage that

(A) computers have gained the ability to accurately forecast a wide range of human behavior
(B) software can make accurate forecasts even with relatively small data sets
(C) the more controlled an environment, the more accurate a computer prediction will be
(D) software systems can usually account for factors external to an environment

パッセージから導きだせる結論は

(A) コンピューターは、幅広い範囲の人間の行動を正確に予測できる能力を手に入れた
(B) ソフトウェアは比較的少ない量のデータからでも、正確な予測を行うことができる
(C) 環境管理が可能になるほど、コンピューターの予測はより正確になるだろう
(D) ソフトウェアシステムはある環境に対しての外的な要因をたいてい説明することができる

鬼の解法 複数の情報を統合し、正しい推測を選べ

解説 パッセージから結論を導きだす推測問題。結論だから、最終段落の内容と合致させる。しかし、推測問題は基本的に複数の情報の統合によって成り立っているので、1文だけでは不十分。「頻繁ではないが、株価にたいてい多大、かつ即座の影響をおよぼす重大な現象は、予測不可能」(20行目)、「コンピューター解析システムが進歩するにつれて、応用の領域も必然的に広がっていくことだろう」(30行目)という2つの情報を統合すると、(C) が正解だとわかる。

7　解答　B　論調問題

What is the author's attitude toward the claim that the financial markets can be modeled by advanced computer systems?

(A) Optimism that dramatic breakthroughs will take place
(B) Skepticism about the goal of ever-modeling financial markets
(C) Disdain for the general intelligence of supposedly sophisticated investors
(D) Confidence that financial markets are reasonably accurately modeled through existing technology

金融市場は、最新式コンピューターシステムによって予測形成されることが可能という主張に対する著者の見解は何ですか。

(A) 劇的な進歩が訪れるだろうという楽観
(B) 金融市場を予測形成するという目標に対する懐疑
(C) おそらく優秀な投資家達の一般的な知識に対する軽蔑
(D) 現存のテクノロジーによって、金融市場は、かなり正確に予測、形成されるという確信

鬼の解法 主観を示す言葉や、ポジティブ、ネガティブな言葉を探せ

> **解説**「金融市場は、最新式コンピューターシステムによって予測形成されることが可能という主張」に対する著者の見解は、22〜24行目 This is why it is so questionable that computer systems—regardless of the claims of financial firms—are actually helpful to investors. で、questionable（疑わしい）と述べられている。このような主観を示す言葉やポジティブ、ネガティブな言葉を手がかりにしよう。選択肢を見ると、questionable に近い語義の skepticism（懐疑論）が (B) にある。

8　解答　A　語彙問題

The word "utility" in line 25 is closest in meaning to

(A) value
(B) research
(C) profit
(D) decision

25行目の単語「utility」に最も意味が近いのは

(A) 有用性
(B) 研究
(C) 利益
(D) 決断

鬼の解法 使用頻度の高い意味が解答とは限らない。文脈から意味を特定せよ

> **解説** 語彙問題は、最も意味の近いベストアンサーを選べばよい。ここで utility は、文脈からも「有用性」だが、注意したいのは選択肢の語句の意味が必ずしも使用頻度の高い意味ではないということだ。正解の (A) value は、通常「価値」の意味で使われる。しかし value には「有用性」の意味もある。ここが TOEFL 語彙問題の難しいところだ。

9 | 解答 B | 参照問題

The word "They" in line 29 refers to
(A) centers
(B) patients
(C) attacks
(D) dangers

29行目の「they」が指しているものは
(A) センター
(B) 患者
(C) 発作
(D) 危険

鬼の解法　前の文章から指示する名詞を探し、文脈をもとに正答を絞り込め

解説 指示代名詞の参照問題は、その代名詞よりも前の名詞を探す。ここでは文頭の They だから基本的に1つ前のセンテンスに複数名詞を探せばいい。すると、Predictive analytics systems、medical centers、patients、heart attacks が見つかる。They を含む文は、「それによって They は、自身の身体に起こりうる致命的な危険状態を回避できる可能性が大幅に増える」という意味。文脈、特に「自身の身体」から正解は (B)patients（患者）ということがわかる。

10 | 解答 D | 段落や文章を見つける問題

Where in the passage does the author assert the superiority of computer systems over humans in chess?
(A) Lines 3-4
(B) Lines 5-6
(C) Lines 6-7
(D) Lines 9-10

パッセージのどこで、著者は、チェスにおけるコンピューターシステムの人間への優位性について述べていますか。
(A) 3-4行目
(B) 5-6行目
(C) 6-7行目
(D) 9-10行目

鬼の解法　パッセージ中にある設問の言い換え表現を見抜け

解説 キーワードをもとに該当箇所がパッセージのどこにあるかを調べる。9〜10行目の these systems play so many high-level moves that even grandmasters cannot follow them（これらのシステムは、世界トップクラスのチェスプレイヤーでもまねできないような高度なコマ運びを行う）が「コンピューターシステムの人間への優位性」と同義の内容だ。よって正解は (D)。grandmasters が humans、cannot follow が superiority と言い換えられている点を見抜けるかどうかがポイントだ。

以上で、Reading Comprehension におけるパッセージの読み方と設問タイプ別攻略法をインプットできただろう。続いて、実際の制限時間で練習問題を解く。効率的な読み方と設問タイプ別攻略法を意識しながら挑戦してほしい。

Day 15 練習問題 1

Questions 1-10

1　　Global warming has become so pronounced over the past 200 years that some scientists refer to these past two centuries as the Anthropocene: a unique geological epoch, the climate of which has been heavily shaped by human activity—from agriculture to industry. International agreements
5　have failed to halt this, but geoengineering, or the reshaping of the climate and other aspects of the planet, might do so.
　　A central goal of geoengineering is to mitigate climate temperature rise caused by sunlight, otherwise termed Solar Radiation Management (SRM). Human-caused emissions, or greenhouse gases, hang in the atmosphere as
10　a barrier. A significant amount of sunlight reaches earth and, instead of being reflected back into space, is trapped by it. The result is a warming climate. The aim of SRM is to lower the amount of this trapped sunlight. One way to do this would be spraying sulfur into the air in very large quantities. Much as volcanic eruptions do, this airborne sulfur would
15　reflect some sunlight back into space, cooling the earth. Another way to do this would be using ships to spray large amounts of seawater into the atmosphere, resulting in larger, thicker clouds. These clouds would also reflect some sunlight back into space.
　　One problem with SRM is that it does not affect greenhouse gas levels.
20　Temperatures may stop rising, or rise more slowly, but toxic gases such as methane and carbon dioxide would continue to build—affecting air, water and soil quality. In addition, SRM could have side effects such as damaging the ozone layer—although it is unclear whether this would actually take place. Plans to reduce greenhouse gas emissions—possibly through
25　technologies in the design phase at present—could be the most viable long-term solution.

1 What is the main point of paragraph 1?
   (A) A process has not been followed.
   (B) A scientific approach requires change.
   (C) A historical event needs more review.
   (D) An issue has grown much larger.

2 According to the passage, why does the Anthropocene differ from other epochs?
   (A) It is the first to experience any climate change.
   (B) It is the product of human activities.
   (C) It is shorter than any other geological epoch.
   (D) It is the only epoch that scientists widely disagree about.

3 The word "pronounced" in line 1 is closest in meaning to
   (A) severe
   (B) disliked
   (C) lost
   (D) failed

4 According to the passage, what is the main goal of SRM?
   (A) Shrinking cloud size
   (B) Causing some reflection
   (C) Reducing emissions
   (D) Trapping greenhouse gases

5 The word "mitigate" in line 7 is closest in meaning to
   (A) predict
   (B) offset
   (C) violate
   (D) determine

6 Which of the following can be inferred about volcanic eruptions?
   (A) They project carbon up into space.
   (B) They harm nearby seawater.
   (C) They dump sulfur into the ground.
   (D) They have a substantial cooling effect.

7 The word "it" in line 11 refers to
   (A) barrier
   (B) sunlight
   (C) earth
   (D) space

8 In paragraph 3, which of the following is NOT mentioned as a problem with SRM?
   (A) High development costs
   (B) Possible damage to the ozone layer
   (C) Inability to remove greenhouse gases
   (D) Allowing pollution of land to continue

9 The word "unclear" in line 23 is closest in meaning to
   (A) lost
   (B) blocked
   (C) ineligible
   (D) debatable

10 It can be concluded from the passage that
   (A) global warming could be an unstoppable phenomenon
   (B) SRM is only a partial solution to climate change
   (C) scientists are overlooking obvious risks in a strategy
   (D) technologies to stop global warming lack support

解答・解説

[訳]

1 この200年、地球温暖化は非常に顕著になっており、一部の科学者達は過去2世紀を人新世（農業から工業まで人間活動の多大な影響で生みだされた、地質学的に特異な気候の時代）と称している。これまでのところ、国際合意は地球温暖化をくい止められていない。しかしながら今後、地球工学、すなわち地球の気候やそれ以外の面を再形成することによって、温暖化が止まるかもしれない。

2 地球工学のおもな目的は、太陽光による地球の気温上昇を和らげることであり、他にSolar Radiation Management（太陽輻射管理）とも呼ばれる。人間によってつくりだされた排出ガス、つまり温室効果ガスは、大気圏に障壁として停滞している。大量の太陽光が地上に降り注ぎ、宇宙へとはね返されることなく、このガスによって地球に閉じ込められている。その結果、温暖化気候が生じるわけである。SRMのねらいは、この地球に閉じ込められた太陽光の量を減少させることにある。その1つの方法は、大気中に大量の硫黄を散布することだ。硫黄の多くは火山噴火によって散布されるが、この空中を浮遊する硫黄が大気中で太陽光線を宇宙へと反射させることになり、地球の温度を下げることになる。また、考えられる別の方法は、船を使って大量の海水を大気中に散布し、より大きくより厚い雲を生じさせる方法である。そうして生じた雲がまた太陽光線を宇宙にはね返すわけである。

3 SRMに関する問題の1つは、温室効果ガスレベルには影響がないということだ。温度上昇は止まる、あるいはよりゆるやかに上昇するようになるかもしれないが、メタン、二酸化炭素といった有毒ガスは、排出され続け、そして大気、水質、土壌の汚染へとつながっていくことになるだろう。加えて、実際に起きる可能性は定かではないが、SRMにはオゾン層を破壊するという副次的影響も考えられる。温室効果ガスの排出量を削減するという計画が、現在構想段階にある科学技術では、おそらく最も実現度が高い長期的解決策なのかもしれない。

❶ ボキャブラリー

- □ global warming 地球温暖化　□ pronounced 著しい　□ Anthropocene 人新世
- □ geoengineering 地球工学　□ mitigate ～ ～を和らげる　□ emission 排出（されるもの）
- □ atmosphere 大気圏　□ sulfur 硫黄　□ airborne 空中を浮かんで　□ toxic 毒性のある
- □ viable 実行可能な

1　解答　**D**　　パッセージ全体や段落の意味を問う問題

What is the main point of paragraph 1?　第1段落の主旨は何ですか。

(A) A process has not been followed.　(A) 処置がなされていない。
(B) A scientific approach requires change.　(B) 科学的手法には変化が必要だ。
(C) A historical event needs more review.　(C) 歴史上の出来事には再考が必要だ。
(D) An issue has grown much larger.　(D) ある問題がより深刻化した。

鬼の解法　第1段落のプライマリー・インフォメーションにもとづいて正答を導け

解説　1行目で温暖化問題が顕著になっていることが述べられ、4～5行目で温暖化を阻止する国際合意は失敗に終わっていることと、今後、地球工学によって温暖化が止まる可能性があることが述べられている。5行目のbut以降がパッセージ全体の主題だが、この設問は第1段落の主題を聞いており、but以降の内容と一致する選択肢もないので、1行目と一致する(D)が正解。

2 解答 B 詳細問題

According to the passage, why does the Anthropocene differ from other epochs?

(A) It is the first to experience any climate change.
(B) It is the product of human activities.
(C) It is shorter than any other geological epoch.
(D) It is the only epoch that scientists widely disagree about.

パッセージによると、なぜ人新世は他の時代と異なるのですか。

(A) 気候変動の影響を受けた最初の時代である。
(B) 人間活動の産物である。
(C) 他のどの地質時代より短い。
(D) 科学者達が、異なった意見を持つ唯一の時代である。

鬼の解法　設問中の固有名詞はキーワードになるので要チェック

解説　設問文にある the Anthropocene という固有名詞がキーワードなので、第1段落の the Anthropocene の周辺を確認しよう。3〜4行目に a unique geological epoch, the climate of which has been heavily shaped by human activity とあり、(B) が正解だとわかる。キーワードをもとに、解答の手がかりになるセンテンスが見つかれば、容易に正答できる。

3 解答 A 語彙問題

The word "pronounced" in line 1 is closest in meaning to

(A) severe
(B) disliked
(C) lost
(D) failed

1行目の単語「pronounced」に意味が最も近いのは

(A) 深刻な
(B) 嫌悪されている
(C) 失われた
(D) 失敗した

鬼の解法　難易度の高い語彙問題は、文脈から意味を類推するのが基本

解説　やや難易度の高い pronounced という語彙を問う問題。動詞 pronounce には「発音する」という意味以外にも「公言する、断言する」という意味があり、pronounced には「はっきりした、著しい」という意味がある。難易度が高く即答は難しいだろう。いずれの選択肢もネガティブな意味の単語だが、主語の「地球温暖化」がどうなったのかということをパッセージの主旨全体から考えると、(A) が正解だとわかる。

4 解答 B 詳細問題

According to the passage, what is the main goal of SRM?
(A) Shrinking cloud size
(B) Causing some reflection
(C) Reducing emissions
(D) Trapping greenhouse gases

パッセージによると、SRM のおもな目的は何ですか。
(A) 雲の大きさを縮めること
(B) 反射を引き起こすこと
(C) 排出ガスを減らすこと
(D) 温室効果ガスを閉じ込めること

鬼の解法　キーワードの言い換え表現を見つけよう

解説 設問中の SRM と goal がキーワード。12 行目に、The aim of SRM is to lower the amount of this trapped sunlight. とある。aim は goal だから、SRM の目的は太陽光が閉じ込められる量を減らすことだとわかる。よって反射について述べられていない (A)(C)(D) は誤答の可能性が高い。さらに、第 2 段落後半の SRM の具体例で、太陽光を宇宙に反射する手法が述べられていることをもとに、確実に正解 (B) を導こう。

5 解答 B 語彙問題

The word "mitigate" in line 7 is closest in meaning to
(A) predict
(B) offset
(C) violate
(D) determine

7 行目の単語「mitigate」に意味が最も近いのは
(A) 予測する
(B) 相殺する
(C) 違反する
(D) 決定する

鬼の解法　同じ段落に同義語・類義語が見つかる場合がある

解説 この mitigate（和らげる、緩和する）は TOEFL では出題頻度の高い単語。同じ段落内にある 2 つのセンテンス A central goal of geoengineering is to mitigate climate temperature rise caused by sunlight（7〜8 行目）と The aim of SRM is to lower the amount of this trapped sunlight（12 行目）を比較し、内容の類似点に気づけば mitigate の意味は推測できる。(A)(C)(D) は明らかに違う意味なので、正解は (B) だ。

Reading Comprehension 攻略 | **Chapter 3**

6　解答　**D**　推測問題

Which of the following can be inferred about volcanic eruptions?
(A) They project carbon up into space.
(B) They harm nearby seawater.
(C) They dump sulfur into the ground.
(D) They have a substantial cooling effect.

火山噴火に関して推測できるのは、次のどれですか。
(A) 宇宙へ炭素を放出する。
(B) 近くの海水に害をおよぼす。
(C) 硫黄を地中へ投げ捨てる。
(D) 実質的に冷却効果がある。

鬼の解法　センテンスの情報から論理的に結論を導く

解説　キーワードは volcanic eruptions であり、14〜15 行目に Much as volcanic eruptions do, this airborne sulfur would reflect some sunlight back into space, cooling the earth. が見つかり、この 1 文から「火山噴火による硫黄放出には、太陽光反射、気温低下効果がある」ということが推論できる。よって (D) が正解。(A) は「炭素」、(B) は「害をおよぼす」、(C) は「地中へ投げ捨てる」という部分が本文と異なる。

7　解答　**A**　参照問題

The word "it" in line 11 refers to
(A) barrier
(B) sunlight
(C) earth
(D) space

11 行目の単語「it」の指しているのは
(A) 障壁
(B) 太陽光線
(C) 地球上
(D) 宇宙

鬼の解法　指示語の前にある名詞を探せ

解説　指示代名詞 it を含む前の文に、it が指すものを探そう。10〜11 行目に A significant amount of sunlight reaches earth and, instead of being reflected back into space, is trapped by **it**. とあり、it によって太陽光が閉じ込められることがわかる。さらに 1 文前の Human-caused emissions, or greenhouse gases, hang in the atmosphere as a barrier. を読めば、「閉じ込めるもの」は barrier (障壁) だとわかるだろう。正解は (A)。

8 解答 A　ネガティブ問題

In paragraph 3, which of the following is NOT mentioned as a problem with SRM?

(A) High development costs
(B) Possible damage to the ozone layer
(C) Inability to remove greenhouse gases
(D) Allowing pollution of land to continue

第3段落で、SRMの問題点として述べられていないものは、次のどれですか。

(A) 高額な開発費用
(B) オゾン層破壊の可能性
(C) 温室効果ガス除去能力の欠如
(D) 土壌汚染を継続させる要因

鬼の解法　指定された段落内で、あてはまるものを3つ探し消去法で解答せよ

解説　19行目 it does not affect greenhouse gas levels が (C)、22行目 side effects such as damaging the ozone layer が (B)、21〜22行目 affecting air, water and soil quality が (D) に対応しており、(A) が正解だとわかる。

9 解答 D　語彙問題

The word "unclear" in line 23 is closest in meaning to

(A) lost
(B) blocked
(C) ineligible
(D) debatable

23行目の単語「unclear」に最も意味が近いのは

(A) 失われた
(B) 妨害された
(C) 不適格な
(D) 論争の余地のある

鬼の解法　わからない語彙は、接頭辞、語根、接尾辞から意味を推測せよ

解説　設問にある unclear（不確かな）の意味は多くの受験者が知っているだろう。(A) と (B) は明らかに誤答。しかし、(C) と (D) の語彙が比較的難しい。このような場合、単語を接辞と語根に分解して類推するとよい。(C) は、in-（否定の接頭辞）＋ eligible（適切な）から「適切でない」という意味、(D) は、debat（議論する）＋ -able（〜できる）から「議論できる」という意味だと推測できる。「議論できる」ということはまだ確定していないのだから、(D) が正答だ。

10 | 解答 **B** | 推測問題

It can be concluded from the passage that
(A) global warming could be an unstoppable phenomenon
(B) SRM is only a partial solution to climate change
(C) scientists are overlooking obvious risks in a strategy
(D) technologies to stop global warming lack support

パッセージから導きだせる結論は
(A) 温暖化現象は抑制不能かもしれない
(B) SRM は気候変動に対する部分的解決策にすぎない
(C) 科学者達は戦略における明白な危険性を見逃している
(D) 温暖化抑制のための科学技術には、支援が不足している

鬼の解法　パラフレーズされた選択肢の内容に注意

解説 パッセージ全体の結論を問う問題。もちろん結論は最終段落に書かれている。特に最終行に注目しよう。長期的実現度の高い解決策は、温室効果ガスの排出量の削減だと述べられている。また 19 行目から SRM には問題があることがわかる。これらを言い換えた (B) が正解。このように、言い換えられているためにわかりづらい問題には注意が必要だ。他の 3 つの選択肢が述べられていない内容だと確認して、確実に正解しよう。

Questions 11-20

Sea creatures that live deep in the ocean face special challenges. Sunlight cannot penetrate beyond about 3,300 feet, so water below this level is completely dark. Neither is there any plant life—since plants require photosynthesis. Without plants to support them, the environment supports fewer fish. In turn, that means that there are fewer chances to mate or eat. Faced with this, fish in these seas have developed special adaptations to survive.

Since food is scarce in the ocean depths, the female Anglerfish conserves energy. Instead of swimming, she simply drifts. In fact, less than 2% of the female Anglerfish's energy is expended swimming. In addition, the female is a passive hunter. The fish has a growth on its head. The growth curves like a fishing pole—similar to that used by fishermen and fisherwomen, or "anglers." The tip of the rod glows. Mistaking it for food, prey are attracted to it and eaten by the Anglerfish. Like its passive namesake, the female Anglerfish waits for opportunities—and finds just enough success with this strategy to survive.

The male Anglerfish has adapted to its environment in a different way. It is much smaller than the female and actively swims. In the darkness, it has to rely on an extremely powerful sense of smell and strong eyes. Yet, the male fish has no competence at hunting. Instead, it uses its biological adaptations for one purpose: finding a female. When it does, it will slowly fuse with her. The male's reproductive fluids are absorbed into the female, allowing her to fertilize her eggs. The male is eventually absorbed entirely into the female, living the last days of his life as an appendage to her body. Females have been observed with multiple males in stages of absorption into their bodies.

11 What is the main purpose of the passage?

(A) To provide an overview of the different types of deep-sea fish

(B) To explain how fish slowly evolve to adapt to their environment

(C) To compare two different survival techniques of the same species

(D) To show why deep-sea life is so different from that of shallow waters

12 Which of the following is NOT mentioned as an aspect of oceans below 3,300 feet?

(A) An easier ability to hide from predators

(B) A total absence of sunlight penetration

(C) A lack of food for the inhabiting fish

(D) A scarcity of chances for sea life to mate

13 What is inferred about plant life in the ocean?

(A) It cannot grow beneath a certain depth.

(B) It has to use different types of photosynthesis at lower ocean depths.

(C) It provides only minimal food for fish deep in the ocean.

(D) It does not rise from deep to shallow levels.

14 In line 5, the phrase "In turn" is closest in meaning to

(A) by rotation

(B) at switch

(C) as a result

(D) in comparison to

15 In paragraph 2, the author describes the passivity of fishermen and fisherwomen to illustrate which of the following points?

(A) Only being active can bring success in hunting.

(B) Fishing is an activity that does not require much energy.

(C) There are multiple ways to succeed in catching prey.

(D) Anglerfish use the same technique as some humans to hunt.

16 According to paragraph 2, why does the female Anglerfish's head growth glow?

(A) To guide it in the darkness

(B) To defend against predators

(C) To aid in basic swimming

(D) To draw in potential prey

17 In line 19, the word "sense" is closest in meaning to
- (A) detection
- (B) power
- (C) fight
- (D) response

18 In paragraph 3, the author implies that the male Anglerfish
- (A) has evolved to be an effective hunter
- (B) uses chances to mate with multiple females
- (C) sacrifices his life in order for the species to reproduce
- (D) relies on getting food from the female of the species

19 In line 22, the word "fuse" is closest in meaning to
- (A) depart
- (B) invite
- (C) combine
- (D) enact

20 The author organizes the discussion according to what principle?
- (A) General description followed by examples
- (B) An argument supported by multiple cases
- (C) A summary that follows an in-depth explanation
- (D) A categorization of several approaches

解答・解説

[訳]

1 深海に住む海洋生物は、特有の過酷な状況と向かい合っている。水深 3,300 フィートより先は太陽光線が届かず、完全な暗闇の水域となる。植物には光合成が必要なため、そこにはいかなる植物も存在しない。食べものとなる植物がないため、この環境のなかで生命を維持できる種の魚は少なくなる。その結果、繁殖や摂食の機会も減る。こうした状況に直面しつつ、深海魚は生存のため、これまで環境に固有の適応をしてきた。

2 深海では餌となる食べものが不足するため、メスのチョウチンアンコウ (Anglerfish) はできるだけエネルギーを浪費しない。泳ぐ代わりに、単に水中で漂うだけである。実際に、メスのチョウチンアンコウのエネルギーのうち、泳ぐのに消費されるのは 2% 以下である。さらに、メスは獲物も動かず待って獲る。チョウチンアンコウの頭部には、突起がある。それは釣り竿のように垂れ下がっており、漁師、つまり angler の使う竿に似ている。その竿の先端は光を放つ。それを餌と見間違えて、獲物はそれに引き寄せられ、チョウチンアンコウに食べられてしまう。Anglerfish という受け身な名前の通り、メスのチョウチンアンコウはチャンスを待ち、その捕獲法で生存に必要なだけの獲物を得るのである。

3 オスのチョウチンアンコウは、メスとは違った方法で環境に適応してきた。オスはメスより、ずっと小さく、活発に水中を泳ぐ。深海の暗闇のなかでは、その非常にするどい嗅覚と視覚に依存せざるを得ない。しかし、オスは獲物を獲る点においてまったく適していない。その代わりに生物学的な適応性を 1 つの目的、つまり、メスを探しだすことのために駆使する。オスはメスを探しだすと、ゆっくりとメスと体を融合させる。オスの生殖分泌液がメスの体内に吸収され、それによって卵子が受精するのである。最終的に、オスはメスの体にすっかり吸収され、最後の数日間をメスの体の付属物として生きるのである。体に吸収される段階の複数のオスアンコウをつけたメスがこれまで観察されている。

● ボキャブラリー

□ photosynthesis 光合成　□ adaptation 適応　□ Anglerfish チョウチンアンコウ　□ angler 漁師
□ glow 光を放つ　□ prey 獲物、餌動物　□ competence 適性　□ fuse 融合する、同化する
□ reproductive 繁殖の、生殖の　□ appendage 付属物

11 解答 C　パッセージ全体や段落の意味を問う問題

What is the main purpose of the passage?

(A) To provide an overview of the different types of deep-sea fish
(B) To explain how fish slowly evolve to adapt to their environment
(C) To compare two different survival techniques of the same species
(D) To show why deep-sea life is so different from that of shallow waters

パッセージのおもな目的は何ですか。

(A) 様々な種類の深海魚の概要説明をすること
(B) いかに魚が環境に適応するためにゆっくりと進化するかを説明すること
(C) 同じ種の2つの異なる生存方法を比較すること
(D) なぜ深海の生物が浅瀬に住む生物とは大いに異なるのかを示すこと

鬼の解法　パッセージ全体の構成を理解せよ

解説　第1段落のプライマリー・インフォメーションから「深海に住む海洋生物は、生存のためにこれまで環境に固有の適応をしてきた」という主題がわかり、(B)(C) の2択に絞ることができる。さらに第2、第3段落でそれぞれ、チョウチンアンコウのオスとメスの環境に対する適応方法の違いを比較している構成から、(C) が正解だとわかる。

12 解答 A　ネガティブ問題

Which of the following is NOT mentioned as an aspect of oceans below 3,300 feet?

(A) An easier ability to hide from predators
(B) A total absence of sunlight penetration
(C) A lack of food for the inhabiting fish
(D) A scarcity of chances for sea life to mate

3,300フィートより下の深海の様子として述べられていないものは、次のどれですか。

(A) 捕食者よりより容易に身を隠せる能力
(B) 太陽光線が深海にまではまったく届かないこと
(C) 生息する魚にとっての餌の不足
(D) 海洋生物にとっての繁殖の機会の少なさ

鬼の解法　キーワードのある段落からあてはまる情報を探す

解説　3,300 feet という数字をキーワードに選択肢の情報を本文から探す。2～3行目の Sunlight cannot penetrate beyond about 3,300 feet, so water below this level is completely dark. が (B) に対応。さらに読み進め5～6行目の there are fewer chances to mate or eat が (C)(D) に対応しており、(A) が正解だとわかる。

13 | 解答 A | 推測問題

What is inferred about plant life in the ocean? 海洋植物について何が推測できますか。

(A) It cannot grow beneath a certain depth.
(B) It has to use different types of photosynthesis at lower ocean depths.
(C) It provides only minimal food for fish deep in the ocean.
(D) It does not rise from deep to shallow levels.

(A) ある一定の深さより深いところでは、成長することができない。
(B) 深海の下部では、異なった種類の光合成を用いねばならない。
(C) 深海に生息する魚に最小限の食べものしか供給しない。
(D) 深海から海面付近の浅い水域へは上昇しない。

鬼の解法 選択肢で言い換えられた表現をパッセージ中に探せ

解説 キーワードである plant life から、第1段落の海洋植物の情報を確認しよう。3～4行目 Neither is there any plant life—since plants require photosynthesis. を言い換えた (A) が正解。a certain depth（ある一定の深さ）はもちろん水深 3,300 フィートを指し、この点に気づけるかどうかがポイント。

14 | 解答 C | 語彙問題

In line 5, the phrase "In turn" is closest in meaning to

(A) by rotation
(B) at switch
(C) as a result
(D) in comparison to

5 行目の句「In turn」に最も意味が近いのは

(A) 順番に
(B) 転換で
(C) その結果
(D) と比較して

鬼の解法 使用頻度が高く誰もが知っている意味は誤答の可能性がある

解説 in turn は「順番に」という意味の使用頻度が高い。しかし TOEFL リーディングの語彙問題では、使用頻度が高いものはしばしば正答ではない。In turn の前後を見てみると、「食べものとなる植物がないため、この環境のなかで生命を維持できる種の魚は少なくなる」（原因）→「繁殖や摂食の機会が減る」（結果）という流れになっており、(C) が正解だとわかる。

15 　解答　**C**　詳細問題

In paragraph 2, the author describes the passivity of fishermen and fisherwomen to illustrate which of the following points?

(A) Only being active can bring success in hunting.
(B) Fishing is an activity that does not require much energy.
(C) There are multiple ways to succeed in catching prey.
(D) Anglerfish use the same technique as some humans to hunt.

第2段落で、著者が漁師の受け身な姿勢について述べているのは、次のどの点を説明するためですか。

(A) 積極性だけが、捕獲において成功をもたらす。
(B) 魚釣りは、エネルギーをあまり必要としない行為である。
(C) 餌の捕獲に成功するには、複数の方法がある。
(D) チョウチンアンコウは餌の捕獲において人間と同じ技法を用いる。

鬼の解法　解答の根拠となる1文のパッセージ全体での役割を考えよ

解説　キーワードの passivity から 14 ～ 16 行目の Like its passive namesake, the female Anglerfish waits for opportunities—and finds just enough success with this strategy to survive を見つけだす。このセンテンスの内容だけで判断せず、文脈、流れのなかでその1文が何の役割を果たしているかを考えよう。主題は「深海での環境適応」であり、その適応方法の1つの例として著者は述べている。よって正解は (C)。

16 　解答　**D**　詳細問題

According to paragraph 2, why does the female Anglerfish's head growth glow?

(A) To guide it in the darkness
(B) To defend against predators
(C) To aid in basic swimming
(D) To draw in potential prey

第2段落によると、なぜメスのチョウチンアンコウの頭部の突起は光を放つのですか。

(A) 暗闇で自身を誘導するため
(B) 捕食者に対して防御するため
(C) 基本的な泳ぎの助けになるため
(D) 餌となる獲物を惹きつけるため

鬼の解法　キーワードから解答の根拠となる文を絞り込め

解説　設問中のキーワード head growth と glow から 13 行目の The tip of the rod glows. Mistaking it for food, prey are attracted to it and eaten by the Anglerfish. を見つけだす。(D) が正解だ。

17 | 解答　B | 語彙問題

In line 19, the word "sense" is closest in meaning to

(A) detection
(B) power
(C) fight
(D) response

19 行目の単語「sense」に最も意味が近いのは

(A) 発見
(B) 能力
(C) 格闘
(D) 反応

鬼の解法　一見意味がつながらなくても、解釈の幅を広げて正解を見いだせ

解説　通常 sense は「感覚」の意味で使われ、ここでも「嗅覚」という意味で使われている。「感覚」という意味そのままの選択肢はないが、sense を「感覚能力」と捉えれば、(B) が正解だとわかる。

18 | 解答　C | 推測問題

In paragraph 3, the author implies that the male Anglerfish

(A) has evolved to be an effective hunter
(B) uses chances to mate with multiple females
(C) sacrifices his life in order for the species to reproduce
(D) relies on getting food from the female of the species

第 3 段落で、著者が暗示しているのは、オスのチョウチンアンコウは

(A) 効率的に捕獲する生きものへと進化した
(B) 複数のメスと繁殖する機会を利用する
(C) 種の繁殖のため自身の命を犠牲にする
(D) 餌を得るのに同じ種のメスに依存している

鬼の解法　段落の主題から正答を探し、詳細情報から誤答を排除せよ

解説　22 〜 24 行目 The male's reproductive fluids are absorbed into the female, allowing her to fertilize her eggs. The male is eventually absorbed entirely into the female, living the last days of his life as an appendage to her body. を言い換えたのが正解 (C) だ。(A) は 20 行目の the male fish has no competence at hunting と食い違うし、(B) と (D) は書かれていない。

19 解答 C 語彙問題

In line 22, the word "fuse" is closest in meaning to

(A) depart
(B) invite
(C) combine
(D) enact

22行目の単語「fuse」に最も意味が近いのは

(A) 離れる
(B) 誘う
(C) 結合する
(D) 制定する

鬼の解法　同じ段落内で探す範囲を広げると同義語が見つかる場合がある

解説 fuse がある1文 When it does, it will slowly fuse with her. だけでわからない場合、同じ段落内でもう少し範囲を広げて探そう。同義語が見つかることがよくある。すると、この1文に続く2文に absorb（吸収する）が使われており、これが同義語。正解は (C)。

20 解答 A パッセージの構成に関する問題

The author organizes the discussion according to what principle?

(A) General description followed by examples
(B) An argument supported by multiple cases
(C) A summary that follows an in-depth explanation
(D) A categorization of several approaches

著者はどのような原則にもとづいて議論を構成していますか。

(A) 概要説明に続く、具体例の展開
(B) 複数の事例にもとづく議論
(C) 1つの詳細説明に続く要約
(D) 様々な手法の分類

鬼の解法　各段落がどのような関係性にあるのかをチェック

解説 各段落の内容を整理すると、第1段落「深海魚の過酷な環境への適応」、第2段落「チョウチンアンコウのメスの例」、第3段落「チョウチンアンコウのオスの例」という構成になっている。よって (A) が正解。議論ではないため (B) は誤答、詳細な説明は第2段落、第3段落にあるため (C) も誤り、手法が分類されているわけでもないので (D) も誤りだ。

Day 16 練習問題 2

Questions 1-10

Negro Leagues Baseball was a collection of major and minor-league baseball leagues that were the first to showcase black team sports on a national scale. Launched in 1895, the leagues, as with jazz, became intertwined with the African American and American experience not only as a cultural element, but as a lucrative business endeavor.

The leagues were not under central management, and schedules and team composition were changeable from season to season. Appearance and disappearance of leagues was common: the National Colored Baseball League, for instance, collapsed after only two weeks of operations. Latins, especially Cubans, were also a significant presence on teams. In these ways, the Negro Leagues were quite similar to their white counterparts—which would eventually consolidate into Major League Baseball.

Blacks near the beginning of the 20th century had only a fraction of whites' purchasing power, so the emergence of the Negro Leagues might have seemed unlikely. However, the Negro Leagues had two main draws that accounted for its business success. The first was a deep reserve of athletic talent. After blacks were formally excluded from white leagues in the 1880s, the Negro Leagues were the sole organization through which black players could work professionally. The quality of Negro Leagues players was high, and substantiated through exhibition matches between Negro Leagues and Major League teams: over the years, both had their fair share of wins and losses in these matches. Another reason for the success of the Negro Leagues was an increasingly affluent black fan base. Driven by American industrialization, blacks were concentrating in major cities such as New York City, Chicago, and Atlanta. Usually barred by custom—and in the South by law—from attending many white entertainment outlets, blacks turned to Negro Leagues games. As a result of these factors, by the 20th century the Negro Leagues were earning a combined millions of dollars.

This profitability ended with the desegregation of Major League Baseball. Black fans began attending Major League games, starving the Negro Leagues of its core revenue source. By 1951, the Negro Leagues had ended, although a succession of black star athletes in the Major League had begun.

1 What is the main topic of the passage?
   (A) The rise of professional baseball in the United States
   (B) The institution of racism in 19th century America
   (C) The operations of an assembly of sports organizations
   (D) The financial problems of early black professional athletes

2 In the first paragraph, the author compares the Negro Leagues with jazz music in order to illustrate that
   (A) both Jazz and Negro Leagues Baseball were opposed by a large number of American whites
   (B) Jazz made much more money than the Negro Leagues did
   (C) whites who enjoyed jazz did not necessarily approve of Negro Leagues Baseball
   (D) Jazz and Negro Leagues Baseball reflected the changing position of American blacks

3 According to the author, what is NOT a way that Negro Leagues were similar to the early white leagues?
   (A) They did business without a central organization.
   (B) They had teams with Latin American players.
   (C) They paid salaries based on performance.
   (D) They had internal leagues that disappeared.

4 The word "endeavor" in line 5 is closest in meaning to
   (A) venture
   (B) perspective
   (C) concentration
   (D) scene

5 The author mentions the Negro Leagues-Major League exhibition games in order to make the point that
   (A) Major League teams could have won even more games if they had black players
   (B) Negro Leagues teams had difficulty scoring against strong Major League teams
   (C) contests between the two leagues were commonly highly competitive events
   (D) race relations improved as white and black teams got to know each other better

6 Which of the following statements can be inferred from the passage?
  (A) In the 19th and early 20th century, white sports fans often clashed with black ones at games.
  (B) Baseball was the first American game to develop into a true industry.
  (C) The game of baseball became popular in America across ethnic lines.
  (D) Blacks were initially banned from actually setting up their own leagues.

7 The word "substantiated" in line 20 is closest in meaning to
  (A) registered
  (B) monitored
  (C) assigned
  (D) proven

8 In paragraph 3, the author discusses American industrialization in order to make which of the following points?
  (A) Economic opportunities impacted the entertainment options of blacks.
  (B) Factory jobs paid much more than similar jobs of the period.
  (C) American cities were growing much larger due to the expansion of industry.
  (D) Sports became more sophisticated to attract a wider variety of fans.

9 The word "custom" in line 25 is closest in meaning to
  (A) delivery
  (B) convention
  (C) trade
  (D) inspection

10 What most likely is the topic of the paragraph that follows this passage?
  (A) The continuing effects of racism in the United States
  (B) The achievements of black players in the Major League
  (C) The desegregation of American sports venues
  (D) The final active teams of the Negro Leagues

解答・解説

[訳]

1 ニグロリーグベースボールは、メジャーとマイナーリーグの混合でできあがったリーグで、黒人チームスポーツを、アメリカ全土に大々的に紹介した初めてのものだった。1895 年に創設され、ジャズがそうであったのと同じように、ニグロリーグは、黒人の持つアフリカ的ルーツとアメリカ的経験が混ざり合ってできあがったもので、それは文化的要素としてだけでなく、利益を生むビジネスとしての意味も持っていた。

2 ニグロリーグは、中枢管理下にはなく、スケジュールやチーム編成は、シーズンごとに変わるものであった。リーグは開催されたり、消滅したりするのも普通であった。例えば、ナショナル黒人ベースボールリーグなど、発足 2 週間で失敗に終わってしまった。中南米出身の選手、特にキューバ選手は、また各チームにとって重要な存在であった。こうした点において、ニグロリーグは、白人リーグに非常によく似ており、そして後にはメジャーリーグベースボールへ統合されていくのである。

3 20 世紀初頭の黒人達は、白人達の購買力とくらべ、ほんのわずかな力しか持ち合わせていなかったため、ニグロリーグの発足の可能性は低いと思われた。しかし、ニグロリーグには、商業的成功を裏づける 2 つのおもな呼び物があった。その 1 つ目は、才能ある選手達を大量に確保していたことにある。1880 年代に黒人選手達が白人リーグから公式に除外されて以降、ニグロリーグは黒人選手達がプロとして所属できる唯一の組織団体であった。ニグロリーグの選手の質は高く、それは、リーグ戦外でメジャーリーグのチームとニグロリーグとの公流試合が行われていたことで裏づけられており、長年にわたって対戦成績は五分五分であった。ニグロリーグ成功のもう 1 つの理由としてあげられるのは、当時増え続けていた豊富な黒人ファンの支持基盤である。国内の産業化の波に乗って、ニューヨーク、シカゴ、アトランタといった主要都市に黒人が集中していった。多くの白人の娯楽施設への出入りは、通常は慣例によって、南部の場合は法律によって禁止されていたため、黒人達はニグロリーグの試合に関心を向けるようになった。これらの要因の結果、20 世紀までには、ニグロリーグは数百万ドルの利益をあげるようになっていた。

4 メジャーリーグベースボールにおける人種差別待遇廃止をもって、ニグロリーグの収益性は終わりを迎えた。黒人ファンもメジャーリーグの試合へ足を運ぶようになり、結果的にニグロリーグから主要な収入源を奪うこととなった。黒人スター選手達は次々とメジャーリーグへと移籍していき、1951 年までに、ニグロリーグは終焉を迎えた。

❶ ボキャブラリー
- launch 〜 〜を開始する
- intertwine with 〜 〜と絡み合う、交錯する
- endeavor 目的のある企画、試み
- consolidate 統合する
- draw 呼び物
- substantiate 〜 〜を実証する
- desegregation 人種差別待遇廃止

1 　解答　**C**　　パッセージ全体や段落の意味を問う問題

What is the main topic of the passage?

(A) The rise of professional baseball in the United States
(B) The institution of racism in 19th century America
(C) The operations of an assembly of sports organizations
(D) The financial problems of early black professional athletes

パッセージの主題は何ですか。

(A) アメリカにおけるプロベースボールの台頭
(B) 19世紀アメリカの人種差別制度
(C) スポーツ事業団機構の運営
(D) 初期の黒人プロスポーツ選手の金銭面での問題

> **鬼の解法**　not only ～ , but ... 構文は but 以降に注目

> **解説**　ニグロリーグがトピックだが、問題はニグロリーグの何が主題であるかだ。各段落のプライマリー・インフォメーションを見ると、第1段落の a lucrative business endeavor、第2段落 management、第3段落 business success、第4段落 profitability とすべて事業運営面に特化されているのに気づく。正解は (C) だ。第1段落にある not only ～ , but ... 構文では but 以降に注目しよう。

2 　解答　**D**　　詳細問題

In the first paragraph, the author compares the Negro Leagues with jazz music in order to illustrate that

(A) both Jazz and Negro Leagues Baseball were opposed by a large number of American whites
(B) Jazz made much more money than the Negro Leagues did
(C) whites who enjoyed jazz did not necessarily approve of Negro Leagues Baseball
(D) Jazz and Negro Leagues Baseball reflected the changing position of American blacks

第1段落で、著者がニグロリーグとジャズ音楽を比較しているのは、次のどの点を説明するためですか。

(A) ジャズもニグロリーグベースボールも多くの白人系アメリカ人に反対されていた
(B) ニグロリーグよりジャズのほうが、儲かっていた
(C) ジャズ好きの白人が必ずしもニグロリーグベースボールに賛成しているわけではなかった
(D) ジャズとニグロリーグベースボールは黒人アメリカ人の変わりつつある立場を反映していた

> **鬼の解法**　パッセージの内容を別の角度から言い換えた選択肢を見抜け

> **解説**　(A)(B)(C) は関連することが述べられていないので誤答。パッセージ中でニグロリーグとジャズの共通点「黒人の持つアフリカ的ルーツと、アメリカ的経験が混ざり合ってできあがったもの」で、「文化的要素としてだけでなく、利益を生むビジネスとしての意味を持っていた」という点があげられており、これを別の角度から言い換えたのが (D)。

3 　解答　**C** 　ネガティブ問題

According to the author, what is NOT a way that Negro Leagues were similar to the early white leagues?

(A) They did business without a central organization.
(B) They had teams with Latin American players.
(C) They paid salaries based on performance.
(D) They had internal leagues that disappeared.

著者によると、ニグロリーグが初期の白人リーグと類似していない点は何ですか。

(A) 中枢組織がなく運営していた。
(B) 中南米出身の選手のチームがあった。
(C) 成績にもとづいて給与を払っていた。
(D) 消滅した内部リーグがあった。

🐛 **鬼の解法**　パッセージにあてはまる情報を探して消去法で正答を導け

解説 設問文にある similar が、10〜11 行目 In these ways, the Negro Leagues were quite similar to their white counterparts にある。この In these ways の内容を第 2 段落に探すと、(A)(B)(D) があてはまり、正解は (C) だとわかる。

4 　解答　**A** 　語彙問題

The word "endeavor" in line 5 is closest in meaning to

(A) venture
(B) perspective
(C) concentration
(D) scene

5 行目の単語「endeavor」に最も意味が近いのは

(A) 冒険的事業
(B) 展望
(C) 集中
(D) 場面

🐛 **鬼の解法**　複数の情報から解答を絞り込め

解説 endeavor は「(目的のある) 企画、試み」という意味。endeavor の前にある a lucrative business と合わせて考える。business から (A) か (B) に絞り、lucrative (儲かる) から「投機的事業」を連想して、正答 (A) を選ぼう。

5 　解答　C　詳細問題

The author mentions the Negro Leagues-Major League exhibition games in order to make the point that

(A) Major League teams could have won even more games if they had black players
(B) Negro Leagues teams had difficulty scoring against strong Major League teams
(C) contests between the two leagues were commonly highly competitive events
(D) race relations improved as white and black teams got to know each other better

著者がニグロリーグのリーグ戦外交流試合について述べているのは、次のどの点を指摘するためですか。

(A) 黒人選手がいたら、メジャーリーグチームはもっと試合に勝てていた
(B) ニグロリーグチームは強敵メジャーリーグチーム相手になかなか点をとれていなかった
(C) 2リーグ間の試合は通常、非常に競り合った試合だった
(D) 人種間の関係が改善し、黒人、白人チームはおたがいをより理解するようになった

鬼の解法　キーワードからパッセージの該当箇所を探し言い換えた選択肢を見抜け

解説　キーワードの exhibition games から、19〜22行目 The quality of Negro Leagues players was high, and substantiated through exhibition matches between Negro Leagues and Major League teams: over the years, both had their fair share of wins and losses in these matches を見つける。この部分を言い換えた (C) が正解だ。

6 　解答　C　推測問題

Which of the following statements can be inferred from the passage?

(A) In the 19th and early 20th century, white sports fans often clashed with black ones at games.
(B) Baseball was the first American game to develop into a true industry.
(C) The game of baseball became popular in America across ethnic lines.
(D) Blacks were initially banned from actually setting up their own leagues.

パッセージから推測できるものは、次の記述のうちどれですか。

(A) 19世紀と20世紀初頭、白人のスポーツファンは試合で黒人ファンとよくぶつかっていた。
(B) ベースボールは真の産業へと発展したアメリカ最初のスポーツゲームであった。
(C) 人種を超えてベースボールゲームはアメリカで人気を得た。
(D) 黒人達は初め、自分達のリーグを実際に設立することを禁じられていた。

鬼の解法　パッセージに根拠となる記述がない選択肢を排除せよ

解説　(A) 白人と黒人のファンがよくぶつかっていた、(B) 真の産業へと発展したアメリカ最初のスポーツゲーム、(D) 自分達のリーグを実際に設立することを禁じられていたという部分は、パッセージには根拠となる記述がない。最終的にメジャーリーグに統合され、黒人もメジャーリーグに足を運んだことなどから、(C) の内容が推測可能だ。

7 | 解答 D | 語彙問題

The word "substantiated" in line 20 is closest in meaning to
(A) registered
(B) monitored
(C) assigned
(D) proven

20行目の単語「substantiated」に最も意味が近いのは
(A) 登録された
(B) 監視された
(C) 割りあてられた
(D) 証明された

鬼の解法　難単語の語彙問題は文脈から意味を類推し正答を導け

解説 substantiate（実証する）は難易度が高いが、substantiate を含む文 The quality of Negro Leagues players was high, and substantiated through exhibition matches between Negro Leagues and Major League teams の文脈から意味を類推しよう。ニグロリーグの選手の質が交流試合を通じて substantiate されたという文脈に合うのは (D) だ。

8 | 解答 A | 詳細問題

In paragraph 3, the author discusses American industrialization in order to make which of the following points?
(A) Economic opportunities impacted the entertainment options of blacks.
(B) Factory jobs paid much more than similar jobs of the period.
(C) American cities were growing much larger due to the expansion of industry.
(D) Sports became more sophisticated to attract a wider variety of fans.

第3段落で、著者がアメリカ産業の発展について述べているのは、次のどの点を指摘するためですか。
(A) 経済的な好機が黒人の娯楽の選択に影響を与えた。
(B) 工場での仕事はその時代の類似した職種よりずっと賃金が高かった。
(C) アメリカ諸都市は産業の発展とともにずっと大きく成長していった。
(D) スポーツは、より幅広いファンを惹きつけるためより洗練された。

鬼の解法　キーワード前後の詳細情報を論理的につなげて著者の意図を考えよ

解説 キーワード industrialization から、23 ～ 25 行目の Driven by American industrialization, blacks were concentrating in major cities such as New York City, Chicago, and Atlanta. の1文を見つける。この前の文と合わせて考えると、産業化によって黒人が都市に集まり、ニグロリーグの支持者を集めたと推測できる。よって正解は (A) だ。(B)(C)(D) はいずれもパッセージの内容とは関係がない。

9 解答 B 語彙問題

The word "custom" in line 25 is closest in meaning to
(A) delivery
(B) convention
(C) trade
(D) inspection

25行目の単語「custom」に最も意味が近いのは
(A) 出荷
(B) 慣例
(C) 貿易
(D) 検査

鬼の解法　使用頻度の高くない意味に要注意

解説 custom は「慣例」という意味。Usually barred by custom—and in the South by law と、law（法律）と対比されていることから、文中で「慣例」という意味で使われていることがわかる。convention を「会議」ではなく「慣例」の意味で捉えられるかどうかが鍵だ。

10 解答 B パッセージの構成に関する問題

What most likely is the topic of the paragraph that follows this passage?
(A) The continuing effects of racism in the United States
(B) The achievements of black players in the Major League
(C) The desegregation of American sports venues
(D) The final active teams of the Negro Leagues

このパッセージに続く段落のトピックとして最も可能性のあるものは何ですか。
(A) アメリカにおいて継続する人種差別の影響
(B) メジャーリーグの黒人選手の業績
(C) アメリカのスポーツ開催地における人種差別待遇廃止
(D) ニグロリーグ最後の活発な数チーム

鬼の解法　時系列的な流れと、論理的流れから次段落をイメージする

解説 パッセージに続く段落のトピックを問う問題だから最終段落の最終文に注目。By 1951, the Negro Leagues had ended, although a succession of black star athletes in the Major League had begun とあるから、時系列的にも論理的にも「メジャーリーグへ移籍した黒人選手達」が次にくるトピックだと考えられる。

Questions 11-20

Until about the second quarter of the 20th century, American women were, for the most part, wholly dependent on the financial decisions of their husbands; this held true even for women in the labor force. The lack of female economic independence often led to dysfunctional outcomes for women, families and society.

Traditionally, assets and income in the United States became "community property" after marriage. As such, these assets and income were supposed to benefit both husband and wife. However, states legally recognized that such property could be disposed of only by the husband; this meant that, in practice, both the husband and wife's earnings were useable solely at the husband's discretion.

This lack of economic freedom clearly bounded female life opportunities and created special risks for women. Firstly, wives ran the risk that husbands would improperly manage or even deliberately squander assets of the family. Certainly, some husbands were frugal and efficient with such assets, but others were incompetent and wasteful. In either event, the woman had no say in her husband's financial decisions, and a husband who took his wife's advice under consideration was certainly not one with strong traditional views. Secondly, wives without economic independence had exceptional difficulties being active and productive members not only of their families but of society. Without experience managing budgets and income, they were ill-prepared to survive in a capitalist economy when, for instance, they experienced divorce, widowhood, or desertion. These problems are what motivated a growing demand, among feminists and others, for female economic rights—even after marriage.

This desire to maintain personal property was not only for women of means, who might have extensive land, cash, and other wealth that would immediately pass into their husband's hands upon marriage. It also applied to working-class women. These women were especially at risk should their husband have catastrophically bad lifestyles. More than a few working-class husbands, for instance, wasted their wives' earnings in bars, plunging the entire family into the worst kind of poverty.

11 What is the main point of this passage?
  (A) American women in the 19th century had few chances to become wealthy.
  (B) In the past, some American women entered marriages that they did not really want.
  (C) Equality between men and women in America is a fairly recent phenomenon.
  (D) Female financial dependence leads to substantial problems for families and societies.

12 The word "dysfunctional" in line 4 is closest in meaning to
  (A) insufficient
  (B) undesirable
  (C) expendable
  (D) futile

13 The author places the phrase "community property" in line 7 in quotation marks to indicate that 19th century American marriage was NOT
  (A) an institution that actually promoted husband and wives sharing money
  (B) a situation that appealed to women and men who were poor
  (C) a system that often secured enough income to buy even small amounts of property
  (D) a belief system that promoted the wise use of assets

14 What most likely was the topic of the paragraph that preceded this passage?
  (A) The major financial arguments against early feminism
  (B) The historical economic roles of American women
  (C) The history of famous women in America
  (D) The culture of marriage in the 19th century United States

15 The author implies that 19th century American husbands consulted with their wives on issues of money
  (A) only when they spent that which was given to them by their wives
  (B) certainly whenever a decision could affect the entire family
  (C) primarily if the husband maintained unconventional social views
  (D) mainly when the assets or income at stake were sizeable

16 The phrase "of means" in line 27 is closest in meaning to
 (A) moneyed
 (B) secure
 (C) interpretive
 (D) taxable

17 The phrase "applied to" in line 29 is closest in meaning to
 (A) compared to
 (B) supplied by
 (C) held for
 (D) asked of

18 Why does the author mention "the worst kind of poverty" in line 32?
 (A) To illustrate the fragile economic status of women
 (B) To outline how easy it was for even hardworking people to become poor
 (C) To show the different kinds of problems that alcohol creates
 (D) To explain why so many women disliked men drinking

19 Where in the passage does the author discuss the results of negative decisions by working-class husbands?
 (A) Lines 23-25
 (B) Lines 26-28
 (C) Lines 28-30
 (D) Lines 30-32

20 The author organizes the discussion according to what principle?
 (A) A theory supported against various types of criticisms
 (B) An assertion that is strengthened through examples
 (C) A comparison of different theoretical approaches to an issue
 (D) An analysis of a concept that explains a phenomenon

解答・解説

[訳]

1 20世紀第2四半期頃までは、アメリカ人女性は、ほとんどの場合、夫の経済的決定に全面的に従っていただけで、労働に従事していた女性に関してさえも状況は同じであった。女性の経済的自立の欠如は、女性、家族、そして社会にとって機能不全という結果へつながっていった。

2 伝統的に、アメリカ合衆国では、資産と収入は結婚後、「共有財産」になっていた。ゆえに、こうした資産と収入は、夫と妻の双方にとっての利益になるはずであるとされていた。しかしながら、州側は、そうした財産は夫の側のみ処分する資格があるという法的見解を示していた。このことは、実際には、夫と妻の両方の収入は、夫の裁量によってのみ、使用できたことを意味する。

3 この経済的自由の欠如は、明らかに女性の人生における機会を限定し、女性にとって特有の危険を生みだした。第1に、夫が不適切に家庭の資産を管理し、あるいはさらに故意に浪費してしまう危険性を、妻側は負わねばならなかった。なかには倹約家で効率よく資産管理をしている夫も確かにいたが、無能で浪費家の夫もいた。いずれの場合においても、夫の財務的裁量に対する妻の発言権はまったくなく、妻の助言を考慮する夫は、伝統的な考えをあまり強く持たない夫であった。第2に、経済的に自立していない妻達は、家庭内だけでなく、社会の一員としても、活動的、生産的であることがひときわ難しかった。家計や収入の管理を経験したことがなかったので、例えば離婚、夫との死別、夫の失踪などに直面した彼女達は資本主義経済のなかで生き抜く準備ができていなかった。こうした諸問題は、女性解放論者などの間で、結婚後も女性の経済的権利を要求する運動が活発化するきっかけとなった。

4 この個人的財産を守る動きは、広大な土地や、現金、他の財産を持ち、結婚後、それらが夫の手に即座に渡るであろう、資産家の女性達のためだけではなかった。それは労働者階級の女性達にもあてはまることであった。労働者階級の女性達は、夫が悲劇的なくらいひどい生活を繰り返している場合、特に生活の危険にさらされていた。例えば、妻の収入を酒場で浪費し、家族そのものを最悪の貧困へ陥れるような労働者階級の夫が少なくなかったのである。

❶ ボキャブラリー

☐ dysfunctional 機能不全の　☐ solely 単独で　☐ discretion 自由裁量　☐ squander 〜 〜を浪費する
☐ desertion 遺棄、逃亡　☐ catastrophically 悲劇的なほど　☐ plunge 〜 〜を投じる、陥れる

11　解答　D　パッセージ全体や段落の意味を問う問題

What is the main point of this passage?

(A) American women in the 19th century had few chances to become wealthy.
(B) In the past, some American women entered marriages that they did not really want.
(C) Equality between men and women in America is a fairly recent phenomenon.
(D) Female financial dependence leads to substantial problems for families and societies.

このパッセージの主旨は何ですか。

(A) 19世紀のアメリカ人女性は裕福になる機会がほとんどなかった。
(B) 過去において、本当に望んでいない結婚をするアメリカ人女性もいた。
(C) 男女平等はアメリカではかなり最近に起きた現象である。
(D) 女性の経済的依存は、家族、社会における実質的な問題へとつながっていく。

鬼の解法　第1段落1文目だけで全体の主旨を判断しないように注意

解説　第1段落1文目だけを読むと、19世紀のアメリカ人女性の経済的側面のみを述べた(A)を選んでしまうかもしれないが、2文目を読むと、経済的自立の欠如により、家族や社会の問題につながることがわかる。正解は(D)だ。

12　解答　B　語彙問題

The word "dysfunctional" in line 4 is closest in meaning to

(A) insufficient
(B) undesirable
(C) expendable
(D) futile

4行目の単語「dysfunctional」に最も意味が近いのは

(A) 不十分
(B) 望ましくない
(C) 浪費してよい
(D) 無駄な

鬼の解法　問われている語彙を選択肢の語彙と入れ替え、文脈上自然なものを選べ

解説　dysfunctional を接頭辞と語根にわけ意味を類推しよう。dys-(=dis-)は否定を意味し、functional は「機能の」という意味だから、「機能していない」という意味になる。女性の経済的自立の欠如が、「女性、家族、そして社会にとって dysfunctional な結果」につながったということから、(B)が最もふさわしいことがわかる。

13 | 解答 A | ネガティブ問題

The author places the phrase "community property" in line 7 in quotation marks to indicate that 19th century American marriage was NOT

(A) an institution that actually promoted husband and wives sharing money
(B) a situation that appealed to women and men who were poor
(C) a system that often secured enough income to buy even small amounts of property
(D) a belief system that promoted the wise use of assets

著者が、7行目で「community property」を引用符で囲み、示唆しようとした19世紀アメリカの結婚とは違うものは

(A) 夫婦がお金を共有するよう実際に奨励した制度
(B) 貧しい男女に訴えた制度
(C) わずかな土地・建物でさえ購入できるくらいの収入をたびたび保証した制度
(D) 資産の賢明な使い方を促した信念体系

鬼の解法 何のために引用符で強調されているのかを考えよ

解説 慣例的には結婚すると資産、収入ともに夫婦の「共有財産」となっていたが、実際には州の法的見解では夫側の裁量のみですべてが決定されていたというのがこの段落の主旨。"community property" の引用符は、現実には夫婦の「共有財産」ではないことを強調するためで、19世紀アメリカの結婚制度が、(A) の「夫婦がお金を共有するよう実際に奨励した制度」ではないということだ。

14 | 解答 B | パッセージの構成に関する問題

What most likely was the topic of the paragraph that preceded this passage?

(A) The major financial arguments against early feminism
(B) The historical economic roles of American women
(C) The history of famous women in America
(D) The culture of marriage in the 19th century United States

パッセージの前に置かれる段落のトピックとして最も可能性のあるものは何ですか。

(A) 初期の女性解放論に対する主要な経済的議論
(B) アメリカ人女性達の歴史上の経済的役割
(C) アメリカの著名な女性達の歴史
(D) 19世紀アメリカの結婚という文化

鬼の解法 第1文に注目し、前段落のトピックを推測せよ

解説 パッセージの前の段落のトピックだからパッセージ1文目に注目。20世紀半ばまでのアメリカ人女性の男性に対する経済的依存の問題から始まっているので、(B) が正解。

15 　解答　C 　推測問題

The author implies that 19th century American husbands consulted with their wives on issues of money

(A) only when they spent that which was given to them by their wives
(B) certainly whenever a decision could affect the entire family
(C) primarily if the husband maintained unconventional social views
(D) mainly when the assets or income at stake were sizeable

著者が暗示しているのは、19世紀のアメリカの夫達が、金銭問題を妻達に相談したのは

(A) 妻から渡された金を使う時のみ
(B) ある決断が家族全体に影響をおよぼす可能性のある時は間違いなくいつでも
(C) おもに夫が慣例的な社会的見解を持たない場合
(D) おもに、危うくなっている資産や収入が巨額の場合

鬼の解法　設問のキーワードから解答の根拠となる場所を探せ

解説　consult と issues of money がキーワード。夫達による金銭問題の相談についてパッセージを探すと、17～19行目の a husband who took his wife's advice under consideration was certainly not one with strong traditional views が見つかる。妻の意見を考慮した夫は確実に伝統的な考え方を強く持たない者だから、(C) が正解だ。

16 　解答　A 　語彙問題

The phrase "of means" in line 27 is closest in meaning to

(A) moneyed
(B) secure
(C) interpretive
(D) taxable

27行目の句「of means」に最も意味が近いのは

(A) 金持ちの
(B) 安定した
(C) 解釈の
(D) 課税できる

鬼の解法　意味が複数ある語彙は文脈を確認せよ

解説　means には「方法、手段」と「財産、資産」の意味がある。a man of means「資産家」という語句を知っていれば of means もピンとくるはずだ。women of means, who might have extensive land, cash, and other wealth という文脈からも of means が資産に関連する語彙であることがわかる。

17 解答 C　語彙問題

The phrase "applied to" in line 29 is closest in meaning to
(A) compared to
(B) supplied by
(C) held for
(D) asked of

29 行目の句「applied to」に最も意味が近いのは
(A) とくらべた
(B) によって供給した
(C) に適用された
(D) に依頼した

鬼の解法　文脈からどの選択肢が正しいかを考えよ

解説 apply to は「に適用される、あてはまる」という意味。It also applied to working-class women の It は前のセンテンスの This desire to maintain personal property を指している。個人的財産を守ろうとする動きが資産家の女性だけでなく労働者階級にも applied to ということだから、文脈的にも「に適用される、あてはまる」という意味で間違いない。(C) が正解だ。hold には「効力がある、適用される」という意味の自動詞の使い方がある。

18 解答 A　詳細問題

Why does the author mention "the worst kind of poverty" in line 32?
(A) To illustrate the fragile economic status of women
(B) To outline how easy it was for even hardworking people to become poor
(C) To show the different kinds of problems that alcohol creates
(D) To explain why so many women disliked men drinking

著者はなぜ 32 行目で「the worst kind of poverty」について述べているのですか。
(A) 女性の弱い経済的立場を説明するため
(B) 最も勤勉な人々でさえ、いかに簡単に貧困に陥るかを概要説明するため
(C) アルコールが生みだす様々な種類の問題を提示するため
(D) なぜ男性の飲酒を嫌う女性がそれほどまでに多かったのかを説明するため

鬼の解法　具体例は主張を詳細に説明するためにある

解説 the worst kind of poverty を含む文は、1 文前の These women were especially at risk should their husband have catastrophically bad lifestyles. の具体例となっている。具体例はある主張を詳しく説明するためにある。つまり著者は、(A) 女性の弱い経済的立場を説明するために the worst kind of poverty について述べていると考えられる。

19 解答 D　段落や文章を見つける問題

Where in the passage does the author discuss the results of negative decisions by working-class husbands?

(A) Lines 23-25
(B) Lines 26-28
(C) Lines 28-30
(D) Lines 30-32

パッセージのどこで、著者は、労働者階級の夫達のマイナスの判断の結果を論じていますか。

(A) 23-25 行目
(B) 26-28 行目
(C) 28-30 行目
(D) 30-32 行目

鬼の解法　質問中のキーワードはパッセージでは別の言い方でパラフレーズ

解説 negative は「負の、マイナスの」という意味である。また decisions はお金の使い方の判断を指している。working class-husbands と negative というキーワードから negative decisions が指しているのは、30～32 行目の More than a few working-class husbands, for instance, wasted their wives' earnings in bars であり、その結果は続く plunging the entire family into the worst kind of poverty に示されている。正解は (D) だ。

20 解答 B　パッセージの構成に関する問題

The author organizes the discussion according to what principle?

(A) A theory supported against various types of criticisms
(B) An assertion that is strengthened through examples
(C) A comparison of different theoretical approaches to an issue
(D) An analysis of a concept that explains a phenomenon

著者はどのような原則にもとづいて議論を構成していますか。

(A) ある理論とそれに対する様々な批判の否定
(B) ある主張と複数の例証による補強
(C) ある問題に対する様々な理論的手法の比較
(D) ある現象を説明する概念の分析

鬼の解法　プライマリー・インフォメーションからパッセージの構成を判断せよ

解説 第1段落の「20世紀第2四半期頃までは、アメリカ女性は、ほとんどの場合は、夫の経済的決定に全面的に従っていた」という主張に関する例証が第2段落以降に続くので正解は (B) だ。

実践模試 | Chapter 4

Day 17

Section 1 Listening Comprehension

Part A

1.
   (A) She brought her lunch too.
   (B) She'll treat the man to lunch.
   (C) She didn't take the man's lunch.
   (D) She has already eaten lunch.

2.
   (A) He has already finished taking inventory.
   (B) He often breaks his promises.
   (C) He has found another job.
   (D) He has gone on vacation.

3.
   (A) She doesn't feel well either.
   (B) The man has pizza for lunch every day.
   (C) The pizza was spoiled.
   (D) The man ate too much.

4.
   (A) He's not feeling well.
   (B) He has already eaten.
   (C) He's too busy to go.
   (D) He doesn't like pizza.

5.
   (A) She will give the presentation.
   (B) She often persuades others to do her work.
   (C) She can help Martha with her presentation.
   (D) She has a book that will help Martha.

6

(A) She likes the present the man gave her.
(B) She didn't get any presents for her birthday.
(C) She isn't upset about not getting a gift.
(D) She was worried that the man couldn't find the party.

7

(A) Look for a different kind of job.
(B) Look for a job in the summer.
(C) Hire a lifeguard sooner.
(D) Apply for a lifeguard job earlier.

8

(A) There is a sale on baking soda at the store.
(B) Baking soda is an economical toothpaste.
(C) He needs to borrow some baking soda.
(D) He can't pay for the woman's toothpaste.

9

(A) She doesn't like the group.
(B) They stayed out too late last time.
(C) She's looking forward to hearing the group.
(D) She needs a ride home tomorrow.

10

(A) The meeting has been postponed.
(B) The meeting has been moved to another building.
(C) Dr. Quinn is waiting in the conference room.
(D) Dr. Quinn will be late.

11

(A) Carl is often late.
(B) She doesn't mind Carl's tardiness.
(C) She understands Carl's problem.
(D) Carl should call his sister more often.

12

(A) She'll help the man with his report.
(B) She doesn't think she'll finish her report on time.
(C) The man shouldn't bother her.
(D) The deadline has been changed.

13

(A) Call the pharmacy before going there.
(B) Wait until after class to get her prescription filled.
(C) Take her prescription in as early as possible.
(D) Take her medicine before class.

14

(A) The woman should buy both pullovers.
(B) He wants to buy the blue pullover himself.
(C) The woman shouldn't buy the blue pullover.
(D) The woman should buy whichever pullover she prefers.

15

(A) The man should have a more positive attitude toward winter.
(B) She agrees with the man about winter.
(C) She doesn't mind waking up early.
(D) The man shouldn't work so late.

16
- (A) The performance held him in suspense.
- (B) His seat at the theater was uncomfortable.
- (C) It was hard for him to see the play.
- (D) He didn't understand the woman's comment.

17
- (A) Make a copy of the key for the woman.
- (B) Give the woman her key at her class.
- (C) Put the key in the woman's mailbox.
- (D) Unlock the woman's door.

18
- (A) Choose a restaurant.
- (B) Decide what they want to eat.
- (C) Pay the bill.
- (D) Leave the restaurant.

19
- (A) She has trouble concentrating.
- (B) She'll return the book if she doesn't like it.
- (C) She is a fast reader.
- (D) She'll lend the man the book when she's finished.

20
- (A) She'll go home to get her ID card.
- (B) She can't check out any books right now.
- (C) She'd rather not wait in line.
- (D) She'll give the books to the man later.

21
- (A) She will be unable to attend the dinner.
- (B) She needs a new suit.
- (C) The man is lucky to have been invited.
- (D) The man should dress professionally.

22
- (A) He seldom goes to parties.
- (B) He doesn't enjoy Jim's company.
- (C) He'll probably miss the party.
- (D) He has to work tonight.

23
- (A) She thought it would take longer to get her passport.
- (B) She had already returned the passport office's call.
- (C) She is not eligible for a passport.
- (D) She expected to receive her passport in the mail.

24
- (A) She'd like to go although she has little experience.
- (B) She doesn't enjoy camping.
- (C) She'd rather go swimming than hiking.
- (D) She needs to buy a canoe before the trip.

25
- (A) Add evidence to support his ideas.
- (B) Find someone else to read his essay.
- (C) Make another appointment.
- (D) Shorten the paper.

26.
- (A) Professor Suarez spends a lot of time with the students.
- (B) She thought Professor Suarez's course was easy.
- (C) Most biology courses require a lot of work.
- (D) Professor Suarez is a popular teacher.

27.
- (A) The guests will probably bring some food.
- (B) She forgot that Gail was invited.
- (C) She's unhappy about having more dinner guests.
- (D) They'll probably have enough food for the party.

28.
- (A) Forgetting to invite all the family members.
- (B) Mentioning his brother's visit by mistake.
- (C) Forgetting his parents' anniversary.
- (D) Driving all the way from Ohio.

29.
- (A) A professor would like to reserve a book.
- (B) She doesn't know the title of the book.
- (C) The man could look up the call number at the desk.
- (D) She has the professor's phone number in her notebook.

30.
- (A) Start the trip early to avoid the rain.
- (B) Continue with the plans they had already made.
- (C) Delay the trip so they can travel in good weather.
- (D) Travel to a different location.

■ Part B

31

(A) He can't decide on a subject for a research paper.
(B) He dislikes his history class this semester.
(C) He got a low grade on an important history exam.
(D) He is dreading all the work of doing a research paper.

32

(A) Ten years.
(B) Thirty years.
(C) Forty years.
(D) Sixty years.

33

(A) The hippie era.
(B) The American Indian movement.
(C) The Cuban missile crisis.
(D) The Roaring Twenties.

34

(A) The flower power movement.
(B) The antiwar movement.
(C) The drug movement.
(D) The women's movement.

35.
- (A) 101 hours.
- (B) 20 hours.
- (C) 12 hours.
- (D) 11 hours

36.
- (A) The time at which it meets.
- (B) His friend's recommendation.
- (C) How many quizzes there are.
- (D) Professor Daniels' opinion.

37.
- (A) Pass an exam.
- (B) Become a graduate student.
- (C) Get a recommendation from Professor Daniels.
- (D) Submit special forms to the biology department.

38.
- (A) It would fill his math and natural science requirement.
- (B) It's easy to get a good grade in Professor Daniels' class.
- (C) A few students take Professor Daniels' class.
- (D) Professor Daniels' class would be useful to him in his career.

■ **Part C**

MP3 157

39 MP3 158

(A) Pellagra.
(B) Scurvy.
(C) Night blindness.
(D) Beriberi.

40 MP3 159

(A) Extreme loss of weight.
(B) Stomachache.
(C) High fever.
(D) Bleeding gums.

41 MP3 160

(A) Meat.
(B) Citrus fruit.
(C) Spinach.
(D) Dairy products.

42 MP3 161

(A) Dr. James Lind published *A Treatise of the Scurvy*.
(B) Bottle-fed infants in Canada developed scurvy.
(C) Richard Hawkins solved the problem of scurvy in his men.
(D) Polar expeditions suffered from scurvy.

43.

(A) They have pits on their tails that can detect heat.
(B) They have a highly developed sense of hearing.
(C) They have pits on their heads that can detect and identify odors.
(D) The pupils of their eyes can open very wide to pick up faint light.

44.

(A) They believe that the snake uses the rattle to cause fear in its prey.
(B) They believe that the snake uses the rattle to express aggressiveness.
(C) They believe that the rattle is an involuntary nervous reaction.
(D) They believe that the rattle is a warning to animals that come too near.

45.

(A) The water snake.
(B) The bull snake.
(C) The king snake.
(D) The cat snake.

46.

(A) People can keep them as pets.
(B) People can catch them for entertainment.
(C) Their rattles can be used to make medicine.
(D) Their venom can be used to make medicine.

MP3 167

47 **MP3 168**

(A) It is synthesized in chemical processes.
(B) It is mined from salt beds.
(C) It is produced from rainwater.
(D) It is extracted from foods.

48 **MP3 169**

(A) The salt is crushed to the size of particles needed.
(B) A bed of salt is located underground.
(C) Explosives are used to blast the salt loose.
(D) A shaft is sunk into the earth until it reaches the salt deposit.

49 **MP3 170**

(A) Pure water is pumped through a pipe.
(B) Brine is pumped through a pipe.
(C) Two pipes are driven into the ground.
(D) Water dissolves the salt in the salt bed.

50 **MP3 171**

(A) Iodized salt.
(B) Abnormal shrinking of the thymus gland.
(C) Abnormal enlargement of the thyroid gland.
(D) Calcium phosphate.

■ Section 2 Structure and Written Expression

■ Structure

1 -------, even assuming no laboratory error.
  (A) Radiocarbon dates cannot be considered absolute measures of age
  (B) Radiocarbon dates cannot consider absolute measures of age
  (C) Radiocarbon dates do not consider absolute measures of age
  (D) Radiocarbon dating considers absolute measures of age

2 We need only small amounts of vitamins because these carrier molecules are recycled through the metabolic machinery and -------.
  (A) are needed to be replaced only slowly
  (B) need to be replaced only slowly
  (C) need to be replaced only slow
  (D) are needed replacing only slowly

3 Simple moneran cells lack a nucleus and ------- found in cells of members of the other kingdoms.
  (A) some of another internal structures
  (B) many other internal structure
  (C) another internal structures
  (D) some other internal structures

4 ------- the ability of plants to convert carbon dioxide to oxygen, all life on this planet would disappear.
  (A) Were not it in
  (B) Were not it for
  (C) Were it not for
  (D) If were it not for

5 These rocks closely resemble the great reefs of white coralline rock ------- of northern Australia and Indonesia today.
  (A) lies off the shores
  (B) where lays off the shores
  (C) when is laying off from the shores
  (D) which lie off the shores

6 ------- granite formations are clearly erosional or clearly intrusive; many are obvious relics of sedimentary or volcanic activity.
(A) Not all
(B) None
(C) Nothing
(D) Never

7 ------- Becquerel discovered radioactivity (1896), he opened new vistas in every field of science.
(A) When
(B) For
(C) During
(D) Because of

8 When the Austrian Empire was divided, several new countries -------.
(A) have been established
(B) had established
(C) were established
(D) established

9 ------- the newspaper accounts of such an event because of the distortions and exaggerations so often written by reporters.
(A) To believe is difficult for
(B) It is difficult to believe
(C) It is difficult believing
(D) Difficult to believe

10 Perhaps ------- unifying principle in the understanding of metamorphism came from field studies in the highlands of Scotland.
(A) earlier
(B) early the
(C) the earliest
(D) earliest of

11 William Baziotes is ------- created abstractions which sometimes took on archaeological connotations.

(A) of several artists who

(B) one of several artists whose

(C) one of several artists who

(D) between several artists that

12 -------, the Republican party anticipated the 1960 election with misgivings.

(A) Controlling the White House for eight years

(B) Having controlled the White House since eight years

(C) To control the White House since eight years

(D) Having controlled the White House for eight years

13 The Statue of Liberty, ------- in the United States, was given to America by France in 1886.

(A) one of the most famous tourist attractions is

(B) is one of the most famous tourist attractions

(C) it is one of the most famous tourist attractions

(D) one of the most famous tourist attractions

14 Cash machines ------- for banks to dispense money 24 hours a day.

(A) possibly make

(B) make it possible

(C) make possible

(D) that they make possible

15 Both atomic oxygen and atomic nitrogen in the upper atmosphere ------- radiation from the sun.

(A) is produced by

(B) are produced by

(C) are products by

(D) is producing

■ **Written Expression**

16 Digitalis, taken at least two times a day or more, can relieve minor cardiac
                 A   B   C
pain and help prevent a serious heart attack.
              D

17 While the Truman years, Congress and the President made some important
     A   B   C
changes in governmental organization and administration.
                          D

18 Many of the workers wondered which the new owners would find the
                           A   B
money to pay for the franchise and the corporation rights.
        C   D

19 The seven-members Court of Appeals, in a decision
                   A
written by the presiding judge, found no legal basis to overturn the verdict
          B   C
reached last December by the lower court.
             D

20 Two renown physicians, Dr. Kruger and Dr. Smith, assisted in the delicate
        A   B   C
heart operation in the capacity of advisers.
                D

21 During their recent press conference, Mount Palomar astronomers refused
                  A   B
to either confirm nor deny that they had discovered a tenth planet
                 C
beyond the orbit of Pluto.
    D

22 The only solution to the country's problems is reviving of the entire
                  A   B
economy; agrarian reform alone will not be sufficient.
                        C   D

23 As reported in a recent study, neither teenagers nor young adults know of an
     A   B
accurate method of to determine where they belong in society.
                C   D

24 A collection of Joan Sutherland's masterly performances of the great 19th
          A   B   C
century operas are an audio treasure.
                  D

25 In all his years of scientific study and observing he had never seen anything
     A   B
that could compare to these phenomena.
             C   D

26 The spontaneous generation of new life-forms from millions of stable
         A   B
bacteria are quite incomprehensible.
      C   D

27 I simply do not understand how anyone can enjoy freezing in near-zero
          A   B
temperatures or to sit in the summer sun watching something as silly as a
             C   D
football game.

28 Never before the federal government had developed such a comprehensive
              A   B
program to bring relief to a depressed sector of the economy.
         C   D

29 Dr. Barnhardt quickly became famous in his surgical treatment of
                A   B   C
terminally ill cancer patients.
  D

30 Mars has been studied more than any other planets in the solar system
         A   B
because it is the most similar to the Earth.
   C   D

31 By shortening the workweek and reducing child labor, the new NRA
     A   B
program has extended jobs to more than two million workers in 1933.
        C   D

32 A seismograph is an instrumenting used to measure the intensity and duration
                   A   B   C
of seismic movement, more commonly known as earthquakes (and tremors).
                                      D

33 Chemical transmission is strictly unidirectional; it passes from cell A to cell
       A   B   C
B, but from B to A.
    D

34 Synapses that transmit chemically tending to have gaps approximately 10
              A   B
times wider than those which transmit electrically.
            C   D

35 Animals need to find their way around their physical environment,
     A
sometimes over distances of thousands of kilometers, in order to find food
                        B   C
and avoidance of becoming food for other animals.
        D

36 Many of the research on the question of how plants "see" was done with
       A   B   C
canary grass seedlings grown in the dark.
                   D

37 What an animal can learn and how readily it learns strongly influence by its
     A   B
genes, and this fact has been amply demonstrated by studies of
            C
song learning in birds.
    D

38 It is regrettable that many presidential debates degenerate into petty mud-
    A   B
slinging that confuses rather than enlightening the viewer.
        C   D

39 His apology for his belated note of condolence to the widow of his friend
     A   B
and explained that he had just learned of her husband's untimely death.
                          C   D

40 Authorities are looking for the parents of a three-years-old girl who
                A   B
was found wandering alone in Yellowstone National Park earlier today.
        C   D

Section 3 Reading Comprehension

Questions 1-10

It has long been understood that human beings should avoid biases, or judgements that are not based on facts. As far back as Classical Greece, philosophers, such as Socrates and Plato, encouraged people to rid themselves of biases by improving their ability to reason. Yet current research is establishing that bias is not simply a lack of intellect. Rather, it is a "mental shortcut" that once served a valid purpose.

Prehistorically, evolution favored quick decisions. This was owing to the fact that prehistoric humans were under enormous environmental pressures. Survival and the passing on of genes were accomplished more easily by those who thought quickly. It was the key to evading large predators, finding food, or confronting enemy clans. In such situations, excessive reflection could lead to the loss of one's very life.

This evolutionary holdover continues today. A typical example is the bandwagon effect. People falling into this bias will believe a piece of information simply because many others do. The belief is held without verifying the facts related to it. For example, when many investors begin to buy a stock, others may also purchase it—without taking the time to investigate its real value or risks. Likewise, investors may rapidly sell that same stock once they see others doing it. They do this, again, without regard to its real value. The bandwagon effect is at least partially responsible for many market booms and crashes.

The bandwagon effect is rooted in the ancient past—when societies were far more communal than is currently the case and imitation could be life-saving. As an example, if members of one's clan were drinking together from a pond, it was more efficient to drink along with them, rather than trying to find out whether the water was clean. If clan members were fleeing, it would probably be safer to flee along with them, rather than discover whether their fears were justified by a saber-toothed cat.

1 **What is the main point of the first paragraph?**
   (A) To criticize a longstanding scientific theory
   (B) To provide the history of a phenomenon
   (C) To compare different approaches to a problem
   (D) To discuss the background of experts

2 **According to the passage, why did some Greek philosophers encourage rationality?**
   (A) To aid in the reading of Classical texts
   (B) To render better judgments in court cases
   (C) To move people away from illogical techniques
   (D) To help society better understand philosophers

3 **According to paragraph 2, which of the following best describes the role that the environment once played in shaping human activities?**
   (A) It made basic survival exceptionally difficult.
   (B) It nurtured predators that only warriors could handle.
   (C) It favored human beings who could run faster than others.
   (D) It was easily overcome through belonging to a clan.

4 **According to the passage, decision-making in prehistoric societies**
   (A) usually prioritized speed over other factors
   (B) hindered the ability to pass on one's genes
   (C) created high-pressure situations for ordinary people
   (D) improved as challenges from enemies grew complex

5 **The word "reflection" in line 12 is closest in meaning to**
   (A) mirror
   (B) thought
   (C) shine
   (D) option

6 Which of the following can be inferred about the behavior of many investors trading in stock markets?

(A) They may only investigate stocks that are very highly priced.
(B) They may act based on a sudden variation of a trend.
(C) They may focus on whether a boom or crash is likely.
(D) They may disregard negative information about other traders.

7 The phrase "without regard to" in line 20 is closest in meaning to

(A) lacking any courtesy toward
(B) denied any status of
(C) at no cost
(D) not considering

8 Where in the passage does the author compare the current and ancient organization of society?

(A) Lines 22-24
(B) Lines 24-25
(C) Lines 25-26
(D) Lines 26-28

9 The author mentions drinking from a pond in order to

(A) show how resources must be carefully tested
(B) exemplify how humans have changed over time
(C) outline the importance of defending a territory
(D) illustrate how copying actions can be beneficial

10 The phrase "justified by" in line 28 is closest in meaning to

(A) ruled over
(B) honored to
(C) confirmed through
(D) stabilized around

Questions 11-20

As indicated by its very name, the Carboniferous period (359-299 million years ago) is one that experienced extensive carbonization, or, in its broadest terms, conversion of dead organisms into carbon, carbon fossils or carbon-based substances such as coal, oil and natural gas. All of these now compose the Carboniferous layer, a geological layer that is especially large in North America, Europe and Northern Asia. The creation of this layer was made possible by climatic and ecological changes during that period that increased the likelihood that organic material would be carbonized.

To begin with, rising temperatures in the period led to a proliferation of plant life. This large number of plants would, in turn, provide the organic matter for potential carbonization. In addition, sea levels affected carbon amounts. Specifically, rising sea levels at the beginning of the Carboniferous period brought carbonate deposits onto land. Beyond this, a subsequent rising and falling of sea levels buried successive generations of plants, creating new space for levels of carbonizing materials.

Changes in plant structures during this period made them more likely to carbonize. Normally, dead organisms are relatively rapidly absorbed into the environment. Often, they are consumed in whole or in part by detritivores—animals or insects that eat such dead material. Likewise, bacteria will break down and consume dead organisms. For carbonization to occur, the dead organic material must be somehow shielded from this decay process.

Lignin was a central factor in this shield, making it more likely that trees and other woody plants would carbonize. Lignin is a substance that began to appear in tree bark during the Carboniferous period. Thickly covering the actual wood of the tree, its toxicity repelled insects and other pests. Even after the death of the tree, it would continue in this role, preventing bacteria and other decay-promoting organisms from entering the wood.

11 What is the passage mainly about?
   (A) The emergence of life forms during a period
   (B) The chemical composition of a substance
   (C) The formation of a geologic stratum
   (D) The ongoing research in an earth sciences field

12 It can be inferred from the passage that natural gas is
   (A) essentially a type of coal
   (B) found wherever carbon is present
   (C) derived from matter that was once living
   (D) created only in stable environments

13 Which of the following is NOT mentioned as a feature of the Carboniferous period in paragraph 2?
   (A) Sea level changes
   (B) Powerful storms
   (C) Warm temperatures
   (D) Lush vegetation

14 According to the passage, what is necessary for carbonization of a plant to occur?
   (A) The area must shield organisms from early death.
   (B) The place must promote rapid absorption of materials.
   (C) There has to be protection from normal decay.
   (D) There has to be a breakdown in ordinary lifespans.

15 The word "proliferation" in line 9 is closest in meaning to
   (A) spread
   (B) consistency
   (C) allowance
   (D) prediction

16 The word "they" in line 18 refers to

 (A) structures

 (B) organisms

 (C) insects

 (D) bacteria

17 It can be inferred from the passage that detritivores

 (A) slow the process of decay

 (B) prefer to reside inside of tree bark

 (C) are dangerous to very small animals

 (D) live off non-living organic materials

18 Which of the following can be inferred about lignin?

 (A) It could not be easily eaten by pests.

 (B) It could not be damaged by the elements.

 (C) It could not penetrate specific plants.

 (D) It could not attract much carbon.

19 The word "role" in line 27 is closest in meaning to

 (A) responsibility

 (B) service

 (C) action

 (D) goal

20 Which of the following statements does the passage support?

 (A) Rising sea levels commonly accompany rising temperatures.

 (B) Periods of geologic time are becoming significantly longer.

 (C) Geologic structures may contain amounts of matter once alive.

 (D) New research on the history of the earth challenges old theories.

■ Questions 21-30

The Arctic tundra is one of the largest biomes, or communities of plants and animals, in the world. Covering 20% of the surface of the earth, it spans Siberia, Alaska, northern Canada and Greenland. Biome temperatures peak at about 54° F in summer and can plummet as low as −29° F in winter. Mostly empty of humans, living things that exist in this environment have necessarily evolved in suitable ways.

One way that animals survive this environment is through hibernation. Hibernation is a state of very slow bodily functions and low body temperature. A hibernating animal will not even excrete waste. This serves to conserve energy during the long winter months. After the last warm month ends, brown bears that inhabit the Arctic tundra doze through the winter like this—or, more specifically, enter into a semi-hibernation state, as they can still be woken. Another survival mechanism in this biome is crowding together to share warmth. Arctic hares will sometimes do this by the thousands; the large groups also allow some of the creatures to take the duties of guards while others eat. Musk oxen, as well, gather in large groups to share body warmth.

Plants, likewise, have evolved to fit the conditions of the Arctic tundra biome. The biome receives only 6-10 inches of rain per year—similar to desert conditions—and a frozen layer of soil and rock, the permafrost, exists just 157 inches below the surface of the earth, which plant roots cannot penetrate. With so little water and such thin soil, trees cannot grow in the tundra. Nevertheless, some types of vegetation manage to thrive. Lichen, for example, have very small leaves. This helps the plants save the small amounts of moisture that they receive during the year. Lichen also have simple root structures that do not require much soil depth. They can also gain nutrients not only from the ground but from rocks—where they sometimes grow.

21 What is the main point of the first paragraph?
  (A) A large landmass was slow to form.
  (B) A natural environment is harsh.
  (C) A space of living things is spreading.
  (D) A severe climate can change an area.

22 In paragraph 1, which of the following is NOT mentioned about the Arctic tundra biome?
  (A) Its geographical size
  (B) Its temperature range
  (C) Its historic formation
  (D) Its population level

23 The word "serves" in line 9 is closest in meaning to
  (A) acts
  (B) predicts
  (C) returns
  (D) finishes

24 How is the second paragraph organized?
  (A) As criticism of techniques
  (B) As a comparison of methods
  (C) As point and counter-point
  (D) As a contrast of theories

25 According to the author, what is true about brown bear hibernation?
  (A) It is only done in a partial way.
  (B) It is mainly for highly energetic animals.
  (C) It continues in some of the warmer months.
  (D) It keeps the animals from awaking in winter.

26 The word "doze" in line 11 is closest in meaning to
  (A) lose
  (B) hide
  (C) carry
  (D) sleep

27 The author mentions "guards" in paragraph 2 in order to
  (A) illustrate the true fierceness of an animal
  (B) show that sharing warmth makes hares stronger
  (C) highlight a secondary benefit of crowding together
  (D) outline the risks of moving off of the tundra

28 The word "thrive" in line 23 is closest in meaning to
  (A) support
  (B) activate
  (C) flourish
  (D) determine

29 Simple root structure is an advantage for lichen because it
  (A) requires less soil
  (B) links to larger leaves
  (C) avoids underground rocks
  (D) penetrates the permafrost

30 Which of the following is the best title for the passage?
  (A) Methods of Adaptation
  (B) Competition for Resources
  (C) Growth of Diverse Species
  (D) Effects of Migration

Questions 31-40

The Voyager 1 probe is the first spacecraft to leave the solar system. Other probes have visited the inner planets, such as Venus and outer ones, such as Jupiter. Mechanical rovers have landed on Mars. Human beings, however, have only gone as far as the moon. Space agencies have been developing plans for astronauts to travel much further. Yet these are only tentative, partly because of the fragility of the human body, especially when compared to machines.

Space flight affects the entire body, but bone structure receives critical impact. Bones require gravity to maintain their mass. In a zero gravity environment, humans lose bone mass at a rate of one to two percent per month. The cumulative impact of this loss exceeds an earthbound person's osteoporosis, or advanced bone disease. Most heavily affected are the lower body and legs.

For long stays in space—such as a potential journey to Mars—a form of artificial gravity may be necessary to ensure bone health. This can be generated through rotating the spacecraft. Such rotation pulls the astronauts toward the internal walls of the spaceship, giving them a feeling of gravity. This is known as the Coriolis effect. A small spacecraft can create this effect by rotating rapidly. To avoid disorienting the crew, however, the rotating spacecraft would have to be very large and spin slowly—no more than two revolutions per minute.

Radiation also has a negative impact on human bone structure. Unprotected by the atmosphere of the earth, radiation reaches astronauts directly and in much larger quantities than on the ground. Research suggests that space radiation inhibits bone formation and could increase the likelihood of fractures, although these effects could be temporary. Protection against space radiation is more technically straightforward, being done in part by means of a water shield built around the crew compartment.

31 What does the passage mainly discuss?

(A) The history of spaceflight programs

(B) Biological aspects of space travel

(C) New types of medicine for use in space

(D) Problems understanding astronaut illnesses

32 The word "tentative" in line 6 is closest in meaning to

(A) frank

(B) passable

(C) reversible

(D) speculative

33 Which of the following is inferred about operating probes or rovers?

(A) They can reach places that humans cannot.

(B) They can travel much faster than manned spacecraft.

(C) They can adjust to better avoid asteroid impacts.

(D) They can one day be connected to human-piloted craft.

34 In paragraph 2, which of the following is mentioned as an effect of spaceflight on human bones?

(A) Significant loss of mass

(B) Higher breakage rates

(C) Spread of infections

(D) Degeneration of surrounding tissue

35 According to the author, the effects of zero gravity on humans

(A) depend on the size of one's legs

(B) mostly affect the upper body

(C) accumulate over time

(D) offset advanced osteoporosis

36 Astronauts aboard a rotating spaceship would experience the Coriolis effect as
 (A) a strong artificial light
 (B) a type of gravity
 (C) a shorter journey to a destination
 (D) an ability to bounce off walls

37 The word "generated" in line 16 is closest in meaning to
 (A) finalized
 (B) reformed
 (C) succeeded
 (D) created

38 What does the author infer about the atmosphere of the earth?
 (A) It restricts flight speed.
 (B) It acts as a large barrier.
 (C) It protects against meteors.
 (D) It helps restore bone fractures.

39 According to the author, why would a spacecraft maintain a water shield?
 (A) To supplement bone research
 (B) To reduce the effects of radiation
 (C) To temporarily stabilize the ship
 (D) To balance crew compartment weight

40 The phrase "by means of" in line 28 is closest in meaning to
 (A) by making use of
 (B) at the expense of
 (C) completing the task
 (D) based on the facts of

■ Questions 41-50

When a moving object meets any resistance, friction results. The force of friction slows the progress of that object, and will eventually stop it if the object is not moving under its own power. Vehicles can therefore maintain higher constant speed when friction is reduced.

Maglev trains have eliminated ground friction, as they travel while suspended about 0.59 inches in the air. This occurs because the train does not use tracks or wheels—or even fuel. Instead of this conventional method, the train bottom contains electromagnets: magnets created by sending a strong electric current through iron or steel. These electromagnets allow the train to levitate or hover. The tracks are likewise replaced by an electrified section known as a guideway. By changing the level of electric current in the guideway, the hovering train can be rapidly thrust forward. With only air resistance, current maglev trains can reach speeds of up to 270 miles per hour.

Quantum levitation could permit these trains to reach speeds of one thousand miles per hour or more. In addition, it would result in zero energy loss. Quantum levitation occurs when certain substances are cooled below minus 301° F. The substance will then become a superconductor, expelling all magnetic force. This expulsion of magnetic force will "lock" it in the air above a magnet or magnetic track and thus eliminate any ground friction. Physicists have demonstrated quantum levitation using small discs—although doing so with a large vehicle is probably many years away, partly because an enormous amount of energy has to be generated to cool the superconductor.

Operating either a maglev or quantum levitation train inside of a large vacuum tube would result in even higher speeds. Vacuum tubes have never been built that large, however, and the cost and complexity of maintaining a stable vacuum in such structures would be enormous. A variant would be a hyperloop, a tube that is almost, but not quite a vacuum. Hyperloop trains could exceed 13,000 miles per hour, fast enough to traverse the Continental United States in about 20 minutes.

41 What is the main topic of the passage?

  (A) Renovation of aging rail lines
  (B) Development of technologies
  (C) Production of unique metals
  (D) Construction of travel routes

42 The word "progress" in line 2 is closest in meaning to

  (A) station
  (B) assistance
  (C) motion
  (D) fraction

43 According to the second paragraph, what is true about maglev trains?

  (A) Air resistance is lowered.
  (B) Designs are more expensive.
  (C) Operations need special drivers.
  (D) Fuel is unnecessary.

44 The word "conventional" in line 7 is closest in meaning to

  (A) typical
  (B) serious
  (C) fixed
  (D) impressive

45 How are maglev trains propelled?

  (A) By shifting magnet position
  (B) By adjusting electricity
  (C) By increasing main engine thrust
  (D) By moving the guideways

46 What is the main point of the third paragraph?
  (A) Quantum levitation transportation is still mostly in the theoretical stage.
  (B) Physicists don't fully understand the principles of quantum levitation.
  (C) Rail transportation cannot realistically progress beyond maglev trains.
  (D) Current demonstrations by researchers in a field are inconclusive.

47 A quantum levitation train would be similar to a maglev train in its
  (A) rates of speed
  (B) absence of ground friction
  (C) need to use liquid nitrogen
  (D) reliance on superconductors

48 The word "permit" in line 15 is closest in meaning to
  (A) collect
  (B) force
  (C) enable
  (D) deliver

49 Which of the following is NOT mentioned as a challenge in building large vacuum tubes?
  (A) The scope of the installation
  (B) The amount of the funding
  (C) The opposition by landowners
  (D) The difficulty of stabilization

50 The phrase "almost, but not quite" in line 29 is closest in meaning to
  (A) fully
  (B) slowly
  (C) nearly
  (D) potentially

■ 解答一覧

Listening Comprehension

Part A

#	Ans
1	C
2	B
3	D
4	C
5	C
6	C
7	D
8	B
9	B
10	A
11	A
12	C
13	C
14	C
15	B
16	A
17	B
18	B
19	C
20	B
21	D
22	C
23	A
24	A
25	A
26	C
27	D
28	B
29	C
30	B

Part B

#	Ans
31	A
32	C
33	D
34	D
35	C
36	A
37	D
38	A

Part C

#	Ans
39	C
40	D
41	B
42	A
43	D
44	C
45	B
46	D
47	B
48	A
49	C
50	C

Structure and Written Expression

Structure

#	Ans
1	A
2	B
3	D
4	C
5	D
6	A
7	A
8	C
9	B
10	C
11	C
12	D
13	D
14	B
15	B

Written Expression

#	Ans
16	C
17	A
18	B
19	A
20	A
21	C
22	B
23	C
24	D
25	B
26	C
27	C
28	A
29	B
30	B
31	C
32	A
33	D
34	B
35	D
36	A
37	B
38	D
39	A
40	B

Reading Comprehension

#	Ans
1	B
2	C
3	A
4	A
5	B
6	B
7	D
8	A
9	D
10	C
11	C
12	C
13	B
14	C
15	A
16	B
17	D
18	A
19	C
20	C
21	B
22	C
23	A
24	B
25	A
26	D
27	C
28	C
29	A
30	A
31	B
32	D
33	A
34	A
35	C
36	B
37	D
38	B
39	B
40	A
41	B
42	C
43	D
44	A
45	B
46	A
47	B
48	C
49	C
50	C

解答・解説

■ Section 1 Listening Comprehension

■ Part A

1 解答 **C** 重要度 🔥🔥🔥 MP3 117

M: I left my lunch on the table in the student center, and now it's gone.
W: Hey, don't look at me. I'm on a diet.

男性：学生センターのテーブルの上に弁当をおき忘れて、それが今はなくなっているんだよ。
女性：ねえ、私を見ないでよ。私はダイエット中なんだから。

What does the woman imply?   女性は何をほのめかしていますか。
(A) She brought her lunch too.   (A) 彼女も弁当を持ってきた。
(B) She'll treat the man to lunch. (B) 男性に昼食をおごる。
(C) She didn't take the man's lunch. (C) 男性の弁当を取らなかった。
(D) She has already eaten lunch. (D) すでに昼食を食べた。

鬼の解法　平叙文で示される疑問に気づくべし

解説 男性は、疑問文の形ではないが、「弁当がなくなっている」と女性に伝えることで、弁当について知っているかどうかたずねている。女性は「私はダイエット中なんだから。」と答えることで自分が弁当を取ったわけではないことを述べている。正解は (C)。

2 解答 B 重要度 🔥🔥🔥 MP3 118

M: Bill said he'd help me take inventory, but when the time came, he was nowhere to be found.
W: That's just like him. He never follows through.

男性：ビルは棚卸しを手伝ってくれると言いましたが、いざその時になったら、どこにもいませんでした。
女性：それは彼らしいですね。彼は決して言ったことを最後までしません。

What can be inferred about Bill?	ビルについて推測できることは何ですか。
(A) He has already finished taking inventory.	(A) すでに棚卸しを終えている。
(B) He often breaks his promises.	(B) しばしば約束を破る。
(C) He has found another job.	(C) 他の仕事を見つけた。
(D) He has gone on vacation.	(D) 休暇に入った。

鬼の解法 否定表現の言い換えを見抜け

解説 女性はビルについて「決して言ったことを最後までしません。」と言っている。これを「しばしば約束を破る」と言い換えた (B) が正解。

3 解答 D 重要度 🔥🔥🔥 MP3 119

W: You're looking kind of pale, Allen. And you're sweating.
M: I don't know what's wrong with me, but I don't feel well.
W: Well, you did eat an entire pizza for lunch.

女性：アレン、少し顔色が悪いわね。それに汗をかいてるわよ。
男性：どこが悪いのかわからないけど、気分がよくないんだよ。
女性：ええと、昼食にピザを全部食べたじゃない。

What does the woman imply?	女性は何をほのめかしていますか。
(A) She doesn't feel well either.	(A) 彼女も気分がよくない。
(B) The man has pizza for lunch every day.	(B) 男性は毎日昼食にピザを食べる。
(C) The pizza was spoiled.	(C) ピザが傷んでいた。
(D) The man ate too much.	(D) 男性は食べ過ぎた。

鬼の解法 eat an entire pizza を聞き取れるかどうかが鍵

解説 男性が自分が具合の悪い理由についてわからないと言っているのに対し、女性は「昼食にピザを全部食べたじゃない。」と言っていることから、「ピザをたくさん食べたから具合が悪くなったのではないか」ということをほのめかしている。正解は (D)。

4 解答 C 重要度 🔥🔥🔥 MP3 120

W: Well, I think it's past time to break for lunch. Are you sure I can't interest you in joining me for a pizza, Matthew? I'll buy.

M: Sounds tempting, but I have to get ready for this meeting, and I still have a couple of handouts to prepare. I'll just have something here at my desk.

女性：えっと、もうお昼休みの時間はすぎているわね。マシュー、一緒にピザを食べに行くのに本当に興味ない？ 私がおごるけど。
男性：そそられるけど、この会議の準備をしないといけないんだ。配布資料もまだいくつか準備しないといけないし。この席で何か食べるよ。

What does the man imply?	男性は何をほのめかしていますか。
(A) He's not feeling well.	(A) 体調がよくない。
(B) He has already eaten.	(B) すでに何か食べた。
(C) He's too busy to go.	(C) 忙しすぎてでられない。
(D) He doesn't like pizza.	(D) ピザが好きではない。

鬼の解法 but 以降は重要なことが示される可能性が高い

解説 男性はピザを食べに行かないかという誘いに興味を示しながらも、会議の準備のために席で何か食べると言っている。忙しいことが推測できるので、正解は (C) だ。

5 解答 C 重要度 🔥🔥🔥 MP3 121

M: How's it going, Martha? Got your presentation on cloning done yet?

W: I wish! I know the material I want to cover, but I'm afraid it's going to be really boring.

M: Why don't you go see Ellen? She's a speech major, and she always seems to have ideas about how to make talks interesting.

男性：マーサ、調子はどう？ クローン技術についてのプレゼンの準備はできた？
女性：できていればいいんだけどね。カバーすべき材料はわかっているんだけど、きっと退屈なものになると思うのよ。
男性：エレンに会いに行くのはどう？ 彼女はスピーチの専攻で、話を面白くするアイデアをいつも持っているようだよ。

What does the man say about Ellen?	男性はエレンについて何と言っていますか。
(A) She will give the presentation.	(A) プレゼンをする。
(B) She often persuades others to do her work.	(B) いつも自分の仕事を他の人にさせるように説得する。
(C) She can help Martha with her presentation.	(C) マーサのプレゼンの手伝いができる。
(D) She has a book that will help Martha.	(D) マーサを助ける本を持っている。

鬼の解法 提案の Why don't you 以降をしっかり聞き取れ

> **解説** 男性は女性にプレゼンについてエレンに相談するように言っている。エレンはスピーチの専攻で、アイデアを持っていると言っていることから、きっと彼女の助けになると思っていることがわかる。正解は (C) だ。

6 解答 C 重要度 🔥🔥🔥 MP3 122

M: I really appreciate your inviting me to your birthday party, Janis. I'm really sorry for forgetting to bring a present.

W: Not to worry! I'm just glad you were able to make it.

男性：ジャニス、誕生日パーティーに招待してくれて本当にありがとう。プレゼントを持ってくるのを忘れてごめん。
女性：気にしないで！ あなたが来てくれただけで嬉しいわ。

What does the woman mean?　　女性は何と言っていますか。

(A) She likes the present the man gave her.　　(A) 男性が彼女にあげたプレゼントが気に入った。

(B) She didn't get any presents for her birthday.　　(B) 誕生日に1つもプレゼントをもらわなかった。

(C) She isn't upset about not getting a gift.　　(C) 贈りものをもらわなかったことを気にしていない。

(D) She was worried that the man couldn't find the party.　　(D) 男性がパーティーの場所がわからないのではないかと心配した。

鬼の解法 Not to worry!（気にしないで）から女性の気持ちを理解せよ

> **解説** 男性が女性の誕生日プレゼントを持ってくるのを忘れたことを受けて、女性は「気にしないで」と言っている。彼女はプレゼントをもらわなかったことを気にしていないので、正解は (C)。

7 解答 D 重要度 🔥🔥🔥 MP3 123

W: If you wanted to work as a lifeguard this summer, you should have started looking sooner. Those jobs are usually filled by April.
M: I'm afraid you're right. Next year, I'll know better.

女性：もしこの夏ライフガードとして働きたかったのなら、もっと早く探し始めるべきだったわね。ああいう仕事は、普通4月には決まってしまうわ。
男性：残念ながら、君の言う通りだね。来年はもっとうまくやるよ。

What will the man probably do next year?	男性はおそらく来年何をしますか。
(A) Look for a different kind of job.	(A) 違う種類の仕事を探す。
(B) Look for a job in the summer.	(B) 夏に仕事を探す。
(C) Hire a lifeguard sooner.	(C) ライフガードを早めに雇う。
(D) Apply for a lifeguard job earlier.	(D) ライフガードの仕事に早めに応募する。

鬼の解法 should have ＋過去分詞は、過去に関する後悔を表す

解説 女性は男性にもっと早く仕事を探し始めるべきだったと言っている。それに対して男性は「来年はもっとうまくやるよ」と言っていることから、(D) が正解だとわかる。

8 解答 B 重要度 🔥🔥🔥 MP3 124

M: The fridge is nearly empty. I'm gonna go to the grocery store.
W: Would you do me a favor and pick up some toothpaste while you're there?
M: Sure. But if you ask me, plain old baking soda is just as good. And cheaper too.

男性：冷蔵庫がほとんど空っぽだ。食料品店に行かなきゃ。
女性：お願いがあるんだけど、お店に行ったら何か歯磨き粉を買ってきてもらえない？
男性：もちろん。でも、僕なら普通の、昔ながらの重曹でもいいね。安いしね。

What does the man mean?	男性は何と言っていますか。
(A) There is a sale on baking soda at the store.	(A) そのお店で、重曹のセールがある。
(B) Baking soda is an economical toothpaste.	(B) 重曹は経済的に安上がりな歯磨き粉だ。
(C) He needs to borrow some baking soda.	(C) 彼は少し重曹を借りる必要がある。
(D) He can't pay for the woman's toothpaste.	(D) 彼は女性の歯磨き粉の代金を払えない。

鬼の解法 but 以降は重要なことが示される可能性が高い

解説 男性は歯磨き粉を買うのを頼まれたのに対して、「重曹のほうが安い」と言っているので、重曹は歯磨き粉にくらべてお金がかからないことがわかる。従って (B) が正解となる。

9 解答 B 重要度 🔥🔥🔥 MP3 125

M: Listen, Julie, I was just talking with Tom and Greg. We're all going out to see that jazz group from Baton Rouge tomorrow night. They're supposed to be even better than they were last time.

W: Well, count me out. Last time we didn't get home until 3 AM.

男性：ねえ、ジュリー、ちょうどトムやグレッグと話をしていたところさ。僕達は明日の夜、バトンルージュのジャズグループを見に行く予定なんだよ。前回よりずっといいと思うよ。
女性：そう、私は抜きにしてね。この前私達は、家に帰りついたのが午前 3 時だったから。

What does the woman mean? 女性は何と言っていますか。
(A) She doesn't like the group. (A) そのグループが好きではない。
(B) They stayed out too late last time. (B) 彼らは前回あまりに遅くまで外出していた。
(C) She's looking forward to hearing the group. (C) そのグループを聞くのを楽しみにしている。
(D) She needs a ride home tomorrow. (D) 明日家まで車に乗せてもらう必要がある。

鬼の解法 count me out は「私は抜きにして」という意味

解説 女性は「前回は午前 3 時まで帰れなかったから、私は抜きにして」と言っている。前回は遅くまで外出していたことがうかがえるので (B) が正解。

10 解答 A 重要度 🔥🔥🔥 MP3 126

W: Could you tell me the way to the conference room? I'm supposed to be at a meeting, and I don't want to be late.

M: Oh, Ms. Kramer, didn't you get my message yesterday? The meeting won't be held until Dr. Quinn gets back.

女性：会議室への行き方を教えていただけますか。私は会議に出席する予定で、遅れたくないんです。
男性：ああ、クラマーさん、昨日、私からのメッセージを受け取りませんでしたか。会議はクイン博士が戻って来るまで開かれないことになりました。

What does the man mean? 男性は何と言っていますか。
(A) The meeting has been postponed. (A) その会議は延期された。
(B) The meeting has been moved to another building. (B) その会議の場所は他のビルに移された。
(C) Dr. Quinn is waiting in the conference room. (C) クイン博士は会議室で待っている。
(D) Dr. Quinn will be late. (D) クイン博士は遅れる。

鬼の解法 hold は「（会などを）催す」という意味

解説 男性は会議はクイン博士が戻って来るまで開かれないことになったと言っている。正解は (A)。

11 解答 A 重要度 🔥🔥🔥 MP3 127

W: Yes, Carl?

M: I'm really sorry I was late for class, Dr. Richardson, but my sister called long distance from San Francisco.

W: I can certainly understand that, Carl, but this is becoming a pattern.

女性：何ですか、カール？
男性：本当にすみません。リチャードソン博士、授業に遅刻しました。でも、妹がサンフランシスコから長距離電話をかけてきたんです。
女性：確かに理解できますよ、カール。でもこういうのが1つのパターンになってきていますね。

What does the woman imply?	女性は何をほのめかしていますか。
(A) Carl is often late.	(A) カールはしばしば遅刻する。
(B) She doesn't mind Carl's tardiness.	(B) カールの遅刻を気にしていない。
(C) She understands Carl's problem.	(C) カールの問題を理解している。
(D) Carl should call his sister more often.	(D) カールは彼の妹にもっと電話をかけるべき。

鬼の解法 this is becoming a pattern で女性が伝えたい内容を考えよ

解説 男性は自分が遅刻をした理由について「妹が長距離電話をかけてきた」と言っている。女性は「それが（言い訳の）パターンになっている」と答えているので、男性はしばしば同じような遅刻の言い訳をしていることがわかる。**(A)** が正解。

12 解答 C 重要度 🔥🔥🔥 MP3 128

M: What's that you're working on, Allison? What? You haven't finished your report yet? I turned mine in last week.

W: Oh, get off my back! I'll get it done by the deadline.

男性：アリソン、何をしているんだい？ 何？ 君はまだレポートを書き終えていないの？ 僕は先週提出したよ。
女性：ああ、私に構わないでよ。締め切りまでにやり終えるから。

What does the woman mean?	女性は何と言っていますか。
(A) She'll help the man with his report.	(A) 男性のレポートを手伝う。
(B) She doesn't think she'll finish her report on time.	(B) 自分のレポートが時間通りに終わるとは思っていない。
(C) The man shouldn't bother her.	(C) 男性が彼女をわずらわせるべきではない。
(D) The deadline has been changed.	(D) 締め切りが変更された。

鬼の解法 慣用表現や声のトーンから女性の意図を推測せよ

解説 女性は男性に get off my back（私に構わないで）と言い、レポートを締め切りまでに仕上げるつもりであることを伝えている。**(C)** が正解。

13 解答 C 重要度 🔥🔥🔥 MP3 129

W: Oh, no. I forgot to get my prescription filled this afternoon, and now the pharmacy's closed. Bob, do you know what time it opens in the morning? I'd really like to get the prescription filled before my nine o'clock class if I can.

M: You're in luck. They open at seven. But they get busy pretty quickly, so I'd say the sooner you get there, the better your chances of getting it in time.

女性：いやだわ。今日の午後、処方せんの薬を調剤してもらうのを忘れてしまって、薬局はもう閉まってしまったわ。ボブ、薬局は朝何時に開くかわかる？ できれば、9時からの授業の前に処方せんの薬を受け取りたいのよ。
男性：運がいいね。薬局は7時に開くよ。でもすぐに混み始めるから、早く行けば行くほど、授業に間に合うように薬をもらう可能性は高まると思うよ。

What does the man suggest the woman do?	男性は女性がどうするように提案していますか。
(A) Call the pharmacy before going there.	(A) 薬局に行く前に電話をする。
(B) Wait until after class to get her prescription filled.	(B) 授業が終わるまで処方せんの薬を調剤してもらうのを待つ。
(C) Take her prescription in as early as possible.	(C) 処方せんをできるだけ早く持っていく。
(D) Take her medicine before class.	(D) 授業の前に薬をのむ。

> **鬼の解法**　the＋比較級＋S＋V, the＋比較級＋S＋V（〜であればあるほど、いっそう…だ）を聞き取れ

> **解説**　男性は薬局に早く行けば行くほど、間に合うように薬をもらえると言っている。正解は(C)だ。

14 解答 C 重要度 🔥🔥🔥 MP3 130

W: What do you think, George? Do you like this blue pullover?

M: Why would you want to buy that one when you could buy the orange one for the same price?

女性：ジョージはどう思う？ あなたはこの青色のプルオーバーが好き？
男性：同じ値段でオレンジ色のほうを買えるのに、なぜそれを買いたいの？

What does the man imply? 男性は何をほのめかしていますか。

(A) The woman should buy both pullovers.
(B) He wants to buy the blue pullover himself.
(C) The woman shouldn't buy the blue pullover.
(D) The woman should buy whichever pullover she prefers.

(A) 女性は両方のプルオーバーを買うべきだ。
(B) 彼自身に青色のプルオーバーを買いたい。
(C) 女性は青色のプルオーバーを買うべきではない。
(D) 女性はどちらのプルオーバーでも好きなほうを買うべきだ。

鬼の解法 疑問文で示された否定的な意見を捉えよ

解説 男性は「同じ値段でオレンジ色のほうを買えるのに、なぜ（わざわざ）青色のプルオーバーを買いたいの?」と聞いている。男性は女性にオレンジ色の商品を勧めているので、正解は (C) だ。

---

15 解答 **B** 重要度 🔥🔥🔥 MP3 131

W: You're looking a little down, Randall. Are you OK?
M: Yeah. It's just that I get so depressed in the winter because it's dark by the time I get home from work.
W: Well, in addition to that is the fact that you have to get up while it's still dark.

女性：ランドール、少し落ち込んで見えるけど、大丈夫?
男性：うん、仕事から家に帰るまでには暗くなるので、冬はとても落ち込むんだ。
女性：ええ、それに加えて、まだ暗いなか起きなければならないということもあるわね。

What does the woman imply? 女性は何をほのめかしていますか。

(A) The man should have a more positive attitude toward winter.
(B) She agrees with the man about winter.
(C) She doesn't mind waking up early.
(D) The man shouldn't work so late.

(A) 男性は冬に対して、より肯定的な態度を取るべきだ。
(B) 冬について、男性に賛成だ。
(C) 早起きすることを気にしない。
(D) 男性はそんなに遅くまで働くべきではない。

鬼の解法 女性の in addition to that 以降に着目

解説 男性の発言を受けて、女性は「加えて、まだ暗いなか起きなければならない」と言っている。女性は男性の意見に追加情報を示していると考えられるので、意見には賛成だと考えられる。正解は (B)。

16　解答　A　重要度 🔥🔥🔥　MP3 132

W: What a waste of time! The acting was awful, and the ending was totally predictable.

M: What do you mean? I was on the edge of my seat the whole time.

女性：何という時間の無駄なの。演技はひどくて、結末は完全に予想できたわ。
男性：どういう意味だい？ 僕はずっとドキドキしていたよ。

What does the man mean?　　　　　　　　男性は何と言っていますか。

(A) The performance held him in suspense.　(A) その劇は彼をハラハラさせた。

(B) His seat at the theater was uncomfortable.　(B) 劇場の彼の座席は、すわり心地が悪かった。

(C) It was hard for him to see the play.　(C) その劇を見るのは、彼にとっては難しかった。

(D) He didn't understand the woman's comment.　(D) 女性の意見を理解しなかった。

鬼の解法　What do you mean? のニュアンスを理解せよ

解説　女性が「演技がひどかった」と言っているのに対して、男性は What do you mean?「どういう意味だい？」と言うことによって、本当に相手の言っていることがわからないのではなく、自分は違う意見だということを伝えている。正解は (A)。

17 解答 B 重要度 🔥🔥🔥 MP3 133

W: Hi, Jerry. It's Beth, from the apartment next door. I'm at school right now, and I just realized I forgot my keys at home. Could you ask the building manager to put the extra set in my mailbox?

M: I don't think that's secure enough. I can just drop by your biology class later.

女性：ジェリー、隣の部屋に住んでいる、ベスよ。今、学校にいるんだけど、家に鍵を忘れてしまったことがわかったの。建物の管理人に、私の郵便受けに合い鍵を入れておいてくれるよう伝えてくれる？
男性：それだと安全性に問題があると思うよ。後で君の生物学の授業に立ち寄るよ。

What will the man probably do?	男性はおそらく何をしますか。
(A) Make a copy of the key for the woman.	(A) 女性のために合い鍵をつくる。
(B) Give the woman her key at her class.	(B) 授業の時に彼女に鍵を渡す。
(C) Put the key in the woman's mailbox.	(C) 女性の郵便受けに鍵を入れる。
(D) Unlock the woman's door.	(D) 女性の部屋のドアの鍵を開ける。

鬼の解法　drop by は「立ち寄る」という意味

解説　女性は男性に電話をして、管理人に合い鍵を郵便受けに入れてもらうよう伝えること頼んでいるが、男性は女性の授業に立ち寄ると言っている。男性は女性に鍵を渡すと推測できるので、正解は (B) である。

18 解答 B 重要度 🔥🔥🔥 MP3 134

W: Sorry to get here so late. I'm starving. Have you ordered yet?

M: I just got here myself. I was held up in traffic. Let's look at the menu.

女性：来るのがとても遅くなってごめんなさい。お腹がペコペコよ。もう注文した？
男性：僕もちょうど着いたところだよ。渋滞で遅れたんだ。メニューを見よう。

What will the speakers probably do next?	話し手はこの後おそらく何をしますか。
(A) Choose a restaurant.	(A) レストランを選ぶ。
(B) Decide what they want to eat.	(B) 彼らの食べるものを決める。
(C) Pay the bill.	(C) 支払いをする。
(D) Leave the restaurant.	(D) レストランをでる。

鬼の解法　メニューを見た後にすることは何かを考えよ

解説　男性は自分も渋滞で遅れ、今到着したばかりだと言っている。「メニューを見よう。」という発言から、これから注文をすることがわかる。正解は (B)。

19 解答 C 重要度 🔥🔥🔥 MP3 135

M: I'm off to the hospital to see how Fran is doing. She was getting sort of bored there, so I thought I'd take her something to read.
W: That's a pretty thick book! Are you sure she'll want to plow through that?
M: Are you kidding? She'll be through it in two days.

男性：フランがどうしているかを見に病院に行ってくるよ。病院で退屈しているだろうから、何か読むものを持っていこうと思うんだ。
女性：その本は分厚すぎるわよ。彼女がその本を苦労して読みたいと思うの？
男性：冗談だろう。彼女なら2日で読めるよ。

What does the man imply about Fran?

(A) She has trouble concentrating.
(B) She'll return the book if she doesn't like it.
(C) She is a fast reader.
(D) She'll lend the man the book when she's finished.

男性はフランについて何をほのめかしていますか。

(A) 集中するのが苦手だ。
(B) その本が好きでなければ返すだろう。
(C) 読むのが速い。
(D) 読み終わったら男性にその本を貸すだろう。

鬼の解法 Are you kidding? から女性の発言に反論していることを捉えよ

解説 男性は病院にいるフランに分厚い本を持っていこうとしている。女性の「分厚すぎるわよ」という発言に対して、男性は「彼女なら2日で読めるよ。」と言っていることから、彼女は本を読むのが速いと考えていると推測される。正解は (C)。

20 解答 B 重要度 🔥🔥🔥 MP3 136

M: Janice, can you give me a hand? Can you go check these books out for me? There's a really long line, and I still need to make some copies before I go to class.
W: I would, but I didn't bring my student ID card.

男性：ジャニス、手伝ってもらえる？ これらの本の貸しだし手続きをしてもらえないかな。本当に長い列ができていて、僕はクラスに行く前にまだコピーを取らなくてはならないんだよ。
女性：できたら手伝いたいけど、私は学生証を持ってこなかったの。

What does the woman imply?　　　　　女性は何をほのめかしていますか。
(A) She'll go home to get her ID card.　　(A) 学生証を取りに家に帰る。
(B) She can't check out any books right now.　(B) 今、本を借りることができない。
(C) She'd rather not wait in line.　　　　(C) できれば列に並びたくない。
(D) She'll give the books to the man later.　(D) 後で男性に本を渡す。

鬼の解法 I would, but ~はしたいけれどできないことを示唆している

解説 女性が「できたら手伝いたいけど、私は学生証を持ってこなかったの。」と言っていることから、学生証がないと、本の貸しだし手続きをすることができないと推測できる。正解は (B)。

21 解答 D 重要度 🔥🔥🔥 MP3 137

M: I'm really looking forward to this business dinner. I wasn't expecting to be included. What do you think? Should I wear a suit?
W: Well, if you really want to impress them, you should.

男性：このビジネスディナーが本当に楽しみだよ。僕も出席できるとは思っていなかった。どう思う？ スーツを着ていくべきかな？
女性：そうね、もしあなたが本当に彼らに印象づけたいのなら、そうすべきね。

What does the woman imply?　　　　　女性は何をほのめかしていますか。
(A) She will be unable to attend the dinner.　(A) そのディナーに出席できない。
(B) She needs a new suit.　　　　　　(B) 新しいスーツが必要だ。
(C) The man is lucky to have been invited.　(C) 男性は招待されて運がいい。
(D) The man should dress professionally.　(D) 男性はビジネスにふさわしい服装をするべきだ。

鬼の解法 「スーツを着る」を言い換えた表現はどれかを見極める

解説 女性は男性に、ビジネスディナーの相手に印象づけたいのなら、スーツを着ていくべきだと言っている。ビジネス用のスーツを着るべきだということを dress professionally を用いて表現した (D) が正解。

22 解答 C 重要度 🔥🔥🔥 MP3 138

M: That red shirt looks nice on you. Going someplace special?
W: The same place you are—or aren't you going to Jim's party?
M: I'd been planning on it, but I just don't feel up to it tonight.

男性：その赤いシャツはとても似合っているね。どこか特別なところへ行くの？
女性：あなたと同じ場所よ。それともジムのパーティーには行かないの？
男性：そのつもりだったんだけど、今夜はちょっと行く気がしないんだ。

What does the man imply?
(A) He seldom goes to parties.
(B) He doesn't enjoy Jim's company.
(C) He'll probably miss the party.
(D) He has to work tonight.

男性は何をほのめかしていますか。
(A) めったにパーティーに行かない。
(B) ジムとのつき合いを楽しんでいない。
(C) おそらくそのパーティーに行かない。
(D) 今夜働かなければならない。

鬼の解法 but 以降から男性の行動を推測せよ

解説 女性の質問を受けて、男性はパーティーに行くつもりだったが、行く気がしないと言っている。おそらく男性はパーティーに行かないだろうと推測できるので、正解は (C)。

23 解答 A 重要度 🔥🔥🔥 MP3 139

M: Oh, Judy, there you are. You got a call a few minutes ago. Apparently your application's been processed, and you can pick up your passport any time.
W: What do you know? They told me it would take at least six weeks.

男性：ああ、ジュディ、そこにいたんだ。2、3分前、君に電話があったよ。どうやら申請が処理されたので、君のパスポートはいつでも受け取れるそうだよ。
女性：それは驚いた！彼らは少なくとも6週間はかかると言っていたの。

What can be inferred about the woman?
(A) She thought it would take longer to get her passport.
(B) She had already returned the passport office's call.
(C) She is not eligible for a passport.
(D) She expected to receive her passport in the mail.

女性について推測できることは何ですか。
(A) 自分のパスポートを受け取るのにもっと時間がかかると思っていた。
(B) すでに旅券事務所に折り返しの電話をした。
(C) パスポート取得の資格がない。
(D) 自分のパスポートを郵便で受け取ると思っていた。

鬼の解法 What do you know? は驚きを表す表現

解説 女性は驚いた後に「6週間はかかると言っていた」と述べている。女性は予想よりも早くパスポートを受け取れることを知って驚いているので、(A) が正解。

24 | 解答 A | 重要度 🔥🔥🔥 | MP3 140

M: Janet, I was hoping I'd run into you today. How about going on a camping trip next week with us? We're planning on hiking and canoeing in the state park.

W: That sounds great! But I better warn you, I've never been in a canoe, and I'm not much of a swimmer, either.

男性：ジャネット、今日は君にばったり会えればいいと思ってたんだ。僕達と一緒に来週のキャンプ旅行に行かない？ 州立公園にハイキングとカヌーをしに行こうと思ってるんだ。

女性：いいわね！ でも言っておくけど、私はカヌーをしたことがないの。それに水泳も得意じゃないわよ。

What does the woman mean?	女性は何と言っていますか。
(A) She'd like to go although she has little experience.	(A) ほとんど経験がないけれども行きたいと思っている。
(B) She doesn't enjoy camping.	(B) キャンプが好きではない。
(C) She'd rather go swimming than hiking.	(C) ハイキングより泳ぎに行きたい。
(D) She needs to buy a canoe before the trip.	(D) 旅行の前にカヌーを買わなければならない。

鬼の解法 女性の発言の But 以降は何を示しているのかを聞き取れ

解説 男性が女性をキャンプに誘っている。女性は行きたい気持ちを示しながら、カヌーの経験もなく泳ぎも苦手だと言っている。正解は (A)。

25 解答 A 重要度 🔥🔥🔥 MP3 141

M: Hi, Professor Morgan. I'm here for my appointment to get your comments on my essay.

W: Well, Jerry, my main concern about your paper is that you simply state some of your arguments, without giving reasons for them. You need to convince the reader to accept your point of view.

男性：こんにちは、モーガン教授。僕が書いたエッセイについての先生のご意見を伺うというお約束で来ました。
女性：そうですね、ジェリー。あなたのエッセイについての1番の懸念は、論点のいくつかを、根拠もなしに単純に述べていることです。読み手があなたの見解を受け入れるように納得させる必要があります。

What does the woman imply that the man should do?

(A) Add evidence to support his ideas.
(B) Find someone else to read his essay.
(C) Make another appointment.
(D) Shorten the paper.

女性は男性が何をするべきだとほのめかしていますか。

(A) 彼の考えを支持する根拠を加える。
(B) 彼のエッセイを読む他の人を探す。
(C) 次の約束をする。
(D) エッセイを短くする。

鬼の解法 選択肢のなかに giving reasons for them を言い換えた表現を探せ

解説 女性は、男性のエッセイについて、意見を述べているだけで根拠が与えられていないと言っている。エッセイには根拠を加えるべきだと考えられるので、正解は Add evidence の表現を含む (A) である。

26 解答 C 重要度 🔥🔥🔥 MP3 142

W: How's it going, John? You look a little tired.

M: No kidding. I've spent more hours studying for this biology course than I care to count.

W: I know Professor Suarez is demanding, but no biology course is easy.

女性：調子はどう、ジョン？ ちょっと疲れて見えるわよ。
男性：そうなんだよね。この生物学コースの勉強に、思っていた以上に時間がかかったからね。
女性：スアレス教授が厳しいのは知っているけれど、生物学コースに簡単なものはないわ。

What does the woman imply?　　　　　　　女性は何をほのめかしていますか。

(A) Professor Suarez spends a lot of time with the students.
(B) She thought Professor Suarez's course was easy.
(C) Most biology courses require a lot of work.
(D) Professor Suarez is a popular teacher.

(A) スアレス教授は学生達と一緒に長い時間を過ごす。
(B) スアレス教授のコースが簡単だと思っていた。
(C) ほとんどの生物学コースは、たくさん勉強しなければならない。
(D) スアレス教授は人気のある先生だ。

鬼の解法　女性の but 以降の発言に注目せよ

解説　男性は勉強に時間をかけている様子だ。女性は no biology course is easy（生物学コースに簡単なものはない）と言っている。正解は (C)。

27　解答　**D**　重要度 🔥🔥🔥　MP3 143

M: Gail asked me if she could bring two friends to our party, and I said it was fine. Do you think we should make another dish?

W: Don't you remember? We planned for extra just in case this kind of thing happened. I think we'll get by with what we have.

男性：ゲイルに僕達のパーティーに友達を2人連れて来てもいいかと聞かれたので、構わないと答えたよ。もっと料理をつくるべきだと思う？
女性：覚えていないの？ こういうことが起こった時のために余分に計画したじゃない。用意したもので大丈夫だと思うわ。

What does the woman mean?　　　　　　　女性は何と言っていますか。

(A) The guests will probably bring some food.
(B) She forgot that Gail was invited.
(C) She's unhappy about having more dinner guests.
(D) They'll probably have enough food for the party.

(A) おそらくお客が何か料理を持ってくる。
(B) ゲイルが招待されていたことを忘れていた。
(C) ディナー客が増えることが不満だ。
(D) 彼らにはおそらくパーティーのための十分な料理がある。

鬼の解法　Don't you remember?（覚えていないの？）の後に注目せよ

解説　女性は「用意したもので大丈夫だと思うわ」と言っている。have enough food を含む表現で言い換えた (D) が正解。

28 解答 B 重要度 🔥🔥🔥 MP3 144

W: Well, that was a quick conversation. It wasn't a wrong number, was it?

M: No, my brother just wanted me to know that he's definitely coming. He's driving in from Ohio, but my parents don't know it yet. It's part of a surprise for their anniversary.

W: Just make sure you don't slip and say something.

女性：あら、短い会話だったわね。間違い電話だったのね？
男性：いや、弟が間違いなく向かってきていることを僕に知らせたかっただけなんだ。弟はオハイオから車で来てるんだけど、両親はそのことをまだ知らないんだ。両親の記念日のサプライズの一部なんだ。
女性：あなたが口を滑らせて何かしゃべらないようにしないとね。

What does the woman warn the man about?　女性は男性に何について注意していますか。

(A) Forgetting to invite all the family members.
(B) Mentioning his brother's visit by mistake.
(C) Forgetting his parents' anniversary.
(D) Driving all the way from Ohio.

(A) すべての家族を招待するのを忘れること。
(B) 間違って彼の弟の訪問について言及すること。
(C) 彼の両親の記念日を忘れること。
(D) オハイオからはるばる運転すること。

鬼の解法　2人の発言を総合して正答を導け

解説　女性は男性に「あなたが口を滑らせて何かしゃべらないように確認したのね。」と言って、弟が来ることを両親に知らせてはいけないことをほのめかしている。正解は (B)。

29 解答 C 重要度 🔥🔥🔥 MP3 145

M: Are you here to work on our psychology assignment? Dr. Lewis said she'd leave a copy of the book we're supposed to read here on reserve, but I don't know how to find it. Do you?

W: The call number should be listed under the professor's name in a notebook on the desk.

男性：心理学の課題をこなすためにここにいるの？ ルイス博士は、僕達が読むことになっている本を1冊ここに確保しておくと言っていたけど、どうやってそれを見つけたらいいかわからないんだ。知ってる？
女性：机の上のノートのなかの教授の名前の下に、整理番号が記されているはずよ。

What does the woman mean? 女性は何と言っていますか。
(A) A professor would like to reserve a book.　(A) 教授は本を確保したいと思っている。
(B) She doesn't know the title of the book.　(B) 本のタイトルを知らない。
(C) The man could look up the call number at the desk.　(C) 男性は机で整理番号を調べることができる。
(D) She has the professor's phone number in her notebook.　(D) 自分のノートに教授の電話番号が書かれている。

鬼の解法　call number とは図書館などの本につけられた整理番号のこと

解説　女性は、整理番号についてふれることで、男性に本の見つけ方について伝えている。正解は (C)。

30　解答　B　重要度 🔥🔥🔥

W: That storm is coming straight up the coast, and on Saturday it's supposed to hit the town where we're going. Do you think we should still go down there on Saturday?
M: Well, I don't mind driving in the rain. Besides, when Sunday comes, the weather will be perfect.

女性：その嵐は海岸を北上してきていて、土曜日には、私達が行こうとしている町を直撃するそうよ。それでも土曜日にあそこへ行くべきだと思う？
男性：そうだね、雨のなかを運転するのは気にならないよ。それに、日曜日になれば天気はすっかりよくなるさ。

What does the man want to do? 男性は何をしたいのですか。
(A) Start the trip early to avoid the rain.　(A) 雨を避けるために、早く旅行にでかける。
(B) Continue with the plans they had already made.　(B) 彼らがすでに立てた計画をそのまま続行する。
(C) Delay the trip so they can travel in good weather.　(C) 彼らがいい天気のなかで旅行ができるように、旅行を遅らせる。
(D) Travel to a different location.　(D) 違う場所に旅行する。

鬼の解法　don't mind *doing* は「〜するのをいやがらない」という意味

解説　男性は雨のなかを運転するのは平気だし、日曜日には晴れると言っている。男性は予定通りに行動したいと考えていると推測できるので、正解は (B)。

Part B

Questions 31-34

リスニング・スクリプト

N: Listen to two friends in the university library.

W: What's the matter, Jim? You're really looking down today.
M: Yeah, my history class is getting to me. I have to do a research paper on some period in American history, and I don't have the first idea of what I want to write about.
W: That is a problem. Did the professor give you any guidelines?
M: Yeah, she said we had to write about a ten-year period in American history in the twentieth century.
W: Well, that gives you plenty of leeway.
M: Yeah, too much leeway. I don't know if I ought to try to tackle something as involved as, say, World War II, or if that would be way too broad a subject.
W: What about the Cold War? No, I guess that lasted more than ten years, didn't it?
M: More like forty. Anyway, I just can't decide what time to choose.
W: You could write about the 1920's. I love the Roaring Twenties music. Or what about the Thirties and the Great Depression?
M: I've thought about those periods—and a lot of others, too.
W: Why don't you look at this another way? Is there any period you have a special interest in? Maybe you read a book set in that time, or maybe your parents or even your grandparents talked about something they lived through.
M: You know, you may have something there.
W: Oh? You have a special time in mind?
M: Yeah, sort of. My grandmother talked a lot about the Sixties, you know, the years of the hippies and "flower power" and antiwar demonstrations. She was actually in San Francisco for part of that time.
W: And she told you about it?
M: Yeah. She didn't pretty it up, either. It wasn't all good. Young people were talking about peace, but some of the protests weren't peaceful. And people were getting into drugs, and some of them were getting pretty messed up. But, you know, I wouldn't really write about the Sixties.
W: What do you mean? I thought you said you were interested in them.
M: Oh, I am. I just mean it wasn't really the whole decade of the Sixties that I'm interested in. The Cuban missile crisis was in the early Sixties, remember, and that was really before the hippies. No, I think I'd take the decade from the mid-Sixties to the mid-Seventies.

W: Really? Did the Sixties stuff run on into the Seventies?
M: It sure did, or that's what my grandmother said. She was in college then, and she said it was really in the early Seventies that the Black Power movement and the women's movement really got going, oh, and the Chicano movement and the American Indian movement, too.
W: I didn't know that.
M: Yeah, she said everybody always talked about the Sixties, but what went on kept going into the Seventies.
W: It does sound like an interesting time to write about.
M: It really does. You've got me all motivated now. I think I'll take a look and see what information I can find to get started.
W: Well, good for you, Jim. I wish you luck.

[訳]

ナレーター：大学の図書館での２人の友達の会話を聞きなさい。
女性：ジム、どうしたの？ 今日は落ち込んでいるみたいね。
男性：そうなんだ、歴史のクラスのせいだよ。アメリカ史のある時期について研究論文を書かなければならないんだけど、書きたいことについて最初のアイデアがまだないんだよ。
女性：それは問題ね。教授は何かガイドラインをくれたの？
男性：うん、彼女は、20世紀アメリカ史のどこか10年間について書くよう言っていたよ。
女性：ああ、それはかなり選択の余地があるわね。
男性：そうなんだ、余地がありすぎるんだよ。例えば第二次世界大戦のようなものを含めたことに取り組むべきなのか、あるいはそれだとあまりにも広範囲すぎる主題なのかがわからなくて。
女性：冷戦についてはどう？ でも、あれは10年以上続いたわよね？
男性：40年近いね。とにかく、ただ選ぶべき時期が決められないんだよ。
女性：1920年代について書いてもいいわよね。私は狂騒の20年代の音楽が好きなの。あるいは30年代と世界大恐慌はどう？
男性：それらの時期は考えたんだ、その他にもたくさんね。
女性：違うふうに考えてみてはどう？ 特に興味を持ってる時期はある？ その時期を扱った本を読んでいたり、あるいはご両親やさらにはおじいさんやおばあさんが経験したことを話してくれたりしたでしょう？
男性：なるほど、それはいい考えかもね。
女性：あら、何か思い当たる特別な時期があるのね。
男性：うん、まあね。祖母が60年代についてたくさん話をしてくれたんだ。ほら、ヒッピーと「フラワーパワー*」と反戦デモの時さ。祖母は実際その頃の一時期、サンフランシスコにいたんだ。
女性：それで、おばあさんはその話をしてくれたの。
男性：祖母はそれを美化することもなかったよ。いいことばかりではなかったんだよ。若者達は平和について話していたけど、反対派の一部は平和的ではなかったんだ。そして、人々はドラッグにのめりこんでいき、彼らの一部はかなり混乱した状況に陥っていた。でも、僕は実際に60年代について書くつもりはないんだ。
女性：どういう意味？ あなたは60年代に興味を持っていると言ったと思ったけど。
男性：そうなんだけどね。僕が言いたいのは、僕が興味を持っているのは60年代の10年間そのものじゃないってことなんだ。キューバ危機が起きたのは60年代の初頭で、ヒッピーよりかなり前の出来

事だったんだ。いや、そうだ、60年代半ばから70年代半ばまでの10年間にしようかな。
女性：本当？ 60年代の出来事は70年代へと続いたの？
男性：確かだよ、それは祖母が言っていたことさ。その頃祖母は大学生で、ブラックパワー運動と女性解放運動が本当に動きだしたのは確かに70年代初頭だったと言っていたよ。ああ、そして、メキシコ系アメリカ人の運動とアメリカインディアン運動もそうだよ。
女性：それは知らなかったわ。
男性：うん、祖母は、みんないつも60年代について話すけど、起こったことは70年代に続いたと言ってたよ。
女性：確かに、書くのには面白そうな時期ね。
男性：本当にそうだね。君のおかげでやる気がでてきたよ。まずはどんな情報があるか調べてみようと思うよ。
女性：ええ、よかったわね、ジム。幸運を祈るわ。

＊フラワーパワー：1960年代から1970年代アメリカの若者の対抗文化のこと

31 解答 A 重要度 🔥🔥🔥

Why is Jim depressed?

(A) He can't decide on a subject for a research paper.
(B) He dislikes his history class this semester.
(C) He got a low grade on an important history exam.
(D) He is dreading all the work of doing a research paper.

なぜジムは落ち込んでいるのですか。

(A) 研究論文の主題を決めることができないから。
(B) 今学期の歴史のクラスが嫌だから。
(C) 重要な歴史の試験で悪い成績を取ったから。
(D) 研究論文のすべての作業を恐れているから。

鬼の解法 最初の設問の答えは会話の始まりが手がかりであることが多い

解説 男性は最初の発言で歴史のクラスが大変だと述べている。詳細については、3〜5行目で I have to do a research paper on some period in American history, and I don't have the first idea of what I want to write about と、アメリカ史に関する研究論文で、何を書くか決まっていないことだと言っている。正解は (A)。

32 解答 C 重要度 🔥🔥🔥

How long does Jim say the Cold War lasted?

(A) Ten years.
(B) Thirty years.
(C) Forty years.
(D) Sixty years.

ジムは冷戦がどのくらい続いたと言っていますか。

(A) 10年。
(B) 30年。
(C) 40年。
(D) 60年。

鬼の解法 数が聞こえたら何の数なのかを考えよ

解説 冷戦に関する言及は 13 行目の女性の発言で初めてでてくる。女性が What about the Cold War? No, I guess that lasted more than ten years, didn't it? と聞いているのに対して、男性は 15 行目で More like forty. と言っている。正解は (C)。

---

33 解答 **D** 重要度 🔥🔥🔥 MP3 150

Which of the following times was before the Great Depression?

(A) The hippie era.
(B) The American Indian movement.
(C) The Cuban missile crisis.
(D) The Roaring Twenties.

世界大恐慌の前にあった時期は、次のどれですか。

(A) ヒッピーの時代。
(B) アメリカインディアン運動。
(C) キューバ危機。
(D) 狂騒の 20 年代。

鬼の解法 歴史的な出来事は時系列を整理しながら聞くべし

解説 女性は 16 行目の発言で、You could write about the 1920's. I love the Roaring Twenties music. と、狂騒の 20 年代について好みを示した後に、Or what about the Thirties and the Great Depression? と、30 年代の世界大恐慌について書くことも勧めている。従って正解は (D)。

---

34 解答 **D** 重要度 🔥🔥🔥 MP3 151

What movements did Jim's grandmother say really got going in the early Seventies?

(A) The flower power movement.
(B) The antiwar movement.
(C) The drug movement.
(D) The women's movement.

ジムの祖母は、70 年代初頭にどんな運動が本当に動きだしたと言っていますか。

(A) フラワーパワー運動。
(B) 反戦運動。
(C) ドラッグの運動。
(D) 女性解放運動。

鬼の解法 年代と誰の発言が問われているかを確認せよ

解説 男性は 39 〜 41 行目の発言で、祖母が 70 年代初頭について言っていたことを話している。そこでは She was in college then, and she said it was really in the early Seventies that the Black Power movement and the women's movement really got going. と述べられており、70 年代に動きだしたと言っている運動のうち、選択肢に含まれているものは女性解放運動。正解は (D)。

Questions 35-38

リスニング・スクリプト **MP3 152**

N: Listen to a conversation in the counseling office at a university.

W: Hello, Rick. What brings you to the counseling office? Are your classes going all right?

M: They're okay, except for calculus. It's a lot harder than I expected it to be. In fact, that's why I'm here. If I don't do well on the next quiz, I may have to drop the course.

W: And when is the next quiz?

M: Thursday.

W: Hmm. How many credit hours are you carrying right now, Rick?

M: Just twelve.

W: Well, if that's the case, and if you do decide to drop calculus, you'll have to pick up another course because you need at least twelve hours to keep your full-time student status.

M: Yes, I know, but I have no idea what other course to take. I don't really like math, but I wanted to take care of my math and natural science requirement for graduation.

W: I see what you mean. Have you thought about taking a science class instead of math?

M: You mean, like physics or chemistry?

W: Well, I was actually thinking of an introductory biology course. Professor Daniels has a great reputation among her Biology 101 students and I think you might enjoy the class, as well as filling your math and natural science requirement.

M: I hadn't thought of that. You know, my roommate's in her class, and he does seem to think she's good. If I can fit it into my schedule, I think I'll go ahead and make the change.

W: She teaches several sections of the course, so I think you'll be able to manage it.

M: I do still have time to make the change, don't I?

W: Yes, you have plenty of time. Here. Just fill out these two forms for dropping and adding courses. I'll sign them, and then you need to take them to the biology department for approval.

M: Thank you so much. It's a real relief to get out of that calculus class, and if I take biology, I won't have to have the math.

W: Well, good luck, Rick. I think you'll like biology.

M: Thank you.

[訳]

ナレーター：大学のカウンセリング室での会話を聞きなさい。
女性：こんにちは、リック。カウンセリング室には何をしにきたの？ 授業はうまくいってる？
男性：授業は大丈夫です、微分積分学以外はですが。微分積分学は予想よりずっと大変です。実はそのことでここにきたんです。もし次の小テストがうまくいかないと、このコースは途中でやめなければならないかもしれないんです。
女性：次の小テストはいつなの？
男性：木曜日です。
女性：うーん。今、何時間単位を登録しているの、リック？
男性：12時間です。
女性：ええと、その場合、微分積分学をやめることにしたら、正規の学生でいるためには少なくとも12時間は必要だから、別のコースを選択しないといけないわよね。
男性：ええ、わかってます。でもどのコースを履修すればいいか考えつかないんです。数学は本当に苦手ですが、卒業のために数学と自然科学の履修要件をどうにか片づけたいんです。
女性：言いたいことはわかるわ。数学の代わりに科学の授業を取ることは考えた？
男性：つまり、物理や化学ですか。
女性：ええと、私が考えていたのは生物学入門コースよ。ダニエルズ教授は生物学101の学生の間でとても評判がいいし、数学と自然科学の要件を満たせるだけでなく、授業を楽しめると思うわ。
男性：それは考えたことがありませんでした。僕のルームメイトがダニエルズ教授の授業を取っているのですが、彼は彼女のことをよい先生だと思っているようです。もし生物学入門コースが僕のスケジュールに合えば、思い切って変更します。
女性：彼女はそのコースを何クラスか教えているから、どうにかなると思うわ。
男性：変更する時間はまだありますか。
女性：ええ、時間は十分あるわよ。コースのキャンセルと追加のためのこの2つの書類に記入するだけでいいのよ。私がサインするから、それから承認のために生物学部に書類を持っていく必要があるわ。
男性：ありがとうございます。微分積分学の授業をやめることができて本当にほっとしています。もし生物学を取れば数学を取らなくていいですからね。
女性：そうね。幸運を祈るわ、リック。あなたは生物学を気に入ると思うわよ。
男性：ありがとうございました。

35 解答 C 重要度 🔥🔥🔥 MP3 153

How many hours does the man register now?　男性は現在何時間の履修登録をしていますか。
(A) 101 hours.　　(A) 101 時間。
(B) 20 hours.　　(B) 20 時間。
(C) 12 hours.　　(C) 12 時間。
(D) 11 hours.　　(D) 11 時間。

鬼の解法　数字がでてきたら何の値なのかを把握せよ

解説 女性が 9 行目で How many credit hours are you carrying right now, Rick? と聞いており、男性が Just twelve. と答えている。(C) が正解だ。

36 解答 A 重要度 🔥🔥🔥 MP3 154

What will determine whether or not the man will take Biology 101?　男性が生物学 101 を履修するかどうかを決めるのは何ですか。
(A) The time at which it meets.　　(A) それが開講する時間。
(B) His friend's recommendation.　　(B) 彼の友人の推薦。
(C) How many quizzes there are.　　(C) その授業で何回小テストがあるか。
(D) Professor Daniels' opinion.　　(D) ダニエルズ教授の意見。

鬼の解法　履修に関する話題では履修のための条件などをチェック

解説 男性は 25 〜 26 行目で、If I can fit it into my schedule, I think I'll go ahead and make the change. と言っているので (A) が正解。(A) の meets は「(授業などが) 開かれる」という意味だ。会話にも登場し、選択肢 (C) にもでてきた quiz は「小テスト」のこと。

実践模試 | Chapter 4

37 解答 D 重要度 🔥🔥🔥 MP3 155

What does the man have to do before he can take a different class?

(A) Pass an exam.
(B) Become a graduate student.
(C) Get a recommendation from Professor Daniels.
(D) Submit special forms to the biology department.

男性が異なる授業を取る前にしなければならないことは何ですか。

(A) 試験に合格する。
(B) 大学院生になる。
(C) ダニエルズ教授からの推薦を得る。
(D) 生物学部に特別な書類を提出する。

鬼の解法　登場人物がこれからしなければならないことに要注意

解説 30〜32行目で女性が Just fill out these two forms for dropping and adding courses. I'll sign them, and then you need to take them to the biology department for approval. と言っており、男性は生物学部に書類を持っていかなければならないことがわかる。(D) が正解。

38 解答 A 重要度 🔥🔥🔥 MP3 156

Why does the counselor believe the man should consider taking Professor Daniels' class?

(A) It would fill his math and natural science requirement.
(B) It's easy to get a good grade in Professor Daniels' class.
(C) A few students take Professor Daniels' class.
(D) Professor Daniels' class would be useful to him in his career.

なぜカウンセラーは男性がダニエルズ教授の授業を取ることを考えるべきだと思っているのですか。

(A) 数学と自然科学の要件を満たすから。
(B) ダニエルズ教授の授業でよい成績を取るのは簡単だから。
(C) ダニエルズ教授の授業を取る学生は少ないから。
(D) ダニエルズ教授の授業は彼のキャリアに役立つから。

鬼の解法　履修要件に関する事柄はしっかり記憶すべし

解説 22〜23行目で女性は I think you might enjoy the class, as well as filling your math and natural science requirement. と言っており、男性がダニエルズ教授の授業を取るべき理由の1つに数学と自然科学の要件を満たせることがあげられている。(A) が正解。

379

■ Part C
Questions 39-42

リスニング・スクリプト

N: Listen to a professor discuss how to prevent a serious disease.

1 Yesterday we discussed night blindness, which can result from a lack of vitamin A, and beriberi and pellagra, fatal diseases which are due to deficiencies of B-complex vitamins. Today we are going to look at scurvy, a disease that can result from a deficiency of vitamin C.

2 One observer commented that small children with scurvy looked like little old men and women with wrinkled skin. That's because vitamin C is one of the vitamins that keep our tissues resilient and vigorous. Capillaries—tiny, hair-like blood vessels—rupture easily if they don't have the vitamin C to keep them resilient, causing bruises to form easily. The gums may be spongy and bleed easily, and teeth may even become loose in their bony sockets. Other symptoms of scurvy are weakness, lack of energy, irritability, anemia, the reopening of scars, and bleeding in the mucous membranes and skin. Like beriberi and pellagra, the B-vitamin deficiency diseases we covered yesterday, scurvy can be fatal. In fact, during the eighteenth century, the British navy lost more sailors to death from scurvy than to death from enemy action.

3 Vitamin C is found in fresh fruits and vegetables, and scurvy has been a problem throughout human history and prehistory in populations that lacked fresh foods. Probably the best-known cases of scurvy are those of sailors in the explorations of the New World. In 1593, Richard Hawkins, a British sea captain, found a solution to the problem: he gave his men the juice of citrus fruits, such as oranges, lemons, or limes, and cured them of scurvy. Unfortunately, after his death, his remedy was forgotten. Almost 200 years later, in 1753, Dr. James Lind, a British doctor, published the book *A Treatise of the Scurvy*. He was able to convince the authorities to include lime juice in every sailor's diet. This action wiped out scurvy in the British navy. It also led to the nickname "limeys" for British sailors.

4 Because vitamin C disappears from foods exposed to air, scurvy was a problem on almost all of the nineteenth century polar expeditions. They took with them foods known to prevent scurvy, but the effectiveness of the foods gradually decreased as the vitamin C oxidized. Many armies in WWI also experienced severe outbreaks of scurvy, but by WWII, the problem was nearly eliminated.

35 **5** However, it is necessary to keep in mind the necessity for vitamin C. From 1945-1964, there were outbreaks of scurvy in Canada because bottle-fed babies were given evaporated milk lacking in vitamin C. Fortunately, scurvy is uncommon today. It is usually the result of not paying attention to one's diet or depending too much on a single food low in vitamin C.

[訳]

ナレーター：教授が、いかに重大な病気を防ぐかについて話しているのを聞きなさい。

1 昨日、私達は、ビタミンAの欠乏から起こる夜盲症（鳥目）、そしてビタミンB複合体の欠乏による致命的疾患である脚気とペラグラについて話し合いました。今日は、ビタミンCの欠乏から生じることがある壊血病を見ていきます。

2 ある観察者は、壊血病の小さな子供達が、しわが寄った小さな年寄りの男性や女性のように見えると述べました。それはビタミンCが我々の組織に弾力を持たせ活発に保つビタミンの1つだからです。小さくて毛のような血管である毛細血管は、それらを弾力があるように保つビタミンCがないと簡単に破裂し、簡単にあざができやすくなります。歯茎はスポンジ状になり、簡単に出血し、そして歯はそれらの骨性窩でグラグラになることもあります。壊血病の他の徴候は、虚弱、エネルギーの欠如、短気、貧血、傷口が再び開くこと、粘膜と皮膚からの出血です。昨日学んだビタミンBの欠乏性疾患である脚気とペラグラ同様、壊血病は死にいたることもあります。実際、18世紀に英国海軍は、敵の攻撃による死者よりも多くの水兵を壊血病で失いました。

3 ビタミンCは、新鮮なくだものと野菜に含まれており、そして、壊血病は、新鮮な食物が不足した人々において、有史時代と先史時代を通して問題となってきました。おそらく壊血病で最も有名な事例は、新世界探検の際の海軍の水兵達の壊血病です。1593年、英国海軍提督リチャード・ホーキンスは、問題の解決策を見つけました。彼は自分の部下にオレンジやレモン、ライムといった柑橘系のくだもののジュースを与え、彼らの壊血病を治しました。残念なことに、彼の死後、彼の治療は忘れられてしまいました。およそ200年後の1753年に、イギリス人医師のジェームズ・リンド博士が「壊血病論」という本を発表しました。彼は関係当局に、すべての水兵の食事にライムジュースを含めるよう説得することができました。これにより、英国海軍の壊血病が一掃され、のちに英国海軍の水兵は「ライミーズ」というニックネームで呼ばれるようになりました。

4 ビタミンCは、空気にさらされた食べものから失われるので、壊血病は、19世紀の極地探検のほぼすべてで問題になりました。極地探検では、壊血病を防止するとされる食べものを持っていきましたが、ビタミンCの酸化によってその食べものの効果は徐々に減少していきました。第一次世界大戦でも多くの軍隊で壊血病が多く発生しましたが、第二次世界大戦までには、この問題はほとんどなくなりました。

5 しかしながら、ビタミンCの必要性を覚えておくことは必要です。1945年から1964年にカナダで壊血病が発生しましたが、これは、人工栄養で育った赤ちゃん達が、ビタミンCを欠いたエバミルク（無糖練乳）を与えられたためでした。幸い、今日では壊血病はまれです。それは壊血病になるのは普通、日常の食事に注意を払わなかったり、ビタミンCの少ない1つの食べものだけに過剰に依存したりする場合です。

❶ ボキャブラリー
□ night blindness 夜盲症（鳥目）　□ beriberi 脚気　□ pellagra ペラグラ
□ deficiency 不足、欠乏、欠損　□ scurvy 壊血病　□ resilient 回復力のある、弾力のある
□ vigorous 精力的な、活気のある、活発な　□ capillary 毛細血管　□ blood vessel 血管

□ rupture 破裂　□ bruise あざ　□ gum 歯茎、歯肉　□ bony socket 骨性窩
□ irritability 短気、イライラ、怒りっぽいこと　□ anemia 貧血　□ mucous membrane 粘膜
□ citrus fruit 柑橘類の果実　□ treatise （学術）論文　□ diet 日常の食べもの、食事制限
□ polar expedition 極地探検　□ oxidize 〜　〜を酸化させる　□ outbreak 発生、突発、勃発
□ bottle-fed 人工栄養の、ミルクで育った　□ evaporated milk エバミルク

39　解答　C　重要度 🔥🔥🔥　MP3 158

Which of the following diseases can be caused by a deficiency of vitamin A?

(A) Pellagra.
(B) Scurvy.
(C) Night blindness.
(D) Beriberi.

ビタミンAの欠乏が原因となって引き起こされる病気は、次のどれですか。

(A) ペラグラ。
(B) 壊血病。
(C) 夜盲症（鳥目）。
(D) 脚気。

鬼の解法　冒頭にでてきた事柄も忘れないように、イメージしながら聞き取れ

解説　冒頭で Yesterday we discussed night blindness, which can result from a lack of vitamin A と言っているので、ビタミンAの欠乏によって引き起こされるのは夜盲症だとわかる。正解は (C)。

40　解答　D　重要度 🔥🔥🔥　MP3 159

Which of the following possible effects of scurvy does the speaker mention?

(A) Extreme loss of weight.
(B) Stomachache.
(C) High fever.
(D) Bleeding gums.

話し手が述べている壊血病の影響として可能性があるものは、次のどれですか。

(A) 極端な体重の減少。
(B) 胃痛。
(C) 高熱。
(D) 歯茎からの出血。

鬼の解法　消去法と聞き取ったキーワードをもとに正答を絞り込め

解説　6行目以降から、壊血病の影響として特徴的なものについての説明が続いている。10〜12行目に The gums may be spongy and bleed easily, and teeth may even become loose in their bony sockets. とあるので、(D) が正解。他の選択肢はいずれもでてきていない。

41 解答 B 重要度 🔥🔥🔥 MP3 160

Which of the following foods did Richard Hawkins use successfully to solve the problem of scurvy in his men?

(A) Meat.
(B) Citrus fruit.
(C) Spinach.
(D) Dairy products.

リチャード・ホーキンスが、部下の壊血病の問題をうまく解決するために、使った食べものは、次のどれですか。

(A) 肉。
(B) 柑橘系のくだもの。
(C) ほうれん草。
(D) 乳製品。

鬼の解法　固有名詞がでてきたら要注意

解説　21行目は In 1593, Richard Hawkins, a British sea captain, で始まり、ここでリチャード・ホーキンスの名前がでてくる。続いて found a solution to the problem: he gave his men the juice of citrus fruits, such as oranges, lemons, or limes, and cured them of scurvy. とあり、リチャード・ホーキンスは壊血病を治癒させるために柑橘系のくだものを与えたとわかる。正解は (B)。

42 解答 A 重要度 🔥🔥🔥 MP3 161

Which one of the following events occurred in 1753?

(A) Dr. James Lind published *A Treatise of the Scurvy*.
(B) Bottle-fed infants in Canada developed scurvy.
(C) Richard Hawkins solved the problem of scurvy in his men.
(D) Polar expeditions suffered from scurvy.

1753年に起こった出来事は、次のどれですか。

(A) ジェームズ・リンド博士が「壊血病論」を発表した。
(B) カナダで、人工栄養で育てられた乳児が壊血病になった。
(C) リチャード・ホーキンスが部下の壊血病の問題を解決した。
(D) 極地探検は、壊血病に苦しんだ。

鬼の解法　数字がでてきたら周辺の情報も含めてしっかり記憶せよ

解説　24〜26行目の Almost 200 years later, in 1753, Dr. James Lind, a British doctor, published the book *A Treatise of the Scurvy*. から、1753年に起こったのはリンド博士が本を発表したことだとわかる。正解は (A)。

Questions 43-46

リスニング・スクリプト

N: Listen as a zoology professor discusses rattlesnakes.

1 If you were outdoors, away from people and buildings, and you heard a soft, steady rattling sound, you would probably freeze in your tracks. "Rattlesnake" is the word most likely to leap to your mind, and you might well be right. There are 15 kinds of rattlesnakes in the U.S. and Canada, and, though not common, they can be found in every state of the continental United States except for Maine.

2 Rattlesnakes are pit vipers, with a large hollow, or pit, on each side of their head between the nostril and the eye. These pits can distinguish even minute changes in temperature, so pit vipers can detect a warm-blooded animal even in the dark. Pit vipers can also see well at night, since the pupils of their eyes are not round, but rather, long, vertical slits that can open wide to pick up even faint light. All varieties of pit vipers are poisonous, with venom that affects mainly blood cells and blood vessels in the victim, sometimes causing considerable swelling and bleeding. Rattlesnake venom does kill, but, fortunately, not everyone bitten by a rattlesnake dies.

3 Rattlesnakes differ from other pit vipers and, indeed, from all other snakes, poisonous or otherwise, in their rattles. The rattle, which is located at the tip of the rattlesnake's tail, is made up of dry, horny rings of skin that lock loosely onto one another. When the rattlesnake is excited or upset, it begins to move its tail, a motion that causes the rings of hardened skin to make a buzzing, or rattling, noise. It has been suggested that a rattlesnake is warning away an animal that has gotten too close to it, and because it thus gives warning before it strikes, it has been called "the gentleman among snakes."

4 Most naturalists, however, doubt that the rattlesnake is deliberately sounding a warning. They believe that the rattle is an involuntary reaction that results from the nervousness of the snake. Although only rattlesnakes have rattles, two other snakes, the bull snake and the fox snake, vibrate their tails rapidly whenever they become nervous. Most naturalists believe that the vibration of the rattlesnake's tail is similar in expressing nervousness, though in the case of the rattlesnake, a sound is produced.

5 Some people believe that snakes such as rattlesnakes should be exterminated. These snakes do have uses, however. Their meat is edible; I've been told that rattlesnake tastes rather like chicken. More valuable, however, is their venom. I told you that the venom of pit vipers affects mainly blood cells and blood vessels, and this venom can be used to make a medicine for heart attacks.

◨ In fact, I have a friend who grew up in Arizona and who used to earn her spending money by catching rattlesnakes so they could be milked of their venom. She said it took two people working together to catch rattlesnakes: one to snatch up the snake and one to open the bag and close it fast with the snake safely inside. If you've ever had a part-time job you thought was tough, just think about this one!

[訳]

ナレーター：動物学の教授がガラガラヘビについて話しているのを聞きなさい。

◨ もしあなたが人々やビル群から離れた野外で、柔らかく規則的にガラガラ鳴る音を聞いたら、その場で凍りつくでしょう。「ガラガラヘビ」という言葉が最もすぐあなたの頭に浮かび、その予測はきっと正しいでしょう。アメリカとカナダには 15 種類のガラガラヘビがおり、そして、一般的ではないですが、メイン州以外の北米大陸ではすべての州で見ることができます。

◨ ガラガラヘビは、鼻腔と目の間の頭の両側に大きなくぼみや穴のある毒蛇（マムシ）です。これらの穴は、微細な温度変化さえ識別することができるので、毒蛇は暗闇のなかでさえ温血動物を感知することができます。毒蛇はまた、目の瞳孔が丸くなく、むしろかすかな光をとらえるために広く見開くことのできる、長くて垂直の切れ目なので、夜でもよく見ることができます。すべての種類の毒蛇は、おもに犠牲となる動物の血球と血管に影響をおよぼし、時には重大な腫れと出血を引き起こす毒液を持ち、毒性があります。ガラガラヘビの毒液は相手を殺しますが、しかし幸いにもガラガラヘビに噛まれても誰もが死ぬわけではありません。

◨ ガラガラヘビは、その音響器官が、他の毒蛇、そして毒蛇か否かにかかわらず、すべての蛇と異なっています。ガラガラヘビの尾の先端にある音響器官は、おたがいの上でゆるく閉じる、皮膚の乾いた角のように硬い輪でできています。ガラガラヘビが興奮したり動揺したりすると、尾を動かし始め、その動きは硬くなった皮膚の輪に、ブンブンやガラガラという音をたてさせます。ガラガラヘビは、至近距離に来た動物に警告を発して遠ざけていると言われており、自分が攻撃する前にそうやって警告をするので、「蛇のなかの紳士」と呼ばれています。

◨ しかしながら、ほとんどの動物学者は、ガラガラヘビが故意に警告を発しているということに疑いを持っています。彼らは、あのガラガラという音は、蛇の神経過敏から起こる無意識の反応だと考えています。ガラガラヘビだけが音響器官を持っていますが、ブルスネークとキツネヘビという他の 2 種類の蛇は、神経質になった時はいつも尾を速く振動させます。大部分の動物学者は、ガラガラヘビの場合は音をだしますが、ガラガラヘビの尾の振動は神経過敏の表現である点で似ていると思っています。

◨ 一部の人々は、ガラガラヘビのような蛇は根絶されるべきだと思っています。しかし、これらの蛇には使い道もあります。ガラガラヘビの肉は食べられます。味は鳥肉のようだということを聞いたことがあります。しかし、より貴重なのは、彼らの毒液です。皆さんには、毒蛇の毒液がおもに血球と血管に影響をおよぼすと言いましたね。この毒液は心臓発作のための薬をつくるのに使うことができるのです。

◨ 実際、私には、アリゾナで育ち、ガラガラヘビを捕まえてその毒液を抜くことで小遣いを稼いでいた友人がいます。彼女が言うには、ガラガラヘビを捕まえるには、2 人の人間が協力することが必要だということです。1 人が蛇を急いでつかみ、1 人が袋を開き、蛇が無事になかに入ったら素早くそれを閉めます。もしこれまで大変だと思うアルバイトをしたことがあったら、ちょっとこの仕事をすることも考えてみてください。

❶ ボキャブラリー

□rattlesnake ガラガラヘビ　□continental 大陸の、北米の　□pit viper マムシ科の毒蛇の総称
□hollow 穴、くぼみ　□pit 穴、くぼみ　□distinguish 〜 〜を見分ける、識別する、区別する
□minute 微細な　□detect 〜 〜を検出する、感知する　□faint かすかな、ほのかな
□venom (蛇・さそり・蜂などの分泌する) 毒液　□blood cell 血球　□blood vessel 血管
□swell 膨れる、腫れあがる　□rattle 音響器官、ガラガラという音　□horny 角のように硬い
□involuntary 無意識の　□nervousness 神経質、神経過敏　□edible 食べられる
□milk 〜 (毒蛇などの) 毒を抜く　□snatch up 〜 〜を急いでつかむ

43　解答　D　重要度 🔥🔥🔥　MP3 163

How can rattlesnakes detect other animals at night?

(A) They have pits on their tails that can detect heat.
(B) They have a highly developed sense of hearing.
(C) They have pits on their heads that can detect and identify odors.
(D) The pupils of their eyes can open very wide to pick up faint light.

ガラガラヘビは、夜に、どのようにして他の動物を感知することができますか。

(A) 尾に熱を感知する穴がある。
(B) 非常に発達した聴覚を持っている。
(C) 頭に匂いを感知して嗅ぎわけることのできる穴がある。
(D) 彼らの目の瞳孔は、かすかな光をとらえるために、とても広く開くことができる。

鬼の解法　まぎらわしい選択肢に注意

解説　11〜13行目の Pit vipers can also see well at night, since the pupils of their eyes are not round, but rather, long, vertical slits that can open wide to pick up even faint light. より、瞳孔は光をとらえるために広く見開くことができることがわかる。正解は (D)。熱を感知する穴は尾ではなく、頭にあるので (A) は誤り。

44 解答 C 重要度 🔥🔥🔥 MP3 164

How do most naturalists regard the rattle of the rattlesnake?
(A) They believe that the snake uses the rattle to cause fear in its prey.
(B) They believe that the snake uses the rattle to express aggressiveness.
(C) They believe that the rattle is an involuntary nervous reaction.
(D) They believe that the rattle is a warning to animals that come too near.

ほとんどの動物学者は、ガラガラヘビのガラガラという音をどのように考えていますか。
(A) その獲物が怖がるように、蛇がガラガラという音を使うと思っている。
(B) 攻撃性を表現するために、蛇がガラガラという音を使うと思っている。
(C) ガラガラという音が無意識の神経質な反応だと思っている。
(D) ガラガラという音が至近距離に近づいた動物への警告だと思っている。

鬼の解法 設問の regard は本文では doubt や believe で表現されている

解説 27〜28 行目の Most naturalists, however, doubt that the rattlesnake is deliberately sounding a warning. で、動物学者はガラガラヘビは故意に警告を発しているのではないと思っていると言っていて、28〜29 行目の They believe that the rattle is an involuntary reaction that results from the nervousness of the snake. で、ガラガラという音は無意識の反応だと考えていることがわかる。(C) が正解。

45 解答 B 重要度 🔥🔥🔥 MP3 165

What other species of snakes move their tails rapidly when they become agitated?
(A) The water snake.
(B) The bull snake.
(C) The king snake.
(D) The cat snake.

他の種の蛇で、動揺した時、その尾を速く動かすものはどれですか。
(A) 水蛇。
(B) ブルスネーク。
(C) キングスネーク。
(D) 猫蛇。

鬼の解法 ものや生きものの種類について語られたらそれらの特徴をつかめ

解説 29〜31 行目で Although only rattlesnakes have rattles, two other snakes, the bull snake and the fox snake, vibrate their tails rapidly whenever they become nervous. と、ブルスネークとキツネヘビが動揺すると尾を速く動かすと言っている。選択肢のなかにあるのは (B) だ。

46 解答 D 重要度 🔥🔥🔥 MP3 166

What is a use for rattlesnakes that the professor mentions?

(A) People can keep them as pets.
(B) People can catch them for entertainment.
(C) Their rattles can be used to make medicine.
(D) Their venom can be used to make medicine.

教授が述べている、ガラガラヘビの用途は何ですか。

(A) 人々はそれをペットとして飼える。
(B) 人々は娯楽としてそれを捕まえることができる。
(C) そのガラガラという音は、薬をつくるのに使うことができる。
(D) その毒液は、薬をつくるのに使うことができる。

鬼の解法 終盤の however 以降に着目

解説 35 行目に Their meat is edible; とあり、ガラガラヘビの肉は食べることができるとわかる。また、37〜39 行目では I told you that the venom of pit vipers affects mainly blood cells and blood vessels, and this venom can be used to make a medicine for heart attacks. と、その毒液が心臓発作のための薬をつくるのに使うことができるとある。選択肢のなかであてはまるのは (D) だ。

Questions 47-50

リスニング・スクリプト

N: Listen as a professor describes methods of obtaining a common material.

1 Sodium chloride, or salt, is one of the most common and useful minerals there are. Not only is it valuable for seasoning and preserving food, but it also holds an important place in manufacturing. Industrial countries may use as much as 70% of their salt in some sort of chemical process. Salt is used in producing paper, soap, synthetic rubber, leather, glass, fertilizer, and explosives. It is also used to make rayon fabric and also dyes for fabrics.

2 Salt is produced both from seawater and from deposits of rock salt. The method of producing it depends on the source from which it is taken. If it is taken from the sea, the water must be evaporated, and the grains of salt collected. A gallon of ordinary seawater contains about a quarter of a pound of salt. Much of the salt used for preserving foods is called solar salt because the sun is used to dry off the moisture.

3 Although some people prefer sea salt for health reasons, most table salt is made from rock salt. Rock salt is found in great salt beds in many parts of the United States where ancient seas have dried up. Rich in salt deposits, the United States alone produces over two million tons of refined salt every year.

4 Rock salt may be mined by sinking a shaft through the earth until it reaches a salt bed. Miners blast the salt loose with explosives. The rock salt is then crushed to different sizes from one and a half centimeters down to tiny grains.

5 Another method of getting rock salt is through brine wells. Brine is a mixture of salt and water. In a simple brine well, two pipes are driven into the earth until they reach into a salt deposit. Pure water is sent down through one pipe. It dissolves the salt, producing brine. The brine is pumped to the surface through the other pipe. Evaporation is used to dry out the moisture, leaving only the salt. The brine may be evaporated in a vacuum pan or in large, open heated tanks.

6 Much of our food here in the United States is raised in the central part of the country, where iodine is lacking. Thus, the government has asked salt makers to add a small quantity of iodine to table salt to prevent goiter, an abnormal enlargement of the thyroid gland. This product is known as iodized salt. A little calcium phosphate is also added to keep the salt free flowing.

[訳]

> ナレーター：教授がある一般的な物質を得る方法について説明するのを聞きなさい。
>
> **1** 塩化ナトリウム、つまり塩は、最も一般的で役に立つ鉱物の1つです。それは味つけや食物の保存に役立つだけでなく、製造業でも重要な位置を占めています。工業国では、使用するうちの70%もの塩を、ある種の化学処理に使う場合もあります。塩は、紙、石鹸、合成ゴム、革、ガラス、肥料、そして爆薬を生産するのに使われます。また、レイヨン織物や織物の染料を製造するためにも使われます。
>
> **2** 塩は、海水、および岩塩の鉱床の両方からつくられます。製造方法は、採取された源によって異なります。海から採取された場合、その水を蒸発させて塩の粒を集めなければなりません。普通の海水1ガロンには、約4分の1ポンドの塩が含まれています。食物を保存するために使われる塩の多くは、水分を乾燥させるのに太陽（天日）が使われるので天日塩と呼ばれます。
>
> **3** 健康上の理由から海の塩を好む人もいますが、ほとんどの食卓塩は、岩塩からつくられています。岩塩は、古代の海が干上がったアメリカの多くの地域の大きな塩床で見つかります。塩の鉱床が豊富なため、アメリカだけで毎年200万トン以上の精製塩を生産しています。
>
> **4** 岩塩は、塩床に達するまで地面に杭を打ち込むことによって採掘されます。坑夫達は、爆薬で岩塩をバラバラに爆破します。そして、その岩塩は1.5センチから極小の粒までの異なるサイズに砕かれます。
>
> **5** 岩塩を得るもう1つの方法は、塩水の井戸を通じて得ることです。塩水は塩と水の混合物です。単純な塩水の井戸では、2本のパイプが塩の鉱床に達するまで地面に打ち込まれます。1本のパイプを通して純水が送られます。それが塩を溶かし、塩水を生じさせます。塩水はもう1本のパイプを通して地表にくみ上げられます。蒸発の工程は、水分を乾燥させ、塩だけを残すために行われます。塩水は、真空鍋や開放型の大きな熱せられたタンクで蒸発させられます。
>
> **6** ここアメリカでは我々の食べものの多くは、ヨウ素の不足した場所である、国の中心部で育てられています。従って、政府は、甲状腺の異常な肥大である甲状腺腫の防止のために、少量のヨウ素を食卓塩に添加するよう塩メーカーに依頼しています。この製品はヨード塩（ヨウ素添加塩）として知られています。また塩の固結防止に、少量のリン酸カルシウムも添加されています。

❶ ボキャブラリー

- □ sodium chloride 塩化ナトリウム、塩 □ seasoning 味つけ □ synthetic 合成した □ fertilizer 肥料
- □ deposit 鉱床 □ evaporate ～を蒸発させる、水分を抜く □ grain (穀物・砂・塩・砂糖の) 1粒
- □ dry off ～をすっかり乾かす □ mine ～を採掘する □ blast ～ (ダイナマイトなどで)～を爆破する
- □ brine 塩水 □ dissolve ～を溶かす □ iodine ヨウ素、ヨード □ goiter 甲状腺腫
- □ thyroid gland 甲状腺 □ phosphate リン酸塩

47 解答 B 重要度 🔥🔥🔥 MP3 168

From what sources is salt produced?
(A) It is synthesized in chemical processes.
(B) It is mined from salt beds.
(C) It is produced from rainwater.
(D) It is extracted from foods.

塩はどのような源から製造されますか。
(A) 化学的な工程で合成される。
(B) 塩床から採掘される。
(C) 雨水から製造される。
(D) 食物から抽出される。

鬼の解法　手順や方法を整理して聞き取れ

解説 9行目に Salt is produced both from seawater and from deposits of rock salt. とある。「海水」と「岩塩の鉱床」からできるので、選択肢のなかであてはまるのは (B) である。

48 解答 A 重要度 🔥🔥🔥 MP3 169

Which one of the following is the last step in one of the methods of obtaining rock salt the professor mentions?
(A) The salt is crushed to the size of particles needed.
(B) A bed of salt is located underground.
(C) Explosives are used to blast the salt loose.
(D) A shaft is sunk into the earth until it reaches the salt deposit.

教授が述べている、岩塩を得る方法の1つにおける最後の段階は、次のどれですか。
(A) 岩塩は必要な大きさの粒に砕かれる。
(B) 塩床は地下にある。
(C) 爆薬は岩塩をバラバラに爆破するのに使われる。
(D) 杭は塩の鉱床に達するまで地面に打ち込まれる。

鬼の解法　時系列を整理せよ

解説 20行目から岩塩をつくる1つの方法、地面に杭を打ち込む方法について説明している。Rock salt may be mined by sinking a shaft through the earth until it reaches a salt bed. Miners blast the salt loose with explosives. The rock salt is then crushed to different sizes from one and a half centimeters down to tiny grains. とある。最後の段階はどれかについて聞かれているので、正解は (A) である。

49 解答 C 重要度 🔥🔥🔥 MP3 170

Which one of the following is the first step in another method of obtaining rock salt mentioned in the lecture?

(A) Pure water is pumped through a pipe.
(B) Brine is pumped through a pipe.
(C) Two pipes are driven into the ground.
(D) Water dissolves the salt in the salt bed.

講義で述べられている、岩塩を得るもう1つの方法における最初の段階は、次のどれですか。

(A) 純水がパイプによって送られる。
(B) 塩水がパイプによって送られる。
(C) 2本のパイプが、地面に打ち込まれる。
(D) 水が塩床の塩を溶かす。

鬼の解法　時系列を整理せよ

解説 24行目から、岩塩を得るもう1つの方法、塩水の井戸を通じて得る方法について説明している。Another method of getting rock salt is through brine wells. Brine is a mixture of salt and water. In a simple brine well, two pipes are driven into the earth until they reach into a salt deposit. で始まっているので最初の段階は2本のパイプを地面に打ち込むこと。正解は (C) である。ちなみに選択肢を工程の順番に並べると、(C)(A)(D)(B) となる。

50 解答 C 重要度 🔥🔥🔥 MP3 171

What is goiter?

(A) Iodized salt.
(B) Abnormal shrinking of the thymus gland.
(C) Abnormal enlargement of the thyroid gland.
(D) Calcium phosphate.

甲状腺腫とは何ですか。

(A) ヨード塩。
(B) 胸腺の異常な収縮。
(C) 甲状腺の異常な肥大。
(D) リン酸カルシウム。

鬼の解法　難単語は、講義のなかで言い換えられた表現をもとに理解せよ

解説 32～34行目に Thus, the government has asked salt makers to add a small quantity of iodine to table salt to prevent goiter, とでてくる。goiter と聞こえた後に、すぐ an abnormal enlargement of the thyroid gland. と言っているので、正解は (C)。

■ Section 2 Structure and Written Expression

■ Structure

1 解答 **A**　重要度 🔥🔥🔥

Radiocarbon dates cannot be considered absolute measures of age, even assuming no laboratory error.

[訳] 放射性炭素年代は、たとえ実験での誤りがないとしても、絶対的な年代を測定しているとみなすことはできない。

鬼の解法　Structure ではまずは構文に注目せよ

解説　Structure の問題で正解するには、構文に注目することが大切。放射性炭素年代が絶対的な年代の測定と考えられないのではなく、そうみなされないのだから受動態である (A) を正解に選ぼう。

2 解答 **B**　重要度 🔥🔥🔥

We need only small amounts of vitamins because these carrier molecules are recycled through the metabolic machinery and **need to be replaced only slowly**.

[訳] 我々は、少量のビタミンしか必要としない。なぜならこれらの媒介となる分子は代謝の組織を通じてリサイクルされ、ゆっくりと取り換えられることが必要なだけだからだ。

鬼の解法　and の前後が並列構造になっているかどうかをチェック

解説　後半の because 以下の主語は these carrier molecules であることをまず確認しよう。空所の直前に and がきているため、その前後が並列構造であるべき。and の前は are recycled through the metabolic machinery で、and の後は need to ～と対比されるので、ここで正解は選択肢 (B)(C) に絞られる。slow は形容詞、slowly は副詞であり、「取り換えられることが必要」という動詞部分を修飾するのは副詞。よって (B) が正解。

3 解答 D 重要度 🔥🔥🔥

Simple moneran cells lack a nucleus and **some other internal structures** found in cells of members of the other kingdoms.

[訳] 単純なモネラ細胞は、他の界の細胞に見られる核と他の内部構造が欠如している。

鬼の解法　another と other が選択肢にある場合、修飾する名詞の数を確認

解説 another は不特定の単数を表す名詞につくので (A) と (C) は誤り。many があるのに structure が単数の (B) も間違いだ。other が some other の形で形容詞的に用いられている (D) が正解。

4 解答 C 重要度 🔥🔥🔥

Were it not for the ability of plants to convert carbon dioxide to oxygen, all life on this planet would disappear.

[訳] 二酸化炭素を酸素に変える植物の能力がなければ、この惑星のすべての生命は消えてなくなるだろう。

鬼の解法　if it were not for 〜の倒置表現 were it not for 〜を覚えよ

解説 現在の事実の反対を意味する仮定法の表現。if it were not for 〜、もしくは were it not for 〜で「〜がなかったら」という意味だ。正解は (C)。without 〜、but for 〜などの形でも同様の意味となる。

5 解答 D 重要度 🔥🔥🔥

These rocks closely resemble the great reefs of white coralline rock **which lie off the shores** of northern Australia and Indonesia today.

[訳] これらの岩は、現在北オーストラリアとインドネシアの沖合にある白珊瑚の岩の大きな礁によく似ている。

鬼の解法　関係副詞の後には主語と動詞が必要

解説 選択肢を見て、関係詞の問題だと判断しよう。関係副詞 where、when の後には主語と動詞が必要なので (B)(C) は誤り。主格の関係代名詞は省略できないので (A) も誤り。先行詞が coralline rock という「もの」で、主格の関係代名詞 which の後に動詞が続く (D) が正しい形だ。

6 解答 A 重要度 🔥🔥🔥

Not all granite formations are clearly erosional or clearly intrusive; many are obvious relics of sedimentary or volcanic activity.

[訳] すべての花崗岩の構造が、明らかに浸食性や貫入性であるわけではなく、その多くは明らかに堆積物や火山活動の名残りである。

鬼の解法　文の構造と選択肢の品詞から正解を導こう

解説　空所の後には主語と動詞が並んでいて、選択肢がなくても正しい構造として文が成り立っている。空所は granite formations という主語を修飾する形容詞であるべき。選択肢のうち、形容詞として機能するのは (A) のみであり、これが正解。(B) は代名詞、(C) は名詞、(D) は副詞である。

7 解答 A 重要度 🔥🔥🔥

When Becquerel discovered radioactivity (1896), he opened new vistas in every field of science.

[訳] ベクレルが放射能を発見した時（1896年）、彼はすべての科学分野の新しい展望を開いた。

鬼の解法　接続詞の後には節が続き、前置詞の後には句が続く

解説　空所の後は主語と動詞、カンマの後にも主語と動詞があるので、この2つの文は空所に入る接続詞によって結びつけられるべきである。選択肢のなかで接続詞の役割を果たすのは (A) と (B)。(B) の For は等位接続詞で、文頭に用いることはできない。よって正解は (A) だ。

8 解答 C 重要度 🔥🔥🔥

When the Austrian Empire was divided, several new countries **were established**.

[訳] オーストリア帝国が分割された時、いくつかの新国家が樹立された。

鬼の解法　主節と従属節の時制をチェック

解説　When で始まる従属節は過去形なので、主節も過去形にすることで時制を一致させる。正解は過去形の (C)。

9 解答 B 重要度 🔥🔥🔥

It is difficult to believe the newspaper accounts of such an event because of the distortions and exaggerations so often written by reporters.

[訳] 記者によってたびたび書かれる歪曲と誇張のため、そのような出来事の新聞記事を信じるのは難しい。

鬼の解法　形式主語構文 It is ～ to do があてはまることを見抜け

解説　形式主語構文 It is ～ to do「…するのは～だ」の決まった形を覚えておこう。正解は (B) で、「～を信じるのは難しい」の意味になる。

10 解答 C 重要度 🔥🔥🔥

Perhaps **the earliest** unifying principle in the understanding of metamorphism came from field studies in the highlands of Scotland.

[訳] おそらく、変成作用の理解における最も初期の統一原理は、スコットランドの高地の現地調査がもとになっている。

鬼の解法　形容詞＋名詞では形容詞の前に the がくるのが基本

解説　文全体を見ると、空所から unifying principle までが主語となり、動詞は came であることがわかる。空所には unifying principle を修飾する形容詞が入る。比較対象が明確でないので比較級である (A) は不可。(B) は the が後に続くと early が principle を修飾することができない。(C) が正解。

11 解答 C 重要度 🔥🔥🔥

William Baziotes is **one of several artists who** created abstractions which sometimes took on archaeological connotations.

[訳] ウィリアム・バジオテスは、時に考古学的意味を呈する抽象芸術作品をつくった数人のアーティストの1人だ。

鬼の解法　関係代名詞は格が適切かどうかをチェックすべし

解説　選択肢の最後の語はどれも関係代名詞であり、先行詞は空所の最初から artists まで。William Baziotes から空所までの S＋V＋C の第2文型の形を完成させると (C) が正解だとわかる。空所の後には動詞 created があるので、所有格の関係代名詞で終わる選択肢 (B) は誤り。

12 解答　D　重要度 🔥🔥🔥

Having controlled the White House for eight years, the Republican party anticipated the 1960 election with misgivings.

[訳] 8年間ホワイトハウスを支配していたので、共和党は不安な1960年の選挙を予想した。

鬼の解法　前置詞 for の後には期間を表す語が続く

解説　空所後のカンマの後は「主語＋動詞」の構造があるので主節。文意を考えると、ホワイトハウスを8年間支配したのは選挙を予想したより前のことなので、完了形の分詞構文 (B) もしくは (D) に絞られる。また、since の後には過去の一時点を表す語が入り、for の後には期間を表す語が入るため、(D) が正解となる。

13 解答　D　重要度 🔥🔥🔥

The Statue of Liberty, **one of the most famous tourist attractions** in the United States, was given to America by France in 1886.

[訳] アメリカで最も有名な観光名所の1つである自由の女神像は、1886年にフランスからアメリカに贈られた。

鬼の解法　接続詞の有無を確認し、同格であることを見抜け

解説　文全体を見ると、主語は The Statue of Liberty、動詞は was given という受動態の形である。S＋V の文の構造が成り立っているので、カンマとカンマではさまれた空所から in the United States までには接続詞がない限り、S＋V の構造があってはならない。動詞を含まず、The Statue of Liberty の同格の役割を果たす名詞句の (D) が正解である。

14 解答　B　重要度 🔥🔥🔥

Cash machines **make it possible** for banks to dispense money 24 hours a day.

[訳] 現金自動支払い機は、銀行が1日24時間お金をだすことを可能にする。

鬼の解法　イディオム ～ make it possible for ... to do が解答の鍵

解説　～ make it possible for ... to do で、「～は…が―することを可能にする」という意味のイディオム。空所の後に続く for banks は「銀行が」という意味。(B) が正解。

15 解答 **B** 重要度 🔥🔥🔥

Both atomic oxygen and atomic nitrogen in the upper atmosphere **are produced by** radiation from the sun.

[訳] 高層大気中の原子状酸素と原子状窒素は両方とも、太陽からの放射線によってつくられる。

鬼の解法 主語に both を見つけたら動詞は複数にする

解説 主語と動詞の数の一致問題。単語の意味が難しいからといって焦らないようにしよう。Both 〜を受ける動詞は複数なので、(B) が正解である。

■ **Written Expression**

16 解答 **C**　（or more → 削除）　重要度 🔥🔥🔥

Digitalis, taken at least two times a day, can relieve minor cardiac pain and help prevent a serious heart attack.

[訳] 1日に少なくとも2回ジギタリス製剤を服用すると心臓の小さな痛みが和らぎ、深刻な心臓発作を防ぐことができる。

鬼の解法　下線部とそれ以外の部分との意味の重複に注意せよ

解説　Written Expression を解く際に大切なのは、「下線の引いていない箇所は絶対に正しい」ということ。下線の引いてあるところから訂正すべき箇所を探し、それを正解に選ぼう。この問題では at least（少なくとも）が意味的に下線部 (C) の or more と重複している。従って (C) を削除すると正しい英文が完成する。

17 解答 **A**　（While the Truman years → During the Truman years）　重要度 🔥🔥🔥

During the Truman years, Congress and the President made some important changes in governmental organization and administration.

[訳] トルーマンの時代、議会と大統領は、政府組織と行政におけるいくつかの重要な変更を行った。

鬼の解法　接続詞の後は主語＋動詞が続く

解説　while は接続詞で、後に主語＋動詞の構造がくる。従って (A) の While the Truman years は間違い。接続詞 While に近い意味の前置詞 During に変えると文が成立する。

18 解答 **B**　（which → where）　重要度 🔥🔥🔥

Many of the workers wondered **where** the new owners would find the money to pay for the franchise and the corporation rights.

[訳] 新しいオーナーが、フランチャイズと会社権利の代償に払う資金をどこで見つけるかについて、従業員の多くは疑問に思った。

鬼の解法　関係詞節内に主語、目的語、補語が欠けているかどうかをチェック

解説　which 以降は完全な文として成立するため、(B) は関係代名詞とはなりえない。関係副詞 where を用いて、先行詞（例えば the place）が省略されていると考えるのが正しい。正解は (B) だ。

19 解答 A (The seven-members Court of Appeals → The seven-member Court of Appeals) 重要度 🔥🔥🔥

The seven-member Court of Appeals, in a decision written by the presiding judge, found no legal basis to overturn the verdict reached last December by the lower court.

[訳] 裁判長によって書かれる決定において、7人の裁判官からなる控訴裁判所は、下級裁判所によって昨年の12月に下された評決を覆すための法的根拠を発見しなかった。

鬼の解法　数詞＋名詞が他の名詞を修飾する場合、名詞は単数になる

[解説]「数詞＋名詞」が他の名詞を修飾する場合は「数詞＋単数名詞」の形になる。従って (A) の The seven-members を The seven-member にする。

20 解答 A (renown → renowned) 重要度 🔥🔥🔥

Two **renowned** physicians, Dr. Kruger and Dr. Smith, assisted in the delicate heart operation in the capacity of advisers.

[訳] 2人の有名な医師、クルーガー博士とスミス博士は、アドバイザーの立場で、難しい心臓手術を援助した。

鬼の解法　名詞が連続している場合、一方が別の品詞になるかどうかを確認せよ

[解説] renown は名詞。「有名な」の意味で physicians を修飾するには形容詞 renowned にする必要がある。正解は (A)。

21 解答 C (nor deny → or deny) 重要度 🔥🔥🔥

During their recent press conference, Mount Palomar astronomers refused to either confirm **or deny** that they had discovered a tenth planet beyond the orbit of Pluto.

[訳] パロマ山の天文学者達は、最近の記者会見のなかで、冥王星の軌道の外側に10番目の惑星を発見したことを、認めることも否定することも拒んだ。

鬼の解法　either A or B で「A か B かどちらか」

[解説] either は、either A or B の形で「A か B かどちらか」という意味の相関接続詞として用いられる。この文のように否定の場合は「A も B もどちらも (〜ない)」という意味になる。(C) の nor を or に訂正するのが正解。

22 解答 B (reviving → the revival) 重要度 🔥🔥🔥

The only solution to the country's problems is **the revival** of the entire economy; agrarian reform alone will not be sufficient.

[訳] 国の問題に対する唯一の解決策は、経済全体の復活であり、農地改革だけでは十分ではないだろう。

鬼の解法 be *do*ing を見て現在進行形と勘違いしないように注意

解説 セミコロンの前までで The only solution to the country's problems が主語、is が動詞、下線部から economy までが補語という第 2 文型の構文ができあがっている。下線部を名詞にすると補語として成り立つ。従って (B) を the revival にするのが正解。

23 解答 C (to determine → determining) 重要度 🔥🔥🔥

As reported in a recent study, neither teenagers nor young adults know of an accurate method of **determining** where they belong in society.

[訳] 最近の研究のなかで報告されているように、ティーンエージャーも青少年も、社会での自分の場所を見つける正確な方法を知らない。

鬼の解法 of の直後には名詞に相当する語句がくる

解説 of は前置詞なので、直後には名詞の役割を果たす語がくる。不定詞にも名詞の働きをする使い方があるが、前置詞の目的語にはならない。従って (C) の determine という動詞に ing をつけて動名詞の形にする。

24 解答 D (are an audio → is an audio) 重要度 🔥🔥🔥

A collection of Joan Sutherland's masterly performances of the great 19th century operas **is an audio** treasure.

[訳] すばらしい 19 世紀オペラのジョーン・サザーランドの見事な演奏のコレクションは、オーディオの宝だ。

鬼の解法 修飾語が多く、主語と動詞が離れている場合の数の一致に要注意

解説 主語と動詞の数の一致問題。文の主語が A collection なので動詞は単数で受ける。(D) の are an audio を is an audio にする。(B) の masterly は「見事な」という意味の形容詞であり、副詞ではないことに注意しよう。

25 解答 B (observing → observation) 重要度 🔥🔥🔥

In all his years of scientific study and **observation** he had never seen anything that could compare to these phenomena.

[訳] 彼の人生におけるすべての科学的研究と観察のなかで、彼はこれらの現象に匹敵するものを一度も見たことがなかった。

鬼の解法 and の前後は品詞や性質をそろえた並列構造にすべし

[解説] and の前、scientific study と and の後の語を並列構造にする。従って、(B) observing を名詞の形である observation にしなければならない。

26 解答 C (are → is) 重要度 🔥🔥🔥

The spontaneous generation of new life-forms from millions of stable bacteria **is** quite incomprehensible.

[訳] 何百万もの安定したバクテリアから新しい生物形態が自然発生することは、まったく考えられない。

鬼の解法 修飾語が多く、主語と動詞が離れている場合の数の一致に要注意

[解説] 主語と動詞の数の一致問題。文の主語は The spontaneous generation なので動詞は単数で受ける。(C) の are を is に訂正すると正しい文になる。

27 解答 C (to sit → sitting) 重要度 🔥🔥🔥

I simply do not understand how anyone can enjoy freezing in near-zero temperatures or **sitting** in the summer sun watching something as silly as a football game.

[訳] どうしたら零度近くの気温のなかで凍えたり、夏の太陽を浴びるところにすわったりしてフットボールの試合のような愚かなものを見て楽しむことができるのか、私にはまったくわからない。

鬼の解法 enjoy は動名詞を取る

[解説] enjoy は不定詞ではなく、動名詞を取る動詞。or の前、freezing in near-zero temperatures と or の後の語を並列構造にしなければならない。従って、(C) to sit を動名詞の形である sitting にして、sitting in the summer sun とする。

28 解答 **A** (the federal government had → had the federal government)

重要度 🔥🔥🔥

Never before **had the federal government** developed such a comprehensive program to bring relief to a depressed sector of the economy.

[訳] 連邦政府はそれまで、経済の不振な部門を救済するそのような包括的な計画を作成したことはなかった。

鬼の解法　never などの否定語が文頭にある場合、主語と動詞の倒置が起きる

> 解説　never、hardly、little などの否定語が文頭にきた場合、主語と動詞の倒置が起きる。(A) の the federal government と had の語順を逆にし、had the federal government の形にするのが正しい。

29 解答 **B** (in → for) 重要度 🔥🔥🔥

Dr. Barnhardt quickly became famous **for** his surgical treatment of terminally ill cancer patients.

[訳] バーンハート博士は、末期がん患者に対する外科治療で急速に有名になった。

鬼の解法　イディオム be famous for ~（~で有名である）を覚えるべし

> 解説　be famous for ~で、「~で有名である」の意味のイディオム。(B) の in を for に訂正する。

30 解答 **B** (any other planets → any other planet) 重要度 🔥🔥🔥

Mars has been studied more than **any other planet** in the solar system because it is the most similar to the Earth.

[訳] 火星は、地球に最も類似しているため、太陽系の他のどの惑星よりも調査されてきた。

鬼の解法　比較級＋ than any other ＋単数名詞で最上級

> 解説　比較級＋ than any other ＋単数名詞の形で最上級の意味を表すことができる。(B) の planets を単数形にし、any other planet とする。

31 | 解答 C | (has extended → extended) 重要度 🔥🔥🔥

By shortening the workweek and reducing child labor, the new NRA program **extended** jobs to more than two million workers in 1933.

[訳] 1週間の労働時間を短くし、児童労働を減らすことで、新しいNRAのプログラムは、1933年、仕事を200万人以上の労働者にまで広げた。

鬼の解法 過去の一時点を表す語がある場合、現在完了形ではなく過去形にすべし

解説 文の最後に in 1933 という、過去の一時点を表す語がある。従ってこの文の時制は現在完了ではなく、過去であるべき。(C) を extend の過去形に訂正すると正しい文となる。

32 | 解答 A | (instrumenting → instrument) 重要度 🔥🔥🔥

A seismograph is an **instrument** used to measure the intensity and duration of seismic movement, more commonly known as earthquakes (and tremors).

[訳] 地震計は、より一般に地震(と振動)として知られている地震動の強さと継続時間を測定するのに用いられる道具である。

鬼の解法 文型を確認してどんな品詞が適切かを判断

解説 instrument は「道具、楽器」などを意味する名詞で、動詞としての用法は存在しない。よって正解は (A)。

33 | 解答 D | (but → but not) 重要度 🔥🔥🔥

Chemical transmission is strictly unidirectional; it passes from cell A to cell B, **but not** from B to A.

[訳] 化学的な伝達は、厳密に一方向で、細胞Aから細胞Bへは伝達されるが、細胞Bから細胞Aへは伝達されない。

鬼の解法 2つある from ~ to ... と but から、but 以降の意味を見抜け

解説 構文の問題であるが、unidirectional「一方向の」の意味がわかっていると正解を得られやすい。it passes from cell A to cell B の後の but の後に not が必要なので正解は (D) となる。

34 解答 B (tending to have → tend to have) 重要度 🔥🔥🔥

Synapses that transmit chemically **tend to have** gaps approximately 10 times wider than those which transmit electrically.

[訳] 化学的に伝達を行うシナプスには、電気的に伝達を行うシナプスよりも、約10倍大きい間隙がある傾向がある。

鬼の解法 文のなかの主語と動詞を確認せよ

解説 この文の主部は Synapses that transmit chemically で、下線部 (B) には述語動詞が必要。tending のままでは述語動詞として機能しないので、動詞の形にする必要がある。この文で述べられているのは普遍的な事実なので現在形の tend にするのが正しい。

35 解答 D (avoidance of → to avoid) 重要度 🔥🔥🔥

Animals need to find their way around their physical environment, sometimes over distances of thousands of kilometers, in order to find food and **to avoid** becoming food for other animals.

[訳] 動物は、食べものを見つけ、そして他の動物の食べものになることを避けるために、時には数千キロ以上の距離にわたる物理的環境のなかで自分の道を見つける必要がある。

鬼の解法 and 前後の並列構造を見抜いて、形をそろえるべし

解説 in order の後、and の前後の to find food と下線部 (D) から文末までを並列構造にする。avoid は後ろに直接動名詞を取るので of は不要。従って avoidance を to avoid の形にするのが正解。

36 解答 A (Many of → Much of) 重要度 🔥🔥🔥

Much of the research on the question of how plants "see" was done with canary grass seedlings grown in the dark.

[訳] 植物がどのように「見る」のかという問題に関する研究の多くは、カナリヤクサヨシの苗を暗闇のなかで育てることで行われた。

鬼の解法 many of ＋可算名詞の複数形、much of ＋不可算名詞

解説 many と much はどちらも「たくさん」という意味を表す。many of ＋可算名詞の複数形、much of ＋不可算名詞の形で用いる。research は不可算名詞なので (A) を Much of にするのが正解。

37 解答 B (strongly influence → are strongly influenced) 重要度 🔥🔥🔥

What an animal can learn and how readily it learns **are strongly influenced** by its genes, and this fact has been amply demonstrated by studies of song learning in birds.

[訳] 動物が何を学ぶことができ、それがどのくらい容易にできるかは、その遺伝子に強く影響される。そして、この事実は鳥類における歌の習得に関する研究によって、十分に示されている。

鬼の解法　主語と by 〜から受動態であることをつかめ

[解説] 文頭から genes までを見ると、主部は What an animal can learn と、and でつながれた how readily it learns までである。動詞 influence は他動詞だが後ろには目的語はなく、by its genes の its genes は主部に「影響を与える」(influence) 意味上の主語だと考えられるので、下線部を受動態にし、are strongly influenced にすると正しい形になる。正解は (B) である。

38 解答 D (enlightening → enlightens) 重要度 🔥🔥🔥

It is regrettable that many presidential debates degenerate into petty mud-slinging that confuses rather than **enlightens** the viewer.

[訳] 多くの大統領選の討論会が、観衆を啓蒙するよりも、むしろ困惑させるようなつまらない泥仕合に成り下がってしまうのは、残念なことだ。

鬼の解法　rather than の前後は形をそろえるべし

[解説] mud-slinging that の後、rather than の前後を並列構造にし、confuses rather than enlightens と動詞の現在形で統一する。従って (D) が正解である。

39 解答 A (His apology → He apologized) 重要度 🔥🔥🔥

He apologized for his belated note of condolence to the widow of his friend and explained that he had just learned of her husband's untimely death.

[訳] 彼は、彼の友人の未亡人へお悔やみの言葉を言うのが遅れたことについて謝り、それは彼女の夫の早すぎる死を直前まで知らなかったからだと説明した。

鬼の解法　節のなかには必ず主語と動詞がある

[解説] 文頭から主語と動詞を探しても見当たらないので、(A) を He apologized とし、主語と述語動詞にする。apologized が1つ目の動詞、and の後の explained が2つ目の動詞であり、並列構造になっている。

406

40 解答 **B** (a three-years-old girl → a three-year-old girl) 重要度 🔥🔥🔥

Authorities are looking for the parents of **a three-year-old girl** who was found wandering alone in Yellowstone National Park earlier today.

[訳] 当局は、今日早く、イエローストーン国立公園のなかを1人でさまよっているのを発見された3歳の女の子の両親を捜している。

鬼の解法　ハイフンで結ばれた修飾語中の名詞は複数形にしない

解説　ハイフンで結びつけられている修飾語のなかでは s がつかないという原則がある。正解は (B) で、years の s を取ると正しい形になる。

Section 3 Reading Comprehension

Questions 1-10

1 It has long been understood that human beings should avoid biases, or judgements that are not based on facts. As far back as Classical Greece, philosophers, such as Socrates and Plato, encouraged people to rid themselves of biases by improving their ability to reason. Yet current research is establishing that bias is not simply a lack of intellect. Rather, it is a "mental shortcut" that once served a valid purpose.

2 Prehistorically, evolution favored quick decisions. This was owing to the fact that prehistoric humans were under enormous environmental pressures. Survival and the passing on of genes were accomplished more easily by those who thought quickly. It was the key to evading large predators, finding food, or confronting enemy clans. In such situations, excessive reflection could lead to the loss of one's very life.

3 This evolutionary holdover continues today. A typical example is the bandwagon effect. People falling into this bias will believe a piece of information simply because many others do. The belief is held without verifying the facts related to it. For example, when many investors begin to buy a stock, others may also purchase it—without taking the time to investigate its real value or risks. Likewise, investors may rapidly sell that same stock once they see others doing it. They do this, again, without regard to its real value. The bandwagon effect is at least partially responsible for many market booms and crashes.

4 The bandwagon effect is rooted in the ancient past—when societies were far more communal than is currently the case and imitation could be life-saving. As an example, if members of one's clan were drinking together from a pond, it was more efficient to drink along with them, rather than trying to find out whether the water was clean. If clan members were fleeing, it would probably be safer to flee along with them, rather than discover whether their fears were justified by a saber-toothed cat.

実践模試 | Chapter 4

[訳]

1 人間は、先入観、また事実にもとづかない判断を避けるべきだと長く思われてきた。古代ギリシャまでさかのぼってみると、ソクラテスやプラトンといった哲学者は、人々が論理的に考える力を向上させて先入観から抜け出すことを奨励した。しかし、最近の研究は、先入観が単なる知性の欠如ではないことを立証している。むしろ、かつては明確な目的にかなっていた、「精神的な近道」なのである。

2 有史以前に、進化は早く決断することを好んだ。それは有史以前の人間が大きな環境による圧力の下にいたという事実のためだった。生存や遺伝子を伝達することは迅速に思考する人々によって、より容易に達成された。それは、大型の捕食動物から逃れ、食物を見つけ、また敵の一味に立ち向かうための鍵であった。そのような状況下では、過度に考えることは、まさに自分の命を失うことにつながりかねなかったのだ。

3 この進化の遺物は今日まで続いている。1つの典型例がバンドワゴン（時流）効果である。この先入観に陥った人々は、他の多くの人もそうしているというだけの理由で情報を信じてしまう。信念は、関連した事実を検証することなしに持たれる。例えば、多くの投資家達が株を買い始める時、他の投資家もまた、その本当の価値やリスクを調査する時間を割くことなく購入してしまう。同様に、投資家達はひとたび他の人達が株を売るのを見たら、その同じ株を急いで売ることだろう。この時もまた、本当の価値に構わず行動している。バンドワゴン効果は、少なくとも部分的に多くの市場の好況と暴落の原因となっているのだ。

4 バンドワゴン効果は、社会が現在よりはるかに共同的で、真似することで命が助かった古代の頃に根ざしている。例えば、もし一族のメンバー達が一緒に池から水を飲んでいたら、その水がきれいかどうかを知ろうとするより、彼らと一緒に水を飲むのほうがより効率的だった。もし一族のメンバー達が逃げていたら、彼らの恐怖が剣歯虎によって正当化されるかどうかを見極めるよりも、彼らと一緒に逃げることのほうがおそらくより安全だったのだ。

● ボキャブラリー
□ biase 先入観、偏見　□ rid *oneself* of ~ ~から抜け出す　□ intellect 知性
□ pass on ~ ~に移す、伝える　□ gene 遺伝子　□ accomplish ~ ~を成し遂げる、達成する
□ evade ~ ~を避ける、逃れる　□ confront ~ ~に立ち向かう、直面する、向かい合う　□ reflection 熟考
□ holdover 残留物、名残り、遺物　□ bandwagon 時流、流行　□ regard to (~への) 考慮
□ responsible 責任がある、原因である　□ communal 共有の、共同社会の　□ flee 逃げる
□ justify ~ ~を正しいとする、正当化する　□ saber-toothed cat 剣歯虎、サーベルタイガー

1 解答 B   パッセージ全体や段落の意味を問う問題

What is the main point of the first paragraph?　第1段落の主旨は何ですか。

(A) To criticize a longstanding scientific theory
(B) To provide the history of a phenomenon
(C) To compare different approaches to a problem
(D) To discuss the background of experts

(A) 長年の科学理論を批判すること
(B) ある現象の歴史を示すこと
(C) ある問題に対するアプローチの違いを比較すること
(D) 専門家達の背景を議論すること

鬼の解法　プライマリー・インフォメーションから段落の主旨をつかめ

解説 第1段落は It has long been understood that human beings should avoid biases, or judgements that are not based on facts. で始まり、人間が判断することという現象の歴史が示されている。これ以降も、古代ギリシャまでさかのぼり、哲学者達が奨励したことを紹介しているので正解は (B) である。

2 解答 C   詳細問題

According to the passage, why did some Greek philosophers encourage rationality?　パッセージによると、なぜ一部のギリシャの哲学者達は理性的な判断を奨励したのですか。

(A) To aid in the reading of Classical texts
(B) To render better judgments in court cases
(C) To move people away from illogical techniques
(D) To help society better understand philosophers

(A) 古典的な文章を読むことを助けるため
(B) 訴訟事件でよりよい判断を下すため
(C) 非論理的な方法から人々を遠ざけるため
(D) 社会が哲学者をより理解するのを助けるため

鬼の解法　本文を言い換えている選択肢を探せ

解説 2～4行目に As far back as Classical Greece, philosophers, such as Socrates and Plato, encouraged people to rid themselves of biases by improving their ability to reason. とあり、encouraged の後に理性的な判断を奨励した理由が書かれている。正解は「先入観から抜け出すため」を言い換えた (C) だとわかる。

3 　解答　**A**　詳細問題

According to paragraph 2, which of the following best describes the role that the environment once played in shaping human activities?

(A) It made basic survival exceptionally difficult.
(B) It nurtured predators that only warriors could handle.
(C) It favored human beings who could run faster than others.
(D) It was easily overcome through belonging to a clan.

第2段落によると、かつて環境が人間の活動を形成する時に担った役割を最も適切に述べているものは、次のどれですか。

(A) 基本的な生存を大変難しくした。
(B) 戦士だけが扱うことができた捕食動物を育てた。
(C) 他の人より速く走れた人間を好んだ。
(D) 一族に属することを通して、簡単に克服された。

鬼の解法　設問のキーワードからパッセージ中の解答の根拠を探せ

解説 環境の役割について問われているのだから、environment という語がキーワードになる。第2段落は Prehistorically, evolution favored quick decisions. で始まり、進化の過程で人間は即決を必要としたことを述べている。続く7～9行目にその理由が This was owing to the fact that prehistoric humans were under enormous environmental pressures. とあり、それは人間が環境による圧力を受けていたからだとわかる。従って正解は (A)。

4 解答 A 詳細問題

According to the passage, decision-making in prehistoric societies

(A) usually prioritized speed over other factors
(B) hindered the ability to pass on one's genes
(C) created high-pressure situations for ordinary people
(D) improved as challenges from enemies grew complex

パッセージによると、有史以前の社会の意思決定は

(A) 通常、他の要因よりもスピードを優先的なものとした
(B) 人の遺伝子を伝える能力を妨げた
(C) 一般の人々にとって高圧的な状況をつくった
(D) 敵からの挑戦が複雑になったために改善された

鬼の解法 設問中の decision-making を言い換えた who thought quickly がヒント

解説 9〜10 行目に Survival and the passing on of genes were accomplished more easily by those who thought quickly. と、スピードのある人が生き残れたことが示されており、続く It was the key to evading large predators, finding food, or confronting enemy clans. でも、スピードが生存の鍵であったことが述べられている。従って正解は (A) である。

5 解答 B 語彙問題

The word "reflection" in line 12 is closest in meaning to

(A) mirror
(B) thought
(C) shine
(D) option

12 行目の単語「reflection」に最も意味が近いのは

(A) 鏡
(B) 考えること
(C) 輝き
(D) 選択肢

鬼の解法 語彙問題は単語レベルだけでなく、文脈からも意味をつかめ

解説 単語レベルで reflection の意味は「反射」だと考えると、それから連想される「鏡」や「輝き」などの誤答を選んでしまう。即断の大切さが説かれており、命をおびやかすものだからここでは「熟考」の意味で用いられている。正解は (B) となる。

実践模試 | Chapter 4

6 　解答　**B**　　推測問題

Which of the following can be inferred about the behavior of many investors trading in stock markets?

(A) They may only investigate stocks that are very highly priced.
(B) They may act based on a sudden variation of a trend.
(C) They may focus on whether a boom or crash is likely.
(D) They may disregard negative information about other traders.

株式市場における多くの投資家達の取り引きの行動について、推測できるものは、次のどれですか。

(A) 非常に高い値がつけられる株しか調べない。
(B) 突然のトレンドの変化にもとづいて行動する。
(C) 好況になりそうか暴落しそうかに集中する。
(D) 他のトレーダーについての否定的な情報を無視する。

鬼の解法　本文に書かれていない選択肢を排除せよ

解説　第3段落ではバンドワゴン効果について説明している。16〜18行目に株の取り引きを例にあげ、For example, when many investors begin to buy a stock, others may also purchase it—without taking the time to investigate its real value or risks. と、株を購入する人は価値やリスクを調査する時間を割くことなく他の人の行動に合わせて買うと言っているので、正解は (B) である。

7 　解答　**D**　　語彙問題

The phrase "without regard to" in line 20 is closest in meaning to

(A) lacking any courtesy toward
(B) denied any status of
(C) at no cost
(D) not considering

20行目の句「without regard to」に最も意味が近いのは

(A) に対する礼儀を欠いて
(B) の地位を否定されて
(C) 無料で
(D) を考えずに

鬼の解法　語句そのものの意味と文脈から正答を導け

解説　without regard to は「〜を考慮せずに」という意味。後に続く its real value も見て、「本当の価値を考慮せずに」の意味で成り立つことを確認しておこう。正解は (D)。

8 | 解答 **A** | 段落や文章を見つける問題

Where in the passage does the author compare the current and ancient organization of society?

(A) Lines 22-24
(B) Lines 24-25
(C) Lines 25-26
(D) Lines 26-28

パッセージ中で、著者が現在と古代の社会組織を比較しているのはどこですか。

(A) 22-24 行目
(B) 24-25 行目
(C) 25-26 行目
(D) 26-28 行目

鬼の解法 現在と古代を表す単語をパッセージ中に探せ

解説 22〜24 行目に The bandwagon effect is rooted in the ancient past—when societies were far more communal than is currently the case and imitation could be life-saving とあり、古代は、社会が現在よりはるかに共同的で、真似することで命が助かったと言っていることから正解は (A) だとわかる。

9 | 解答 **D** | 詳細問題

The author mentions drinking from a pond in order to

(A) show how resources must be carefully tested.
(B) exemplify how humans have changed over time.
(C) outline the importance of defending a territory.
(D) illustrate how copying actions can be beneficial.

著者が池から水を飲むことについて述べているのは

(A) いかに資源が慎重にテストされなければならないかを示すため
(B) 人間が時間とともにいかに変わったかを例証するため
(C) なわばりを守ることの重要性を概説するため
(D) 行動を真似することがいかに有益でありうるかを説明するため

鬼の解法 著者が具体例を用いて説明したい主張を考えよ

解説 24〜26 行目に As an example, if members of one's clan were drinking together from a pond, it was more efficient to drink along with them, rather than trying to find out whether the water was clean. とあり、共同社会においては仲間の行動を真似することのほうがより効率的だったと書いてある。正解は (D)。

10　解答　C　語彙問題

The phrase "justified by" in line 28 is closest in meaning to

(A) ruled over
(B) honored to
(C) confirmed through
(D) stabilized around

28行目の句「justified by」に最も意味が近いのは

(A) 支配される
(B) 名誉となる
(C) 確かめる
(D) 安定する

鬼の解法　動詞だけでなく前置詞にも着目して意味を考えよ

解説　justify は「正当化する」という意味。これに前置詞の by がつき、justified by で「〜によって正当化される」という意味となる。文脈も確認し、正解 (C) を導こう。

■ Questions 11-20

1 As indicated by its very name, the Carboniferous period (359-299 million years ago) is one that experienced extensive carbonization, or, in its broadest terms, conversion of dead organisms into carbon, carbon fossils or carbon-based substances such as coal, oil and natural gas. All of these now compose the Carboniferous layer, a geological layer that is especially large in North America, Europe and Northern Asia. The creation of this layer was made possible by climatic and ecological changes during that period that increased the likelihood that organic material would be carbonized.

2 To begin with, rising temperatures in the period led to a proliferation of plant life. This large number of plants would, in turn, provide the organic matter for potential carbonization. In addition, sea levels affected carbon amounts. Specifically, rising sea levels at the beginning of the Carboniferous period brought carbonate deposits onto land. Beyond this, a subsequent rising and falling of sea levels buried successive generations of plants, creating new space for levels of carbonizing materials.

3 Changes in plant structures during this period made them more likely to carbonize. Normally, dead organisms are relatively rapidly absorbed into the environment. Often, they are consumed in whole or in part by detritivores — animals or insects that eat such dead material. Likewise, bacteria will break down and consume dead organisms. For carbonization to occur, the dead organic material must be somehow shielded from this decay process.

4 Lignin was a central factor in this shield, making it more likely that trees and other woody plants would carbonize. Lignin is a substance that began to appear in tree bark during the Carboniferous period. Thickly covering the actual wood of the tree, its toxicity repelled insects and other pests. Even after the death of the tree, it would continue in this role, preventing bacteria and other decay-promoting organisms from entering the wood.

[訳]

1 石炭紀（3億5900万年～2億9900万年前）というのは、名前そのものによって示されるように、広範囲に炭化が起きた時期であり、最も広い意味では、死んだ有機体が炭素や炭素化石、また石炭、石油、天然ガスのような炭素系物質へ変化した時期のことである。現在は、これらはすべて、特に北アメリカ、ヨーロッパ、そして北アジアにおいて大きな地層である、石炭紀地層を構成している。この地層ができたのは、有機物が炭化される可能性が高まったこの時期の、気候変動や生態系の変化によるものだった。

2 まず、この時期の気温の上昇により植物は急激に増えた。次に、この膨大な数の植物が、今度は有機物に炭化の可能性をもたらした。加えて、海面が炭素の量に影響をおよぼした。具体的には、石炭紀初期の海面上昇により、陸上に炭酸塩の堆積物ができ、さらには、その後の海面の上昇と下降が、続く世代の植物を埋め、炭化物質層に新しい空間をつくった。

3 この時期に構造が変化したことで、植物は炭化しやすくなった。通常、死んだ有機体は、比較的早く環境に吸収される。しばしばそれらは、そのような死んだものを食べる動物や昆虫である腐食生物によって全部または一部が消費される。同様に、バクテリアも、死んだ有機体を分解し消費する。炭化が起こるためには、死んだ有機物は、何らかの形でこの腐敗のプロセスから保護されていなければならない。

4 リグニンは、この保護の中心要因で、木や他の木本（もくほん）植物を炭化しやすくした。リグニンは、石炭紀の間に木の樹皮に現れ始めた物質で、実際の木の木質部分を厚く覆い、その毒性によって昆虫と他の害虫を退けた。木が死んだ後でさえ、この役目は続き、バクテリアや他の腐敗を促進する有機体が木質部分に入るのを防いだのだ。

❶ ボキャブラリー
- □ Carboniferous 石炭紀の、石炭を生じる、炭素を生じる □ carbonization 炭化
- □ organism 生物、有機体 □ likelihood 可能性、見込み □ proliferation 激増、急増 □ in turn 次に
- □ specifically 具体的に言うと、つまり、特に □ carbonate 炭酸塩
- □ subsequent 続いて起こる、その次の、その後の □ successive 連続する、継続的な
- □ break down 〜 〜を分解する □ decay 腐敗 □ bark 樹皮 □ toxicity 毒性
- □ repel 〜 〜を追い払う、拒絶する、退ける

11 解答 **C**   パッセージ全体や段落の意味を問う問題

What is the passage mainly about? パッセージはおもに何についてのものですか。

(A) The emergence of life forms during a period　(A) ある時期の生物形態の出現
(B) The chemical composition of a substance　(B) ある物質の化学的組成
(C) The formation of a geologic stratum　(C) ある地層の形成
(D) The ongoing research in an earth sciences field　(D) 地球科学分野の進行中の研究

鬼の解法　1問目はパッセージ全体や段落の意味を問う問題である可能性が高い

解説　冒頭の文は石炭紀について書かれている。4〜6行目の All of these now compose the Carboniferous layer, a geological layer that is especially large in North America, Europe and Northern Asia. や、続く The creation of this layer was made possible by climatic and ecological changes 〜で地層ができた理由などについて述べているので、正解は (C) である。

12 | 解答 C | 推測問題

It can be inferred from the passage that natural gas is

(A) essentially a type of coal
(B) found wherever carbon is present
(C) derived from matter that was once living
(D) created only in stable environments

パッセージから推測できるのは、天然ガスは

(A) 本質的に石炭の一種である
(B) 炭素が存在するところならどこでも見つかる
(C) かつて生きていた物質に由来する
(D) 安定した環境においてのみつくられる

鬼の解法 パッセージの内容から論理的に推測せよ

解説 3〜4行目の conversion of dead organisms into carbon, carbon fossils or carbon-based substances such as coal, oil and natural gas で、死んだ有機体が石炭、石油、天然ガスに変化すると述べているので、(C) が正解。

13 | 解答 B | ネガティブ問題

Which of the following is NOT mentioned as a feature of the Carboniferous period in paragraph 2?

(A) Sea level changes
(B) Powerful storms
(C) Warm temperatures
(D) Lush vegetation

第2段落で、石炭紀の特徴として述べられていないものは、次のどれですか。

(A) 海面の変化
(B) 強力な嵐
(C) 温かい気温
(D) 青々と茂った植物

鬼の解法 ネガティブ問題では、パッセージに「ないもの」ではなく、「あるもの」を探し、消去法で正答を導け

解説 第2段落を見ると、9行目に rising temperatures、9〜10行目に proliferation of plant life が含まれており、また、12行目は Specifically, rising sea levels で始まっている。それぞれ選択肢 (C)(D)(A) にあてはまるので正解は (B) である。

14 解答 C 詳細問題

According to the passage, what is necessary for carbonization of a plant to occur?

(A) The area must shield organisms from early death.
(B) The place must promote rapid absorption of materials.
(C) There has to be protection from normal decay.
(D) There has to be a breakdown in ordinary lifespans.

パッセージによると、植物の炭化が起こるためには何が必要ですか。

(A) その地域は、有機体が早く死ぬことから保護しなければならない。
(B) その場所は、物質が迅速に吸収されるのを促進しなければならない。
(C) 通常の腐敗から保護されなければならない。
(D) 普通の寿命における分解がなければならない。

鬼の解法 設問に to occur とあるので、パッセージの For ～ to occur の後を読もう

解説 20行目の For carbonization to occur, の後を読むと炭化が起こるために必要なものがわかる。the dead organic material must be somehow shielded from this decay process とあるので、正解は (C) である。

15 解答 A 語彙問題

The word "proliferation" in line 9 is closest in meaning to

(A) spread
(B) consistency
(C) allowance
(D) prediction

9行目の単語「proliferation」に意味が最も近いのは

(A) 広がり
(B) 一貫性
(C) 手当
(D) 予測

鬼の解法 前後の文脈から語義を推測せよ

解説 proliferation は「激増、急増」の意。「広がり」を意味する (A) が正解である。proliferation を知らない場合、10行目の This large number of plants (この膨大な数の植物) から推測しよう。

16 解答 B 参照問題

The word "they" in line 18 refers to

(A) structures
(B) organisms
(C) insects
(D) bacteria

18行目の単語「they」が指しているのは

(A) 構造
(B) 有機体
(C) 昆虫
(D) バクテリア

鬼の解法　代名詞が指すものを前文に探せ

解説 they の前にある複数の名詞を探すと、dead organisms がある。they は死んだものを食べる動物や昆虫によって消費されるのだから、文脈的にも正しい。よって正解は (B) だ。

17 解答 D 推測問題

It can be inferred from the passage that detritivores

(A) slow the process of decay
(B) prefer to reside inside of tree bark
(C) are dangerous to very small animals
(D) live off non-living organic materials

パッセージから推測できるのは、腐食生物は

(A) 腐敗のプロセスを遅らせる
(B) 木の樹皮のなかに住むことを好む
(C) 非常に小さな動物には危険だ
(D) 死んだ有機物を食べて生きる

鬼の解法　同格の表現に着目せよ

解説 19行目 detritivores の後に animals or insects that eat such dead material が同格として続いている。正解は「死んだ有機物を食べて生きる」の意の (D) となる。

18 解答 A 推測問題

Which of the following can be inferred about lignin?

(A) It could not be easily eaten by pests.
(B) It could not be damaged by the elements.
(C) It could not penetrate specific plants.
(D) It could not attract much carbon.

リグニンについて推測できるものは、次のどれですか。

(A) 害虫によって簡単に食べられることはなかった。
(B) その要素によって損害を受けることはなかった。
(C) 特定の植物に入ることができなかった。
(D) 多くの炭素を引きつけることができなかった。

実践模試 | Chapter 4

> 🔴 **鬼の解法** キーワードであるリグニンが登場する段落を探せ

> **解説** リグニンの説明をしているのは第 4 段落だ。25 〜 27 行目に Thickly covering the actual wood of the tree, its toxicity repelled insects and other pests とあり、「その毒性が害虫を退けた」ことがわかる。正解は (A) だ。

19 | 解答 **C** | 語彙問題

The word "role" in line 27 is closest in meaning to

(A) responsibility
(B) service
(C) action
(D) goal

27 行目の単語「role」に意味が最も近いのは

(A) 責任
(B) サービス
(C) 作用
(D) 目標

> 🔴 **鬼の解法** 多義語の意味は文脈から読み取る

> **解説** role の意味は「役割」だと思うと、日本語訳のニュアンスから、(A) 責任や (B) サービスを誤って選んでしまう。this role が何を指すのか考えると「昆虫と害虫を退けること」なので、正解は「作用」を意味する (C) である。

20 | 解答 **C** | 詳細問題

Which of the following statements does the passage support?

(A) Rising sea levels commonly accompany rising temperatures.
(B) Periods of geologic time are becoming significantly longer.
(C) Geologic structures may contain amounts of matter once alive.
(D) New research on the history of the earth challenges old theories.

このパッセージを支持しているものは、次の記述のうちどれですか。

(A) 海面上昇は、一般に温度の上昇を伴う。
(B) 地質時代の期間は、かなり長くなっている。
(C) 地質構造は、かつて生きていた物質を含んでいる可能性がある。
(D) 地球の歴史の新しい研究は、古い理論に疑問を呈している。

> 🔴 **鬼の解法** パッセージを言い換えた選択肢を探せ

> **解説** 冒頭の文にもう一度着目する。3 〜 4 行目の conversion of dead organisms into carbon, carbon fossils or carbon-based substances such as coal, oil and natural gas から、dead organisms（死んだ有機体）が matter once alive（かつて生きていた物質）に言い換えられている (C) が正解。

Questions 21-30

1 The Arctic tundra is one of the largest biomes, or communities of plants and animals, in the world. Covering 20% of the surface of the earth, it spans Siberia, Alaska, northern Canada and Greenland. Biome temperatures peak at about 54°F in summer and can plummet as low as −29° F in winter. Mostly empty of humans, living things that exist in this environment have necessarily evolved in suitable ways.

2 One way that animals survive this environment is through hibernation. Hibernation is a state of very slow bodily functions and low body temperature. A hibernating animal will not even excrete waste. This serves to conserve energy during the long winter months. After the last warm month ends, brown bears that inhabit the Arctic tundra doze through the winter like this—or, more specifically, enter into a semi-hibernation state, as they can still be woken. Another survival mechanism in this biome is crowding together to share warmth. Arctic hares will sometimes do this by the thousands; the large groups also allow some of the creatures to take the duties of guards while others eat. Musk oxen, as well, gather in large groups to share body warmth.

3 Plants, likewise, have evolved to fit the conditions of the Arctic tundra biome. The biome receives only 6-10 inches of rain per year—similar to desert conditions—and a frozen layer of soil and rock, the permafrost, exists just 157 inches below the surface of the earth, which plant roots cannot penetrate. With so little water and such thin soil, trees cannot grow in the tundra. Nevertheless, some types of vegetation manage to thrive. Lichen, for example, have very small leaves. This helps the plants save the small amounts of moisture that they receive during the year. Lichen also have simple root structures that do not require much soil depth. They can also gain nutrients not only from the ground but from rocks—where they sometimes grow.

[訳]

1 北極ツンドラは、世界最大の生物群系、つまり動植物の集合体の1つである。地球表面の20%を覆っており、シベリア、アラスカ、北カナダとグリーンランドにおよぶ。生物群系の気温は、夏には最大華氏約54度に達し、冬には華氏マイナス29度まで急落することがある。大部分は人が住んでおらず、必然的にこの環境下で存在する生きものは、それに適応する方法で進化してきた。

2 動物がこの環境で生き残る1つの方法は、冬眠である。冬眠とは、非常に身体的機能が遅く低体温の状態で、冬眠中の動物は排泄さえしない。これは長い冬の間、エネルギーを浪費しないことに役立つ。最後の暖かい月が終わった後、北極ツンドラに生息するヒグマ達は冬を通してこのように居眠りする。つま

り具体的には、彼らがまだ目ざめうる半冬眠状態に入る。この生物群系におけるもう1つの生存方法は、温かさを共有するために一緒に密集することだ。北極野ウサギは、時に数千羽で密集する。大きなグループでいれば、他のウサギ達が食べている間、何羽かのウサギに見張り役をさせることができるのだ。ジャコウウシも、体温を共有するために、大きな集団で群がる。

3 同じように、植物も、北極ツンドラの生物群系の条件に適応するために進化した。この生物群系には、砂漠における状況に似て、年間でたった6〜10インチの雨しか降らず、そして植物の根が入り込むことのできない永久凍土層という土や岩の凍った層が、地表下わずか157インチのところに存在する。ほんの少量の水とこのような薄い土壌のため、ツンドラ地帯で木が育つことはないが、それにもかかわらず、ある種の植物はなんとか成長する。例えば、苔は非常に小さな葉を持っており、このことが年間に受けるほんの少量の湿気を蓄えるのに役立つ。苔はまた、土の深さを必要としない単純な構造の根を持ち、地面からだけでなく、岩からも栄養分を得ることができる。時には苔が岩に育つことさえあるのだ。

❶ ボキャブラリー

□ Arctic 北極の　□ biome 生物群系、バイオーム　□ span 〜 〜におよぶ、広がる　□ plummet 急落する
□ hibernation 冬眠　□ excrete 〜 〜を排泄する　□ conserve 〜 〜を浪費しない、大事に使う
□ brown bear ヒグマ　□ doze 居眠りする、ウトウトする　□ hare 野ウサギ　□ permafrost 永久凍土層
□ penetrate 〜 〜に入り込む　□ manage to *do* どうにかして〜する　□ thrive 繁栄する、成長する
□ lichen 苔　□ nutrient 栄養分、栄養物、栄養素

21　解答　**B**　パッセージ全体や段落の意味を問う問題

What is the main point of the first paragraph?

第1段落の主旨は何ですか。

(A) A large landmass was slow to form.
(B) A natural environment is harsh.
(C) A space of living things is spreading.
(D) A severe climate can change an area.

(A) 大きな大陸はできるのが遅かった。
(B) 自然環境は厳しい。
(C) 生物のための空間は広がっている。
(D) 厳しい気候は、地域を変えることがある。

鬼の解法　プライマリー・インフォメーションをもとに要点を的確に表す選択肢を探せ

解説 5〜6行目 Mostly empty of humans, living things that exist in this environment have necessarily evolved in suitable ways から、自然環境は厳しいことがわかる。(B) が正解。

22 解答 C　ネガティブ問題

In paragraph 1, which of the following is NOT mentioned about the Arctic tundra biome?

(A) Its geographical size
(B) Its temperature range
(C) Its historic formation
(D) Its population level

第1段落で、北極ツンドラの生物群系について述べられていないものは、次のどれですか。

(A) 地理的サイズ
(B) 温度範囲
(C) 歴史的な形成
(D) 人口の水準

鬼の解法　ネガティブ問題は「あてはまるもの」を探して消去法で解答

解説　2行目の20% of the surface が (A)、3〜5行目の Biome temperatures peak at about 54° F in summer and can plummet as low as −29° F in winter は (B)、5〜6行目の Mostly empty of humans 〜は (D) にあてはまる。よって正解は (C)。

23 解答 A　語彙問題

The word "serves" in line 9 is closest in meaning to

(A) acts
(B) predicts
(C) returns
(D) finishes

9行目の単語「serves」に最も意味が近いのは

(A) 役目を果たす
(B) 予測する
(C) 返す
(D) 終える

鬼の解法　前後の文脈から意味を推測せよ

解説　serves の主語 This は hibernation（冬眠）を指している。また、serves 以降 conserve energy during the long winter months は、「長い冬の間、エネルギーを浪費しない」という意味だ。これらの情報からこの文は冬眠が果たす役割について述べていると考えられる。「役目を果たす」という意味の (A) が正解。

24 　解答　**B** 　パッセージの構成に関する問題

How is the second paragraph organized? 　第2段落はどのように構成されていますか。
(A) As criticism of techniques 　(A) 技術の批評
(B) As a comparison of methods 　(B) 方法の比較
(C) As point and counter-point 　(C) 論点とその反論
(D) As a contrast of theories 　(D) 理論の対比

鬼の解法　one way 〜、another といった文章構造を示すキーワードがヒント

解説　第2段落は、まず One way that animals survive this environment is through hibernation. Hibernation is 〜と、冬眠の説明をしている。この One way 〜と 13 行目の Another survival mechanism in this biome is crowding together to が対比されており、「冬眠」と「密集」という、ツンドラでの2通りの生存方法を比較している。(B) が正解。比較されているのは理論ではないので (D) は不正解だ。

25 　解答　**A** 　詳細問題

According to the author, what is true about brown bear hibernation? 　著者によると、ヒグマの冬眠について適切なものはどれですか。
(A) It is only done in a partial way. 　(A) 部分的な方法でなされている。
(B) It is mainly for highly energetic animals. 　(B) おもにとても精力的な動物向きだ。
(C) It continues in some of the warmer months. 　(C) より温かい数か月間続く。
(D) It keeps the animals from awaking in winter. 　(D) 動物達が冬に目ざめないようにする。

鬼の解法　設問文のキーワードからパッセージの該当部分を探せ

解説　10 〜 11 行目に After the last warm month ends, brown bears 〜とあり、この後 that inhabit the Arctic tundra doze through the winter like this — or, more specifically, enter into a semi-hibernation state, as they can still be woken とヒグマが半冬眠状態にあることを述べているので、正解は (A)。あくまで半冬眠であり、目ざめることができるので (D) は誤りだ。

26 | 解答 D | 語彙問題

The word "doze" in line 11 is closest in meaning to

(A) lose
(B) hide
(C) carry
(D) sleep

11行目の単語「doze」に意味が最も近いのは

(A) 負ける
(B) 隠れる
(C) 運ぶ
(D) 眠る

鬼の解法 難易度の高い単語は知っていれば解答時間を短縮できる

解説 doze は「ウトウトする」という意味だとわかれば、(D) 以外に答えがないことが明確。文脈からも「冬眠」の話をしているので、「眠り」に関することだと推測できるだろう。

27 | 解答 C | 詳細問題

The author mentions "guards" in paragraph 2 in order to

(A) illustrate the true fierceness of an animal
(B) show that sharing warmth makes hares stronger
(C) highlight a secondary benefit of crowding together
(D) outline the risks of moving off of the tundra

第2段落で、著者が「guards」について述べているのは

(A) 動物の本当のどう猛さを例示するため
(B) 温かさを共有することが、野ウサギをより強くすることを示すため
(C) 一緒に群がることの第2の恩恵を強調するため
(D) ツンドラを立ち去ることの危険を概説するため

鬼の解法 キーワードの guards の周辺を読み、正答を導け

解説 14行目の share warmth（温かさを共有する）を受け、続けて Arctic hares will sometimes do this by the thousands; the large groups also allow some of the creatures to take the duties of guards while others eat と書かれており、群れることのメリットを述べているので、正解は (C)。

28 　解答 C 　語彙問題

The word "thrive" in line 23 is closest in meaning to

(A) support
(B) activate
(C) flourish
(D) determine

23 行目の単語「thrive」に最も意味が近いのは

(A) 支持する
(B) 作動させる
(C) 繁栄する
(D) 決心する

鬼の解法 単語レベルで明確でも、文脈も確かめて確実に正解にたどり着け

解説 thrive は「繁栄する」という意味。前文で With so little water and such thin soil, trees cannot grow in the tundra. と、ツンドラの厳しい環境が述べられた後、逆接の nevertheless があり、さらに some types of vegetation manage to 〜 (ある種の植物はなんとか〜する) とあるので、(C) が正解だとわかるだろう。

29 　解答 A 　詳細問題

Simple root structure is an advantage for lichen because it

(A) requires less soil
(B) links to larger leaves
(C) avoids underground rocks
(D) penetrates the permafrost

単純な根の構造が、苔にとって利点となっている理由は

(A) より少ない土しか必要としないから
(B) より大きな葉とつながっているから
(C) 地下の岩を避けるから
(D) 永久凍土層に入り込むから

鬼の解法 設問のキーワード simple root structure をパッセージ中に探せ

解説 25〜26 行目の Lichen also have simple root structures that do not require much soil depth から、土壌の深さを必要としないことがわかる。従って (A) が正解。

30 解答 A パッセージ全体や段落の意味を問う問題

Which of the following is the best title for the passage?

(A) Methods of Adaptation
(B) Competition for Resources
(C) Growth of Diverse Species
(D) Effects of Migration

このパッセージに最も適切なタイトルは、次のどれですか。

(A) 適応の方法
(B) 資源のための競争
(C) 多様な種の成長
(D) 移住の影響

鬼の解法 タイトルを問う問題はパッセージ全体の主旨から解答を判断せよ

解説 ツンドラにおける動物や植物の適応についてのパッセージなので、正解は (A) である。

■ Questions 31-40

1 ❶ The Voyager 1 probe is the first spacecraft to leave the solar system. Other probes have visited the inner planets, such as Venus and outer ones, such as Jupiter. Mechanical rovers have landed on Mars. Human beings, however, have only gone as far as the moon. Space agencies have been developing plans for astronauts to travel much further. Yet these are only tentative, partly because of the fragility of the human body, especially when compared to machines.

❷ Space flight affects the entire body, but bone structure receives critical impact. Bones require gravity to maintain their mass. In a zero gravity environment, humans lose bone mass at a rate of one to two percent per month. The cumulative impact of this loss exceeds an earthbound person's osteoporosis, or advanced bone disease. Most heavily affected are the lower body and legs.

❸ For long stays in space—such as a potential journey to Mars—a form of artificial gravity may be necessary to ensure bone health. This can be generated through rotating the spacecraft. Such rotation pulls the astronauts toward the internal walls of the spaceship, giving them a feeling of gravity. This is known as the Coriolis effect. A small spacecraft can create this effect by rotating rapidly. To avoid disorienting the crew, however, the rotating spacecraft would have to be very large and spin slowly—no more than two revolutions per minute.

❹ Radiation also has a negative impact on human bone structure. Unprotected by the atmosphere of the earth, radiation reaches astronauts directly and in much larger quantities than on the ground. Research suggests that space radiation inhibits bone formation and could increase the likelihood of fractures, although these effects could be temporary. Protection against space radiation is more technically straightforward, being done in part by means of a water shield built around the crew compartment.

[訳]

❶ ボイジャー１号探査機は、太陽系を離れた最初の宇宙船である。他の探査機は、金星のような内惑星や木星のような外惑星を訪れていて、機械式探査車などは、火星に着陸した。しかしながら、人間は月まで行くにとどまっている。宇宙機関は、宇宙飛行士がさらに遠くに行く計画を作成してきたが、この計画が暫定的でしかないのは、特に機械と比較して、人体がもろいことが原因の１つである。

❷ 宇宙飛行は全身に影響がおよび、骨の構造に重大な影響を与える。骨は、その質量を維持するために重力が必要で、無重力環境においては、人間は１か月に１～２パーセントの割合で骨の質量を失うこと

になる。骨量の減少が積み重なると、その影響は、地上の人の骨粗しょう症や進行した骨の疾患を上まわる。最も大きな影響を受けるのは下半身と下肢だ。

3 将来的な火星への旅のように、宇宙で長期滞在するためには、骨の健康を維持するためにある種の人工的な重力が必要だろう。重力は宇宙船を回転させることで発生させることができる。このように回転させると、宇宙飛行士を宇宙船の内壁のほうへ引っ張り、重力の感覚を与える。これはコリオリ効果として知られる。小型宇宙船は、速く回転することによってこの効果をつくりだすことができるが、乗組員の方向感覚を失わせることを避けるため、回転する宇宙船は非常に大きくなければならず、そして1分間に2回転以内でゆっくりとまわる必要がある。

4 放射線も人間の骨の構造に悪影響がある。地球の大気によって守られていないため、放射線は宇宙飛行士に直接、地上よりも大量に届く。研究によれば、宇宙での放射線は、影響は一時的ではあるものの、骨の形成を妨げ、骨折の可能性が増すことが示唆されている。宇宙の放射線から保護することは技術的に単純で、乗組員の区画のまわりに張られた水のシールドによって部分的に可能である。

❶ ボキャブラリー

□ probe 宇宙探査用装置（ロケット）、厳密な調査　□ rover（地球外の天体の表面を移動・観測する）探査車
□ astronaut 宇宙飛行士　□ tentative 仮の、一時的な　□ fragility もろさ、壊れやすさ　□ mass 質量
□ cumulative 累積的な　□ earthbound 地上の　□ osteoporosis 骨粗しょう症
□ Coriolis effect コリオリ効果　□ disorient 〜 〜に方向をわからなくさせる
□ inhibit 〜 〜を抑制する、妨げる　□ fracture 骨折　□ straightforward まっすぐな、簡単な
□ compartment 区画、個室、客室

31　解答　B　パッセージ全体や段落の意味を問う問題

What does the passage mainly discuss?　パッセージはおもに何について論じていますか。
(A) The history of spaceflight programs　(A) 宇宙飛行計画の歴史
(B) Biological aspects of space travel　(B) 宇宙旅行の生物学的側面
(C) New types of medicine for use in space　(C) 宇宙で使うための新しいタイプの薬
(D) Problems understanding astronaut illnesses　(D) 宇宙飛行士の病気を理解する上での問題

鬼の解法　プライマリー・インフォメーションから主旨をつかめ

解説　第1段落ではボイジャーについて紹介した後に Human beings, however, have only gone as far as the moon. と、人間は月にまでしか行っていないことについて述べ、5〜7行目の Yet these are only tentative, partly because of the fragility of the human body, especially when compared to machines でその理由、すなわち人体がもろいためだと述べている。正解は (B)。

32 | 解答 D | 語彙問題

The word "tentative" in line 6 is closest in meaning to

(A) frank
(B) passable
(C) reversible
(D) speculative

6行目の単語「tentative」に意味が最も近いのは

(A) 率直な
(B) 通行できる
(C) 可逆的な
(D) 推論の

鬼の解法 選択肢の単語を該当箇所にあてはめて文脈の流れを確認せよ

解説 tentative を含む Yet these are only tentative の these は、宇宙飛行士が月より遠くに行く計画を指し、これが tentative であると述べられている。続いて partly because of the fragility of the human body（それは人体がもろいことが原因の1つだ）とあり、月より遠くに行く計画の実現が難しいことがわかる。よって正解は (D)。

33 | 解答 A | 推測問題

Which of the following is inferred about operating probes or rovers?

(A) They can reach places that humans cannot.
(B) They can travel much faster than manned spacecraft.
(C) They can adjust to better avoid asteroid impacts.
(D) They can one day be connected to human-piloted craft.

探査機や探査車の運用について推測できるものは、次のはどれですか。

(A) 人間がたどり着けない場所に行くことができる。
(B) 有人飛行船よりもずっと速く飛行することができる。
(C) 小惑星の衝突をうまく避けるために調整することができる。
(D) いつか有人飛行船に連結されることができる。

鬼の解法 推測問題は2文以上を参考にして、確実に正解せよ

解説 2〜3行目では Other probes have visited the inner planets, such as Venus and outer ones, such as Jupiter. Mechanical rovers have landed on Mars と、探査機が金星や木星を訪れ、火星に着陸できることを述べていて、続く箇所で Human beings, however, have only gone as far as the moon と、人間は月にしか行けないと言っている。以上の部分から、探査機や探査車は人間より遠くに行けるとわかるので、正解は (A) である。

34 解答 　A 　詳細問題

In paragraph 2, which of the following is mentioned as an effect of spaceflight on human bones?

(A) Significant loss of mass
(B) Higher breakage rates
(C) Spread of infections
(D) Degeneration of surrounding tissue

第2段落で、宇宙飛行が人間の骨に与える影響として述べられているものは、次のどれですか。

(A) 著しい質量の損失
(B) 高い破損率
(C) 感染症の拡大
(D) 周囲の組織の退化

鬼の解法 設問中のキーワードをもとに解答の根拠を探せ

> 解説　9行目以降を読むと Bones require gravity to maintain their mass. In a zero gravity environment, humans lose bone mass at a rate of one to two percent per month とあり、骨には重力が必要で、無重力だと徐々に骨の質量を失うと言っている。正解は (A) だ。

35 解答 　C 　詳細問題

According to the author, the effects of zero gravity on humans

(A) depend on the size of one's legs
(B) mostly affect the upper body
(C) accumulate over time
(D) offset advanced osteoporosis

著者によると、人間に対する無重力の影響は

(A) その人の足の大きさに依存する
(B) 大部分は上半身に影響をおよぼす
(C) 時間とともに蓄積する
(D) 進行した骨粗しょう症を相殺する

鬼の解法 キーワード zero gravity がある第2段落を読む

> 解説　11〜12行目 The cumulative impact of this loss exceeds an earthbound person's osteoporosis, or advanced bone disease で、骨の質量を失うことが積み重なると地上の人の骨粗しょう症を上まわると言っている。ここから、無重力の影響が積み重なることが読み取れるため、正解は (C)。

36 解答 B 詳細問題

Astronauts aboard a rotating spaceship would experience the Coriolis effect as

(A) a strong artificial light
(B) a type of gravity
(C) a shorter journey to a destination
(D) an ability to bounce off walls

回転する宇宙船に乗った宇宙飛行士が経験するコリオリ効果とは

(A) 強烈な人工の光
(B) 一種の重力
(C) 目的地へのより短い旅行
(D) 壁にはね返る能力

鬼の解法 設問中の固有名詞をパッセージ中に探し、その周辺を読め

解説 コリオリ効果が文中に初めてでてくるのは 18 行目 This is known as the Coriolis effect の箇所。その前の文に Such rotation pulls the astronauts toward the internal walls of the spaceship, giving them a feeling of gravity とあるので、宇宙における重力の効果だとわかる。(B) が正解。

37 解答 D 語彙問題

The word "generated" in line 16 is closest in meaning to

(A) finalized
(B) reformed
(C) succeeded
(D) created

16 行目の単語「generated」に意味が最も近いのは

(A) 確定される
(B) 改良される
(C) 受け継がれる
(D) つくられる

鬼の解法 選択肢の単語を該当箇所にあてはめた上で、文脈の流れを確認せよ

解説 15 ～ 16 行目の This can be generated through rotating the spacecraft の This は前文の gravity を指し、この 1 文は「重力は宇宙船を回転させることで generated されうる。」という意味。14 ～ 15 行目で、骨の健康の維持のためには重力が必要だと述べられていることとあわせて考えると、正解は「つくられる」という意味の (D) だとわかる。

38 解答 B 推測問題

What does the author infer about the atmosphere of the earth?

(A) It restricts flight speed.
(B) It acts as a large barrier.
(C) It protects against meteors.
(D) It helps restore bone fractures.

著者は、地球の大気について何を推測していますか。

(A) 飛行速度を制限する。
(B) 大きな障壁の働きをする。
(C) 流星から保護する。
(D) 骨折の回復を助ける。

鬼の解法 unprotected のように否定の意味を表す表現に注意

解説 設問の the atmosphere of the earth から第4段落に着目する。23～24行目の Unprotected by the atmosphere of the earth, radiation reaches astronauts directly and in much larger quantities than on the ground では、大気に守られていないので放射線は地上よりも大量に届くと言っている。ここから、大気に守られていれば届く放射線は少ないと推測できるので正解は (B) だ。

39 解答 B 詳細問題

According to the author, why would a spacecraft maintain a water shield?

(A) To supplement bone research
(B) To reduce the effects of radiation
(C) To temporarily stabilize the ship
(D) To balance crew compartment weight

著者によると、なぜ宇宙船は水のシールドを維持するのですか。

(A) 骨の研究を補う
(B) 放射線の影響を減らす
(C) 一時的に宇宙船を安定させる
(D) 乗組員の区画の重量のバランスを取る

鬼の解法 設問のキーワード a water shield をパッセージ中に探せ

解説 27～29行目に Protection against space radiation is more technically straightforward, being done in part by means of a water shield built around the crew compartment とあり、水のシールドを維持するのは宇宙の放射線から保護するためとわかる。正解は (B)。

40 解答　A　語彙問題

The phrase "by means of" in line 28 is closest in meaning to

(A) by making use of
(B) at the expense of
(C) completing the task
(D) based on the facts of

28行目の句「by means of」に最も意味が近いのは

(A) を利用することによって
(B) の費用で
(C) 仕事を完了すること
(D) の事実にもとづいて

鬼の解法　by means of は手段を表す

解説　最終文の後半 by means of a water shield built around the crew compartment は「乗組員の区画のまわりに張られた水のシールドをによって」という意味である。正解は (A)。by means of は基本的な語句なので必ず覚えておくこと。

■ Questions 41-50

1 When a moving object meets any resistance, friction results. The force of friction slows the progress of that object, and will eventually stop it if the object is not moving under its own power. Vehicles can therefore maintain higher constant speed when friction is reduced.

2 Maglev trains have eliminated ground friction, as they travel while suspended about 0.59 inches in the air. This occurs because the train does not use tracks or wheels—or even fuel. Instead of this conventional method, the train bottom contains electromagnets: magnets created by sending a strong electric current through iron or steel. These electromagnets allow the train to levitate or hover. The tracks are likewise replaced by an electrified section known as a guideway. By changing the level of electric current in the guideway, the hovering train can be rapidly thrust forward. With only air resistance, current maglev trains can reach speeds of up to 270 miles per hour.

3 Quantum levitation could permit these trains to reach speeds of one thousand miles per hour or more. In addition, it would result in zero energy loss. Quantum levitation occurs when certain substances are cooled below minus 301°F. The substance will then become a superconductor, expelling all magnetic force. This expulsion of magnetic force will "lock" it in the air above a magnet or magnetic track and thus eliminate any ground friction. Physicists have demonstrated quantum levitation using small discs—although doing so with a large vehicle is probably many years away, partly because an enormous amount of energy has to be generated to cool the superconductor.

4 Operating either a maglev or quantum levitation train inside of a large vacuum tube would result in even higher speeds. Vacuum tubes have never been built that large, however, and the cost and complexity of maintaining a stable vacuum in such structures would be enormous. A variant would be a hyperloop, a tube that is almost, but not quite a vacuum. Hyperloop trains could exceed 13,000 miles per hour, fast enough to traverse the Continental United States in about 20 minutes.

実践模試 | Chapter 4

[訳]

1 動いている物体がある抵抗にあうと、摩擦が生じる。摩擦力はその物体の進行を遅らせて、その物体が自分自身の力で動いているのでなければ、最終的には動きを止めてしまう。従って、摩擦が減ると、車両はより速い一定の速度を維持できる。

2 リニアモーターカーは空中で約0.59インチ浮かんでいる間に移動することで、地面の摩擦を除去している。これは、線路や車輪、あるいは燃料さえも使わないために起こる。従来の方法の代わりに、底には電磁石がある。鉄や鋼を通して強い電流を送ることによってつくられる磁石で、これらの電磁石は、電車を空中に浮揚させたり、空中停止させたりする。線路も同様に、走行路として知られている電化区間におき換えられ、走行路で電流のレベルを変えることによって、空中で停止している電車は前方へ速く押しだされうるのだ。現在のリニアモーターカーは、空気抵抗しかないので、最高時速270マイルに達する。

3 量子浮揚を使えば、時速1,000マイルかそれ以上の速度に達することが可能になるだろう。さらに、エネルギーロスはゼロになるだろう。特定の物質が華氏301度以下に冷やされる時、量子浮揚は起こる。そして、その物質は超伝導体になり、すべての磁力をその内部から排除する。この磁力の排除は、磁石あるいは磁気の線路上の空中にその物質を「固定し」、地面のあらゆる摩擦を取り除く。物理学者達は、小さなディスクを使って量子浮揚を実演してきたが、大きな乗りものでそれを行うのはおそらくはるか先のことだろう。1つには、超伝導体を冷やすのに莫大な量のエネルギーを発生させなければならないからだ。

4 大きな真空管のなかで、リニアモーターカーや量子浮揚電車を運転すれば、いっそう速い速度になるだろう。しかし、そんなに大きな真空管はつくられたことがなく、そのような構造物で安定した真空を維持する費用と複雑さは莫大になるだろう。1つの変種があるとすれば、それはハイパーループだ。完全ではないが、ほぼ真空の管である。ハイパーループ電車なら、アメリカ大陸を約20分で横断できる時速13,000マイルを超えるかもしれない。

❶ ボキャブラリー

- friction 摩擦　 □ maglev train (= magnetic levitation train) 磁気浮上式高速鉄道、リニアモーターカー
- conventional 決まりきった、従来の　 □ electric current 電流　 □ levitate 空中に浮揚する
- hover 空中に停止する　 □ thrust ~ ~を押す、押し進める　 □ quantum 量子　 □ levitation 浮揚
- superconductor 超伝導体　 □ expulsion 排出　 □ vacuum tube 真空管　 □ variant 変形、異形
- traverse ~ ~を横切る、横断旅行する

41 解答 **B** パッセージ全体や段落の意味を問う問題

What is the main topic of the passage? | パッセージの主題は何ですか。
(A) Renovation of aging rail lines | (A) 老朽化した鉄道線路の修復
(B) Development of technologies | (B) 科学技術の発達
(C) Production of unique metals | (C) 特殊な金属の生産
(D) Construction of travel routes | (D) 旅行ルートの建設

鬼の解法 プライマリー・インフォメーションから主旨を見抜け

解説　各段落のプライマリー・インフォメーションを捉えると、新たな鉄道技術の発達について述べられていることがわかる。よって正解は(B)である。

42 　解答　C　語彙問題

The word "progress" in line 2 is closest in meaning to

(A) station
(B) assistance
(C) motion
(D) fraction

2 行目の単語「progress」に最も意味が近いのは

(A) 駅
(B) 援助
(C) 運動
(D) 断片

鬼の解法　基本的な単語の語義を問われている場合も文脈を確認せよ

解説　progress を含む文、The force of friction slows the progress of that objects, and will eventually stop it を読むと、摩擦の力によって遅くなり、最終的には物体が止まってしまうことから、progress は「進行」だと推測できるだろう。(C) が正解だ。

43　解答　D　詳細問題

According to the second paragraph, what is true about maglev trains?

(A) Air resistance is lowered.
(B) Designs are more expensive.
(C) Operations need special drivers.
(D) Fuel is unnecessary.

第 2 段落によると、リニアモーターカーについて適切なものはどれですか。

(A) 空気抵抗が下げられる。
(B) デザインはより高価だ。
(C) 操作には特別な運転士が必要だ。
(D) 燃料が必要ない。

鬼の解法　選択肢のキーワードをパッセージ内で探せ

解説　6 〜 7 行目 This occurs because the train does not use tracks or wheels—or even fuel より、リニアモーターカーは燃料を使わないことがわかる。従って (D) が正解。

44 解答 A 語彙問題

The word "conventional" in line 7 is closest in meaning to
(A) typical
(B) serious
(C) fixed
(D) impressive

7行目の単語「conventional」に意味が最も近いのは
(A) 典型的な
(B) 深刻な
(C) 固定された
(D) 印象的な

鬼の解法 代名詞が何を指すのかを明らかにして文脈を理解せよ

解説 7行目の Instead of this conventional method は、前文の線路や車輪、燃料などを指し、「この conventional な方法の代わりに」ということ。リニアモーターカーと比較して、昔からある方法を指しているので、正解は (A) である。

45 解答 B 詳細問題

How are maglev trains propelled?
(A) By shifting magnet position
(B) By adjusting electricity
(C) By increasing main engine thrust
(D) By moving the guideways

リニアモーターカーは、どのように推進されますか。
(A) 磁石の位置を変えることによって
(B) 電気を調節することによって
(C) 主要エンジンの推進力の増加によって
(D) 走行路を動かすことによって

鬼の解法 文中の言い換え表現を選択肢から選べ

解説 まずリニアモーターカーがどう動くのかについて述べている第2段落に着目する。11〜12行目 By changing the level of electric current in the guideway, the hovering train can be rapidly thrust forward において、前半を言い換えた表現を選択肢から探すと「電気を調節する」という意味の (B) が正解だとわかる。

46 解答 A　パッセージ全体や段落の意味を問う問題

What is the main point of the third paragraph?

(A) Quantum levitation transportation is still mostly in the theoretical stage.
(B) Physicists don't fully understand the principles of quantum levitation.
(C) Rail transportation cannot realistically progress beyond maglev trains.
(D) Current demonstrations by researchers in a field are inconclusive.

第3段落の主旨は何ですか。

(A) 量子浮揚輸送は、大部分がまだ理論的な段階にある。
(B) 物理学者達は、量子浮揚の原理を完全には理解していない。
(C) 鉄道輸送は、現実的にはリニアモーターカーを超えて進歩することはありえない。
(D) この分野の研究者による現在の実演は、決定的ではない。

鬼の解法　段落冒頭の1文だけではわからない問題に注意

解説　第3段落では量子浮揚輸送について説明している。この問題はプライマリー・インフォメーションである1文目だけではわからないので、それ以降も読む必要がある。21〜22行目で Physicists have demonstrated quantum levitation using small discs—although doing so with a large vehicle is probably many years away と書いており、物理学者達が小さなディスクで実演したが、大きな乗りもので行うのははるか先だろうと述べている。実用にはまだ遠いと考えられるので、正解は (A) である。

47 解答 B　詳細問題

A quantum levitation train would be similar to a maglev train in its

(A) rates of speed
(B) absence of ground friction
(C) need to use liquid nitrogen
(D) reliance on superconductors

量子浮揚電車が、リニアモーターカーと似ている点は

(A) 速度
(B) 地面の摩擦がないこと
(C) 液体窒素の使用が必要なこと
(D) 超伝導体に依存していること

鬼の解法　「似ている点」を聞かれたら、両者のポイントをそれぞれ確認

解説　「似ている点」や「同じ点」について聞かれたら、パッセージのなかでそれぞれについて書かれている場所を探そう。第2段落は5行目 Maglev trains have eliminated ground friction, 〜で、リニアモーターカーについて地面の摩擦がないと述べている。一方、量子浮揚電車について書かれている第3段落では20〜21行目で thus eliminate any ground friction と摩擦がないことを述べているので、正解は (B) だ。

48 | 解答 C | 語彙問題

The word "permit" in line 15 is closest in meaning to
(A) collect
(B) force
(C) enable
(D) deliver

15 行目の単語「permit」に意味が最も近いのは
(A) 集める
(B) 強制する
(C) 可能にする
(D) 配達する

鬼の解法 選択肢をパッセージにあてはめ、文脈上正しいものを選べ

解説 permit は「可能にする」という意味。第 3 段落の冒頭では、電車がある速度に達するのを可能にするという意味で使っているので正解は (C) だとわかる。

49 | 解答 C | ネガティブ問題

Which of the following is NOT mentioned as a challenge in building large vacuum tubes?
(A) The scope of the installation
(B) The amount of the funding
(C) The opposition by landowners
(D) The difficulty of stabilization

大きな真空管の製造に関する難点として述べられていないものは、次のどれですか。
(A) 敷設の範囲
(B) 資金額
(C) 地主による反対
(D) 安定化の難しさ

鬼の解法 ネガティブ問題は消去法で正解を導け

解説 26 行目以降に注目。Vacuum tubes have never been built that large, から (A) は含まれているとわかり、27〜28 行目の however, and the cost and complexity of maintaining a stable vacuum in such structures would be enormous に (B)(D) が含まれている。従って正解は (C) である。

50 | 解答 **C** | 語彙問題

The phrase "almost, but not quite" in line 29 is closest in meaning to

(A) fully
(B) slowly
(C) nearly
(D) potentially

29行目の句「almost, but not quite」に意味が最も近いのは

(A) 十分に
(B) ゆっくりと
(C) ほとんど
(D) 潜在的に

鬼の解法 否定語が何を否定しているかをつかめ

解説 29行目 a hyperloop, a tube that is almost, but not quite a vacuum は、「完全に真空ではないが、ほぼ真空」という意味。正解は (C) である。almost but not quite 〜は「ほとんど〜だが完全に〜だというわけではない」という意味の成句だが、それを知らなくても hyperloop が quantum levitation train の変種 (variant) であることと、almost から、真空状態の程度について述べていると推測することもできるだろう。

付録

語源にもとづくボキャブラリー強化法

■ ボキャブラリーを強化する

　TOEFL受験に必要な単語は、難易度が高く、覚えづらいものが多い。そこで、単語を3つのパーツに分解し、語源にもとづいて記憶するボキャブラリー強化方法を紹介しよう。
　この方法はTOEFL対策以外にも、英語学習において一生役に立つスグレものだ。
　ギリシャ語系、ラテン語系の語源を持つ英単語のなかには下のように、接頭辞、語根、接尾辞の3つのパーツから構成されているものがある。

$$\text{introduction} = \text{intro-} + \text{duct} + \text{-ion}$$

　　　　　　　　接頭辞　　語根　　接尾辞
　　　　　　　（なかに）（導く）（こと）

　語根（上の例ではduct）は単語の意味の核になるもの、**接頭辞**（intro-）は語根に方向性を与え意味を変化させるもの、**接尾辞**（-ion）は単語の品詞、時制、数を決めるものだ。
　上の例にあげたintroductionは、核となる意味がduct（導く）であり、接頭辞intro-（なかに）が方向性を示し、接尾辞-ion（こと）によって名詞になっている。これらを組み合わせると「なかに＋導く＋こと」となり、ここからintroductionは「導入」という意味になる。
　接頭辞や接尾辞は語根につき、基本的に単独では存在しない。また、接頭辞と接尾辞の両方が語根につく場合だけでなく、語根に接頭辞のみつく場合（例 **in**put）や、接尾辞のみつく場合（例 fact**ory**）もある。
　このように単語をパーツに分解してそれぞれの意味を知り、成り立ちを考えることで、単語が頭に定着しやすくなる。また、知らない単語に出合っても、各パーツの意味を知っていれば単語の意味を推測することが可能だ。
　特に、パッセージに難易度の高い単語が登場し、語彙問題が出題されるReading Comprehensionで、このボキャブラリー強化法は役に立つだろう。
　ここでは、基本的な接頭辞、接尾辞、語根を具体的な単語をあげながら紹介する。

■ 15の基本接頭辞

まず基本的な15の接頭辞を紹介しよう。接頭辞は語根に「力と方向性」を与え、その意味を変化させる。下の図を見て、接頭辞がつくことによって語根に対する力がどの方向に働くかをイメージしながら単語を理解するようにしてみよう。ad- や ex- のように、同じ接頭辞で異なる方向性の意味を持つものもある。

↑ 上昇

super-
非常に大きい
非常に力がある
非常に能力が高い
→数・量が多くて限度を超える

↖ 上昇

sur-
上を超えていく
→追加する

↗ 上昇

ex-
上にだす

← 後退

ad-
減少する→質が下がる
dis-
否定する→反対方向へ行く
→①除去する
→②良くないものになる
ex-
後退する→取り除く
→もとの状態に戻る
ab(s)-
離れる→取り除く
ob-
抵抗する
re-
後退する→もう一度行う
→①繰り返す
→②マイナスになる

語根

→ 前進

ad-
近づく→到着する
→追加する
pro-
前進する
pre-
時間が前に＝前もって、
場所・順序が前に
per-
通り抜ける→完全にする
trans-
横切る、通り抜ける、越える
com-
一緒に行う、完全にする
ex-
外にだす、徹底する
ob-
表に向ける、上を向く

sub-
下から上に向かう、
後ろからついて行く
→支える、補佐する

↑ 上昇

de-
下げる、下へ離す
→取り除く、
反対にする、
完全に

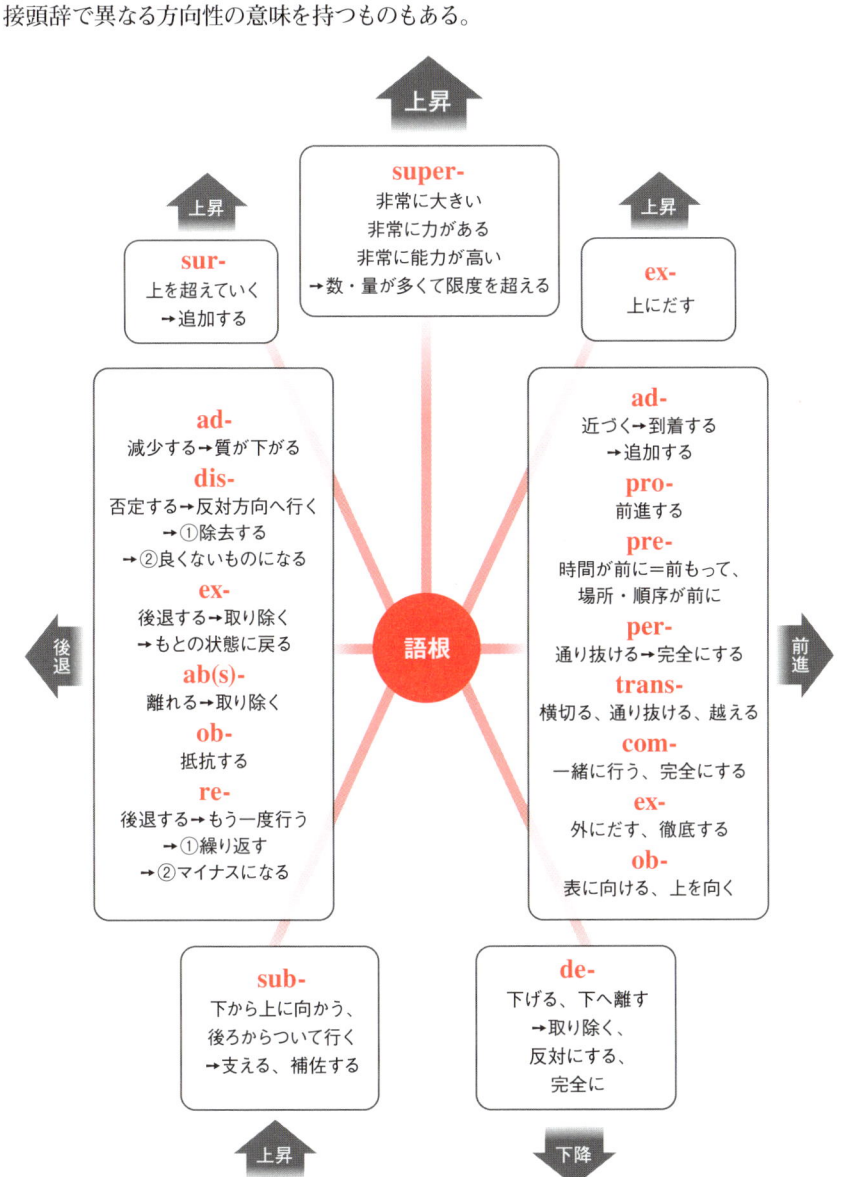

↓ 下降

では、実際に 15 の接頭辞について、単語の例とともに見てみよう。

■ **sur-** 超える（over）、上にある（above）、追加する（in addition）

surrealism	[名] 超現実主義、シュールレアリスム sur-（超える）＋ realism（現実主義）
surface	[名] 表面 sur-（上にある）＋ face（顔）→ 顔の表
surcharge	[名] 追加料金 sur-（追加する）＋ charge（請求金額）

■ **super-** 限度を超える、同種のなかで最も大きい、最も力・能力・影響力がある、生物分類の上位

supernumerary	[形] 定数以上の、定員外の super-（限度を超える）＋ numer（数）＋ -ary（〜に関する）
supercontinent	[名] 超大陸 super-（同種のなかで最大の）＋ continent（大陸）
superpower	[名] 超大国 super-（同種のなかで最強の）＋ power（国力）
superfamily	[名] 上科 super-（生物分類の上位）＋ family（科）→ 科の上、亜目（suborder）の下

■ **sub-/sup-/suc-/suf-** 下から上に向かう、低い位置から、おおよそ、同種のなかの下位の、下から支える、補佐する

subvert	[動]（体制）を転覆させる sub-（低い位置から）＋ vert（回転させる）→ 下から覆す
subtropical	[形] 熱帯地方に接する、亜熱帯の sub-（おおよそ）＋ tropical（熱帯の）
subdivision	[名] 再分割、下位区分 sub-（同種のなかの下位の）＋ division（分割、分類）→ 下位の分割、分類
support	[動] 〜を支える、支援する sup-（低い位置から）＋ port（支える）→ 下から支える

■ **de-** 下げる、取り除く、（強調）完全に、反対にする

descend	[動]（場所から、場所へ）下る、降りる de-（下げる）＋ scend（= climb しっかりつかむ）→ しっかりつかんで下る
deaerate	[動]（〜から空気）を取り去る de-（取り除く）＋ aer（空気）＋ -ate（〜にする）

derelict	[形] 見捨てられた、遺棄された	
	de-（[強調] 完全に）＋ re-（後ろに）＋ lict（放置された）	
decertify	[動] ～の証明を無効にする	
	de-（反対にする）＋ cert（ふるい分けて証明する）＋ -ify（～する）→ 証明内容を反対にする	

■ **ad-/ac-/af-/ag-/al-/an-/ap-/ar-/as-/at-** 接近・到着する、追加する、性質を変える、質が下がる

advert	[動] 注意を向ける、言及する
	ad-（～に）＋ vert（回転する）→ ～に向かう
adjunct	[名] 付加物、付属物
	ad-（～に）＋ junct（くっついた）
adulterate	[動]（まぜ物をして～の）品質［純度］を落とす
	ad-（～に）＋ ulter（他のもの）＋ -ate（～にする）→ 他のものに変化させる

■ **pro-** 前進する、時間・場所・順序が前で

pro	[名] 賛成論、賛成者
	pro（前進する）→ 賛成する　cf. pros and cons（賛否両論）
pronoun	[名] 代名詞
	pro-（前進する）＋ noun（=name 名前）→ 前にでてある名前の代わりをする
proceed	[動] 前進する
	pro-（前進する）＋ ceed（行く、進む）→ 継続して進む
proactive	[形] 進取の気性に富む
	pro-（順序が前で）＋ active（積極的な）→ 積極的に前にでる

■ **pre-** 時間が前に（前もって）、場所・順序・重要性などが前で

pre-adolescent	[形] 思春期直前の
	pre-（時間が前で）＋ ad-（～に到達する）＋ ol（=old 大人）＋ -escent（～しつつある）
prefrontal	[名][形] 前部前頭葉（の）
	pre-（場所が前で）＋ frontal（前頭葉（の））
preclude	[動] ～を排除する
	pre-（順序が前で）＋ clude（閉める）→ 入る前に閉める → 誰も入れない
prefer	[動] むしろ～のほうを取る、好む
	pre-（前もって）＋ fer（運ぶ）→ 好きなものは前もってよけておく
predominant	[形] 他のものよりも優勢な
	pre-（場所が前で）＋ domin（支配する）＋ -ant（～の力がある）→ 広く支配する

■ per-　通り抜ける、完全にする、通り抜けて反対の性質に変わる（→破壊する）

perforate	[動]	～に穴を開ける、～を貫く per-（通り抜ける）+ for（穴を開ける）+ -ate（～にする）→ 完全に突き通す
perfect	[形]	完全な、全部そろっている per-（通り抜ける）+ fect（～をした）→ 最後までやり通した
perdition	[名]	魂の喪失、地獄落ち per-（通り抜けた反対の場所に）+ dit（(魂を) おく）+ -tion（～すること）

■ trans-　横切る、越える、通り抜ける

transcontinental	[形]	大陸横断の trans-（横切る）+ contin（完全に (土地が) つながる）+ -ent（～するもの）+ -al（～の）
transpierce	[動]	～を貫通する trans-（通り抜ける）+ pierce（突き刺す）

■ com-/con-/co-/col-/cor-　一緒に行う、完全にする

command	[動]	（権威をもって）～を命じる com-（一緒に）+ mand（[命令書を] 手渡す/受け取る）→ 仕事を委託する
comfort	[名]	安楽な状態、満足な状態 com-（完全な）+ fortis（力）→ 完全な力のなかにいる → 不安のない状態

■ dis-　否定する、反対方向へ行く、除去する、良くないものになる

disadvantage	[名]	不利な状態 dis-（否定する）+ advant（=avant 先端）+ -age（～なこと）→ 先頭にいないこと
disaffirm	[動]	～を否認する dis-（反対）+ af-（=ad- ～に到達する）+ firm（確固とした）→ ぐらつく
disbud	[動]	(～の) 余計な芽を摘み取る dis-（除去する）+ bud（芽）
disembowel	[動]	はらわたを取る dis-（強調する）+ em-（=ex- 外にだす）+ bowel（腸）→「腸を取りだす」を強調

■ ex-　外（上）にだす、上にあげる、徹底する、後退する、取り除く、もとの状態に戻す

excite	[動]	〈人〉を刺激する、興奮させる ex-（外にだす）+ cite（呼ぶ）→ 通常は表にでない感情を外に呼びだす
extol	[動]	～を褒めたたえる ex-（上にだす）+ tol（持ち上げる）

excruciate	[動] ～を非常に苦しめる
	ex-（徹底的に）+ cruc（十字架）+ -iate（～にする）→ 十字架にかけて徹底的に苦しめる
exculpate	[動] ～を無罪にする
	ex-（外にだす＝取り除く）+ culp（とがめ）+ -ate（～にする）→ とがめを取り除く
exasperate	[動] ～を激高させる
	ex-（外にだす）+ asper（粗い）+ -ate（～にする）→ 粗暴さを引きだす
ex-convict	[名] 前科者
	ex-（もとの状態に戻す）+ convict（服役囚）→ 以前服役していた人

■ **ab(s)-** 離れる、離す、取り除く

abdicate	[動] 〈王位・権利など〉を捨てる
	ab-（離れる）+ dic（宣言する）+ -ate（～にする）→ 宣言して地位を離れる
abstract	[形] 抽象的な
	abs-（離す）+ tract（引っ張る）→ 具体的なものを取り去る → 抽象的になる

■ **ob(s)-/oc-/of-/og-/op-** 表に向ける、上を向く、対面する、抵抗する、終わらせる

obverse	[名] 表、表面　　　　　　　　　　　　　　　cf. reverse（裏）
	ob-（表に）+ verse（向ける）→ メダル・貨幣などの表（おもて）
occasion	[名] 場合、好機
	oc-（自分に向かって）+ cas（落ちる）+ -ion（～すること）→ タイミングよく起こる
opponent	[名] 対抗者、敵対者、敵、相手
	op-（対面に）+ pon（置く）+ -ent（人）→ 相対している
obsolete	[形] もはや使用されていない、時代遅れの
	obs-（終わらせる）+ olete（=grow 大きくなる）→ 成長が終了する

■ **re-** 後退する、もう一度行う、相互に、後ろに残す、繰り返す、取り消す、マイナスになる

revert	[動] もとの状態に戻る
	re-（もう一度）+ vert（回転する）→ ターンして戻る
resemble	[動] ～に似ている
	re-（相互に）+ semble（=similar 似ている）
relic	[名] 過去の遺物
	re-（後ろに残す）+ lic（置いておく）→ 置き去りにする
refine	[動] 〈砂糖など〉を精製する
	re-（繰り返す）+ fine（細かくする）→ 繰り返して純度を高める
recant	[動] ～を取り消す、撤回する
	re-（取り消す）+ cant（=chant, sing 歌う）→ 逆に歌う、後ろから前に歌う

■ 17の基本接尾辞

続いて基本となる17の接尾辞を紹介しよう。接尾辞がつくことで、品詞が決まり、単語としての意味が決定される。

■ -al ① 形容詞をつくる

[形] ～の、～に属する、～に関係する、～の性質の、～に特有の
accident**al**（不慮の）、autumn**al**（秋の）、pastor**al**（田園生活に特有の）

■ -al ② 動詞からその動詞の示す動作の名詞をつくる

[名] acquitt**al**（無罪）、bestow**al**（贈与）、deni**al**（否定）、refus**al**（拒否）、tri**al**（裁判）

■ -ary 形容詞や名詞をつくる

[形] ～の、～に関する
milit**ary**（軍隊の、陸軍の）、vision**ary**（将来を考えた、非現実的な）
[名] ～に関係する人、～に関するもの、～の場所
not**ary**（文書を扱う人→公証人）、gran**ary**（穀倉）、gloss**ary**（gloss（舌＝言葉）がおかれているところ→用語辞典）、libr**ary**（(libr- 本) がおかれているところ→図書館）

■ -ery 形容詞や動詞から名詞をつくる

[名] 技術　　arch**ery**（弓の技術→洋弓術）
　　 仕事　　embroid**ery**（刺繍の仕事→刺繍（法））、fish**ery**（漁業）
　　 仕事の場所　bak**ery**（パンを焼くところ→パン屋）、brew**ery**（醸造所）、
　　　　　　　　fin**ery**（細かくきれいにするところ→精錬所）
　　 製品　　cutl**ery**（食事用器具類）、pott**ery**（陶器類）、jewel**ry**(jewell**ery**)（宝飾品類）
　　 抽象名詞・行為　brav**ery**（勇敢な行為）、slav**ery**（奴隷制度）、trick**ery**（策略）

■ -ory 動詞から形容詞や名詞をつくる

[形] ～のような、～の性質のある
compuls**ory**（義務の）、direct**ory**（指導的な）、mandat**ory**（強制的な）
[名] ～する場所・もの
fact**ory**（ものをつくるところ→工場）、laborat**ory**（働くところ→研究所、製造所）、lavat**ory**（水を流

すところ → 洗面所)、dorm**itory** (眠るところ → 寄宿舎)、observat**ory** (観察するところ → 天文台)、reposit**ory** (繰り返し置くところ → 貯蔵所、容器)

■ **-ant** 動詞から形容詞や名詞をつくる

[形] 〜の特徴を持つ
deodor**ant** (脱臭の)、dorm**ant** (眠気のある → 睡眠状態の)、pleas**ant** (楽しい)
[名] 〜する人、〜に関係のあるもの・人
applic**ant** (応募者)、ascend**ant** (昇ってゆくもの → 優勢、支配力)、assist**ant** (補佐)、contest**ant** (競争者)、lubric**ant** (潤滑油)、propell**ant** (推進体)

■ **-ent** 動詞から形容詞や名詞をつくる

[形] 〜な (行為、性質、状態)
appar**ent** (見える → 見て明らかな)、conveni**ent** (みんなが集まる → 都合のよい)、depend**ent** (ぶらさがる → 依存している)、dilig**ent** (熱心に選びわける → 勤勉な)
[名] 行為者、〜するもの
accid**ent** (倒れてくるもの → 事故)、correspond**ent** (一緒に通信する人 → 特派員)、presid**ent** (前にすわる人 → 総裁、大統領)、solv**ent** (溶かすもの → 溶剤)

■ **-ous** 動詞や名詞から形容詞をつくる

[形] 〜を有する、〜の多い、〜の特性を持つ、〜に似た
danger**ous** (危険な要素が多い → 危険な)、glamor**ous** (魅力に満ちている → 魅惑的な)、joy**ous** (喜びにあふれている)、murder**ous** (殺意を有する → 凶悪な)、polygam**ous** (複数の結婚の性質を持つ → 複婚の)、pretenti**ous** (見せかけの多い → うぬぼれた)、rebelli**ous** (反抗心を有する → 反抗的な)、rigor**ous** (厳しさが多い → 厳しい)、surreptiti**ous** (下から奪う傾向がある → 不正の、人目を忍んだ)

■ **-ose** 形容詞や名詞をつくる

[形] 〜の多い、〜性の
bellic**ose** (けんかをしやすい → 好戦的な)、joc**ose** (冗談が多い → ふざけた)
[名] 〜糖
cellul**ose** (セルロース、繊維素)、fruct**ose** (fruct = fruit 果糖)、gluc**ose** (= sweet wine ブドウ糖)、lact**ose** (lact = milk 乳糖)

■ **-ful** 名詞や動詞から形容詞をつくる

[形] 〜の性質を持つ、〜に満ちた、〜しがちの
disrespect**ful**（礼節がないことで満ちている → 礼節を欠く）、shame**ful**（恥ずべき）、resource**ful**（資源に富む）、thought**ful**（思いやりがある）、forget**ful**（忘れっぽい）、harm**ful**（有害な）、mind**ful**（心にとめる）、wake**ful**（夜眠れない、不眠の）、watch**ful**（油断のない）、doubt**ful**（不確かな）

■ **-or** 名詞をつくる

[名] 行為者
act**or**（役者）、chancell**or**（首相、長官）、conduct**or**（指導者）、confess**or**（告白者、自白者）、credit**or**（債権者）、distribut**or**（配給者）、emper**or**（命令する人 → 皇帝）、govern**or**（統治する人 → 知事）、tail**or**（生地を切る人 → 仕立屋）、trait**or**（裏切り者）

■ **-fy** 形容詞から動詞をつくる、名詞から動詞をつくる

[形] → [動] 〜の状態にする
simpli**fy**（単純化する）、puri**fy**（きれいにする）、nulli**fy**（無効にする）、intensi**fy**（強める）、falsi**fy**（偽る）、vili**fy**（中傷する）、ampli**fy**（拡大する）

[名] → [動] 〜の状態にする
noti**fy**（知らせる）、beauti**fy**（美しくする）、glori**fy**（栄光を与える）、signi**fy**（意味する）、modi**fy**（部分的に変更する）、mummi**fy**（防腐保存する）、classi**fy**（分類する）、personi**fy**（擬人化する）、lique**fy**（液化する）、petri**fy**（石化する）

■ **-fic** 形容詞をつくる

[形] 〜にする、〜を起こす
sopori**fic**（sopor「昏睡」を起こす → 眠気を催させる、催眠性の）、speci**fic**（見えるようにする → 明確な）、terri**fic**（恐怖を起こす → ぞっとさせる）

■ **-fication** 名詞をつくる

[名] 〜にすること、〜化（-fy で終わる動詞に対応する名詞をつくる）
glori**fication**（たたえること ← glorify）、paci**fication**（静めること ← pacify）、puri**fication**（清めること、浄化 ← purify）、identi**fication**（同一であることの確認 ← identify）

■ **-cle/-cule/-le** 指小辞（語について「小さい」という意味を表す接尾辞）

[名] 小〜、微粒〜、分（離）〜

-cle　arti**cle**（小さな結合部分 → 記事（小さな記事の集合体が新聞・雑誌））、conventi**cle**（小さな集会 → 秘密集会）、parti**cle**（小さな部分 → 微量）

-cule　animal**cule**（微小動物、肉眼では見えない顕微鏡的動物）、corpus**cule**（corpus（=body）＋ -cule（= small）→ 血液に含まれる小球（= corpuscle））

-le　ici**cle**（小さな氷 → つらら）、knuck**le**（小さな骨 → 指関節）

■ **-ular** 語尾が -le/-ule の名詞を形容詞にする

[形] 〜の、〜に似た、〜に関係のある

cell**ular**（細胞の）、glob**ular**（球状の）、gran**ular**（粒状の）、molec**ular**（分子の）、musc**ular**（筋肉の）、sing**ular**（特殊な1つの → 比類のない、並外れた）、triang**ular**（三角形の）、tub**ular**（管状の）、valv**ular**（弁状の）

■ **-y** 名詞をつくる

[名] 状態、性質、行為（の結果）

blasphem**y**（不敬な言動）、comed**y**（喜劇）、expir**y**（満了）、glor**y**（栄光）、histor**y**（歴史）、honest**y**（正直）、jealous**y**（嫉妬）、orthodox**y**（正統派的学説）、remed**y**（治療）、victor**y**（勝利）

国名・地域名の語尾

Brittan**y**（ブルターニュ）、German**y**（ドイツ）、Ital**y**（イタリア）

特定の集合体

arm**y**（軍隊 ← arm（腕、武器））、soldier**y**（[集合的] 兵隊 ← soldier（兵士））

特定の店や品物

chandler**y**（雑貨店）、laundr**y**（洗濯物、クリーニング店）

■ 50の基本語根

続いて単語の意味の核となる50の語根を紹介する。接頭辞、語根、接尾辞に分解した説明をもとに、単語の意味にどうつながるかを考えながら読もう。

■ cap(t)/ceive/cept/cip/chas/cup(er)　つかむ

captivate	[動] ～を魅惑する capt（捕らわれた）＋ -iv（～の状態）＋ -ate（～にする）
capacious	[形] 広々とした cap（つかむ）＋ -ac（～な）＋ -ious（多く、広く）
con**ceive**	[動] ～を思いつく　　　　　　　　　　　　[名] conception（概念） con-（完全に）＋ ceive（つかむ）→ 心に湧いた考えをつかむ
de**ceive**	[動] ～をだます　　　　　　　　　　　　　[名] deception（詐欺） de-（離す）＋ ceive（つかむ）→ だまして相手の手から離させて奪う
per**ceive**	[動] ～を知覚する　　　　　　　　　　　[形] perceptible（知覚できる） per-（完全に）＋ ceive（つかむ）→ 五感でつかむ
ex**cept**ionally	[副] 例外的に、格別に ex-（外にだす）＋ cept（つかむ）＋ -ion（～すること）＋ ally（～に）→ 仲間から外して
in**cept**ion	[名] 開始、学位授与式 in-（なかに入れる）＋ cept（つかむ）＋ -ion（～すること）→ 仲間に入れる
pre**cept**	[名] 教訓 pre-（前もって）＋ cept（捕まえられた）→ 前もって受け入れられた
precon**cept**ion	[名] 予断 pre-（前もって）＋ con-（完全に）＋ cept（つかむ）＋ -ion（～すること）→ あらかじめの判断
sus**cept**ible	[形] 感じやすい sus-（=sur-上に）＋ cept（つかむ）＋ -ible（～できる）→ 取り上げやすい
in**cip**ient	[形] 初期の in-（なかに入れる）＋ cip(i)（つかむ）＋ -ent（=doing）→ 仲間に入れつつある
parti**cip**ate	[動] 参加する parti（部分）＋ cip（つかむ）＋ -ate（～にする）→ 部分をつかむ → 全体の一部分になる
prin**cip**al	[形] 第1の prin-（最初、一番）＋ cip（つかむ）＋ -al（～の）→ 1番目をつかむ
prin**cip**le	[名] 原理、原則 prin-（最初、一番）＋ cip（つかむ）＋ -le（道具）→ 最初に従う道具 → 最初に従うもの

purchase	[動] ～を購入する
	pur-（～を求めて）+ chase（つかむ）→ 欲しいものを追いかける
occupy	[動] ～を占有する、使用する、占める
	oc-（=ob- 目的に合わせて）+ cup(y)（つかむ）→ 目的を持って利用する
recuperate	[動] 健康を取り戻す
	re-（もとに）+ cuper（つかむ）+ -ate（～する）→ 捕まえてもとに戻す

■ cede/ceed/cease/cess 行く、譲る

accede	[動] 同意する　　　　　　　　　　　　　　　[形] accessible（接近可能な）
	[名] accessory（付属品、共犯）
	ac-（=ad- 到達する）+ cede（譲る）→ 譲って相手の条件に到達する
concede	[動] ～を正しいと認める　　　　[名] concession（譲歩、独占販売権）
	con-（完全に）+ cede（譲る）→ 譲って相手の言うことを認める
exceed	[動] ～を超過する　　　　　　　　　　　　[形] excessive（過多の）
	ex-（外にでる）+ ceed（行く）→ 超えてでて行く
precede	[動] ～に先行する　　　　　　　　　　[名] precedence（先行、優先）
	pre-（前もって）+ cede（行く）→ 他の人よりも時間的に先に行く
recede	[動] 後退する　　　　[名] recess（休止、凹部）、recession（景気後退）
	re-（後ろに）+ cede（行く）
succeed	[動] 成功する、～を継承する　　　　　　[名] succession（継続、継承）
	suc-（=sub- 後ろから）+ ceed（行く）→ 後ろをついて行き前任者と入れ替わる
cease	[動] 終わる、～をやめる　　　　　　　　　　　cf. decease（死去する）
	incessant（絶え間ない）
	cease（行く）→ 今いるところを離れる → 行為をやめる
necessary	[形] 必要な
	ne-（=not）+ cess（譲る）+ -ary（～の性質の）→ 譲ることができない性質の

■ circul/circum/coron 動き回る、探す、周囲

circulate	[動] 循環する
	circul（動き回る）+ -ate（～する）
circulatory	[形] 循環の
	circul（動き回る）+ -atory（～する性質を持つ）
circumference	[名] 外周
	circum（回って）+ fer（運ぶ）+ -ence（～する性質を持つこと）
circumnavigate	[動] ～を一周する
	circum（動き回る）+ navi(g)（船）+ -ate（～する）
circumscribe	[動] ～を（の周囲に線を引いて）制限する
	circum（回って）+ scribe（書く、描く）→ 円で囲んで制限枠を描く

circum**stance**	[名] 周囲の事情 circum（巡って）+ st（立つ）+ -ance（〜する性質）→ まわりに立っていること
coronation	[名] 戴冠式 coron（周囲 =crown 王冠）+ -at（〜する）+ ion（こと）→ 冠を載せること
coroner	[名] 検死官 coron（=crown）+ -er（人）→ 国王任命の役人（変死体の財産は国王に帰属した）

■ clos(e)/clude 閉じる

dis**close**	[動] 〈秘密〉を暴く　　　　　　　　　　　　　[名] disclosure（発表、暴露） dis-（反対）+ close（閉める）→ ふたを開けてなかを見せる
con**clude**	[動] 〜を終了させる　　　　　　　　　　　[形] conclusive（決定的な） con-（完全に）+ clude（閉める）→ 完全に閉じてそれ以上は入れない
en**close**	[動] 〜を囲む　　　　　　　　　　　　　　　[名] enclosure（包囲） en-（=in- なかに）+ close（閉める）→ なかに入れて閉める
ex**clude**	[動] 〜を排除する　　　　　　cf. include（なかに入れて閉める → 含む） ex-（外にだす）+ clude（閉める）→ 閉めだす
se**clude**	[動] 〜を引き離す、遮断する　　　　　　　　[形] secluded（隔離された） se-（離す）+ clude（閉める）→ 閉めて離す

■ cord/card 心、心臓

con**cord**	[名] 調和　　　　　　　　　　　　[名] concordance（一致、用語索引）、 　　　　　　　　　　　　　　　　　　[形] concordant（調和した） con-（〜とともに）+ cord（心）→ 心が一緒になって
dis**cord**	[名] 不和　　　　　　　　　　　　　　　　[形] discordant（しっくりしない） dis-（離れて）+ cord（心）
cordial	[形] 心からの cord（心）+ -ial（〜の性質を持つ）
cardiograph	[名] 心電計　　　　　　　　　　　　　　　cf. cardiogram（心電図） card(io)（心臓の）+ graph（書く）→ 心臓の動きを書くもの
cardiopulmonary	[形] 心肺の　　　cf. cardiopulmonary arrest（心肺停止状態：CPA） card(io)（心臓の）+ pulmon（肺の）+ -ary（〜に関する）

■ cur(r)/cour 速く動く、走る

cursor	[名] カーソル cur(s)（速く動く）+ -or（〜するもの）
currency	[名] 通貨 curr（速く動く）+ -ency（〜なもの）

current	[形] 目下の　[名] 潮流	
	curr（速く動く）＋ -ent（〜の性質のある）	
con**curr**ent	[形] 同時発生の	
	con-（一緒に）＋ curr（速く動く）＋ -ent（〜の性質のある）	
re**curr**ent	[形] 頻発する	
	re-（繰り返し）＋ curr（速く動く）＋ -ent（〜の性質のある）	
oc**cur**	[動] 発生する	
	oc-（=ob- 表に向かって）＋ cur（速く動く）	
ex**cur**sion	[名] 小旅行、話の脱線	
	ex-（外にでる）＋ cur（走る）＋ -sion（〜すること）→ ちょっと走りでる	
dis**cour**se	[名] 会話	cf. discursive（話が散漫な）
	dis-（離れて）＋ cour(se)（速く動く）（会話の内容は一定ではなく変化することから）	

■ **dic(t)/dex** 話す

dictate	[動] 〜を書き取らせる	
	dict（言う）＋ -ate（〜する）	
diction	[名] 言葉づかい	
	dic（言う）＋ -tion（こと）	
contra**dict**	[動] 〜をはっきりと否定する、〜と矛盾する	
	contra-（=against 〜に反対して）＋ dict（言う）	
in**dex**	[名] 索引	
	in-（なかを）＋ dex（言う）→ 中身を言う → 内容を示す	
in**dict**	[動] 〜を起訴する	
	in-（=toward 〜に向かって）＋ dict（言う）	
e**dict**	[名] 布告、勅令	
	e-（=ex- 外にだす）＋ dict（言う）=speak out → 民に伝える	
male**dict**	[名] 悪口	
	male-（悪）＋ dict（言われたこと）	
vale**dict**ory	[形] 告別の	
	vale-（=goodbye 別れ）＋ dict（言われたこと）＋ -ory（〜の）	
ver**dict**	[名] 小陪審の評決	
	ver（真実）＋ dict（言われたこと）	
pre**dic**ament	[名] 苦境	
	pre-（前もって）＋ dic(a)（言う）＋ -ment（こと）	

■ duc(e)/duct 導く

de**duce**	[動] ～を演繹推論する	de-（離す）+ duce（導く）→ 考えを引っ張りだす
in**duce**	[動] ～を説得してさせる	in-（なかへ）+ duce（導く）→ なかに入れる → 仲間に入れる
repro**duce**	[動] ～を再生する	re-（再び）+ pro-（前に）+ duce（導く）→ 産む、生産する
se**duce**	[動] ～をそそのかす、誘惑する	se-（わきへ）+ duce（導く）
con**duc**ive	[形] よい結果に貢献する	con-（一緒に）+ duc（導く）+ -ive（～の傾向がある）→ よいものをもたらす
ab**duct**	[動] ～を誘拐する	ab-（～から離れる）+ duct（導く）→ 離して連れて行く
con**duct**	[動] ～を指導する、指揮する　[名] 道徳上の振る舞い	con-（一緒に）+ duct（導く）
de**duct**	[動] 一定のものを全体から差し引く	de-（分離）+ duct（導いた）→ 全体から引きだす
miscon**duct**	[名] 非行、職権乱用	mis-（悪い）+ conduct（振る舞い）

■ fac(t)/fec(t)/fic(t)/feas/feat/feit する、つくる

bene**fact**or	[名] 恩恵を施す人	bene-（立派に）+ fact（行う）+ -or（人）
de **fact**o	[形] 事実上の	ラテン語 dē factō (=de (=from) + facto (=the fact)) に由来
facile	[形] 容易な	fac（する）+ -ile（～できる、ふさわしい）
de**fect**	[名] 欠点、短所	de-（反対）+ fect（する）= 行わない → 手を抜く
in**fect**ious	[形] （病気が）伝染性の	in-（なかに）+ fect（作用する）+ -ious（～の）→ 病気が体のなかに入って行く
arti**fic**e	[名] 巧みな策略、ずるさ	arti-（技術）+ fic(e)（つくること）→ 方法を考案する
bene**fic**iary	[名] 受益者	bene-（よいもの）+ fic(i)（与える）+ -ary（～に関する人）
insigni**fic**ant	[形] 取るに足りない	in-（否定）+ sign(i)（印）+ fic（つくる）+ -ant（～性の）→ 印をつけない

magnificent	[形] 壮大な	
	magn(i)-（大きい）+ fic（つくる）+ -ent（状態）→ 大きなものをつくる	
deficit	[名] 不足額	
	de-（反対）+ fic(it)（なされた）= 途中で止めた → 手を抜いた	
edifice	[名] 大建築物	
	edi（住居）+ fic(e)（つくる）	
deficient	[形] 不足した	
	de-（反対）+ fic(i)（する）+ -ent（状態）→ 途中で止めた状態 → 手を抜いた状態	
efficient	[形] 有能な、能率的な	
	ef-（=ex- 完全に）+ fic(i)（つくる）+ -ent（状態）→ 完全に行える状態	
sufficient	[形] 〜するのに十分な	
	suf-（=sub- 後ろで）+ fic(i)（する）+ -ent（状態）→ 後ろで補給作業をする	
feasible	[形] 実現可能な	
	feas（する、行う）+ -ible（〜できる）	
feature	[名] 特徴	
	feat（つくられた）+ -ure（結果）→ つくられたもの	
defeat	[動] 〜を負かす	
	de-（反対）+ -feat（つくる）→ 壊す → 打ち負かす	
counterfeit	[形] 偽造の　[動] 〜を偽造する	
	counter-（反対）+ feit（つくる）	

■ **fer(t)/for(t)** 産む、運ぶ

fertile	[形] 土地が肥沃（ひよく）な	
	fert（産む）+ -ile（〜できる）→ 産むことができる	
fortune	[名] 富、運　　　　　　cf. Fortuna（古代ローマの運命の女神）	
	ラテン語 fortuna（運命が運んでくるもの）に由来。	
fortuitous	[形] 偶然に起こる　　　　　　　　　　cf. fortuity（偶然（性））	
	fort(u)（偶然）+ -itous（〜の要素が多い）	
confer	[動] 〜を相談する、授ける　　　　　　[名] conference（会議）	
	con-（一緒に）+ fer（運ぶ）→ 集まって話し合いをする	
defer	[動] 〜を延期する	
	de-（分離）+ fer（運ぶ）→ 運んで離す	
infer	[動] 〜を推論する　　　　　　　　　　[名] inference（推論）	
	in-（なかに）+ fer（運ぶ）→ 心のなかに運んで考える	
offer	[動] 〜を提供する	
	of-（=ob- 〜に）+ fer（運ぶ）	

re**fer**	[動] 〜を参照する　　　　　　　　　　　　　　[名] referee（審判員） re-（もとへ）+ fer（運ぶ）→ 基準となる場所に戻して判断する	
suf**fer**	[動] 苦しむ　　　[形] sufferable（耐えられる）、[名] sufferance（黙認） suf-（=sub- 〜の下から）+ fer（運ぶ）→ 重いものは下から支えて運ぶ	

■ **fin(e)** 終わり、限界

fine	[形] 優れた、細かい、純度の高い [名] 罰金（終了させる手段） fine（終わり、限界）→ 最終段階の、完成した → 見事な
finance	[名] 財政、財務、金融 fin（借金を清算する）+ -ance（〜すること）
finesse	[名] 繊細、あざやかな手際 fine（優れた）+ -sse（こと）
in**fin**ite	[形] 無限の、計りしれない in-（=not）+ fin（終わり）+ ite（〜の）
in**fin**itive	[名] 不定詞（人称・数・時制などの制限がない動詞の形） in-（=not）+ fin(it)（有限）+ -ive（〜の性質を持つ）
con**fin**e	[動] 〜を制限する、閉じ込める con-（完全に）+ fine（境界）→ 完全に境界線を引く
af**fin**ity	[名] 類似性、親近性 af-（〜に達する）+ fin(ity)（境界）→ 境界線に達する → 2つが一緒になる
de**fin**itive	[形] 最も確実な、権威のある de-（強調）+ fin（終了）+ -itive（〜な）→ 完全に終了、これ以上ない

■ **flect/flex** 曲げる

flection	[名] 屈曲、湾曲 flect（曲げる）+ -ion（〜した状態）
de**flect**	[動] 方向を変える、注意をそらす de-（離す）+ flect（曲げる）
in**flex**ible	[形] 曲がらない、確固とした、融通のきかない in-（=not）+ flex（曲げる）+ -ible（〜の傾向がある）
re**flect**ion	[名] 反射、映った影、熟考 re-（後ろに）+ flect（曲がる）+ -ion（〜すること）
re**flect**ive	[形] 反射する、反映する re-（後ろに）+ flect（曲がる）+ -ive（〜する性質がある）
re**flex**ive	[形] [文法] 再帰の、反射的な、内省的な re-（後ろに）+ flex（曲げられた）+ -ive（性質）→ 受動的に後ろに曲げられる

■ flo/flu/flux 流れる

float	[動] 漂う、浮かぶ、(会社が) 発足する、変動相場制である	flo(at)（流れる）
af**flu**ent	[形] 豊かな、裕福な	af-（=ad- ～へ）+ flu（流れる）+ -ent（状態）→ 流れて行くほど豊かにある
con**flu**ent	[形] 合流する、1つになる	con-（一緒に）+ flu（流れる）+ -ent（状態）
ef**flu**ent	[形] 流出する	ef-（=ex- 外にでる）+ flu（流れる）+ -ent（状態）→ 流れだす
melli**flu**ous	[形] 蜜のように甘い、甘美に流れる、流麗な	mell(i)-（蜂蜜）+ flu（流れる）+ -ous（～が多い）→ 蜂蜜がたくさん流れて行く
super**flu**ous	[形] 十二分の、無用な	super-（あふれて）+ flu（流れる）+ -ous（～が多い）→ あふれるほど豊かにある
fluctuate	[動] 変動する	fluct（波）+ -ate（～する）→ 波にする → 波のように動く
ef**flux**	[名] 流出、発散	ef-（外にでる）+ flux（流れている）
in**flux**	[名] 流入、殺到	in-（なかへ）+ flux（流れている）

■ forc(e)/fort 力

forceful	[形] 強引な、力強い	force（力）+ -ful（～に満ちた、～の性質を有する）
forcible	[形] 力ずくの、強制的な	forc（力）+ -ible（～の傾向がある）→ 力に頼る傾向がある
en**force**	[動] ～を施行する、強要する	en-（～を与える）+ force（力）→ 力を与える
rein**force**	[動] ～を補強する、強化する	re-（再び）+ in-（なかに）+ force（力）→ 再び力を注入する
ef**fort**less	[形] 努力を要しない、努力をしたように見えない	ef-（=ex- 外にだす）+ fort（力）+ -less（～のない）→ 力をだす必要がない

■ form/morph 形、形づくる

formula	[名] 方式、公式、決まり文句	form（形）+ -ula（小さなもの）→ 形を小さくまとめたもの → 小さくまとめた表現
con**form**	[動] ～を（基準に）一致させる、（規則に）従う　　[名] conformity（適合）	con-（一緒に）+ form（形）→ 一緒に形をつくる

deform	[動] 醜悪にする、形状を損なう　　[名] deformity（変形、奇形） de-（反対）+ form（形）→ 形が崩れる	
transform	[動] 〜を一変させる trans-（越えて）+ form（形づくる）→ 別のものに変化する	
informative	[形] 知識を提供する、有益な in-（なかに）+ form（形）+ -ative（〜に役立つ）→ 形をなかに入れて役立つようにする	
metamorphosis	[名] [生物] 変態、変容、変性 meta-（状態変化）+ morph（形）+ -osis（形成）→ 変化して別の形になる	

■ **fra/frac(t)/frag/fri** 壊れる

frail	[形] 体質的に弱い、はかない　　[名] frailty（もろさ、性格の弱さ） fra(il)（壊れる）
fraction	[名] 分数、部分、ごくわずかな量 fract（壊れた）+ -ion（こと、もの）
fracture	[名] 骨折、破損 fract（壊れた）+ -ure（結果）
fragile	[形] 壊れやすい　　[名] fragility（壊れやすさ） frag（壊れる）+ -ile（〜しやすい）
infringe	[動] 〈法〉を犯す　　[名] infringement（違反、侵害） in-（=into）+ fri(nge)（壊す）→ 壊してなかに入る

■ **fus(e)/found** 溶ける、注ぐ

fuse	[動] 融合する　　[名] fusion（溶融、核融合、連合） fuse（溶ける）
confuse	[動] 〜を混同する、困惑させる　　[名] confusion（混乱、錯乱状態、） con-（一緒に）+ fuse（注ぐ）
diffuse	[動] 〜を散らす、普及させる　　[名] diffusion（放散、普及） di-（=dis- 離す）+ fuse（注ぐ）
effuse	[動] 〜を放出する、発散する　　[名] effusion（流出（物）） ef-（=ex- 外にだす）+ fuse（注ぐ）
profuse	[形] 気前のよい、あふれるばかりの　　[名] profusion（多量） pro-（前へ）+ fuse（注ぐ）
confound	[動] 〜を混同する、当惑させる con-（一緒に）+ found（注ぐ）
foundry	[名] 鋳造場、鋳物工場 found（溶かす）+ -ry（=-ery 製造所）

■ gen(e) 産む、生産する、種

gene	[名] 遺伝子　　[名] genetics（遺伝学）[形] genetic（遺伝の、遺伝子の）	
	gene（生む）（遺伝子のもとになるとされた粒子 Pangen に由来）	
genesis	[名] 起源、発生、[聖書] 創世記	
	gene(sis)（起源、創造）	
genial	[形] 穏やかな、愛想のよい	
	gen(ial)（（子を産むことを前提として）結婚に関する、温暖で成長を促す）	
genealogy	[名] 系図（学）、血統	
	gene(a)（種族、世代）+ -logy（学問）	
gender	[名] 社会的・文化的性別　　cf. genre（部門、部類、ジャンル）	
	gen(der)（産まれたものの分類 ➡ 種類、分類）	
genocide	[名] （民族）組織的大量虐殺、集団殺戮	
	gen(o)（人種）+ -cide（殺し）	
con**gen**ial	[形] 気心の知れた、同性質の	
	con-（一緒に）+ gen(ial)（愛想のよい）➡ 一緒にいて楽しい ➡ 相性のよい	
de**gene**rate	[動] 退化する	
	de-（離れる）+ gene(r)（産む）+ -ate（〜する）➡ 産まなくなる ➡ 機能の退化	
en**gen**der	[動] 〜を生じさせる	
	en-（=in- なかに）+ gen(der)（産む）➡ 生みだす	
hetero**gene**ous	[形] 異種の、異質の	
	hetero（異なる）+ gene（種類）+ -ous（〜の性質を持つ）	
homo**gene**ous	[形] 同種の、同質の、本質的に似た	
	homo（同じ）+ gene（種類）+ -ous（〜の性質を持つ）	
indi**gene**	[名] 土着の人、動植物の土着種	
	indi-（in- の強調形）+ gene（産む）➡ ある場所で生まれたことを強調する	
indi**gen**ous	[形] ある土地に固有の、原産の	
	indi-（in- の強調形）+ gen（産む）+ -ous（〜の特徴を持つ）	
in**gen**ious	[形] 発明の才のある、利口な	
	in-（なかに）+ gen(i)（生まれつき備わっている才能）+ -ous（〜が多い）	
in**gen**uous	[形] 率直な、無邪気な	
	in-（なかに）+ gen(u)（産まれる）+ -ous（〜の多い）➡ 生まれた時に豊富にもらっている ➡ こだわらない	
hydro**gen**	[名] 水素　　cf. oxygen（酸素）	
	hydro（水）+ gen（生む）	

■ gn(o)/nno/quain 知っている

reco**gn**ize	[動] 〜に見覚えがある re-（再び）+ co-（一緒に）+ gn（知っている）+ -ize（〜にする）→ 再びおたがいを認識する	
inco**gn**ito	[形] 匿名の　[副] 変名で in-（=not）+ co-（一緒に）+ gn（知っている）+ -ito（=ition）→ おたがいを認識できない状態で	
dia**gn**ose	[動] 〜を診断する　　　　　　　　　　　　　　　[名] diagnosis（診断） dia-（完全に）+ gno(se)（知っている、わかる）	
i**gn**ore	[動] 〜を見て見ぬふりをする　　　cf. neglect（不注意から忘れる） i-（=not）+ gno(re)（気づいている）	
reco**nn**oiter	[動] 〜を偵察する re-（繰り返し）+ co-（完全に）+ nno(iter)（調べる）	
quaint	[形] 古風で趣のある、風変わりで面白い quain(t)（賢い）→ 創意工夫のある → 通常ではないが興味深い	
ac**quain**t	[動] 〈人〉に知らせる ac-（=ad- 〜に）+ quain(t)（気づく）	

■ ju/jur(is)/jus(t) 正しい、法律

judge	[名] 裁判官、判事 ju（=law 正義）+ dge（=dict 言う）→ 正しいことを言う人	
judicature	[名] 司法（権）　　　　　　　　　　　　　　cf. legislature（立法機関） ju（正しいこと）+ dicat（言う）+ -ure（職務、機関）	
judicial	[形] 裁判[司法]の ju(dici)（=judge 裁判官）+ -al（〜に関する）	
judicious	[形] 思慮分別のある ju（正しいこと）+ dici（言う）+ -ous（〜の特徴を有する）	
judiciary	[形] 司法（裁判）の　[名]（the 〜）司法部門 ju(dici)（裁判官）+ -ary（〜に関する（人））	
jurisdiction	[名] 司法権 juris（法）+ dict（話す）+ ion（こと）→ 司法権	
jury	[名] 陪審員団 jur（=law）+ -y（集合体）→ 陪審員団（juror=jur（=law）+ -or（人）→ 陪審員）	
ad**just**	[動] 〜を正しく合わせる、調整する ad-（〜に到達する）+ just（正しい）→ 〜にぴたりと合わせる	
ob**jur**gate	[動] 〜を厳しくとがめる ob-（=to 〜を）+ jur(g)（正しいことを言って叱る）+ -ate（〜する）	

perjury	[名] 偽誓、偽証、偽証罪、大うそ
	per-（通り抜けた結果反対の性質に変わる）＋ jur（誓う）＋ y（行為）

■ lec(t)/leg/leag/lig　集める、選ぶ、拾う、読む

lecture	[名] 講義
	lect（読む）＋ -ure（動作）
colleague	[名] 同僚
	col-（=com- ともに）＋ leag(ue)（読む）
neglect	[動]（不注意から）～を軽視する
	neg-（=not）＋ lect（集める）→ 仕事をしない
recollect	[動] ～を思い出す、回想する
	re-（再び）＋ col-（=com- 繰り返し）＋ lect（集める）
intellectual	[形]（人が）高度の知性を持った
	intel-（=inter- ～の間）＋ lect（読む）＋ -al（性質）→ 行間を読む
intelligent	[形] 理解力のある、生まれつき理解力の鋭い
	intel-（=inter- ～の間）＋ lig（拾う）＋ -ent（性質）→ 間（= 違い）を見つけだす
delegate	[名] 代表者　[動] ～を（代表として）派遣する
	de-（分離）＋ leg（選ぶ）＋ -ate（～する）→ 選んで送りだす
legible	[形] 字体が読みやすい
	leg（読む）＋ -ible（～されやすい）
eligible	[形] 選ばれるのにふさわしい
	e-（=ex- 外にだす）＋ lig（選ぶ）＋ -ible（～に適した）→ 選びだすのにふさわしい

■ meas/mens/mod/met(r)　測る、計測する

commeasurable	[形] 同等の
	com-（一緒に）＋ meas(ur)（測る）＋ -able（できる）→ 同寸法の
immeasurable	[形] 計り知れない、無限の
	im-（=not）＋ meas(ur)（測る）＋ -able（できる）→ 測れないほどの
dimension	[名] 寸法、面積、体積
	di-（端から端まで）＋ mens（測る）＋ -ion（～すること）
commensurate	[形] 等しい、同等の
	com-（一緒に）＋ mens(ur)（測る）＋ -ate（～の特徴を持つ）→ 測って同じ寸法の
immense	[形] 広大な
	im-（=not）＋ mens(e)（測る）→ 測れないほどの
model	[名] 手本、型、ファッションモデル
	mod（寸法）＋ -el（=-le 小さいもの）→ 大量生産の前の見本服

mod**erate**	[形] 極端でない、節度のある	
	mod(er)（計測する）+ -ate（〜の特徴を持つ）→ 測ってあるので適切である	
im**mod**est	[形] 慎みのない、無遠慮な	
	im-（=not）+ mod(est)（正しい寸法を維持している）→ 基準から外れている	
sym**metr**y	[名]（左右の）対称、釣り合い、調和	
	sym-（一緒に）+ metr（測定）+ -y（状態、性質）→ 左右同様に計測したもの	
asym**metr**y	[名] 不釣り合い、非対称	
	a-（=not）+ sym-（一緒に）+ metr（測定）+ -y（状態、性質）→ 左右同様ではない	

■ mis/mit 送る

de**mis**e	[名] 死去、逝去、崩御
	de-（下へ）+ mis(e)（送る）
dis**mis**sive	[形] 拒否する、否定的な　　　　　[動] dismiss（〜を解散する、退ける）
	dis-（離す）+ mis(s)（送る）+ -ive（〜性の）→ 遠くにやってしまう性質を持つ
per**mis**sive	[形] 大目に見る、ゆるやかな
	per-（完全に）+ mis(s)（送る）+ -ive（〜性の）→ 通してあげる
sub**mis**sive	[形] 服従的な、柔順な、言いなりになる
	sub-（後ろに）+ mis(s)（送る）+ -ive（〜の性質を持つ）→ 控えることを命じる
sur**mis**e	[動] 〜を推測する
	sur-（上に）+ mis(e)（送る）= 考えを投げかける
e**mis**sary	[名] 使者、特使、スパイ　　　　　　[動] emit（〜を発する）
	e-（=ex- 外にだす）+ mis(s)（送る）+ -ary（〜する人）
com**mit**ment	[名] 約束、言質
	com-（完全に）+ mit（送る）+ -ment（〜すること）→ 完全に任せて送りだす
trans**mit**	[動] 〜を発送する、運ぶ、伝える
	trans-（向こう側へ）+ mit（送る）

■ nasc/nat/noel/nais/gn 生まれる

nascent	[形] 生まれようとする、発生しかけている
	nasc（生まれる）+ -ent（状態）→ 生まれつつある
natal	[形] 出生の場所・時間に関わる
	nat（生まれる）+ -al（〜に関係する）
noel	[名] クリスマス（の季節、歌）
	ラテン語 natalis（誕生日）に由来 → キリストの誕生日
nation	[名] 国民、国家　　　　　　　　　cf. native（〜生まれの人／自国の）
	nat（生まれる）+ -ion（〜すること）→ 人が生まれるところ

nature	[名] 自然、自然界 nat（生まれた）＋ -ure（結果）→ 生まれたもの
in**nat**e	[形] 生まれつきの、生来の in-（なかに）＋ nat(e)（生まれる）→ 先天的な素質のなかに生まれる
Re**nais**sance	[名] 文芸復興、(renaissance) 復活 　　　　　　　　　　　　　　　　　　[形] renascent（復活しつつある） re-（再び）＋ nais(s)（生まれる）＋ -ance（〜すること）
pre**gn**ant	[形] 妊娠している pre-（時間的に前）＋ gn（生まれる）＋ -ant（状態）→ 命が誕生する前の時期

■ op/oper/opu/euver(oeuvre) 働く

operative	[形] 働きをする、作用する　[名] 職工、工作員 oper（仕事）＋ ate（〜をする）＋ -ive（性質を持つ（人））
opulent	[形] 富裕な、豊富な opu(l)（働く）＋ -ent（状態）→ 働いて富をつくりだす
c**op**ious	[形] おびただしい、多量に産する、語数の多い c-（たくさん）＋ op（働く）＋ -ious（性質を持つ）→ 働いてたくさんつくりだす
c**op**y	[名] 写し、模倣 c-（一緒に）＋ op（働く）＋ -y（集合体 → 多い）→ 同じ作業をする人が多い
cornuc**op**ia	[名] 豊饒の角（horn of plenty） cornu（角）＋ c-（たくさん）＋ op（つくる）＋ -ia（もの）→ 際限なく生みだす角
opus	[名] 音楽作品、作曲家の作品番号 opu(s)（働く）→ 作品
opera	[名] 歌劇、オペラ oper(a)（働く）→ 作品
man**euver** (man**oeuvre**)	[動] 巧みに操縦する、軍隊を機動させる [名] 巧みな操作、機動作戦 man（= manus 手）＋ euver（= operari 働く）→ 精密な手仕事

■ par/peer 等しい

parity	[名] 同額、同等、類似 par（等しい）＋ -ity（状態・性質）
dis**par**ity	[名] 不同、不等、相違 dis-（=not）＋ par（等しい）＋ -ity（状態・性質）
non**par**eil	[形] 比類のない（=peerless）、天下一品の [名] 無比の人・もの non（=not）＋ par(eil)（等しい）

peer	[名] 同等の地位の人、同僚 peer（等しい）	
peerless	[形] 比類のない、無比の peer（匹敵する）+ -less（〜できない）	

■ pend/pens/pond 下げる、量る、考える、支払う

ex**pend**able	[形] 消費できる、不要な ex-（外にだす）+ pend（量る）+ -able（〜できる）→ 量って代金を払う	
unex**pend**able	[形] 使えない、不可欠の、無尽蔵の un-（=not）+ ex-（外にだす）+ pend（量る）+ -able（〜できる）→ 量り尽くせない	
per**pend**icular	[形] 垂直の、崖が切り立った per-（完全に＝垂直に）+ pend(i)（ぶらさがる）+ -cul（指小辞）+ -ar（=-al 〜の）	
com**pens**ate	[動] 補償する、相殺する com-（一緒に）+ pens（量る）+ -ate（〜する）→ 重さの釣り合いを取る	
pensive	[形] 考え込んでいる、うれいに沈んだ pens（考える）+ -ive（〜の性質を持つ）→ 気持ちが下がって沈んでいる	
indis**pens**able	[形] 全体として不可欠な、絶対必要な in-（=not）+ dis-（分離）+ pens（量る）+ -able（〜できる）→ わけて測れない	
ponder	[動] 熟考する、思案する pond（考える）+ -er（人）	[形] ponderous（重々しい）

■ plac/plai 喜ばす

placate	[動] 〜をなだめる、和らげる、静める plac(ate)（なだめられた）
placebo	[名] 気休めの薬、偽薬、プラシーボ plac(ebo)（喜ばす）（= I shall please.）
placid	[形] 穏やかな、静かな、落ち着いた plac(id)（なだめられた）
com**plac**ent	[形] 満足しきった、自己満足の com-（完全に）+ plac(ent)（喜ばす）→ 完全な喜び → 自己満足
com**plai**sant	[形] 人を喜ばそうとする、愛想のいい com-（一緒に）+ plai(sant)（喜ばす）→ たがいに喜ばす → 人のいい

■ ple/pl(i) 満たす

plenty	[名] 十分、たくさん	ple(n) (=full) + -ty (〜な状態)
plethora	[名] 過多、赤血球過多症	ple(thor) (いっぱいになる) + -a (こと)
com**ple**ment	[名] 補足物、完全にするもの、補語、補色	com- (完全に) + ple (満たす) + -ment (こと) ➡ 補って完全にする
com**pli**ment	[名] 賛辞、ほめ言葉	com- (完全に) + pli (満たす) + -ment (こと) ➡ 賛辞を補って完全にする
com**ple**te	[形] 完全な、不備な点のない、欠けたものがない	com- (完全に) + ple(te) (満たす)
de**ple**te	[動] 〜を使い果たす、枯渇させる	de- (反対) + ple(te) (満たす) ➡ からにする
im**ple**ment	[名] 道具、用具、器具	im- (なかを) + ple (満たす) + -ment (もの) ➡ 満たすために補足する手段
re**ple**te	[形] 充満した、十分に備えている、思う存分食べた	re- (再び) + ple(te) (満たす)
sup**ple**ment	[名] 補足、補遺、付加支給金、栄養補助食品	sup- (=sub- 下から) + ple (満たす) + -ment (こと)
accom**pl**ish	[動] 〜を成し遂げる	ac- (=ad- 〜を) + com (完全に) + pl (満たす) + -ish (〜する)
re**ple**nish	[動] 〜をもとのようにいっぱいにする、補充する	re- (再び) + pl(en) (満たす) + -ish (〜する)

■ ple(x)/plic/ply/ble/fold 折る、たたむ

multi**ple**	[形] 多数の、多種多様な	multi- (=many) + ple (重なり)
mani**fold**	[形] 多種多様の、多面的な	mani- (=many) + fold (折り目)
sim**ple**	[形] 容易な、簡素な、純粋な	sim- (=one 1つ) + ple (折り)
sup**ple**	[形] しなやかな、柔順な　　　　[動] supplicate (嘆願する)	sup- (下に) + ple (折る) ➡ 膝を折る
dou**ble**	[形] 2倍の、2重の	dou- (=two) + ble (=ple 折る) ➡ 2つ折り
per**plex**	[動] 〜を当惑させる、複雑にする　[形] perplexing (込み入らせる)	per- (完全に) + plex (折りたたまれた)

accom**plic**e	[名] 共犯者	ac-（=ad- ～へ向かって）+ com-（一緒に）+ plic(e)（折りたたまれた）
ex**plic**ate	[動] ～を明らかにする、解釈する	ex-（外にだす）+ plic（折る）+ -ate（～する）→ 折りを開く → なかを見せる
im**plic**ate	[動] ～を関係させる、巻き込む	im-（なかに）+ plic（折る）+ -ate（～する）→ なかに折り込む
re**plic**ate	[形] 折り返した　[動] 折り返す	re-（逆に）+ plic（折る）+ -ate（～する）→ 折り返す
ex**plic**it	[形] はっきりとした	ex-（外にだす）+ plic(it)（折られた）→ 折りを開いた → なかが見える
im**plic**it	[形] 暗黙の、言外に含まれた	im-（なかに）+ plic(it)（折られた）→ なかに折られた → なかが見えない
com**ply**	[動] 従う、応じる	com-（完全に）+ ply（折る）→ 完全に膝を折る
im**ply**	[動] ～をほのめかす、暗示する　　[名] implication（暗示）	im-（なかに）+ ply（折る）→ なかに折る → なかを見せない

■ **pon/pos(e)/poun** 置く

com**pon**ent	[名] 成分、構成要素	com-（一緒に）+ pon（置く）+ -ent（もの）→ 一緒に置かれているもの
com**pos**ite	[形] 各要素からなる　　[動] compose（～を構成する、組み立てる）	com-（一緒に）+ pos（置く）+ -ite（～の）
decom**pose**	[動] ～を分解する　　[名] decomposition（分解、腐敗）	de-（離す）+ com-（完全に）+ pose（置く）→ 完全に分離して置く
dis**pose**	[動] 〈人〉を～したい気持ちにさせる　　[名] disposition（気質、気性）	dis-（離す）+ pose（置く）→ 今の気持ちから離して違うことをする
ex**pose**	[動] ～を（日光・攻撃などに）さらす　　[名] exposition（展示会）	ex-（外に）+ pose（置く）
ex**pos**ure	[名] さらすこと、被曝　　[名] exposé（暴露記事、すっぱ抜き）	ex-（外に）+ pos（置く）+ -ure（動作）→ 外に置くこと
im**pose**	[動] 負わせる、課する　　[名] imposition（賦課、重荷）	im-（なかに、上に）+ pose（置く）→ 上に置かれている
op**pose**	[動] ～に反対する　　[名] opposition（反対、抵抗）	op-（=ob- 反対に）+ pose（置く）→ 対立する
pro**pose**	[動] ～を提案する　　[名] proposition（提案、発議）	pro-（前に）+ pose（置く）→ 皆で検討するために前に置く

suppose	[動] ～を想定する、～を仮定する　[名] supposition (仮定、想定)
	sup- (sub- 下に) + pose (置く) → まだ承認されていない
transpose	[動] ～を取り換える　　　　　　[名] transposition (置き換え)
	trans- (越えて、向こう側に) + pose (置く) → 交換する
compound	[形] 合成の、複合の
	com- (一緒に) + poun(d) (置く) → 一緒におかれている

■ port/ford 運ぶ、港

deport	[動] 国外追放する　　　　　　　　　　　[名] deportation (退去)
	de- (離す) + port (港) → 港から離す
opportune	[形] 好都合の、折よい、タイムリーな
	op- (=ob- ～へ) + port(une) (港) → 港に向かって風が吹く、順風の
inopportune	[形] 時機を失した、折の悪い
	im- (=not) + op- (～へ) + port(une) (港) → 港に向かって風が吹かない、逆風の
ford	[動] 〈川の〉浅瀬を歩いて渡る
	ford (人・牛・馬が歩いて渡る) cf. Oxford (オックスフォード (牛津))

■ prais/prec/pret 値段、価値

appraise	[動] ～を評価する、査定する
	ap- (=ad- 到達する) + prais(e) (値段) → 値段に到達する
appraisal	[名] 評価 (額)
	ap- (=ad- 到達する) + prais (値段) + -al (こと)
appreciate	[動] 価値を十分に評価する、～を正しく理解する
	ap- (=ad- 到達する) + prec(i) (値段) + -ate (～する)
depreciate	[動] 価値を下げる
	de- (下降) + prec(i) (値段) + -ate (～する) → 値段を下げる
precious	[形] 高価な、貴重な、大切な
	prec(i) (価値) + -ous (～が多い)
interpret	[動] ～を解釈する、通訳する
	inter- (2つのものの間) + pret (価値) → 2つの価値の間で動く

■ quer/quest/quir/quisit たずねる、探す

query	[名] 疑問、質問
	quer (たずねる) + y (行為)
inquest	[名] 審問、査問
	in- (なかに) + quest (たずねる) → 内部に聞く

ac**quir**e	[動] 〜を獲得する、入手する	
	ac-（=ad- 〜を）+ quir(e)（探す）→ 探して到達する	
ex**quisit**e	[形] この上なく見事な、精選された	
	ex-（外にだす）+ quisit(e)（たずねる）→ 徹底的に調べる	
in**quisit**ive	[形] ものを知りたがる、せんさく好きな	
	in-（なかに）+ quisit（たずねる）+ -ive（〜の性質を持つ）→ 聞きたがる	

■ **rea/rect/re(i)g/ress/right/rule** 定規、まっすぐなもの

realm	[名] 王国、領域、分野
	rea(lm)（まっすぐなもの）→ 管理・統治 → 王国
di**rect**	[動] 〜を導く、指導する、監督する
	di-（分離）+ rect（まっすぐ）→ 離してまっすぐにする
e**rect**	[動] 〜を立てる、直立させる
	e-（外にだす）+ rect（まっすぐ）→ まっすぐ外にだす
regulate	[動] 〜を規制する、規定する、統制する
	reg(ul)（定規）+ -ate（〜にする）→ 定規のように規則正しくする
reign	[名] 君主の統治、支配
	reig(n)（まっすぐなもの）→ 管理・統治 → 王国
add**ress**	[名] 講演、宛先、住所
	add-（〜に）+ res(s)（まっすぐに）→ 〜に言葉を直接向ける
right	[形] 正しい　[名] 右
	right（まっすぐ進む）
rule	[名] 規則、支配、物差し
	ラテン語 regula（まっすぐな棒）から英語 rule に変化

■ **spec(t)/spi(c)/spis** 注意して見る、観察する

specimen	[名] 見本、標本
	spec(i)（観察する）+ -men（手段・道具）→ 観察に使う手段・道具 → 見本
species	[名] 生物分類上の種 [単数・複数同形]
	spec(ies)（外観、形、美しさ）
speculate	[動] 憶測する、思惑で売り買いする　[形] speculative（投機的な）
	spec(ul)（物見やぐら）+ -ate（〜する）→ 物見やぐらから観察して判断する
spectacle	[名] 見世物、壮観　　　　　　　　[形] spectacular（見世物的な、壮大な）
	spect(acle)（観察する）。ラテン語 spectaculm（公開見世物）に由来
per**spect**ive	[名] 透視画法
	per-（通り抜けて）+ spect（観察する）+ -ive（〜するもの）

pro**spect**	[名] 展望、見通し pro-（前方を）＋ spect（観察する）	
re**spect**ive	[形] それぞれの、個々の　　[副] respectively（それぞれ、別々に） re-（振り返って）＋ spect（観察する）＋ -ive ➡ 注意して小さいものを見る	
retro**spect**	[名] 追憶、回想 retro-（前にさかのぼって）＋ spect（見る）	
su**spect**	[動] 〜を怪しいと思う　　[名] 容疑者　　[名] suspicion（疑い） su(s)-（=sub- 下から上に）＋ spect（観察する）➡ 上目づかいに見る	
con**spic**uous	[形] よく見える、人目を引く con-（完全に）＋ spic(u)（見える）＋ -ous（〜の性質がある）➡ 目立つ	
per**spic**uous	[形] 理解しやすい、明快な per-（通り抜けて）＋ spic(u)（見える）＋ -ous（〜の特徴がある）➡ 見通せる	
e**spi**onage	[名] スパイ活動 e-（発音を容易にするための接頭辞）＋ spi(on)（観察する）＋ -age（こと）	
de**spis**e	[動] 〜を見下す、軽蔑する de-（下に）＋ spis(e)（見る）	

■ **sta/st/sti/sist/stem** 立つ、止まる

stable	[形] 安定した　　　　　　　　　　　　　　　　[名] stability（安定性） sta（立つ）＋ -(a)ble（〜できる）➡ しっかりと立つことができる	
stately	[形] 威厳のある、堂々とした sta(te)（高い社会的地位）＋ -ly（〜にふさわしい）	
statistic	[名] 統計値　　　　　　　　　　　　　　　　　　[名] statistics（統計学） sta(t)（動かない、安定した）＋ -istic（〜に関するもの）	
stationary	[形] 動かない、固定された station（固定された場所）＋ -ary（〜に関する）	
stationery	[名] 便箋、[集合的] 文房具 stationer（行商ではなく店を持つ文具商人）＋ -y（集合体としての商品）	
status quo	[名] 体制、現状維持 status quo = the state in which something is（何かがそこにある状態）	
contra**st**	[名] （違いを明らかにする）対照 contra-（反対して）＋ st（立つ）	
di**st**ant	[形] 遠い、よそよそしい di-（=dis 離れて）＋ st（立つ）＋ -ant（性質）➡ 離れて立っている	
con**sti**tute	[動] 〜を構成する　　　　　　　　　　　　　　　[名] constitution（憲法） con-（一緒に）＋ sti(tute)（組み立てる）	

destine	[動] 〜する運命にある、決めておく　[名] destination（目的地）
	de-（強調）+ sti(ne)（立つ）→ 動かない → 固定する → 決められている
instantaneous	[形] 即座の
	in-（=upon）+ sta(nt)（立つ）+ -aneous（〜の）→ 上（=目の前）に立っている
obstinate	[形] 頑固な、強情な　　　　　　　　　　[名] obstinacy（強情）
	ob-（〜に反対して）+ sti(n)（立つ）+ ate（〜な）→ 言うことを聞かない
substitute	[動] 代わりをする　[名] 代理
	sub-（後ろに）+ stit(ute)（立てられたもの）→ 規則
consistent	[形] 一致する　　　　　　　　　　　　　[名] consistency（一貫性、堅牢性）
	con-（ともに）+ sist（立つ）+ -ent（状態）
desist	[動] 思いとどまる
	de-（離れる）+ sist（止まる）→ 動きを止めて離れる
persistent	[形] 断固として貫く
	per-（最後まで）+ sist（立つ）+ -ent（〜の状態を維持する）
resistant	[形] 抵抗する
	re-（反対に）+ sist（立つ）+ -ant（〜の性質を持つ）
system	[名] 系統
	sys-（一緒に）+ stem（立つ）→ 配置する、組み立てる

■ **stinc/sting/stig/stim/sty** 突き刺す　＊ex に続く場合、s が取れる

distinct	[形] 他とまったく異なる、はっきりした
	di-（=dis 離す）+ stinc(t)（= 突き刺された）
indistinct	[形] 形がはっきりしない、見わけがつかない
	in-（=not）+ di-（=dis 離す）+ stinc(t)（突き刺された）→ 違いを指し示すことができない
extinct	[形] 絶滅した、終息した
	ex-（外にだす）+ stinc(t)（突き刺された）→ 突き刺されて外に放りだされた
instinct	[名] 衝動、本能
	in-（なかに）+ stinc(t)（突き刺された）→ 本能に訴える
distinguished	[形] 際立った、名高い
	di-（=dis 離す）+ sting(u)（突き刺す）+ -ish（〜する）+ -ed（〜された）→ 違いを示した
extinguish	[動] 〜を消す、消滅させる
	ex-（外にだす）+ sting(u)（突き刺す）+ -ish（〜する）→ 突き刺して外にだす
instigate	[動] 〜を扇動する、けしかける
	in-（なかに）+ stig（突き刺す）+ -ate（〜する）→ 心のなかに突き刺して訴える

stimulus	[名] 刺激するもの、興奮剤	
	stim (突く) + -ulus (小さいもの) → 家畜用の小さい突き棒	
stimulate	[動] 〜を刺激する、激励する	
	stim(ul) (家畜用の小さい突き棒) + -ate (〜する) → 突いて家畜を追う	
stylus	[名] 尖筆、レコードプレーヤーの針、自動記録針	
	sty(lus) (とがった筆)	
style	[名] 型、様式、方法、文体	
	sty(le) (とがった筆) → 尖筆でどのように書くか → 表現方法	

■ **stro/stru/struct** 造る、建てる、組み立てる

de**stro**y	[動] 〜を破壊する	
	de- (反対) + stro(y) (造る) → 壊す	
con**stru**e	[動] 〜を解釈する、〈文〉を文法的に組み立てる	
	con- (完全に) + stru(e) (造る) → (意味を) 組み立てる	
miscon**stru**e	[動] 〜を間違った意味に解釈する	
	mis- (間違って) + con- (完全に) + stru(e) (造る) → (意味の) 組み立てを間違う	
in**struct**	[動] 〜を組織的に教える	
	in- (なかに) + struct (建てる) → 心のなかに築く → 教える	
ob**struct**	[動] 障害物をおく、妨げる、遮る	
	ob- (反対に) + struct (造る) → 妨害する	
infra**struct**ure	[名] 下部構造、基本的施設、インフラストラクチャー	
	infra- (下部の) + struct (造られた) + -ure (機関)	
super**struct**ure	[名] 上部構造 (物)、ある考えの上に立てられた別の考え	
	super- (上部の) + struct (造られた) + -ure (機関)	

■ **sum/sample/sempt** 取る、捕まえる

as**sume**	[動] 〜を仮定する、想定する	[名] assumption (仮定、前提)
	as- (=ad- 〜に到達する) + sum(e) (取る) → 〜に合った考え方を取る	
con**sume**	[動] 〜を消費する、使い果たす	[名] consumption (消費、消耗)
	con- (完全に) + sum(e) (取る、吸収する)	
pre**sume**	[動] 〜を (正しいと) 推定する	
		[副] presumably (おそらく [文を修飾する])
	pre- (事前に) + sum(e) (取る)	
pre**sum**ptuous	[形] 僭越な、生意気な	
	pre- (事前に) + sum(ptu) (取る) + -ous (〜の性質がある)	
re**sume**	[動] 〜を再び始める	[名] resumption (取り戻すこと、再開)
	re- (再び) + sum(e) (取る)	

e**x**a**m**ple	[名] 例、手本	ex-（外にだす）＋ sample（取る）→ 取りだされたもの
e**x**empt	[動] 〜を免除する　[形] 免除された　[名] exemption（免除、控除） ex-（外にだす）＋ sempt（取られた）→ 取り除かれた	

■ tac/tag/tang/tain/tam/tas/teg　触れる、触る

tactile	[形] 触覚の、触れることのできる tac(t)（触れる）＋ -ile（できる）
con**tag**ious	[形] （病気）が接触伝染性の con-（一緒に）＋ tag(i)（触れる）＋ -ous（〜の特徴を有する）
tangible	[形] 触れることのできる、（空想上ではなく）実在する tang（触れる）＋ -ible（〜できる）
at**tain**	[動] 〜を達成する、到達する at-（〜に到達する）＋ tain（触れる）→ 〜に到達して獲得する
con**tam**inate	[動] 〜を接触して汚す、汚染する、悪に染まらせる con-（一緒に）＋ tam(in)（触れる）＋ -ate（〜する）
tasteful	[形] 趣味のよい、上品な tas(te)（触れる）＋ -ful（十分に）
tasty	[形] 味のよい、風味のある tas(t)（触れる）＋ -y（〜の特徴を持つ）
in**teg**er	[名] 整数、完全体 in-（=not）＋ teg（触れる）＋ -er（〜するもの）→ 手つかずなもの → 完全なもの
in**teg**rate	[動] 〜をまとめる、統合する in-（=not）＋ teg(r)（触れる）＋ -ate（〜にする）→ 完全なものにする

■ ten/tend/tens/tent　伸びる

tenuous	[形] 糸のように細い、（考えが）薄弱な、（気体が）希薄な ten(u)（伸びる）＋ -ous（〜の性質を持つ）
at**tend**	[動] 〜を世話をする、出席する at-（〜に）＋ -tend（手を伸ばす、気持ちを向ける）
unat**tend**ed	[形] 出席者のない、放置されている、世話をされていない un-（=not）＋ attend（世話をする）＋ -ed（〜された）
at**tent**ive	[形] よく気をつける、気をつかう attent（世話をする）＋ -ive（〜の性質を持つ）
con**tend**	[動] 困難などと闘う、論争する　　[名] contention（主張、論争） con-（一緒に）＋ tend（手を伸ばす）→ 張り合う

dis**tend**	[動] 〜を膨張させる、拡張させる　　　　　　　　[名] distention（膨張） dis-（離れて）+ tend（伸びる）→ 伸びて広がる	
tense	[形] 強く張った、緊張した　　　　　　　　　　[名] tension（伸張、緊張） tens(e)（伸びる）	
ex**tens**ive	[形] 広範囲にわたる　　　　　　　　　　　　　[名] extension（拡張、延長） ex-（外にだす）+ tens（伸びる）+ -ive（〜する傾向を持つ）	
os**tens**ible	[形] 表向きの、見せかけの os-（=ob- 表に）+ tens（伸びる）+ -ible（〜する傾向がある）→ 表にでる	
os**tent**atious	[形] 人目を引く、これ見よがしな os-（=ob- 表に）+ tent（伸びる）+ -atious（〜の多い）→ 表にでようとする	
por**tend**	[動] 〈良くないこと〉の前兆になる、〜を警告する 　　　　　　　　　　　　　　　　　　　　　　　[名] portent（前兆） por-（=pro- 前に）+ tend（伸びる）	
unpre**tent**ious	[形] もったいぶらない、控えめな　　　　　　　[動] pretend（見せかける） un-（=not）+ pretent（見せかけ）+ -ious（〜に満ちた）→ 地味な	

■ **tain/tin** 保持する

abs**tain**	[動] 慎む、控える、禁酒する abs-（=ab- 離れる）+ tain（保持する）→ 自分から離しておく	
enter**tain**	[動] 〜を楽しませる、もてなす enter-（=inter- 2者の間で）+ tain（保持する）→（芸人が）主人と客の間を取り持つ	
main**tain**	[動] 〜を維持する、主張する main-（手）+ tain（保持する）→ 手で保持する	
ob**tain**	[動] 〜を手に入れる、獲得する ob-（〜に向かって）+ tain（保持する）→〜に向かって手を伸ばす → 獲得する	
per**tain**	[動] 関係がある　　　　　　　cf. impertinent（差しでがましい、無礼な） per-（完全に）+ tain（保持する）→ 関係を保つ	
re**tain**	[動] 〜を失わないでいる、存続させる re-（後ろに）+ tain（保持する）→ 継続する	
sus**tain**	[動] 〜を維持する　　　　　　　　　　　　[形] sustainable（継続できる） 　　　　　　　　　　　　　　　　　　　　　[名] sustenance（食べもの） sus-（=sub- 下から）+ tain（保持する）→ 下から支える、扶養する	
con**tin**ent	[名] 大陸 con-（完全に）+ tin（保持する）+ -ent（〜するもの）→ つながっている陸地	
discon**tin**ue	[動] 〜することをやめる dis-（離れる）+ con-（一緒に）+ tin(ue)（保持する）→ つながりが途切れる	

■ term 終わり、限界

terminate	[動] ～を終わらせる	term(in)（限界、終点）＋ -ate（～にする）
terminology	[名] 専門用語、学術用語、術語	term(ino)（意味の範囲のあるもの）＋ -logy（学問）→ 専門的な用語
terminus	[名] 終点、終着駅、境界	term(inus)（境界、限界）
de**term**ine	[動] ～を決定する、決心する	de-（はっきり）＋ term(ine)（限界）→ 境界をはっきりさせる
ex**term**inate	[動] ～を根絶する、皆殺しにする	ex-（外にだす）＋ term(ine)（境界）＋ -ate（～にする）→ 境界の外に追いだす
in**term**inable	[形] 果てしない、長々と続く	in-（=not）＋ term(in)（終わり）＋ -able（できる）→ 終わらすことができない

■ tract/treat 引く

at**tract**	[動] ～を引きつける、魅了する	at-（～へ）＋ tract（引き寄せる）
dis**tract**	[動] ～をそらす、当惑させる	dis-（離す）＋ tract（引く）→ 引き離す
ex**tract**	[動] ～を引きだす、抜粋する	ex-（外にだす）＋ tract（引く）→ 引っ張りだす
in**tract**able	[形] 取り扱いにくい、手に負えない	in-（=not）＋ tract（引き寄せる）＋ -able（できる）
pro**tract**ed	[形] 引き延ばされた	pro-（前へ）＋ tract（引く）＋ -ed（～された）
re**tract**	[動] ～を引っ込める、撤回する	re-（後ろへ）＋ tract（引っ張る）
re**treat**	[動] 退却する、後退、する　[名] 退却、後退、保養所	re-（後ろへ）＋ treat（引く）

■ val/vail 力、価値

valor	[名] 勇気、武勇	val（力がある）＋ -or（こと）
ambi**val**ent	[形] 相反する感情を抱く、両面価値の	ambi-（両側の）＋ val（価値）＋ -ent（～のある）
con**val**esce	[動] （病気から次第に）回復する	con-（完全に）＋ val（力）＋ -esce（～し始める）→ 完全に力を取り戻す

devalue	[動] 価値を減じる、価値を低く評価する	
	de-(下に) + value (価値)	
evaluate	[動] 価値を検討する、評価する	
	e-(=ex- 外にだす) + val (価値) + -ate (～にする) → 数字に表して価値を外にだす	
equivalent	[形] 同価値の	
	equi-(=equal 等しい) + val (価値) + -ent (状態)	
invaluable	[形] 評価できない、値段がつけられないほど貴重な	
	in-(=not) + val (価値) + -able (できる)	
avail	[動] 役に立つ、用が足りる　　　　　　[形] available (利用できる)	
	a-(ad- ～に到達する) + vail (力) → ～に力が伝わる	
prevail	[動] 流行している、まさる　　　　　[名] prevalence (普及、優勢)	
	pre-(前に) + vail (力) → ～に力が行き渡る	
valid	[形] 法的に有効な、通用する　[形][名] invalid (病弱な、病弱者)	
	val (強い) + -id (～の状態の)	

■ ven/vent　来る

venue	[名] 現場、会議などの開催指定地	
	ven(ue)(到着)	
avenue	[名] 大通り、(～への) 手段	
	a-(=ad- ～に到達する) + ven(ue)(来る) → ～に到達する道	
revenue	[名] 歳入、財源	
	re-(戻る) + ven(ue)(来る) → 戻ってくる	
advent	[名] 出現、到来、(Advent) キリストの降臨	
	ad-(～に到達する) + vent (来る) → 特別なものが来る	
adventitious	[形] 外来の、本質的でない、偶然の	
	ad-(～に到達する) + vent (来る) + -itious (～の性質を持った) → 外から来る性質がある	
adventure	[名] 予期せぬ体験、冒険	
	ad-(～に到達する) + vent (来る) + -ure (こと) → 何かが自分の身に起こること	
convene	[動] 会合する、～を法廷に召喚する	
	con-(一緒に) + ven (来る) → 皆が集まる	
unconventional	[形] 慣例に従わない、型にはまらない	
	un-(=not) + con-(一緒に) + vent (来る) + -ion (～すること) + -al (～の性質の) → 皆が一緒に行動しない	
invent	[動] ～を発明する、考案する	
	in-(なかに) + vent (来る) → アイデアが自分のなかに入ってくる	

prevent	[動] 〜を妨げる、予防する
	pre-（前もって）+ vent（来る）→ 他の人よりも先に来て策を打つ

■ vert/vers 回転する

version	[名] 改作、〜版
	vers（回転する）+ -ion（〜すること）→ あるものを別のものに作り替える
avert	[動] 〜を背ける、回避する　　　　　[形] averse（嫌悪して）
	[名] aversion（反感）
	ab-（離れる）+ vert（回転する）
adverse	[形] 不利な、反対の　　　　　　　　[名] adversary（敵対者）
	ad-（逆方向に）+ vers(e)（回転する）
convert	[動] 〜を転換する、改装する
	con-（一緒に）+ vert（回転する）
converse	[動] 意見を交わす　　　　　　　　　[副] conversely（逆に、反対に）
	con-（一緒に）+ vers(e)（回転する）→ 言葉をやりとりする
controversy	[名] 論争、論戦
	contro-（反対に）+ vers（回転する）+ -y（行為）→ 言い争う
divert	[動] 向きを変える　　　　　　　　　[形] diverse（種々の、多様の）
	di-（離す）+ vert（回転する）→ 方向転換する
invert	[動] 〜をひっくり返す　　　　　　　[形] inverse（順序が逆の）
	[名] inversion（転換）
	in-（なかに）+ vert（回転する）→ 裏返す
reverse	[動] 〜を逆転させる
	re-（後ろに）+ vers(e)（回転する）
traverse	[動] 〜を横切る、横断する
	tra-（=trans- 横切る）+ verse（回転する）

■ vid/vis/vey/view/wis/wit 見る

provide	[動]〈必要なもの〉を供給する　　　[形] provident（将来に備える）
	pro-（前方を、先を）+ vid(e)（見る）→ 将来を考えて行動する
evident	[形] 明らかな
	e-（=ex- 強調）+ vid（見る）+ -ent（〜の状態の）→ はっきりと見える状態
provisional	[形] 仮の、暫定的な　　　　　　　　[名] provision（将来への準備）
	pro-（前へ進む）+ vis（考え）+ -ion（〜すること）+ -al（目的）→ 前進するための手段として
proviso	[名] ただし書き、条件
	pro-（先を）+ vis(o)（見る）→ 先を考えると → 〜という条件ならば

en**vis**age	[動] ～を心に描く	cf. visage（顔、容貌）
	en-（=in- なかに入れる）＋ vis(age)（顔）→ 容貌を心のなかに入れる	
impro**vis**e	[動] 即興演奏する　　　　[名] improvisation（即興、即席曲）	
	im-（=not）＋ pro-（前を）＋ vis(e)（見る）→ 前を見ずに行う	
re**vis**it	[動] ～を再訪する、再検討する	
		cf. visit: vis ＋ it (=go) 会いに行く
	re-（再び）＋ vis（見る）＋ it（行く）→ 再び相手を直接見に行く	
pur**vey**	[動] ～を提供する、〈食料〉を調達する	
	pur-（=pro 先を）＋ vey（見る）	
sur**vey**	[動] 見渡す　　　　[名] surveillance（監視、査察）	
	sur-（上から）＋ vey（見る）	
pur**view**	[名] 活動範囲、権限、視野	
	pur-（=pro 先を）＋ view（見る）	
wise	[形] 賢明な、思慮分別のある	
	wis(e)（見る）	
wit	[名] 機知、機知に富む人	
	wit（見る）	

■ **viv** 生きる

vivacious	[形]（女性が）快活な、活発な　　[名] vivacity（快活（な言動））	
	viv(ac)（快活な）＋ -ious（～の特徴を持つ）	
con**viv**ial	[形] 友好的な、陽気な	
	con-（一緒に）＋ viv（快活な）＋ -ial（～の性質の）→ 一緒にいて楽しい	
re**viv**e	[動] 生き返る、復活する、～を生き返らせる	
		[名] revival（復活、回復）
	re-（再び）＋ viv(e)（生きる）	
sur**viv**e	[動] ～を越えて生きる　　　　[名] survival（生存）	
	sur-（困難を越えて）＋ viv(e)（生きる）→ ～を乗り越えて、より長く生きる	

Listening Comprehension 頻出フレーズ 116

■ 人間関係・生活一般

MP3 172 ☐ be out of *one*'s mind　気が狂っている

W: Johnny, **are** you **out of your mind**? The guests are coming in any minute and you're still in your pajamas.
M: Oh really? I thought they were coming at 8 at night.

女性：ちょっとジョニー、正気なの？ もうすぐお客様が来るのにあなたはまだパジャマよ。
男性：そうなの？ 夜の8時に来るのだと思っていたよ。

MP3 173 ☐ be sitting on top of the world　非常に嬉しい

M: You look happy.
W: I am. Great news came in, and I'**m sitting on top of the world**.

男性：嬉しそうだね。
女性：そうなの。いい知らせが来て、とっても嬉しいのよ。

MP3 174 ☐ call it a day　（その日の）仕事（など）を終わりにする

M: It's almost midnight. Let's **call it a day**.
W: Is it that late already?

男性：もうすぐ深夜12時だよ。今日はこれで終わりにしよう。
女性：もうそんなに遅いの？

MP3 175 ☐ count *one*'s chickens before they're hatched　とらぬ狸の皮算用をする

M: My salary is increasing every month. Next year, I'm going to have so much money.
W: You should stop **counting your chickens before they're hatched**.

男性：毎月給料が増えているんだ。来年は金持ちになっているな。
女性：とらぬ狸の皮算用は止めたほうがいいわよ。

176 **Don't be funny.** ふざけないで。冗談はやめて。

M: Hey, it's snowing outside. Shall we go out in our swimsuits to enjoy the weather?
W: **Don't be funny.**

男性：あ、雪が降っているよ。水着で外に行って天気を楽しむ？
女性：ふざけないで。

177 **get rid of 〜** 〜を捨てる

M: Are you **getting rid of** those old magazines?
W: They're from years ago. I don't think there's any useful information in them now.

男性：その古い雑誌捨てるの？
女性：もう何年も前のものよ。今使える情報なんてないと思うわ。

178 **give that rumor any credibility** その噂を信用する

M: Did you know Jennifer has been talking about you?
W: Not again. You're not **giving those rumors any credibility**, are you?

男性：ジェニファーが君のことを話しているのを知ってる？
女性：またなの？ あなたはそれらの噂を信用しているわけではないわよね。

179 **if I were in your shoes** 私があなたの立場だったら

W: I would stop seeing Kelly **if I were in your shoes**.
M: Why? You know something that I don't?

女性：私があなたの立場だったらケリーに会うのは止めるわ。
男性：なぜ？ 何か僕が知らないことを知っているの？

180 **in two seconds flat** 至急に

W: Michelle is already here.
M: Tell her I'll be there **in two seconds flat**.

女性：ミシェルはもう来たわよ。
男性：至急行くと伝えて。

181 ☐ Let's not push *one*'s luck. よくばるのはよそうよ。
(push *one*'s luck で「調子に乗る」)

W: I can't believe that worked. We should try that again tomorrow.
M: **Let's not push our luck.**
女性：あれがうまくいくなんて信じられないわ。また明日やりましょうよ。
男性：よくばるのはよそうよ。

182 ☐ look for a needle in a haystack 無駄骨を折る
(直訳すると「わらの束のなかで針を見つける」。つまり「望みのないことをする」)

M: I just dropped a quarter. Can you help me find it?
W: Just forget about it. It'd be like **looking for a needle in a haystack** here.
男性：25セントを落としてしまった。探すのを手伝ってくれない？
女性：忘れなさいよ。きっと無駄よ。

183 ☐ more than a little 大いに

M: Don't you get a little tired after lunch?
W: **More than a little.** I could fall asleep right here if there was a bed.
男性：昼食の後って少し眠くならない？
女性：とてもね。ここにベッドがあれば寝られるわよ。

184 ☐ need a ride 車に乗る

M: Do you **need a ride** to the airport?
W: No thanks. I asked Shelly to drop me off.
男性：空港まで車に乗るかい？
女性：いいえ。シェリーに頼んだから結構よ。

185 ☐ Not on your life. とんでもない。

M: What do you think about me riding a motorcycle?
W: **Not on your life.**
男性：僕がバイクに乗るってどう思う？
女性：とんでもないわね。

on *one*'s side 〜に味方して

M: How about I go talk to Chris? Maybe he'll tell me why he's in such a bad mood.
W: Good luck. And remember, I'm always **on your side**.

男性：僕が行ってクリスと話してくるのはどうかな。どうして彼がそんなに機嫌が悪いのか教えてくれるかも。
女性：がんばって。私はいつでもあなたの味方ということを覚えていてね。

pull *one*self together 気を静める

W: I can't do this anymore. I'm finished. It's over.
M: Hey, **pull yourself together**. We'll get through this.

女性：こんなのもうできない。終わったわ。おしまいよ。
男性：まあまあ、気を静めて。なんとか乗り切れるよ。

sick and tired of 〜 〜にはうんざりである、〜に嫌気がさす

W: What made you finally start your own business?
M: I got **sick and tired of** dealing with bosses that didn't respect me.

女性：どうしてついに自分で事業を始めたの？
男性：僕を大事にしてくれない上司とやっていくことにうんざりしたんだ。

take the words right out of *one*'s mouth
〜の言おうとすることを先に言う

W: I just can't stand David's arrogance. Shouldn't we say something?
M: You just **took the words right out of my mouth**. Did you hear what he said after the final exam?

女性：デヴィッドの傲慢さにはもう我慢できないわ。何か言うべきじゃない？
男性：そう言おうと思っていたところだよ。最終試験の後の彼の言葉を聞いたかい？

That's what 〜 be for. そのために〜はある。

M: Can you add everything up and divide it by the number of people?
W: Sure I can. **That's what** calculators **are for**.

男性：全部足して人数で割れる？
女性：もちろん。そのために計算機があるのよ。

191 ☐ What else would you expect from ～? いつも～はそうではないですか。

W: Mary canceled on me again! She always does this.
M: **What else would you expect from her?**

女性：メアリーがまた約束をキャンセルしたのよ。彼女はいつもそうなの。
男性：彼女はいつもそうじゃない？

192 ☐ We all have our days. 誰にもそういう時がある。

M: Do you think I'm acting rude?
W: It's OK. **We all have our days.**

男性：無礼に振る舞っていると思う？
女性：気にしないで。誰にもそういう時があるわよ。

193 ☐ Who would notice? 誰も気にしないよ。

W: Your shirt is inside out. I can see the seams.
M: This is a plain white T-shirt. **Who would notice?**

女性：シャツが裏返しよ。縫い目が見えるわよ。
男性：地味な白いTシャツだもの。誰も気にしないよ。

■ 大学での手続き

194 ☐ ins and outs of ～ ～についての詳細

W: I'm sure you know all the **ins and outs of** the application process.
M: Actually, no. I just joined the team a few weeks ago.

女性：応募過程については詳しくご存知だと思います。
男性：実はそうではありません。数週間前にチームに加わったばかりなのです。

195 ☐ make out ～ ～を理解する、判読する

M: Can you **make out** what the notice says up on the bulletin board?
W: Which one? The one on the left?

男性：掲示板のお知らせを見える？
女性：どれ？ あの左の？

□ **not many** *do*　少しの人が〜する

MP3 196

M: **Not many** applied for the summer study abroad program this year.
W: But enough to fill the spots did.

男性：今年は夏の海外学習プログラムに応募した人は少なかったよ。
女性：でも、席が埋まるのには十分だったわ。

□ **Will 〜 do?**　〜でよいですか？

MP3 197

M: Can I borrow a pen? I want to drop this paper off at the registration office on my way back.
W: I only have a red pen. **Will** that still **do?**

男性：ペンを借りていい？ 帰りがけに、この書類を教務課にだしていきたいんだけど。
女性：赤ペンしかないわ。それでもいい？

■ 授業・成績

□ **be fed up with 〜**　〜にうんざりする

MP3 198

M: That's it. I **am fed up with** Professor Green. She is never available, even during her office hours.
W: I feel your pain.

男性：もういやだ。グリーン教授にはうんざりだ。彼女はいつもいない、オフィスアワーにもだよ。
女性：あなたの痛みがわかるわ。

□ **catch** *one*'s **breath**　息をのむ、息をつく

MP3 199

M: Professor Williams talks so fast!
W: I know. I didn't even have time to **catch my breath**. I was writing so fast.

男性：ウィリアムズ教授はとても速く話すね。
女性：そうなのよね。息をつく暇もなかったわ。とても速く書いていたの。

□ **Far from it.**　まったくその反対です。

MP3 200

M: Hey Cynthia, how did you like Professor Thompson's biology class? Isn't he great?
W: **Far from it.** His grading methods don't make sense.

男性：やあシンシア、トンプソン教授の生物学の授業はどうだった？ 彼、すごくいいよね。
女性：とんでもないわ。彼の成績のつけ方はわからないわ。

201 ☐ be in the same boat 同じ運命や境遇にある

M: Dr. Folk's astronomy class is very demanding. I'm not sure if I'll be able to pass.
W: I'm in the same boat. I keep failing her tests.

男性：フォーク博士の天文学の授業はとても要求が高いんだよね。単位がもらえるかわからないな。
女性：おたがい様ね。私も彼女のテストで失敗ばかりしているの。

202 ☐ Knock on wood. 幸運が続きますように。〔木を叩いておまじないをする仕草に由来〕

W: I've aced every quiz in Biology class so far. Knock on wood.
M: I'm sure you'll get an A.

女性：生物の授業でこれまですべての小テストですごくうまくいっているの。このまま幸運が続きますように。
男性：きっとAが取れるよ。

203 ☐ No kidding. 本当に。

M: I can't believe Claire got an A+ in Professor Jansen's class. She must be a genius or something.
W: No kidding. I was barely able to pass that course.

男性：ジャンセン教授の授業でクレアがA＋をもらったなんて信じられないよ。彼女は天才か何かに違いないね。
女性：本当ね。私はやっと単位がもらえたのよ。

204 ☐ Now is as good a time as any. 今がいい。

W: When is a good time to ask questions?
M: Now is as good a time as any.

女性：質問をするのはいつがいいですか。
男性：今がいいね。

205 ☐ off and on 時々、不規則に

M: Megan only attends the class off and on.
W: She'll never pass, then.

男性：メガンは不規則に授業にでるだけなんだよね。
女性：ではきっと単位を取れないでしょうね。

□ something to put ~ to sleep 面白くないもの
【MP3 206】

M: Next I have Professor Sherwood's chemistry class.
W: I took that course last year. That's **something to put you to sleep**, isn't it?

男性：次はシャーウッド教授の化学の授業だ。
女性：その科目は去年取ったわ。面白くないわよね。

□ That may be for the best. それが最良だろう。
【MP3 207】

M: After much consideration, I dropped the physics class. The course was very demanding, and I didn't want an F on my transcript.
W: **That may be for the best.** You can take it again when you are ready.

男性：ずいぶん考えた後で、物理学のクラスを抜けたよ。とても要求が高い科目で、成績表にFは欲しくなかったから。
女性：それが最良でしょう。準備ができたらまた取ればいいわよ。

□ That's putting it mildly. そんなものじゃない。（もっとひどい。）
【MP3 208】

W: I only got a B+ in Professor Brown's history class. He's a tough grader.
M: **That's putting it mildly.** He gave me a C.

女性：ブラウン教授の歴史の授業でB＋しかもらえなかったわ。彼の成績のつけ方は厳しいわ。
男性：そんなものじゃないよ。僕はCだったよ。

□ Why waste ~ ? ～の無駄である。
【MP3 209】

W: I'm staying up all night, studying for my Physics final.
M: **Why waste** your time**?** You won't be able to graduate with honors, will you?

女性：徹夜で物理学の最終試験の勉強をするわ。
男性：時間の無駄だよ。そのコースで成績優秀者になることはないんでしょ？

■ 大学の課題や発表

□ That's about it. そんなところだ。
【MP3 210】

W: I heard you won the math contest. What was the award?
M: I got a trophy and a free T-shirt, but **that's about it.**

女性：数学コンテストで優勝したって聞いたわよ。賞品は何だったの？
男性：トロフィーと無料のTシャツをもらったけど、それくらいのものだよ。

211 □ be doomed　悪く運命づけられる

M: I invited Carol to join our team for the debate.
W: We're doomed. She's terrible at public speaking.

男性：ディベート大会で僕達のチームに加わるようキャロルに言ったんだ。
女性：もう終わりね。彼女は皆の前で話すのがまるでだめだから。

212 □ be stumped by ～　～に悩む、困る

M: I'm stumped by this question. Can you help me out?
W: Hmm. You might want to ask Joshua. He's an expert at statistics.

男性：この問題で悩んでいるんだ。手伝ってくれない？
女性：えーっと。ジョシュアに聞いたほうがいいわよ。彼は統計学が得意だから。

213 □ Can anybody?　誰ができるの？（難しい。）

W: Could you help us out? None of us can solve this problem.
M: Can anybody?

女性：助けて。この問題、誰も解けないのよ。
男性：誰ができるというの？

214 □ get ～ out of the way　～を終える

M: Is everyone ready for their presentation? Who wants to go first?
W: I do. I just want to get this out of the way.

男性：みんな、発表の準備はいいかな。1番にやりたい人はいるかい？
女性：私がやるわ。とにかくこれを終えたいの。

215 □ get nowhere with ～　～ではどうにもならない

W: What are we doing wrong? Why do we get different figures every time we do the calculation?
M: Let's stop here now and start over tomorrow. We're getting nowhere with this.

女性：何がおかしいのかしら。計算をするたびに違う数字がでるのはなぜなの？
男性：今はいったんここで止めて、明日やり直そう。これではらちがあかないよ。

☐ give credit 称賛する、認める

M: Why are you so mad at Dave?
W: He just repeated what I'd said. I haven't been **given** any **credit** for my contribution.

男性：なぜデイヴのことをそんなに怒っているの？
女性：彼は私が言ったことを繰り返しただけよ。私の貢献が認められていないの。

☐ How did ~ go? ~はどうだった？

W: **How did** your presentation **go?**
M: I was extremely nervous. But Professor Hamilton said it was OK.

女性：発表はどうだったの？
男性：とても緊張したよ。でもハミルトン教授がよかったと言ってくれた。

☐ I'm afraid I *do*. 申し訳ないけど~する。

W: Hey, do you want to be my lab partner?
M: **I'm afraid I** already have a partner.

女性：ねぇ、私の実験のパートナーにならない？
男性：申し訳ないけど、もういるんだ。

☐ in the nick of time きわどい時に

W: Did you hand in your assignment before the deadline?
M: Yes, I did, **in the nick of time**.

女性：締め切り前に宿題をだした？
男性：ああ、きわどかったけど。

☐ not think much of ~ ~はたいしたことではないと思う

W: I did**n't think much of** the workshop.
M: Really? I thought it was fantastic.

女性：あのワークショップってたいしたことなかったわ。
男性：本当？ 僕はすばらしいと思ったけど。

221 □ play it by ear 臨機応変にやる

M: What time should we all meet up on Friday night?
W: Let's just **play it by ear**. We won't know everyone's schedule until Friday morning, anyways.

男性：金曜日の夜、何時に集まろうか。
女性：臨機応変にやりましょうよ。どうせ金曜日の朝になるまでみんな予定がわからないんだから。

222 □ put off ~ ~を後まわしにする

M: Only three weeks until the deadline. I can't **put off** writing the term paper any longer.
W: Good thing you realized that.

男性：締め切りまでたった３週間か。期末論文を書くのをこれ以上後まわしにはできないな。
女性：気づいてよかったじゃない。

223 □ start again from scratch 最初からやり直す

W: I can't believe Professor Von Dale told us to change the topic for the paper. We were just wrapping it up.
M: I guess we have to **start again from scratch**.

女性：ボン・デール教授が提出物のトピックを変えろと言うなんて信じられないわ。もう終わりかけだったのに。
男性：最初からやり直すしかなさそうだね。

224 □ take it easy 気楽にする

W: I cannot believe you haven't read any of the required materials. Don't expect me to do everything for you.
M: **Take it easy**. The report isn't due until this Friday.

女性：必須教材をまったく読んでないなんて信じられない。私がすべてあなたのためにやると思わないでね。
男性：落ち着いてよ。金曜日までレポートの締め切りはないよ。

225 □ That is *one*'s opinion. それは〜の意見である。（他の人が皆そう思うわけではない。）

W: Mike says we should go over the other material as well.
M: **That's his opinion**. I'm not going to do it.

女性：マイクは他の資料も見るべきだと言っているわ。
男性：それは彼の意見だよ。僕はやらない。

📻 226 ☐ That's the way it is. そんなもんだよ。

M: That was close. I dropped off my term paper a few minutes before the deadline.
W: **That's the way it is.** I'm still working on mine, and it's due in two hours.

男性：危なかった。締め切りの数分前に期末論文を提出したよ。
女性：そんなものよ。私は2時間後が締め切りでまだ途中のものがあるわ。

📻 227 ☐ be way ahead of 〜　〜よりずっと先にいる

M: I'm struggling with Question 5 on the math problem set for Professor Gomez's class. Any ideas?
W: Sorry, George. You'**re way ahead of** me. I'm still on the first one.

男性：ゴメス教授の授業でだされた数学の問題の問5でつまずいているんだよ。ヒントはない？
女性：ごめんなさい、ジョージ。あなたは私よりずっと先に進んでいるわ。私はまだ1問目よ。

📻 228 ☐ work against the clock　ある時間までにやり終えようと一生懸命働く

M: You look tired.
W: I am tired. I have three term papers due on Monday, and I've been writing all day trying to finish them. I'm **working against the clock**.

男性：疲れているようだね。
女性：疲れているのよ。月曜日に締め切りの学期レポートが3本あって、終わらせようとずっと書いているの。締め切りに間に合わせようと、一生懸命やってるのよ。

■ 本・図書館

📻 229 ☐ be booked solid　予約でいっぱいだ

W: The reference computers **are booked solid** for today.
M: I guess everyone is finishing up their papers.

女性：参照用コンピューターは今日は予約でいっぱいだわ。
男性：みんなレポートを仕上げているんだろうね。

☐ blow up on 〜　〜に腹を立てる

M: Is James around? I have to return this book to him.
W: He was here a while ago. Were you keeping it for long? You better be careful. He might **blow up on** you.

男性：ジェームズはいる？ この本を返したいのだけど。
女性：少し前にいたわよ。長い間借りていたの？ 気をつけたほうがいいわよ。腹を立てるかもしれないから。

☐ one in a million　またとなくすばらしい

M: This book is **one in a million**.
W: Indeed. I'm recommending it to all of my friends.

男性：この本はまたとなくすばらしいよ。
女性：本当にそうね。私の友達みんなに勧めてるのよ。

☐ subscribe to 〜　〜を予約購読する

M: Do you **subscribe to** any magazines?
W: Actually I do. One about wild animals.

男性：何か雑誌の予約購読をしている？
女性：実はしているわ。野生動物についてのものよ。

☐ You're kidding, right?　嘘でしょ？

W: The library should be open 24 hours a day, 7 days a week. We could learn more that way.
M: **You're kidding, right?**

女性：図書館が年中無休で開いていればいいのに。そうすればもっと学べるわ。
男性：嘘でしょ？

■ 買いもの

☐ come by 〜　〜を入手する

W: Is there any place that we can **come by** some Asian groceries around this area?
M: I heard there's one small shop downtown but you'd have to take subway.

女性：このあたりでアジア系の食料品が手に入るところはありますか。
男性：中心街に小さな店が1軒あると聞いたけれど、地下鉄に乗っていかなければならないよ。

☐ for free 無料で
MP3 235

M: Look what I got **for free**.
W: An old TV? What are you going to do with that?

男性：僕が無料で手に入れたものを見てよ。
女性：古いテレビ？ それで何をする気なの？

☐ Now you tell me. 今頃言われても。
MP3 236

M: Professor Van Dyke said we are definitely going to need the new edition of the statistics textbook.
W: **Now you tell me.** I just bought the old edition a few hours ago.

男性：ヴァン・ダイク教授は統計学の教科書の新版が必要になると言っていたよ。
女性：今になって言うんだから。数時間前に古い版を買ったばかりよ。

☐ put the order through 注文する
MP3 237

M: Hey Melanie, did you forget to order more red ink?
W: No, I **put the order through** last Friday with all the other office supplies. They usually deliver in two business days.

男性：メラニー、赤インクを注文するのを忘れたのかい？
女性：いいえ、先週金曜日に他のオフィス用品と一緒に注文しましたよ。普通は2営業日以内に来ますが。

☐ under warranty 保証期間内で
MP3 238

M: This is frustrating. I can't get my computer to start.
W: You should take it to the electronics store. It's still **under warranty**, isn't it?

男性：イライラするな。コンピューターを立ち上げられないんだ。
女性：電器店に持っていったら？ まだ保証期間内でしょ。

☐ bring down the price 値下げする
MP3 239

W: Did you see the used car for sale on Hartford street? Maybe you can get that one.
M: Let's see if I can get the owner to **bring down the price**.

女性：ハートフォード通りで中古車が売られているのを見た？ あれを買うことができるんじゃない？
男性：持ち主がまけてくれるか試してみよう。

☐ hold out　我慢する

W: Did you get a new car yet?
M: I'm trying to **hold out** until next year.

女性：新しい車をもう買ったの？
男性：来年まで我慢しようと思っています。

■ 住居

☐ leave the decision up to 〜　〜に決めさせる

W: I really hope the landlord agrees to renovate the south entrance.
M: But we have to **leave the decision up to** her. She knows what we want, so all we can do now is wait.

女性：大家さんが南玄関を改装するのに賛成してくれるといいわね。
男性：でも彼女に決めさせなければ。僕達がどうしてほしいかはわかっているんだ。今僕達にできることは待つことだけだよ。

☐ on earth　いったい全体

W: What **on earth** are you doing with that ladder?
M: Ask Cathy. She's the one who asked me to bring this down here.

女性：そのはしごでいったい全体何をするつもり？
男性：キャシーに聞いてよ。彼女が僕にこれを下に運ぶように言ったんだよ

☐ on top of that　その上に、それから

W: How do you like your new apartment?
M: It's perfect. Quiet and cozy. **On top of that**, it is very close to the bus stop, so I have better access to everywhere in the city.

女性：新しいアパートはどう？
男性：完璧だね。静かで心地よくて。それからバス停にとても近いから街のどこに行くのも便利になったよ。

□ once in a while 時々

M: You're supposed to clean the pipe **once in a while**, otherwise it might get clogged.
W: I'll keep that in my mind.

男性：時々、パイプの掃除をしてください。そうしないと詰まってしまうかもしれません。
女性：覚えておくわ。

□ tear down ～ ～を取り壊す

M: The old apartment around the corner has finally been **torn down**.
W: Really? It was so lovely, though. I'll miss seeing it.

男性：角の古いアパートがついに取り壊されたよ。
女性：本当？ 素敵だったのに。見られなくなって寂しくなるわ。

□ there's something wrong with ～ ～の何かが故障している

W: **There's something wrong with** the central heating system. Can you send someone over to take a look at it?
M: Sure. I'll check with our engineers and call you back.

女性：セントラルヒーティングシステムがどこか故障しているの。どなたか見にきていただけませんか。
男性：わかりました。技術者と相談してかけ直します。

■ 仕事・インターンシップ・会議

□ be up to *one*'s neck in ～ ～に深入りしている

M: I'**m up to my neck in** work for this research project.
W: That's not such a bad thing, is it?

男性：この研究プロジェクトに深入りしているんだよね。
女性：そんなに悪いことではないでしょう。

□ classified ads(advertisements) 求人広告

M: I want to find a good private French tutor.
W: Have you tried looking at **classified ads**?

男性：いいフランス語の個人チューターはいないかな。
女性：求人広告は見てみた？

🎵249 ☐ day in and day out　毎日毎日、明けても暮れても

W: I have been working **day in and day out**, but the situation never seems to get any better.
M: Relax. You're making progress.

女性：毎日毎日働いていても、状況が少しもよくならないように感じるわ。
男性：落ち着いて。進歩しているよ。

🎵250 ☐ feel free to *do*　自由に～する

W: Is there any way that I can reach you directly?
M: **Feel free to** call my department using extension number 405.

女性：直接ご連絡を取る方法はありますか。
男性：内線番号 405 で、私の部署あてにいつでも電話してください。

🎵251 ☐ get back to ～　～に後で連絡をする

W: I'll **get back to** you as soon as the meeting ends.
M: That would be great. Thanks.

女性：会議が終わったらすぐに連絡します。
男性：いいですね。ありがとうございます。

🎵252 ☐ get right to ～　～にすぐに着手する

M: Have you made a copy of that newspaper article?
W: No, not yet. But don't worry. I'll **get right to** it.

男性：僕が頼んだ新聞のコピーはもうできてる？
女性：いいえ、まだよ。でも心配しないで。すぐにやるから。

🎵253 ☐ give ～ a hand　～に手を貸す

W: Hey, can you **give** me **a hand** for a second?
M: Sure. How can I help?

女性：ねぇ、ちょっと手を貸して。
男性：もちろん。何をすればいい？

☐ hard feelings 悪い感情、恨み

W: I'm sorry I couldn't make it to the meeting yesterday.
M: No **hard feelings**. But you could have told me beforehand.

女性：昨日は会議にでられなくてごめんなさい。
男性：悪く思ってはいないよ。でも事前に教えてほしかったな。

☐ if it's not too much trouble もしそれほど大変でなければ

M: **If it's not too much trouble**, would you look for restaurants that allow pets?
W: Certainly.

男性：もしそれほど大変でなければ、ペット同伴可能なレストランを調べてくれませんか。
女性：かしこまりました。

☐ It's never dull. 退屈ではない。

M: How is your internship going at your dream company?
W: Thanks for asking. **It's never dull.**

男性：夢に見た会社でのインターンシップはどう？
女性：聞いてくれてありがとう。退屈ではないわ。

☐ learn the ropes コツを覚える

W: You can't **learn the ropes** overnight.
M: So what do you suggest I do then?

女性：一晩でコツを覚えるなんてできないわよ。
男性：ではどうしろと言うの？

☐ mixed success うまくいったりいかなかったり

M: How did your internship go?
W: I have to admit that it was a **mixed success**. The boss seemed to be satisfied with my work, but I got tired from working overtime every single day.

男性：インターンシップはどうだった？
女性：うまくいったりいかなかったりだったわ。上司は私の働きに満足のようだったけど、毎日残業で疲れてしまったわ。

Not in a million years. 一度もない。

M: Has Tom ever showed up for a meeting on time?
W: **Not in a million years.**

男性:トムはこれまで会議に時間通りに現れたことってあるの?
女性:一度もないわよ。

one step at a time 少しずつ

W: How are we supposed to put all that data into one document?
M: Let's just take it **one step at a time**.

女性:どうやってすべてのデータを1つの文書にまとめればいいのかしら。
男性:少しずつやっていこう。

take 〜 into account 〜を考慮に入れる

W: Shall we leave around 2?
M: Let's leave at 1:50. We should **take into account** the time it will take to get through security.

女性:2時頃に出発でどう?
男性:1時50分にしよう。セキュリティを通過するのにかかる時間を考慮に入れるべきだよ。

take care of 〜 〜を片づける(〜を処理する)

M: Can I leave now? I have to go back and **take care of** something.
W: No problem.

男性:もう行っていいですか。戻って片づけなければならないことがあって。
女性:いいですよ。

That's not like 〜. 〜らしくない。

M: Alex didn't show up for the meeting.
W: **That's not like** him. Shall we give him a call to make sure everything is all right?

男性:アレックスは会議に現れなかったよ。
女性:彼らしくないわね。電話して大丈夫か確認したほうがいいかしら。

MP3 264 ☐ **the better part of an hour**　1時間の大半

M: Did you figure out how to set up the computer yet?
W: I've been working on that for **the better part of an hour** already.
男性：コンピューターの設定の仕方はわかった？
女性：もう1時間近くやってるわ。

■ 休暇・パーティー・娯楽

MP3 265 ☐ **take a rain check**　別の日にする、延期する

M: Let's go see a movie.
W: I have to run some errands today. Can I **take a rain check**?
男性：映画を見に行こうよ。
女性：今日は用事があるの。別の日にしましょう。

MP3 266 ☐ **Are there any ～ left?**　～は残っている？

M: **Are there any** concert tickets **left?** My sister might want to come along.
W: Not on hand. But you can ask Nicole or Taylor.
男性：コンサートチケットはまだ残ってる？ 妹も一緒に行きたがるかもしれない。
女性：私の手もとにはないわ。でもニコルかテイラーに聞くといいわよ。

MP3 267 ☐ **at the very latest**　どんなに遅くとも

W: I promised to meet Kevin at the library at 5.
M: No worries. I'm sure we can make it back by then **at the very latest**.
女性：ケヴィンと5時に図書館で会う約束をしているの。
男性：心配ないよ。どんなに遅くともそれまでには帰れるはずだよ。

MP3 268 ☐ **be tied up**　忙しい

M: Can you help me organize the welcome party?
W: Oh I really wish I could, but I'**m tied up** now.
男性：歓迎パーティーを開くのを手伝ってくれない？
女性：できたらいいのだけど、今は手一杯なのよ。

☐ cannot go like that そのままではだめだ

W: The party is going to be formal. You **can't go like that**.
M: Do I really need to wear a tuxedo?

女性：パーティーは正式なものになるのよ。そのままではだめよ。
男性：本当にタキシードを着なければいけないの？

☐ get much funding for ～ ～の資金援助が多い

M: Did you **get much funding for** the country music fair project?
W: Not as much as we wanted, but enough to cover all the expenses.

男性：カントリー音楽祭企画の資金援助は集まった？
女性：私達が求めるほどではなかったけれど、費用はすべてまかなうことができるわ。

☐ get to know ～ ～と知り合いになる

M: Are you planning on coming to the welcome party? It'll be a good chance to **get to know** other students in our department.
W: Sounds nice. When did you say it would be?

男性：歓迎パーティーには来る？同じ学部にいる学生と知り合いになるいい機会だよ。
女性：いいですね。それいつですか。

☐ have seen a better ～ もっといい～を見たことがある

M: *Everlasting Green* was great. **Have** you ever **seen a better** action movie?
W: Actually, I have. I've been trying to recall its name.

男性：*Everlasting Green* は最高だったね。もっといいアクション映画なんて見たことあるかい？
女性：実はあるのよ。名前が思い出せないのだけど。

☐ How ～ do you think I am? 私は～じゃない。

M: Are you going to attend the party after the conference?
W: No way. **How** crazy **do you think I am?**

男性：会議の後のパーティーにはでるの？
女性：まさか。私はおかしくはないわ。

274 ☐ **not bad** まんざら悪くない

M: How was the movie?
W: **Not bad**. It was quite good, actually. You should go and see it.

男性：映画どうだった？
女性：まんざらでもなかったわ。というより、結構よかったわよ。あなたも行って見てみるといいわ。

275 ☐ **quite a few** 多くの

M: The play was such a great success. **Quite a few** people showed up.
W: My friend Ashley said it was good.

男性：その劇は大成功だったよ。かなり多くの人が来てくれた。
女性：友達のアシュリーがよかったと言っていたわ。

276 ☐ **stop by** 訪れる

M: Are you coming to the music fair?
W: I can't. I have an appointment with my counselor. I'll try to **stop by** after lunch if you are still around.

男性：音楽祭に来るの？
女性：行けないのよ。カウンセラーと約束があって。昼食後もいるなら立ち寄るわ。

277 ☐ **talk ～ out of *do*ing** …しないよう～を説得する

M: Did you **talk** Zack **out of** moving to Australia?
W: I tried, but I'm not sure if he's convinced.

男性：オーストラリアに移住しないようザックを説得した？
女性：やってみたけれど、彼が納得したかどうかはわからないわ。

278 ☐ **That's funny.** 偶然だね。

W: I'll be in Chicago for the next few days.
M: **That's funny.** I'm spending this weekend at my uncle's house in Chicago. Maybe we can meet up there.

女性：次の何日間かはシカゴで過ごすの。
男性：偶然だね。この週末はシカゴにいる叔父の家で過ごすことになっているんだ。あっちで会えるかもね。

What's the point of *do*ing 〜? 〜なんてしなくていいよ。

W: Let's wait until Stephanie comes.
M: **What's the point of** waiting for her**?** She has her own ticket to get in. I'm sure we can meet up inside.

女性：ステファニーが来てからなかに入りましょう。
男性：彼女を待たなくていいよ。彼女は自分で入場チケットを持っているよ。なかで会えるよ。

■ 健康・体

come down with something 病気になる

M: Mary, are you OK? You look pale.
W: I have bad headache. I must be **coming down with something**.

男性：メアリー、大丈夫かい？ 顔色が悪いよ。
女性：ひどい頭痛がするの。病気になっているに違いないわ。

cut down on 〜 〜を減らす

M: Do you care for a piece of cherry pie?
W: No thanks. I'm **cutting down on** sugar.

男性：チェリーパイを一切れどう？
女性：結構よ。砂糖を控えているの。

get infected 感染する

M: Your leg looks swollen.
W: Doctor said it must have **gotten infected** with something. He prescribed me antibiotics.

男性：足が腫れているようだけど。
女性：お医者さんは何かに感染したのだろうと言っていたわ。抗生物質を処方してくれたの。

out of breath 息切れする

W: Are you OK? Why are you **out of breath**?
M: I missed the bus, so I had to run all the way here from my dorm.

女性：大丈夫？ どうして息切れしているの？
男性：バスに間に合わなかったから寮から走ってこなくてはいけなかったんだよ。

□ recover from ～　～から回復する

M: I'm glad you've **recovered from** the injury.
W: Thank you. I'll be more careful next time I play tennis.

男性：怪我から回復してよかったね。
女性：ありがとう。次にテニスをする時はもっと気をつけるわね。

□ under the weather　具合が悪い

W: Where's Melanie? I thought she was coming to the party with you.
M: She said she was a little **under the weather**, but she should feel OK after a good sleep.

女性：メラニーはどこ？ あなたと一緒にパーティーに来るのだと思っていたけど。
男性：少し具合が悪いと言っていたよ。でもよく寝ればよくなるはずさ。

□ What harm can ～ do?　～に何ができるの？（大丈夫よ。）

M: You should stop drinking so much soda. Do you have any idea how much sugar is in just one bottle?
W: Yeah, right. **What harm can** soda **do?**

男性：そんなに炭酸飲料を飲むのは止めたほうがいいよ。1本にどれくらい砂糖が入っているかわかってる？
女性：はいはい。炭酸飲料に何ができるの？（大丈夫よ。）

□ work out　トレーニングする

M: I have been very busy with all the exams. Now that everything is over, I can't wait to go to the gym and **work out**.
W: You really like doing that, don't you?

男性：ずっと試験で忙しかったんだ。すべてが終わったから、ジムに行ってトレーニングをするのを待ちきれないよ。
女性：本当に好きなのね。

キャンパスライフ・ボキャブラリー

　TOEFL攻略には米国のキャンパスライフの知識が欠かせない。テーマごとの解説を読みながら、キャンパスライフに関連する語句を覚えよう。

■ 履修登録

　典型的な米国の大学は、2学期制で秋からスタート。5月に卒業式を迎えるパターンが多い。**major**（専攻科目、主専攻にする）、**minor**（副専攻科目、副専攻にする）は名詞、動詞ともに同じつづりだ。また、**drop a course**（科目を落とす）と **drop out**（退学する）はまったく異なる意味だから注意しよう。履修登録に関する問題に強くなるには、会話で繰り広げられている周辺情報を把握しておくことが必要だ。例えば現在は学期のいつ頃なのか、登場人物は何年生なのかなどがわかると、会話に対する理解度が増す。こうした周辺情報自体が問題で聞かれることもある。

- □ **registrar's office** 教務課
- □ **registration begins** 登録が開始される
- □ **sign up for a course** 科目を登録する
- □ **take a ～ course** ～学の科目を取る
- □ **switch majors** 専攻を変える
- □ **drop a course** 科目を落とす
- □ **drop out** 退学する

■ 住居

住居に関する問題の場合、会話をしている人物達がどのような環境に住んでいるのか、キャンパス内 (**on campus**) かキャンパス外 (**off campus**) か、家賃はいくらかなどの情報を聞き逃さないようにしよう。住みたい場所、環境を決めたら学内のハウジングオフィス (**housing office**) に行って相談する。TOEFL に出題されるトピックとしては、今の住居から移りたいという話の展開が多い。また、家主 (**landlord**) とのトラブルは TOEFL でよくでるトピックだ。

- □ **housing office** ハウジングオフィス ((大学の) 住居を世話してくれる部署)
- □ **live off campus** キャンパス外に住む ↔ **live on campus** キャンパス内に住む
- □ **rent** 家賃
- □ **get a reduction in rent** 家賃を割り引いてもらう
- □ **rent an apartment** 部屋を借りる
- □ **landlord** 家主
- □ **renew** *one*'**s lease** 契約を更新する
- □ **move out** 引っ越しをする
- □ **settle in** 引っ越して落ち着く

■ 試験

試験はどこの国でも成績評価の大部分を占める学生生活の大イベントだ。小テスト (**quiz**)、中間試験 (**mid-term exam [test]**)、最終試験 (**final exam**、単に **final** と言われることもある) など、学期を通して重要度の異なる試験がある。TOEFL では、試験そのものの内容よりも、登場人物がどの程度試験準備をしているかや、結果の感触などが話題になるパターンが多い。**I am cramming for the math exam now.** (数学の試験のために今詰め込んでいます。) なら試験前の緊迫した状況、**I heard you had passed the physics exam with flying colors.** (物理学の試験で大成功だったと聞きました。) なら嬉しい場面。声のトーンや前後の会話と合わせて全体を把握しよう。

- □ **make-up exam** 再試験
- □ **cram for an exam** 試験のために詰め込む
- □ **~ is easier said than done.** ~はするより言うほうが簡単だ。
- □ **with flying colors** 完璧に、大成功を収めて
- □ **have high hopes** 大きな希望を持つ
- □ **get away with ~** ~からうまく逃れる

■ 論文

　試験同様、論文も成績評価の基準の大きな指標だ。提出期限日 (**deadline**) までに仕上げるのは当然だが、登場人物がそこに至るまでの過程をどう捉えているかを聞き取ろう。**The report is not due until the end of the semester.**（そのレポートの締め切りは学期末までない。）ならばまだ余裕があり、ぐずぐずしている (**dragging** *one*'s **feet**) 状態かもしれない。一方、**I should not wait until the last minute.**（ぎりぎりまで待ってはいけない。）とあれば早く仕上げなければならないという危機感を持っていることがうかがえる。締め切り日がいつなのかとともに、話し手の状況をつかもう。

- **deadline** 提出期限日
- **turn in ~** ~を提出する
- **be not due until the end of the semester** 締め切りは学期末までない (≒ **still have plenty of time**)
- **should not wait until the last minute** ぎりぎりまで待ってはいけない (≒ **be better to finish early**)
- **drag** *one*'s **feet** 故意にぐずぐず (のろのろ) する (≒ **make only little progress**)
- **scratch the surface** 上っ面をなでる、核心に触れない
- **get in** *one*'s **two cents worth** 自分の意見を言う
- **finish** *one*'s **dissertation** 博士論文を終了する

■ 図書館

　大学の図書館の使い方は日米においてさほど違いはない。ただ、米国では図書館の司書 (**librarian**) が、非常に面倒見がよく、参考文献を探すためにきめ細やかに相談に乗ってくれる傾向がある。彼らは内容に関する知識はなくとも関連文書の検索にかけてはプロ意識が高く、論文のトピックなどに行きづまった時に非常に頼れる存在だ。実際に論文を書く際には、関係する書物、雑誌などをある程度読み、知識をつけた上で、質問はオフィスアワーに教授を訪ね、まとめ方について質問する。**journal** は大学、特に TOEFL においては定期的に刊行される学術誌を指すことが多く、日本語で言う日記の意味で使われることはほとんどない。

- **put a book on reserve** 本を予約する
- **drop off a journal** 学術誌を返却する
- **return an almanac to a reference desk** カウンターに年鑑を戻す
- **put a book down** 本をおく (読むことを中断する)
- **order an unabridged dictionary** 原本のままの完全な (無削除版の) 辞書を注文する
- **fine for overdue books** 返却期限遅れの罰金

■ 勉強

　勉強に関するトピックでは、慣用表現の理解度が問われる。以下のイディオムは実際の留学生活では耳にする機会は少ないかもしれないが、TOEFLでは頻出表現だ。特に理解に関する表現はねらわれやすい。**get the hang of ～** は、hangが「かかっていること」や「ひっかかり」という意味で、「ひっかかりを得た」、つまり「～のコツをつかむ」という意味。**cannot make heads or tails of ～** は、頭としっぽの区別がつかないことから、「～は何がなんだかわからない」という意味だ。

- ☐ **learn on *one*'s own**　独学する
- ☐ **over a cup of coffee**　コーヒーを飲みながら（気楽に）
- ☐ **cannot make heads or tails of ～**　～は何がなんだかわからない
- ☐ **over *one*'s head**　理解できない
- ☐ **get the hang of ～**　～のコツをつかむ
- ☐ **make the honor roll**　成績優秀者名簿に載る
- ☐ **graduate with honors**　成績優秀で卒業する

■ 就職・インターンシップ

　日本ではある時期に学生が一斉にリクルートスーツを着て会社をまわる就職活動が始まるが、米国の場合は全員が決まった時期に行うわけではない。それぞれの学生が自身の専門分野や興味に合わせ、インターンシップやアルバイトをきっかけに関連企業、関連部署での職を得ることが多い。また、血族の縁故者ではなく社会的なグループとしてのコネクションを重視する傾向が強く、一般には募集をかけていない企業でも教授や知り合いの紹介を通して面接にこぎつけるケースもある。そこから **It's not what you know but who you know that counts.**（何を知っているかではなく、誰を知っているかが重要。）という慣用表現もでてきた。**position** には多くの意味があるが、就職関係の会話の場合には「職」を指す。

- ☐ **It's who you know that counts.**　コネがあることが重要。（誰を知っているかが重要。）
- ☐ **How big is the task?**　その仕事はどれくらいの量がありますか。
- ☐ **interview for a summer internship**　夏期インターンシップのための面接
- ☐ **get a raise at work**　給与があがる
- ☐ **a position**　職（= a job）

■ **大学の事務**

　留学中は煩雑な事務手続きが幾度となく必要となる。大切な用事、確認したい点がある時は、事務室に出向くことがお薦め。電話やメールではやはり情報を処理しきれず、後でわからなくなってしまう恐れがあるからだ。また、電話口ではぶっきらぼうだった事務員が、顔を合わせれば丁寧に根気よく説明してくれることもある。もちろん、本当に忙しい時や管轄外のことでは **You should go through the proper channels.**（適正なルートを経なさい。）と一蹴されることもある。また、欧米では印鑑の代わりに **sign**（署名）を確認の証拠とする。何をするにも署名を求められるので、漢字の署名の他に簡単なサインを考えておくのもよい。

- [ ] **go through the proper channels**　適正なルートを経る
- [ ] **get an advisor's approval**　アドバイザーの承認を得る
- [ ] **sign a document**　文書に署名する
- [ ] **fill in a form**　用紙に記入する
- [ ] **college bulletin board**　大学の構内掲示板

■ **食堂**

　米国の大学の食堂には様々なスタイルがあり、日本と同じようにトレーに好きなものを載せていく形式のところもあれば、構内にファストフード店が店舗を構えているところもある。お弁当を持ってくる場合はシンプルなものが多い。例えば、メインの食パンをツナ缶（**tuna can**）にそのままディップにして、おかずは生野菜（**raw vegetables**）で済ますといった具合だ。食パンにピーナツバターを塗っただけというのも子供が大好きなメニューの1つ。TOEFLでは食堂（**cafeteria**）にいることを示唆するキーワードである残りもの（**leftovers**）、軽い飲食物（**refreshments**）のような言葉から場所を推測させる設問もある。

- [ ] **do not have much of an appetite**　食欲がない
- [ ] **on a diet**　ダイエット中で
- [ ] **be about to burst**　（お腹がパンパンで）破裂しそうだ
- [ ] **spill tea**　紅茶をこぼす
- [ ] **fix *one*self something**　（何か）食事をつくる
- [ ] **get together for dinner**　集まって一緒に夕飯を食べる
- [ ] **leftovers**　残りもの
- [ ] **refreshments**　軽い飲食物
- [ ] **bland**　味がない

■ 学生自治会・選挙

　米国では大学それぞれに学生自治会があり、学校の重大な取り決めをしたり奨学金制度を設けたりする活動を行っている。TOEFLでは熱心に活動をしている学生達が案内（**flyer**）を配り、投票（**vote**）を促すといった会話が出題される。学生代表は**president**と表現されるが、大統領の話題だと勘違いしないように注意。あくまでその大学内での学生代表だ。学生自治会は **student council** あるいは **student government**。これらについても国全体の評議会や政府だと思い込まないように注意が必要だ。

- □ **take a vote on ～**　～についての採決をとる
- □ **student government president**　学生自治会長
- □ **run for student council**　学生自治委員を選ぶ選挙に出馬する
- □ **count ～ out**　～を（仲間に）入れない
- □ **get around a problem**　問題を回避する

TOEFL ITP® テスト 完全制覇

2016 年 3 月 5 日　初版発行
2025 年 5 月 5 日　第 15 刷発行

監修者　村川久子
　　　　© Hisako Murakawa
著　者　SUNDAI GLOBAL CLUB
　　　　松本恵美子・浜田英夫・鈴木瑛子・菅谷孝義
　　　　© Emiko Matsumoto, Hideo Hamada, Yoko Suzuki,
　　　　　& Takayoshi Sugaya
発行者　伊藤秀樹
発行所　株式会社 ジャパンタイムズ出版
　　　　〒 102-0082 東京都千代田区一番町 2-2
　　　　一番町第二 TG ビル 2F
　　　　ウェブサイト　https://jtpublishing.co.jp/
印刷所　日経印刷株式会社

本書の内容に関するお問い合わせは、上記ウェブサイトまたは郵便でお受けいたします。
定価はカバーに表示してあります。
万一、乱丁落丁のある場合は、送料当社負担でお取り替えいたします。
(株)ジャパンタイムズ出版・出版営業部あてにお送りください。

Printed in Japan　　ISBN978-4-7890-1629-2

本書のご感想をお寄せください。
https://jtpublishing.co.jp/contact/comment/